大象学术译丛

大象学术译丛

主 编

陈 恒

墨洛温王朝年代记

RÉCITS DES TEMPS MÉROVINGIENS

[法] 奥古斯丁·梯叶里 / 著
（Augustin Thierry）

黄广凌 / 译

中原出版传媒集团
中原传媒股份公司

大象出版社
·郑州·

图书在版编目(CIP)数据

墨洛温王朝年代记/(法)奥古斯丁·梯叶里
(Augustin Thierry)著;黄广凌译.— 郑州:大象出
版社,2018.11
(大象学术译丛)
ISBN 978-7-5347-9938-9

Ⅰ.①墨… Ⅱ.①奥… ②黄… Ⅲ.①墨洛温王朝—
历史 Ⅳ.①K565.3

中国版本图书馆 CIP 数据核字(2018)第 232170 号

墨洛温王朝年代记
MOLUOWEN WANGCHAO NIANDAIJI

[法]奥古斯丁·梯叶里(Augustin Thierry) 著
黄广凌 译

出 版 人	王刘纯
选题策划	杨丁宇 郑 植 闫春晖
责任编辑	刘东蓬
责任校对	牛志远
书籍设计	王晶晶

出版发行 大象出版社(郑州市开元路 16 号 邮政编码 450044)
　　　　　发行科 0371-63863551 总编室 0371-65597936
网　　址 www.daxiang.cn
印　　刷 北京汇林印务有限公司
经　　销 各地新华书店经销
开　　本 787mm×1092mm 1/16
印　　张 19.25
字　　数 282 千字
版　　次 2018 年 11 月第 1 版 2018 年 11 月第 1 次印刷
定　　价 58.00 元

若发现印、装质量问题,影响阅读,请与承印厂联系调换。
印厂地址 北京市大兴区黄村镇南六环磁各庄立交桥南 200 米(中轴路东侧)
邮政编码 102600 　　　电话 010-61264834

大象学术译丛弁言

20世纪80年代以后,西方学术界对学术史、科学史、考古史、宗教史、性别史、哲学史、艺术史、人类学、语言学、民俗学等学科的研究特别繁荣;研究的方法、手段、内容也发生了极大的变化,这一切对我们相关学科都有着重大的借鉴意义。但囿于种种原因,国内人文社会科学各科的发展并不平衡,也缺少全面且系统的学术出版,不同学科的读者出于深化各自专业研究的需要,对各类人文社会科学知识的渴求也越来越迫切,需求量也越来越大。近年来,我们与国外学术界的交往日渐增强,能够翻译各类专业书籍的译者队伍也日益扩大。为此,我们组织翻译出版一套"大象学术译丛",进一步繁荣我们的学术事业:一来可以为人文社会科学研究者提供具体的研究途径;二来为各门人文社会科学的未来发展打下坚实的基础;三来也满足不同学科读者的实际阅读需要。

"大象学术译丛"以整理西学经典著作为主,但并不忽略西方学术界的最新研究成果,目的是为中国学术界奉献一套国内一流人文社会科学译丛。我们既定的编辑出版方针是"定评的著作,合适的译者",以期得到时间的检验。在此,我们恳请各位专家学者,为中国学术研究长远发展和学术进步计,能抽出宝贵的时间鼎力襄助;同时,我们也希望本译丛的刊行,能为推动我国学术研究和学术薪火的绵延传承略尽微薄之力。

编者

目　录

有关法国历史的思考（代序） ·· *1*

   第一章 ·· *1*

   第二章 ·· *21*

   第三章 ·· *42*

   第四章 ·· *69*

   第五章 ·· *102*

   第六章 ·· *124*

墨洛温王朝年代记 ·· *1*

   记　一 ·· *2*

   记　二 ·· *20*

   记　三 ·· *42*

   记　四 ·· *67*

   记　五 ·· *87*

   记　六 ·· *125*

   记　七 ·· *144*

有关法国历史的思考（代序）*

第一章

有关法兰西民族起源和法国君主制雏形的传统观念。——中世纪时，不同阶层对此认识迥异。——科学之发展使其转变。——史学体系的诞生。——弗朗索瓦·奥特芒（François Hotman）体系。——该体系在16世纪大受欢迎。——阿德里安·德·伐鲁瓦（Adrien de Valois）有关墨洛温王朝的研究。——"法兰克人源自高卢"一说。——该说盛行于路易十四一朝的原因。——在德国，该说受创于科学及民族主义精神的挑战。——弗雷莱的观点。——他断然解决了法兰克人起源的问题。

一部民族史，是一个国家全体民众的共同财富。它是在代际更替中薪火相传的一笔精神遗产。不过，每一代人都不可能将自己继承的遗产原封不动地传递下去。他们总会为本民族历史的研究，增添一些更为清晰和准确的内容，并以此为己任。这种进步，不仅仅体现于更多优美而荣光的文字。从某种程度上来说，它也为整个民族提供了新的社会生活的尺度。人类社会的存在，具有一定延续性。了解它的起源，对预测其发展趋势，是至关重要的。那么，我们究竟从何而来？又将去向何方？过去的政治与未来的政策，是我们始终关心的两大问题。两者的分量，似乎不相上下。如果说，当代人更注重第二个

---

* 本书脚注分为译者注与原注，原注以①、②、③……为序，译者注以❶、❷、❸……为序。

问题,中世纪的祖先们则把更多精力放在第一个问题上。当时的史学家用数百年时间,孜孜不倦地探索着它,得出的答案,却往往千奇百怪,荒诞不经,而且自相矛盾。不过,他们严肃而真诚的治史态度,却是不容置疑的。想对这些历史学家作一个概述,首先必须走进鱼龙混杂的传统史学观念的深处,梳理其发展脉络,展示它在真伪和虚实之间的挣扎。一般认为,有关法国社会起源问题的研究,至今仍不无意义。

公元5世纪,蛮族入侵,各种族在高卢的历史舞台上粉墨登场。民族融合基本完成以后,新的民族和语言产生了。法国和法兰西民族形成之初,法国人对自己的起源是如何判断的?让我们把目光投向12世纪。如果查阅这一时期的著作,我们会发现,先前有关民族成分多样性的说法,此时已经销声匿迹;而法兰克人与高卢-罗马人作为胜负双方的畛域,也不再为人所提及。由此二者融合而成的法兰西民族,无论先祖来自何方,似乎都倾向于强调其与法兰克人的纽带关系。他们自称"法兰西人(Français)",这正是"法兰克人"一词在俗语中的说法,但它不再具有原初的种族意义。有关征服、掠夺、压迫和种族敌对的历史记忆,均被抹去,无论是在诗文里,还是在小说中,甚至在民间的传说里,都未留一丝痕迹。法兰克人的教会洗净了本民族所有"蛮族"的污名。在他们迁徙和安家的过程中,有城市被毁灭,有劫掠和屠杀,也有殉教者,而这一切都被记在了匈奴王阿提拉、汪达尔人或萨拉森人的头上。传奇作品和圣徒生平,对那些事件都避而不谈;即使最古老、最渊博、最远离民众智识和口述传统的书籍作者,在该问题上也缄口不言。

因此,根据以前普遍的观点,法兰西民族主要继承了法兰克人的血脉。但法兰克人又由何而来?过去,人们相信,法兰克人的祖先是埃涅阿斯(Énée)❶的部下,或者是其他的特洛伊逸民。这离奇的观点,可以在维吉尔(Virgile)的史诗❷中找到源头;不过,归根结底,恐怕还是来自日耳曼先民们经黑海沿岸由亚入欧之时的混乱记忆。在此问题上,整个国家的认识高度一致。最有学

---

❶ 埃涅阿斯,古希腊和古罗马神话中的特洛伊英雄,爱神阿芙洛狄特之子。特洛伊失陷后,他率部逃到亚平宁半岛,建立了罗马城。其事迹主要见于罗马诗人维吉尔的《埃涅阿斯纪》。
❷ 维吉尔,公元前1世纪时罗马诗人,代表作《埃涅阿斯纪》,对欧洲文学发展具有重要影响。

有关法国历史的思考(代序)

识的教士和僧侣们,即使阅读过图尔的格里高利(Grégoire de Tours)的著作❶等传统经典,与普通民众的观念也相差无几:他们把赫克托耳(Hector)❷之子弗朗雄(Francion)尊奉为法兰西民族的第一位国王。①

　　至于有关社会结构,及其起源、性质和必要条件的观点,就远不似这般简单划一了。社会阶层不同,政治传统不同,政治体系自然泾渭分明。当然,阶层的划分方式,往往含混而片面,在很大程度上也是被误导的结果。不过,它仍然不乏生命力——首先,划分方式本身就被打上了鲜明的情感烙印,更何况,不同阶层之间的对立情绪甚至仇恨,始终交织在一起。贵族阶层认为,国王和先祖们昔日在法国土地上的武力征服与瓜分,有利于社会的福祉。显然,这个模糊不清的说法,是难以自圆的。关于真实历史的回忆,往往被伪装和曲解,甚至连日期都遭到篡改,具有某种神话色彩。从此,那不再是野蛮民族对文明国家的侵略,而是一场光荣而合法的军事行动——这一特性将在中世纪的历史中再次得到证明;从此,那不再是异教民族对基督教徒的征服,而是虔诚的信徒对异端的讨伐——此项壮举,又在查理·马特(Charles Martel)❸、丕平(Pépin le Bref)和查理大帝(Charlemagne)对萨拉森人或其他非基督教民族的胜利中,得到延续和完满。② 12 世纪及其后数百年中,大小骑士们都声称,自己的采邑和领主特权的根源就在于此。他们一再重复着传统的论调:在清除了盘踞法兰西的所有野蛮民族之后,查理大帝把面积多达一两千阿庞(arpent)❹不等的大片土地分给他的将士们,是对后者虔诚与忠勇的嘉奖。③

　　除了征服和分封,法国贵族阶层还有另一个政治传统——对教会人士的嫉妒与仇恨。在贵族们看来,这些教士偷偷潜入征服者的行列,窃取了部分战利品和荣誉。贵族与教士之间的对立可以一直上溯至 5 世纪。在法兰克战士

---

❶ 图尔的格里高利,6 世纪时法国图尔的大主教,著有《法兰克人史》,在中世纪史学界享有盛誉。
❷ 赫克托耳,古希腊神话中特洛伊第一勇士,死于阿喀琉斯之手。
① *Chroniques de Saint-Denis*, dans le *Recueil des historiens de la France et des Gaules*, t. III, p. 155.
❸ 查理·马特,又意译作"铁锤查理",8 世纪时法兰克王国宫相,权倾一时。他是查理大帝的祖父。
② *Histoire générale des rois de France*, par Bernard de Girard, seigeur du Haillan, édition de 1576, t. I, p. 229.
❹ 阿庞,法国古面积单位,也用于长度。作面积计算时,一般记为各边边长为 200 步左右的正方形。根据不同计量方式,约为 3500—5000 平方米不等。
③ 同脚注①。

们集体皈依基督教的时候，他们就和高卢-罗马的教士们闹得不可开交。争斗的焦点仍然相同，形式也大同小异。13世纪的编年史中，有一则有趣的史料。这是一篇成文于1247年的贵族联名宣誓，旨在取消教会对民事和刑事的裁判权。勃艮第公爵（Duc de Bourgogne）、布列塔尼伯爵（Comte de Bretagne）、昂古莱姆伯爵（Comte d'Angoulême）和圣波尔伯爵（Comte de Saint-Pol）是这个联盟的主导者。宣誓书以他们的名义写就，文件上也盖有他们的印章。这些贵族要求收回司法权力。说来说去，也不外乎要证明：司法权力应为昔日征服者之子孙的特权。他们对成文法的鄙夷程度，则更令人咋舌。在他们眼中，现行法条的依据，只是5世纪时被征服者的法律而已。从史实引用的角度上看，该文件错谬百出。不过，行文却是直率而粗犷的：

> 教士之属，惺惺作态，全不念我法兰西国之归正而避邪，实赖查理大帝及诸王之功，以血战成之。斯人初以谦卑惑我，今伺机袭我，如伏于城墟之狐。斯人行领主之法权于教会之堂上。嗟乎，竖子以其私法裁贵胄之室！嗟乎，以古法，以胜者为尊之律，皆应由我断斯人之死生！……是故，吾等王朝之肱股，疲于纷争，皆望毋复治国以成文之法律，以倨傲之教士。吾辈特以此书为誓：今后，非涉异端、婚娶、放贷之情事，教士不得裁断，授权亦无效。违者，籍没其财物，或断其一肢，以儆效尤。另，吾等将以专人执行本令，重振濒危之法权。斯人既穷我而自富，将重归其陋室。随我之复兴，斯人自可沉思默祷，以期重示神迹于我辈。久矣，神迹之不现！

除了内在于采邑属权的司法权原则，贵族阶层也很重视另外一条政治原则：最初，国王由选举产生，每一位新王就任，必须事先获得权贵们的认可。在12世纪、13世纪，国王的加冕礼上，人们会高呼："此乃我所愿，此乃我所许！"这正是选举传统的反映。后来，这一口号退出了加冕礼，但贵族的思想和行为仍保留着平等精神的印记。向国王宣誓效忠的同时，贵族们也很乐于重提选举传统和国家主权的问题。1484年的三级会议上，一位贵族代表就曾说过：

"如史书所载,父辈所言,起初,国王乃民众以选举所推。"①有关民主议事之权利的回忆,也以同样的渠道流传下来。如果没有骑士们的表决,也不召开议事大会,国王不能做出任何重大决定。这是国王必须履行的一项基本准则。据此准则,自由民的审判必须有同族的民事陪审团参与;而自由民课税,必须经其本人同意之后自觉缴纳,不得强迫。政治自由精神的内核,其实蕴含于此,而不是在教士或资产阶级的历史里。此外,贵族对法兰西王国的情感和对祖国每一寸土地的热爱,都是另外两个阶层所不具备的。不过,这更多是出于一种对自身财产的关切,并非公民的情操。因此,贵族们往往只在意少数家族的命运、权利和利益,思想执拗,盲目保守。他们固执地坚持着过时的传统,反对理智和公益。当王国准备以司法调查取代神裁决斗时,贵族们牢骚不断,视其为国家的耻辱,自由精神的陨落。13世纪的一首歌曲唱道:"尔等入讼事,不再自由身!法国温柔乡?此名勿复称。昔日民主国,今朝奴隶城!……"

资产阶级的历史传统,最为清晰,也最少变质。它仅存于曾为王国省会或帝国要塞的大城市中,与外部世界全然不同。据12世纪兰斯(Reims)❶市民的回忆,当地市政机构的起源早至罗马时代。他们不无自豪地宣称,该城的律法、司法和审判体系,均可追溯到法兰克人的捍卫者圣雷米(Saint Remy)。❷梅兹(Metz)城的资产阶级则扬言:在洛林(Lorraine)作为独立国家出现之前,梅兹就已经享有自治权了。市民中间流传着这样一句话——"小洛林,老梅兹。"在里昂(Lyon)、布尔日(Bourges)和布洛涅(Boulogne)❸,人们都声称,法兰西王国建立时,他们的城市早已拥有了独立的司法和行政权。② 而阿尔勒(Arles)、马赛(Marseille)、昂古莱姆、佩里格(Périgueux)的市民都相信,带有共和色彩的市政体系,在他们的城市,历史远比法兰克人的征服和中世纪的领

---

① 拉罗什(La Roche)领主,勃艮第大法官菲利普・波特(Philippe Pot)的讲话,载 Journal des Etats généraux, par Masselin, éd. Bernier, p. 146.
❶ 兰斯,法国东北部城市。自克洛维(Clovis)以来,法兰西历任国王均在此加冕。
❷ 圣雷米,6世纪初任兰斯大主教,曾为克洛维洗礼。
❸ 布尔日,法国中部城市。布洛涅为法国北部城市,位于英吉利海峡附近。
② Loyseau, Traité des seigneuries, éd. De 1608, p. 375-398. -Dubos, Histoire critique de l'établissement de la monarchie française, t.IV, p. 300.

主权更为悠久。法国南部的一些小城的人们也持有同样的观点——哪怕它们在罗马帝国时期，不过是个无足轻重的军事据点。图卢兹（Toulouse）则玩了个效仿罗马的文字游戏，把市政厅直接命名为"卡庇托尔（Capitole）"。❶ 这种对古代城市居民的自治权利和政治自由的坚信，是资产阶级在反封建贵族斗争中最主要的道义支柱。该信仰所及之处，都出现了强烈的地方主义情感——充满活力，但有时过于狭隘。市民们的视野往往难以逾越自己的城墙，对国家漠不关心。在他们眼中，其他城市更像一些不相干的城邦，是敌是友，完全取决于情势和利益。

这就是法国城市公社运动（révolution communale）❷时期，高卢大地上一些古老市镇的基本精神面貌。即使在日耳曼人的统治稳固之后，市民们仍然保持着罗马帝国时代的习俗，关注市政管理。此精神也渐渐扩散到了新建的城市、乡镇和村落，不仅为从事工商业的平民们留下了回忆，而且给他们以自信和希望，从而支持了他们的政治斗争。

至于农民和农奴阶层，一般来说，既无权利，又无可资继承的传统。他们没有过往可以追溯，也不会在历史事件中探索其悲惨命运和恶劣生存条件的起源。或许，他们努力过，却终归徒劳。在日耳曼蛮族进入高卢之前，土地上的奴役劳作就已存在了，只不过可能有不同的叫法。或许，军事征服确实加重了农奴们的悲惨境遇；但是，土地剥削制度的根源，毕竟在历史的暗夜中隐藏颇深，即便是当世的学者，也难以窥其堂奥。无疑，当时的剥削制度，是长时间以来巨大的社会不公，源自一个种族对另一种族的侵略，是一个人群对另一人群的盘剥。虽说中世纪时缺乏相关的研究，我们还是不难体会到受剥削者深深的苦涩。他们抗争封建压迫的怒号开始发出——那吼声越来越长，越来越响亮，一直持续到剥削制度的彻底毁灭。12世纪游吟诗人记录的农民之所言，忠实地反映了当时的社会面貌。即使启蒙时代哲学家们有关天赋人权和

---

❶ 卡庇托林（Capitolinus），为罗马建城之时的七个山丘之一。朱庇特神殿建于此处。后来，多个城市以此地名命名自己的政治中心。美国国会山亦因此得名。
❷ 城市公社运动，概指11—13世纪，法国市民反抗封建领主，争取城市自由的政治运动。法语直译为"城镇革命"。

自由的论述,与之相比,也未必更为缜密和明确。

老爷们只会给我们找麻烦。他们可不会给我们理智和正义。他们什么都有,但还要什么都拿,什么都吃,让我们贫穷,让我们痛苦。每天,我们都活得像在坐牢。兵役、劳役、赋税、军役税,还有市政府和大法官……搅得我们没一刻安宁……①为什么要听任他们这样对待我们?不能再顺从他们了。大家都是一样的人,我们也有同样的手脚,同样的个子,同样能吃苦。而且,我们的人数,比他们多一百倍……让我们团结起来,一起对付骑士们,没人能够对我们呼来唤去。以后,我们可以砍树,在森林里打猎,在水塘里抓鱼。在树林里,在草地上和水里,我们想做什么,就做什么!

虽然,在异族征服之后不久,法兰克人就像高卢-罗马人一样进入了教士的行列,教会内部的传统还是完整地保存了罗马时期的风貌。无论在主教会议的谕令里,还是在宗教法庭的司法程序中,罗马法的印记都清晰可见。在有关政府基本特性及其主要组织形式方面,除少数昙花一现的特例外,无论是高级还是低级的教士,观点都别无二致:王权带有普遍性和绝对性;臣民应受国王与法律的保护,具备源自基督教博爱精神的世俗平等性。教士阶层借助宗教的形式,保留着对帝国式天下一统的公共权力的痴迷,并因此反对地方权力和领主特权——此二者,恰恰来自日耳曼民族的习俗和征服者的骄傲精神。此外,根据早期教士的回忆:在整个国家范围内,高卢-法兰克王权曾经是统一的;而那时的公侯们,不过是亲王麾下的军官而已。无论在俗还是在教的文人们,本身缺乏对信史的了解,也就依稀受到了这些回忆的影响。在12世纪,有关罗马法的研究为此传统思想重新注入了活力。同时,在高卢大地上最具罗马传统的地方——不少大城市中,一个旨在弘扬该思想的团体应运而生了。

法学家团体自形成以来,即凭着一腔热血,团结一致地建设着专制王权,力图将其重置于传统的社会基础之上,建立恺撒式的法国君主制。在他们的

---

① Wace, *Roman de Rou*, éd. De pluquet, t. I, p. 303. 后两段的引文,见 Benoît de Sainte-Maure, éd. de M. Francisque Michel, t. II, p. 390。

理想中，王权首先应为国家的象征，万民的保护者；它应该凌驾于众人之上，独一无二，不受其他权力的限制。法学家们自创了一个有关政府运作的理论与实践的学派，强调王权的统一性和不可分割性，视领主特权为僭越，希望摧毁封建堡垒，以造福王权与民生。他们喜欢援引公元5世纪，甚至罗马帝国分裂之前的体制，完全无视制度在时间中的变迁。说起来，当法学家们的构建无法在确切的史料中求解时，恐怕也只能凭借逻辑的推理了。他们认为：只有在帝国法典中找到依据，律法才成其为法律；"血亲复仇权（droit haineux）"之类陋俗，即使不悖于成文法的精神，至少也是与其不符的。法学家们赋予法国国王以"大帝"的头衔，将一切违反国王法令的行为，视作"渎圣的罪恶"。当时，一位年迈的法律顾问指出："要知道，在自己的王国，国王即大帝。他应当拥有大帝的权柄，能够做一切事情。"这一思想影响深远。在15—16世纪，它与强调市政自由的资产阶级传统理念结合起来，成为第三等级在重要政治会议上的主要论调。

  这是一锅大杂烩，其间翻腾着传统的异教信仰和正统的天主教教义，模棱两可的定义和激情洋溢的信念……然而，就是在这里，孕育出16世纪史学界的文艺复兴。古希腊和古罗马的书籍大量刊印面世之后，渴求知识的灵魂又狂热地转向中世纪的手稿，致力于民族史的研究。人们从图书馆和档案馆的深处寻找尘封的史料，对那些已近湮没的真实历史物事，开始进行出版和研究。被刊印的史料种类繁多：图尔的格里高利和弗雷德盖尔（Frédégaire）❶的著作，查理大帝生平以及同时代的僧侣所编撰的年鉴，❷早期的纪年史，法兰克人的法律，甚至一些教士或贵族的个人文件，等等。此时，史学在原始文献和第一手史料的基础上，作为一门新兴的学科建立起来，对那些借含混的传言和荒诞的野史而传播的错误观念，发起了挑战。其实，很多最为流行的说法，恰恰也是最站不住脚的。最明显的例子，就是"法兰克人是特洛伊后裔"一说

---

❶ 弗雷德盖尔，年代及生平不详。著有《纪年史》，记述法国中世纪早期以前的史实。
❷ 有关查理曼生平的著述较多。此处提到的两书，应分别为其宠臣艾因哈德（Eginhard）所著的《查理大帝传》和位于今德国境内的洛施（Lorsch）修道院僧侣所著的《查理大帝年鉴》。

了。虽然此说在民众中大有市场,但毕竟毫无史料支持,最早为学者们所摒弃。[1] 史学家试图以两个更为"科学"的观点取而代之。观点之一:法兰克人,也就是我们所讨论的"法国人",是日耳曼人的一个分支;观点之二:法兰克人本是早年移民至莱茵河右岸的高卢人的后裔,所谓"征服法国",只是重归故土而已。[2] 学者们发表这些在当时颇为刺耳的新奇言论,在论证上可是没少花功夫,宣讲时也未尝不是费尽了心机。不过,很长时间里,民众还是念念不忘他们亲爱的特洛伊"祖先"。法兰西民族的虚荣心支撑着的这种奇异执念,在16世纪末已成了笑柄,但一直到17世纪中叶以后,它才彻底在史书中销声匿迹。

至于各种社会传统及其揭示的问题,就很难以"科学"的手段,干净利落地解决了。一方面,它们深深植根于礼仪和习俗之中,成为国民情感的一部分,不同阶层都从中提取了各自政治信仰的象征。另一方面,它们多少具备一定历史性和客观性基础。高卢的征服和瓜分,确有其事;早期的王位选举制度和议事大会对王权的监督作用,也确有其事。罗马-高卢城市在蛮族统治时期,的确保留了传统的市政体制;一代又一代法兰克的国王也的确试图在高卢的土地上建立帝国的威权,从未放弃努力。于是,无论贵族、资产阶级,还是教士或法学家们,在社会性质、权力准则和国家的法律基础等一系列问题上,观点彼此矛盾,却各自有理有据。每个阶层的信念背后,都有大量鲜活的事实作为支撑。历史学科的发展,可能对这些信念进行修正、补充或是改变,却无法彻底摧毁它们。

当科学方法被运用于对传统观念的支持,法国史学的体系也就诞生了。不同体系之间的斗争,持续至今。相关的著作,既是史书,又是宣传品。作者们或多或少在为政治服务,把科研精神和宗派思想混杂在了一起。这传统在法国倒是源远流长——与其他欧洲国家相比,它开始得更早,接班人更多,

---

[1] "这就是我们法国人对自己的起源的基本看法。在他们眼里,谁要挑战这一观点,那可就罪恶滔天了。至少,这位挑战者要浪费大量时间来说服他们。"——杜海兰(Du Haillan),《法国国王通史》,序,第1页。
[2] 第二种观点深受让·博丹(Jean Bodin)和艾蒂安·福尔卡德尔(Étienne Forcadel)的支持。(博丹和福尔卡德尔,均为法国16世纪史学家。前者在政治学和法学方面建树亦甚丰。——译者注)

"成就"也大了不少。自从史学复兴以来，由于特殊的国民性和民族构成的多样化，抽象而充满思辨色彩的史学，在我国全社会范围的论战中扮演了重要的角色。这种史学，一方面依托枯燥的考据，另一方面继续凭借叙事史学的传统，完全被政治利益和激情操控。对立阶层的旧传统为社会舆论的不同潮流轮番利用，又变成了新的理论依据。各种理论的学术水准不一，巧妙程度不同，但有一点却没有区别：若非为了迎合当时的民众或显贵的想法、欲望和抱负，学者们是断不愿翻动历史的深处去寻找素材的。这一背景下，该类专著中的第一部大作，出版于 1574 年。无论从时间，还是从其本身撰写的角度来看，这都是一本引人注目的书籍。

弗朗索瓦·奥特芒是 16 世纪最为博学的法学家之一。在巴黎目睹了从容赴死的路德教徒的英勇之后，他对新教产生了兴趣。① 奥特芒早年便结交了新教的一些领袖，接受了他们的基本政治原则——法国贵族的独立传统、《圣经》中的民主思想和古希腊和古罗马的共和精神的混合体。奥特芒对此理论体系的痴迷程度，不下于他对新教的信仰。很快，他便放弃了同僚们在罗马法中终日钻研的公法权利理论，对绝对君主权和各级法院的权力也感到兴味索然。在他构建的理想的政府模式中，王权应隶属于由国民构成的议事大会。这一想法还不够成熟，略备新教贵族们常于请愿书中提及的"三级会议和自由议事会"②之雏形。在圣巴托罗缪大屠杀（massacre de la Saint-Barthélemy）❶之后，奥特芒逃往日内瓦。如他日后所言，在流亡的岁月中，他心忧国事，又感怀身世，只能寄情于高卢和法兰西王国的历史，希望能够从中觅得匡正时弊的良药。他以巨大的耐心和虔敬，阅读了他找到的所有相关史书和史料。最后，他相信自己可以揭示法国君主制构成的原理：王权和三级会议的制衡。这不正是他在开始研究之前，就已经提出的治国方案嘛！他写道：

数月前，感时事多艰，吾披尽高卢史卷，竟得开迷津。吾国先祖之智，

---

① 弗朗索瓦·奥特芒生平，见其全集首卷，第 4 页。
② Mémoires de l'État de France sous Charles IX, t. II, passim.
❶ 圣巴托罗缪大屠杀，1572 年 8 月 23 日，宗教战争期间，法国国王下令屠杀新教徒。自此之后数周内，大批新教徒遇难。该事件起因及发展扑朔迷离。北京大学出版社于 2015 年有同名学术译著推出。

可征以千年古制,史家之言。欲靖晏我邦,宜复旧制,此亦自然之理也。乃为文,概述此制。

这本奇书是用拉丁语写就的。拉丁语书名为 Francogallia,当时译为《法国的高卢(la Gaule française)》。书中首次提到了旧君主制法理基础的问题。奥特芒成功地展现出这样一幅画面:法国自古以来,都由国民议事会议行使国家的最高主权。它可以推举或废黜国王,宣战或缔结和平,制订法律,任命官员,甚至决定国家一切的大小事务!不难想象,作者是如何滥用了史学方法,把自己预设的观点强加在史实之上的。他既不考虑年代的不同,也无视习俗、起源和职能方面的种种差异,故意把伐鲁瓦王朝的三级会议、卡佩王朝早期的贵族大会、加洛林王朝的政教会议、墨洛温王朝的阅兵和公审,甚至塔西佗(Tacite)[1]描述的日耳曼部落大会,统统混为一谈,视作性质相同的同名机构。通过这种方式,奥特芒刻意指鹿为马,得出完全错误的结论。不过,他那丰富的引文和摘录,虽然似是而非,却颇具诱惑力。史料的堆积,形成了一种魔力。最后,就连他自己也被攫住了。谈及自己的著作时,奥氏不无天真地说道:"此皆信史也,吾述而不作,孰可置喙?"

这所谓的"述而不作",实是基于一条假设:高卢的原住民对罗马帝国的统治始终怀有深深的敌意。奥特芒进一步猜想,在高卢人和莱茵河畔的日耳曼部落之间,存在着某种持久的联盟,目标在于复仇,或是共同捍卫自由的权利。在他看来,日耳曼人入侵高卢之时,洗劫四野,掠夺城市,都是出于"民族解放"的神圣目的。至于"法兰克人"之名,经他的解释,原意即"自由民",本身就是为自由而战的勇士们的头衔。奥氏认为:"法兰克人"一词最早由卡纳内菲特(Caninéfates)[2]部落独享;随着其他部落先后加入捍卫独立的斗争,这一名词也就被越来越多的日耳曼人所分享。经过持续两百年的斗争,法兰克人在默兹河(Meuse)和埃斯科河(Escaut)流域[3]站稳了脚跟,而高卢也最终摆脱了罗马的枷锁。从此以后,凯旋的日耳曼人和获得解救的高卢人,共同建立

---

[1] 塔西佗,1—2世纪罗马史学家。代表作《历史》《日耳曼尼亚人史》等。
[2] 卡纳内菲特,一般作 Cananéfates。公元1世纪之后,生活于今日荷兰西部一带,曾武力对抗罗马帝国。
[3] 默兹河与埃斯科河,均发源于法国山地,经比利时,在荷兰进入北海。

了高卢-法兰克王国。墨洛维（Merowig，或Mérovée）之子，法兰克王国的第一位国王希尔德里克（Hilderik）就是在两个民族的共同推举下，登上王位的。把我们的民族起源归为这离奇而浪漫的传说之后，奥特芒很快提出了有关法国历史的一系列主张。如今，稍有历史常识的读者，都不难辨出其间的是非对错：

> 希尔德里克之子克洛维，夺罗马人所余之地，逐哥特，平勃艮第，廓清四海，成王国之霸业。——王位承继，虽不出其族，终赖民选。君权在民，王国律法出自民众集会。时代有异，集会之称不同，或曰三月、五月校场（champ de mars, de mai），或曰法院、议会，或曰国民大会及三级会议。——此会有臧否国王之权。墨洛温、加洛林两朝，数王为其所黜。每开新朝，若无此会之允，新王不得承其大统。——查理曼裁断每事，民众集会无不参与。——治国之柄，非在彼王，而存乎全民共与之议会；王权亦存焉。——国民大会至高之权，直至加洛林王朝之末，皆不可撼动，凡五百五十年。——卡佩王朝之始，王侯官僚之衔，皆可世袭，不复由大会授之。旧制始败焉。然，此亦或为大会之所许。——于格·卡佩（Hugues Capet）之嗣，私立法院，授其立法之权，并准其窃"议会（parlement）"之名，坏制尤甚。——然大会仍持其至高特权：每逢国家兴亡之事，则操持其柄。——路易十一一朝，众以"公益"举事。王不敌。无奈，召三级会议而伏之。此乃大会之余脉也。

看到自己同时代的人在政治激情的驱使下自相残杀，奥特芒渴望把他们重新引向共同的道路。于是，在书最后，他总结道："由是，吾辈共享之制，立于自由之基，亘久而不变，凡一千一百年矣。以铁以血，此制终必胜暴君之强权。"

选帝制度和国民主权的观念，最终竟然通过弗朗索瓦·奥特芒的书籍，成为天主教同盟的理论依据之一。❶ 该同盟主要起源于市政机构与市民，自然

---

❶ 此处的"天主教同盟"，为法国16世纪宗教战争期间以吉斯公爵（Duc de Guise）等贵族为代表的天主教势力，是作为新教徒的奥特芒的政治对立面。然而，奥特芒有关"国王需民意推举"的理论，正好可被天主教联盟援引，反对新教的首领亨利四世以血缘关系继承王位。

离不开当时的资产阶级传统。对他们来说,奥特芒的这些观念,也许是有些过分,但是临时借用一下,也无不可。① 当然,无论这位新教法学家提出的历史体系多么不符合实际,我们还是必须承认他的工作的开拓性——他所有研究均基于原始文档,未求助于第二手史料。在他书籍刊印的1574年之前,这种治史的方法还不存在。艾蒂安·帕基耶(Étienne Pasquier)❶的史学研究,与其说渊博,倒不如说是取巧的。他的研究成果没有完全刊出,而结论部分过于松散、随意和犹豫,难以支撑完整的理论体系。至于福谢(Fauchet)和迪蒂耶(Du Tillet)❷专业性更强的大部头著作,问世就更晚了。因此,奥特芒的成就,只能归因为他本人的努力。他大胆的假设、幻想和谬误,以及颇具共和派色彩的果决情感,都具有强烈的个人烙印。此外,必须承认,他的旁征博引,大多是有理有据的;许多资料来自法国历史的幽微之处,殊为不易。在一些相对次要的问题上,奥氏的论述也准确而清晰。例如:他在下布列塔尼(Basse Bretagne)的方言中,发现了高卢语言的遗留痕迹;他挑战当时流行的偏见,论证说明了萨利克人法典(loi salique)❸中,不但没有针对王位继承的规定,也鲜见有关私人产权的内容;他明确指出早期法兰克人在莱茵河对岸的居住区域,从而坚持了"法兰克人的日耳曼起源"一说。

这部专著包含大量以拉丁语写作的学者和中世纪编年史家的书写片段,充斥着各类引文。然而,其中却蕴含着一种生命的气息,能够启迪人们的灵感——这就是此书的独到之处了。在书中的每一页,作者都展现了对代议制政体的浓厚兴趣,认为它代表了时代发展的趋势。奥特芒把"至圣至尊"之类的名头,毫无保留地奉献给议会性质的权力机构。这样的措辞方式,足以证明:他始终将议会置于高卢以及所谓"法兰西"的整个政治体制中的制高点。弗朗索瓦·奥特芒的著作获得了巨大的成功。在那个时代,人们在宗教和政

---

① 参阅Bayle,*Dictionnaire historique*,Hotman词条。
❶ 艾蒂安·帕基耶,法国16—17世纪著名诗人、历史学家。史学代表作为《法国研究》(*Les recherches de la France*)。
❷ 福谢和迪蒂耶,分别为16世纪晚期与18世纪的法国史学家。
❸ 萨利克人法典,一般指法兰克人的一支萨利安人(Saliens)在4—6世纪创立的法律。该法律随萨利安人首领克洛维的军事扩张,普遍适用于法兰克地区。

治方面进行变革的需求,使国家动荡不安。奥氏的思想适逢其时。它不仅深刻影响了宗教战争期间的一代人,而且一直流传到路易十四时期的和平年代。这种有关王国传统公法的论述是荒诞的,纯属虚构,然而却一度成为自由派思想家们的后花园,容他们寄托敏感的灵魂和感时伤怀的想象。在18世纪初,此书仍声名显赫:有人趋之若鹜,也有人斥之为洪水猛兽。而它在125年之前挑起的那场大论战,早已远离公众的视野;只有不同阵营的精英们,还对此略有所知。①

弗朗索瓦·奥特芒与阿德里安·德·伐鲁瓦的著作风格是显著不同的。前者引证的资料丰富而片面,长于通过文字自由发挥,而不注重再现历史事实;长于讲叙故事,但在史学研究方面建树不大。后者与其区别甚大。1646年,阿德里安推出了他的代表作——三卷对开本《法兰克武功记》(*Gestes des anciens Franks*)的第一卷。后两卷于1658年出版。全书讲述了墨洛温王朝的历史。根据作者原先的计划,此书应为一套拉丁语撰写的年鉴体法国史长卷的开端。他希望用一种传统的风格进行创作,所有的叙事与信息都应该真实可靠。不过,当阿德里安从瓦勒良(Valérien)皇帝❶一直写到加洛林王朝的龙兴,跨度达五个半世纪之后,他对浩大的工程心生怯意,便就此辍笔了。无论如何,作为原始史料的汇编和述评,此书可谓唯一一本涵盖了整部古代史的巨作。所有历史事件的时间空间、亲身参与者证言的价值和史料的真实性,都一一经过作者考察,在书中厘清。作者以完美的理性和智慧,填补了史料的空白,修复了史家的错漏。书中事件的逻辑性和叙事的准确性,都可谓无懈可击。不过,我们不得不承认,他的文风是缺乏活力和色彩的。由于作者刻意模仿传统作家们单调的叙事形式和华丽的套话,历史本身的深刻性和真实性都受到了限制。

借助考察同一专有名词在古希腊语、拉丁语和日耳曼语中的区别,阿德里安·德·伐鲁瓦揭示了高卢-罗马人与日耳曼征服之后的法兰克人的不同。

---

① 参阅 Bayle, *Dictionnaire historique*, Hotman 词条。
❶ 瓦勒良,3世纪时罗马帝国皇帝。

然而,他并未着力展现两者在习俗、性格和相关兴趣爱好方面的差异。传统史学家一再强调日耳曼征服者的蛮族口音,将其作为他们举止和语言粗鲁的象征。而这一点在阿德里安的著作中似乎消失了——至少,给人感觉不大明显。"谁人持兵不整如尔?子之矛,子之剑,子之斧斤,皆不可用!"克洛维国王对那名他准备报复的士兵所说的这句话,❶即使未必确实,至少也在过去的史书中流传甚广。然而,在阿德里安的书中,这句话不见了。取而代之的,却是一段平淡乏味的叙述:"君阅三军,一一验其装备。趋此兵士,视其兵刃,取之,摩挲再三,曰其不整不利,以之战,有所不便……"这位国王在动员士卒进攻哥特人时,慷慨陈词:"彼阿里乌教众,❷据高卢之一部,吾实不能忍!吾辈当借神力以行,战而胜之,削其土!"这段讲演,简洁而粗砺,个性鲜明。然而,阿德里安使用了间接引语的方式,冷冰冰地描述道:"君被阿腊里克(Alarik)之辱,乃励其师随之讨西哥特人。君言当借神助,夺其地。又言天主信徒不得听阿里乌教徒占高卢之善地……"

图尔的格里高利的文字,素来受到阿德里安的推崇,甚至被他称作"史库"。然而,它也同样难逃后者在著作中进行的类似改编。或许对阿德里安而言,墨洛温王朝与其所处的时代过于相似了;他总是习惯于将17世纪的语言套用到墨洛温王朝的历史书写中去,不考虑两者之间的强烈反差。换言之,这种时间的错置,没有让他感受到太多困扰。人们普遍认为:阿德里安是一位清醒的学者,不受任何政治框架的束缚,仅志在探求历史的真相。然而,无论是从宏观角度,还是在细节方面,无论是描述习俗,还是品评史实,他似乎都缺乏足够的洞察力来实现自己的理想。这位墨洛温史专家的著作以史料扎实著称,对逸文注疏甚详,但谈不上引人入胜;他不讨巧于任何政治理念、派别和集

---

❶ 此处为"苏瓦松花瓶"的故事。克洛维率军进入法国东部小城苏瓦松之后,获得当地教堂的一座精美花瓶作为战利品。克洛维答应当地教会将物归原主,并请求战士们在战利品分配中为他预留这只花瓶。然而,一名法兰克战士根据抽签的原则,获得花瓶之后,却拒绝交给克洛维,并将其打碎。克洛维后借故杀死该战士,树立起自己个人的权威。史学界一般以此故事作为法兰克人由氏族公社进入阶级社会的例证。

❷ 阿里乌教派,为基督教早期影响力颇大的教派之一。其主要教义反对基督的神性和"三位一体",为西哥特人所信奉。

团,但也因此而无法给当时的社会公众留下深刻的印象。除了总结他的史学理论和研究成果,没有人愿意把他的书译成法语,也没有人推介他的著作。在17世纪,阿德里安没有被视作史学领袖。在这点上,与18世纪那些相对浅薄而冬烘,却更为武断的史学家们相比,他算是不走运的了。在他的时代,他没有能力让人们普遍接受科学的历史研究方法,无法说服人们相信法兰克人的日耳曼起源。恰恰相反,当时不少学者坚持的"法兰克人实为高卢人之后"的假设,很快就会取悦于社会公众,即将甚嚣尘上于一时。

路易十四治下的盛世之年,政局稳定,国家团结,内部的政治斗争也已平息。整个社会多着眼于对外扩张,同心同德,以开疆拓土和明确国境为己任。党派之争已让位于国家稳定的需求;社会各阶层都服从王国政府;人们对权力边界问题和臣民服从于国王的条件问题,似乎不太在意,但对国家的荣耀,却关注颇多。这样的公众感情延伸到历史领域,使一种新的史学体系有些突兀地流行起来。这种观念否认"蛮族入侵"的传统说法,坚称高卢土地上的法兰克政权为"本地人建立的王国"。据此,法兰克人和高卢人本是同胞,在长时间分隔之后,再度形成了统一的民族。这一观念首次出现于11世纪,有两种不同的版本。一个版本可追溯至公元前6世纪西格维兹(Sigovèse)和贝洛维兹(Bellovèse)的迁徙;❶另一个有关一支厌倦了罗马统治而热爱自由的高卢部落的迁徙,可倒推到更晚近些的年代,但具体时间不详。① 1660年以来,许多学者或"准学者",多少带有些爱国主义的激情,致力于寻找新的论据支持,不无矫饰地论证着这些忽然走红的捕风捉影的假设。

一位研究采邑制度的专家②宣称:"高卢不应被视作被征服的国家,它始终由其原住居民所占据。"他大部头的相关著作,至今仍受到学界的关注。在书中,他根据史料论证道:"作为高卢人后裔的法兰克人,以前曾越过莱茵河建立新的居住点;现在又渡过同一条河流,让他们的高卢兄弟摆脱罗马的奴

---

❶ 西格维兹与贝洛维兹,为传说中高卢国王的子侄。据传,前580年左右,二人奉命为高卢开拓新的领地。前者赴日耳曼地区,而后者前往意大利。
① Mézeray, *Abrégé chronologique de l'Histoire de France*, t. I, 293.
② 尚特罗-勒-费弗尔(Chantereau-le-Fèvre),卒于1658年。其著作于1662年出版。

役。仅用不到四十年时间,他们就把罗马统治者彻底逐出了高卢。"他进一步大胆地推断:"他们(法兰克人)很少受到当地民众的抵抗。事实足以证明,没有后者的参与,这一伟大的事业是难以完成的。"因此,他认为,"征服"一词,"只有在高卢居民的生存状态未随罗马人的离开而改善"的情况下,才是适用的。① 此处的思想、文风和语汇,都具有鲜明的 17 世纪色彩。为了取悦于法兰西民族膨胀的虚荣心,学者们不再止步于此,很快就突破了荒诞的底线。1676 年,出版了一本名为《法兰西人及其帝国之起源》的奇书。作者竟然宣称,所有在公元 5 世纪入侵了罗马帝国的蛮族,无论哥特人、汪达尔人(Vandales),还是勃艮第人、赫鲁利人(Hérules),甚至匈奴人,都是高卢人的兄弟。作者对自己的史学发现所获得的成就非常满意:"我们的民族与世界有史以来最可怕、最勇敢和最光荣的人群是同源的。这一结论,出人意表,但证据确凿。"②《学人时报》(*Journal des Savants*)❶对此离奇观念竟也评价道:"以前,从未有人探索得如此之远,从未有人赋予我们的民族如此的荣耀!"③

所谓"高卢移民论",在德国遭到的批判和抵制是最为激烈的。究其原因,一方面,德国当时在历史学科的正途上,确实比我们走得更远;另一方面则与学术无关,也是民族自尊心的问题——德国人同样希望把法兰克人的起源追溯到条顿人❷身上。此外,德国人对法国的入侵和路易十四的野心,都保持着高度警惕。这一戒心加剧了法德在法兰克人起源问题上的论战。在德国,"高卢征服者是日耳曼人"的论据,常用于反对法国称霸欧洲计划的一些宣传资料中。④ 两国间的史学论战旷日持久,最后远远超越了那位雄君的宏图所持续的时间,甚至在其死后,仍余响不绝。坚持"高卢起源论"者,多以耶稣会的拉加里神父(Père Lacarry)的权威论述为最有力的依据。这位学者以非常

---

① *Traité des fiefs de leur origine*, p. 43.
② Audigier, *De l'origine des Français et de leur empire*, t. I, 序言部分。
❶ 《学人时报》,欧洲最早的学术期刊,1665 年始创于巴黎。其主要办刊宗旨为推介学术界的最新研究成果及著作。
③ *Journal des Savants*, du 29 mars 1677.
❷ 条顿人,日耳曼人的一个分支。一般视其为德意志人的祖先。
④ Meusel, *Bibliothèque historique*, t. VII, p. 212.

严肃的态度研究了这一问题。他的对手中最负盛名的,当属天才的莱布尼茨(Leibniz)。❶ 1715 年,莱布尼茨有关法兰克人起源的论文出版。文中谈及对手们捕风捉影的研究方法时,他机智而宽容地指出:"此其愿尔,非其智也。"把象征着日耳曼民族独立的英雄人物归为异族的血统?莱布尼茨的爱国情操被点燃了。他用法语激愤地驳斥道:"如果异想天开地说阿米尼乌斯(Arminius)❷是高卢人,那么就必须承认,凯鲁斯克人(Chérusques)是一群来自高卢的移民。这可是我闻所未闻的。"与批判谬误相比,莱布尼茨在探索真理方面,就做得差些了。高度的理性,使他陷入另一个同样荒谬的理论体系,转而相信法兰克人来自莱茵河畔的波罗的海沿岸地区。

耶稣会的图尔纳敏神父(Père Tournemine)努力捍卫本教派的大人物❸所严密论证过的观点。然而,在 1722 年的论战中,他还是败在了《朗格多克史》(Histoire du Languedoc)的作者、本笃派修士维赛特(dom Vaissette)的手上。① 这也就是学者们有关"种族统一论"之爱国主义命题的最后一次严肃的论战了。此前不久,法国的史学界已步入正轨。在关于法兰克人的起源和国籍的问题上,法国史家走出了决定性的一步,从而在明晰程度和准确性方面,把日耳曼的学者们甩在了身后。

1714 年,年轻的尼古拉·弗雷莱(Nicolas Fréret)一举成名。当时,作为法兰西文学院(Académie des inscriptions et belles-lettres)学生的弗雷莱,在学院大会上宣读了有关法兰克人定居于高卢北部之历程的论文。论文的序言中,他宣称:此文不是孤立的,而是他有关法国君主制政体及生活习俗演变的系列研究计划的开端。② 这位新锐学者以可靠的史学方法,解决了——更准确地

---

❶ 莱布尼茨,德国 17—18 世纪著名哲学家、数学家和物理学家。
❷ 阿米尼乌斯,古罗马时代日耳曼的民族英雄,凯鲁斯克部落的军事首领。曾于公元 9 年在条顿森林大破罗马军团。
❸ 此处似指前文提到的,同属耶稣会的拉加里神父。
① Journal de Trévoux, 1716 年 1 月。在有关法国人起源的论文中,作者讨论了法兰克人究竟为来自小亚细亚的泰克托萨季人(Tectosages)之后,还是来自早年迁徙至日耳曼地区的高卢人。参阅 Père Lelong, Fevret de Fontette, Bibliothèque historique de la France. t. II. p. 19.
② 见弗雷莱手稿原件。据商博良-费雅克(Champollion-Figeac,著名考古学家商博良的兄长,历史学家。——译者注)先生的承诺,该手稿将被收入弗雷莱的全集。为此,本人对这位博学的主编深表谢意。

说,了结了——在他之前一直悬而未决的法兰克人起源问题。他的论断可以总结为三点:"一、法兰克人是公元3世纪下日耳曼地区不同民族共同组建的部落联盟。其性质类似于恺撒时期的斯堪布联盟(Sicambres)❶。二、法兰克人既不是一个独立的种族,也不是日耳曼民族全新的一支。因此,寻找他们的后裔,或者探索他们所谓'移民'的足迹,是毫无意义的。三、'法兰克人'一词的词源,与'自由'无关。'自由',于北部地区是一个现代的词汇,在那个时代尚未出现。4—6世纪的原始文献里,都没有该词的使用记录。日耳曼不同部落的方言中,'法兰克'也会被称为'法雷克''法拉克''发朗克',或是'法兰格'。它们都来自拉丁语 ferox 一词,既有褒义,又有贬义的色彩,可以翻译为'自豪''无畏''骄傲'或'残忍'。"①

今天,这些假设已成为史学界的共识;而在当时,却具有颠覆性的意义。它们推翻了有关法兰克人的高卢或日耳曼起源的历史体系,也成功地否定了前人用"自由民"或是"高卢解放者"来解释法兰克人名称来历的做法。弗雷莱的论文从历史的深处推导出这些结论,以简明的方式展现在读者面前。与阿德里安·德·伐鲁瓦粗糙的宏大叙事相较,弗氏的文字无疑是更为清晰和准确的。入侵蛮族的接踵而至、罗马疆界的不断变化、法兰克人签订的协约、法兰克国王与罗马帝国的关系、结盟部落之间的混战、小队人马的探险之旅……那时,4世纪、5世纪高卢历史中的这些片段,有的尚不为人知,有的却过于敏感。而弗雷莱在自己的论文里,率先认可了它们的真实性,并对此展开了开拓性的研究。

论文以鲜明的形式,树立了正确观念的权威性。在它有力的驳斥下,当时仍信徒颇众的一些谬误开始动摇了。然而,在法兰西文学院内部,这篇文章却受到了抵制。更令人诧异的是,文章宣读之后不久,弗雷莱竟被秘札检举,投入了巴士底狱。6个月监禁的具体原因,现在仍不得而知。我们无法猜出文中究竟是哪句话触怒了当时的权贵。不过,这段人生经历,终究使弗雷莱放弃

---
❶ 斯堪布联盟,又称"苏刚布里人",为公元前1世纪日耳曼地区的一支部落联盟。
① *OEuvres de Fréret*, édition de 1798, t. V, p. 164, 203.

了研究法国通史的志向。他毕生致力于古代史的研究，以他的睿智，发展出一门新的学科分支，穿透那遥远的黑暗与混乱。从此，枯燥的早期编年史、民族的起源和迁徙、种族及语言的承续……相关研究首次在理性的基础上建立起来。如果弗雷莱能够充分享有学术的自由，得以完成他年青时代的理想，如果他能够把这种点石成金的神奇能力施于整部法国历史的研究，结果又会怎样？人们想到这点，总是不胜唏嘘。一场有关历史理解和书写方式的革命，在1714年的这几行文字中，就已经吹响了号角：

> 古代史领域那些被奉为圭臬的大家之作，往往致力于刻画风土的细节。而我们的同代人，似乎都已遗忘了这一传统。在此课题中，我所希望倡导的，就是重拾那些被其他学者们所摒弃的细节。[①]

当今时代的史学趋势，新的史学流派的特点，早在120年前，就已经被这位天才所感知了。假如他在自己的年代就能享有与我们现在同样的自由，有关我们的社会起源，以及古代风俗和器物的研究，一个世纪之前就可以发展蓬勃了。

---

① 见商博良－费雅克先生公布的弗雷莱手稿原件。

第二章

有关法兰克人定居高卢的政治性质和后果的论战。——种族不平等的理论。——17世纪学者们的著作。——强权的衰落和路易十四统治的终结。——社会的不安情绪。——费奈隆(Fénelon)的观点和计划。——布兰维利耶(Boulainvilliers)伯爵的理论体系。——一位第三等级政论家的回应。——迪博(Dubos)修士的理论体系。——孟德斯鸠的判断。——孟德斯鸠有关私法的错误理解。——这一错误的后果。

"法兰克人与高卢人同种同源"的神话,正如"日耳曼人解放高卢"的故事一般,已彻底为世人所摒弃,被扫出了法国的史书。"外族征服高卢"的历史事实,终于击退了上述荒谬的传言,从狭隘民族自尊心所主导的无谓论争中突围而出,获得了普遍的认可。那么,这一毋庸置疑的史实,其本质应如何判断?它在政治方面到底有何影响?法兰克人的统治确立之后的数百年中,这些影响的范围有多大?有何后果?如果说日耳曼征服标志着法国君主制的诞生,那么这一事件,在集体记忆、习俗和制度方面,与君主制的发展有何关联呢?18世纪上半叶的人们一直在苦苦探求着这些历史问题的答案。在随之而起的激烈的论战中,布兰维利耶和迪博卷入了战团,而大名鼎鼎的孟德斯鸠也不甘于寂寞。人们试图准确定义"蛮族征服"的性质和影响,从而探索君主制的基本原则。弗朗索瓦·奥特芒别出心裁地称君主制为"国家基本法"。其理论基础,在于假设法兰克人和高卢人之间"天然同盟"的存在。根据此项假设,二者利益相通,享有同样的自由,也同样追求古老的日耳曼式独立。

与其他人文学科一样,史学领域内一些最为重要的问题,并非凭空生出的。在成为公众注意的焦点之前,它们或许早已在某本鲜为人知的书中被提出,然后一直深藏到重见天日的一刻。12世纪末,法国人还天真地相信,特洛伊城(Troye)陷落❶之后,特洛伊人的一支迁徙而来,成为法兰西民族的祖先。人们似乎都已遗忘了高卢人与法兰克人的恩怨。而此时,一位不知名的编年史作者指出了两个种族之间的差异,并声称发现了它对当时社会结构的巨大影响。① 这部史书讲述了法兰克人(或是法兰西人)的一段神奇经历——由于帮助罗马帝国击败阿兰人(Alains)❷的入侵,罗马皇帝瓦伦提尼安(Valentinien)❸免除了他们的赋税。随后,作者补充道:"一朝蠲税,众不欲复征租赋,人不可强之。自是至今,斯人号称'法兰克',取其语'自由民'之意也。我族类中,课税之人,自非法兰克之裔;概为高卢之嗣,败而伏于法兰克人也。"这些言论在当时没有引起任何反响,贵族们也不屑于从中寻找历史研究的题材——这对他们而言毫无意义。高卢人和他们的后嗣,隐藏在历史遗忘的角落,直到3个世纪之后学术界的文艺复兴年代。此时,训练有素的学者们在史学领域强调逻辑性,不得不着手处理高卢人的问题。不过,但凡他们能够在"日耳曼解放论"和"高卢-日耳曼同源论"轻易找到问题的答案,这些精于思辨的学者们也就止步不前了。唯有一位名为夏尔·卢瓦索(Charles Loyseau)的法学家和政论家不同流俗。他不经意间提出的一些观点,为日后新的理论体系奠定了基础。他写道:

> 法国的贵族们自称混杂了高卢和法兰克这两个和睦共处的民族的血统。法兰克人征服了高卢人之后,没有驱逐他们,更没有赶尽杀绝,而是让他们成为臣民。法兰克人始终保有特权,希望独占赋税、武器和土地。他们不愿向领主缴纳分文,也无意捐助国王的大业,一心只想着打仗。而高卢人大多处于某种"半奴役"的境地。②——站在法兰克人的立场上

---

❶ 特洛伊战争爆发于公元前12世纪前后。根据荷马史诗等文学作品的描述,古希腊联军经10年的苦战,终于以"特洛伊木马"的巧计,攻占小亚细亚一带的特洛伊城。
① 此书在阿德里安·德·伐鲁瓦的著作中有提及,见藏于王室图书馆。该书未刊。纪年止于1199年狮心查理之死。(拉丁文部分有删节)
❷ 阿兰人,为古代中亚游牧民族的一支,5世纪以后大量向西欧迁徙,进入高卢和西班牙。一般认为阿兰人是加泰罗尼亚人的族源之一,也是高加索地区奥赛梯人的祖先。阿兰人在中国古代史中被称作"奄蔡"或"阖苏"。
❸ 公元4世纪后期至5世纪,罗马帝国共有三位名为瓦伦提尼安的皇帝。此处指瓦伦提尼安三世。
② *Œuvres de maître Charles Loyseau* (éd. De 1701), *Traité des ordres de la noblesse*, p. 24.

看，既然自己征服了高卢，成为领主，统辖当地的人与物，自是天经地义。我听过所谓"绝对领主"的说法，无论公共权力，还是私人财物，都在其囊中。——在人身权利方面，他们将自由民变为农奴。农奴与奴隶的地位有所区别，近似于罗马时代的"编户之民（censitos ceu adscriptitios）"或"赋税之奴（colonos ceu gleboe addictos）"。其实，这是两种不同的"准奴隶"身份。前者称"死手（gens de mainmorte）"，后者又称"追及（gens de suite）"❶……至于胜利者的后裔，不必受到奴役，也不必听命于领主。专有名词"法兰克"本意即为"自由"。而自由的法兰克人与半奴役的高卢人相结合，变成了今天的法兰西人①……

这些仇视贵族特权的文字，偶尔也散见于其他书籍中，无论在史学界还是在政坛，都没有搅起波澜。于是，种族问题再次沉睡，直至17世纪的末期。

17世纪末期，情势有利于新的法国史理论的产生。这一理论注定会比弗朗索瓦·奥特芒的体系更完整，更知性。此时，大量内容翔实的巨著面世，其辉煌程度堪与路易十四时代的文学作品比肩。只要研究者足够勤奋，就有机会接触到中世纪大部分史料，尤其是法令、公法及私法的文书。这在前一个世纪还是不可想象的事情。这些史料被史学家们汇编成册，加以澄清和评述。他们的名字可以列一份长长的名单：迪谢纳（Duchêne）、皮图（Pithou）、迪皮伊（Dupuy）、圣马特（Sainte-Marthe）、拉伯（Labbe）、西尔蒙（Sirmond）、迪康热（Du Cange）、马比荣（Mabillon）和巴鲁兹（Baluze）。从另一角度来看，路易十四漫长的统治曾经如此荣耀，万民敬仰；而他政治生涯末期，法国国力开始走下坡路之时，思想界也随之发生了剧烈的震荡，各种不同的政治观念纷纷浮现。40年中，❷各派政治力量和各种民族主义的情感，曾以惊人一致的顺服和狂热，拜倒在王座之前。而17世纪末期，随着民众生活的恶化，失望普遍蔓延，社会的分裂开始显露端倪。法国国民被西班牙王位继承战折腾得精疲力

---

❶ 此处"死手""追及"二词，分别来自中世纪领主对农奴的两项权利——死手权与追及权。前者指领主有权在农奴死后回收其土地，并向继任者收取租赁费用；后者指领主有权追捕逃亡的农奴。

① *Œuvres de maître Charles Loyseau*（éd. De 1701）, *Traité des ordres de la noblesse*, p. 13.

❷ 此处的40年，应指路易十四政治生涯巅峰期，大约从其1661年亲政时算起，直至17世纪末期。

竭,厌倦了在"王家利益即民族利益"的论调下继续充当君主野心的工具。①反感情绪到处开始苏醒——虽然尚比较克制,不为人所轻易察觉。不同社会等级和阶层,出于对现实的不满,纷纷转向在政治传统或改革方案中,寻求对美好未来的希望。昔日备受尊崇,曾被视作"全民偶像"的路易十四的王权,开始为大多数贵族所冷落;各级法院渐生独立之志,而民众亦常怀轻慢之心了。② 王室一些成员也向年迈的君王提出了批评的意见和中肯的建议。他的孙子在作为王储期间,就接受了反专制主义的道德训诫,习得了一些政治原则;对国家而言,某些准则更凌于君主的个人意志之上;国民有权参与公共事务的管理。③

以上的格言警句,都出自费奈隆之口。1689 年,费奈隆被任命为太傅,执掌勃艮第公爵❶的教鞭。他把这份工作视为一项崇高的政治使命。当时,绝对君主制已是风雨飘摇。费奈隆希望能以立宪政府和议会取而代之。他认为:凡事需有法度和节制;未经征询全民的意见,绝不可贸然置国家民族于险境。④ 以上思想,正是他教诲学生的宗旨,也是他在文集中反复论证的主题。许多文章都反映出他对民族悲惨命运的深切关心。费奈隆呼吁赋予民众以久违的自由,重建法制、秩序,创造真正的辉煌。他提议重新召集三级会议,作为拯救国家的良方;条件不成熟时,可以先以权贵会议为权宜。⑤ 这位伟大的思想家既相信人类的自然权利,又相信历史的力量。他制订了一个全面研究法国的宏大计划,准备作为教育王储之用。由此,他需要博古而通今——传统的风俗与制度,对他而言,与产业发展和国家富强同等重要。费氏以年轻的王储

---

① 参阅米涅(Mignet)编著的外交文书合集《路易十四时代西班牙王位继承谈判》(*Négociations relatives à la succession d'Espagne sous Louis XIV*)开篇的一些文档。
② 参阅费奈隆给路易十四的信件,*Œuvres*, t. III; p. 441, édition du Panthéon littéraire。
③ 参阅 *Œuvres politiques de Fénelon* 及 M. Villemain, *Discours et mélanges*, I. vol. 1856, Notice。
❶ 此处,勃艮第公爵为路易十四的孙子路易·德·法兰西(Louis de France),曾为王储。早逝之后,其子继任王储,即日后的路易十五。
④ *Lettre au duc Chevreuse*, *Œuvres de Fénelon*, t.III。
⑤ 有关政府改革的方案,费奈隆在向勃艮第公爵提出建议之前,曾与舍伏霍兹公爵协商。*Lettre au duc Chevreuse*, *Œuvres de Fénelon*, t.III. p.446。

之名,恳请王国的督办官们(intendants)❶提供有关其治下地区昔日风俗及政体的完备历史细节。① 他似乎也曾提请某些学者从事历史政论家的工作,研讨法国社会与王权的起源及发展。回应者确有其人,但多为宗教团体的成员,不在方家之列。他们往往囿于学科内部的研究,对政治利益和公众意见,漠不关心。而我们马上要谈到的布兰维利耶伯爵,同样不是一位大公无私的爱国主义者。事实上,他见识平庸,只是一味关注贵族的利益和愿望。

这位作家本人的名气,倒是比他的作品更为人所知。他出身名门,对家族的声望颇为自豪,早年投身于历史研究,致力于专研本家族的头衔、联姻和各类逸闻趣事。弄清了家族史之后,他又本着同样的想法,继续博览群书,转攻国史。很快,伯爵开始关注巴鲁兹编纂的墨洛温及加洛林两朝的法律条文汇编。在某些问题上,他的观察结果也不无洞见。他了解到日耳曼民族的自由习俗之后,为之痴迷,将其视作法国贵族的古老权利和世袭特权。几个世纪以来,人们放弃了自由的权利——氏族内部的审判权、血亲复仇权,以及向国王的宣战权。对旧日这些权利的想象给他带来巨大的愉悦。在他看来,即使不能将其一一恢复,至少也应该在历史的书写中,给予其崇高的地位。在一本未刊的著作中,他无畏而自豪地疾呼:"现代社会的巨大悲剧,过去的人们无从想象!现代社会的巨大悲剧,在于人们非但不怨恨自己所遭受的奴役,甚至还渴望披上枷锁!"②不过,在强调贵族相对于王权之自由的同时,他对中世纪农民被奴役的地位却无动于衷。总之,于古于今,他都坚信:贵族生来平等;而他们与第三等级之间,隔着难以逾越的鸿沟。他的史学体系就是在这种观念的框架下建立的。以下,我将尽量引用原文,展现该体系的基本要点。

对高卢的征服,正是法国当下社会结构的基础。目前的政治体系和我们的基本权利,都可以追溯到这一事件。——作为高卢的征服者,法兰克人建立了政权;至于被征服的高卢民族,生存状况略好于遭受罗马奴役

---

❶ intendant 一词,国内译法甚不统一,有"总督""监察官""督政官""钦差大臣"等。在陈文海《权力之鹰:法国封建专制时期督办官制度研究》(吉林大学出版社,1999年版)中有相关讨论及辨析。此处从陈译。
① 这一要求于1695年提出。各督办官的回信可见于王家图书馆手稿室,后编为对开本17卷。
② *Journal de Saint Louis* 序言,阿森纳图书馆(Bibliothèque de l'Arsenal)馆藏手稿。B. L. F., n° 131。

的时代,但仍未获得绝对的自由。他们毫无政治权利,也只能享受极为有限的财产权,在征服者的号令下耕种和劳作。——高卢人从此成为臣民,而法兰克人成为领主和主宰。自从征服高卢以来,只有法兰克人的后裔才是贵族,才有资格是真正的贵族。——法兰克人一律自由、平等。他们都是兄弟。克洛维是一支自由之师的统帅。这支队伍推选他作为战斗的指挥官,而战利品都是共享的。——只有法兰克人的后裔,才是王国真正的贵族。他们享有一系列特权:免税;私人产权;共同裁断同侪法律事务的权利;对领地内高卢居民的司法权;使用武器进攻或自卫的权利;以及在民族的全民大会上,就各类问题议事及投票立法的权利。①

全民大会的权力,随时代而异,一般也不能涉及一切领域。在查理·马特统治的二十二年中,大会曾被取消。查理大帝恢复了该制度,将这项无可争议的自然权利交还法国民众。——查理曼治下,全民大会负责制定法律,监督政府,任命文武官员,决定缔约和宣战;此外,它对重大司法案件——诸如谋杀、谋反和叛乱等——享有无条件的最高裁判权,即使王室与皇室,也不得豁免。由此,大会的权力成为定制。——加洛林王朝末期,王国四分五裂,真正意义上的全民大会或谓议会,不复存在。于格·卡佩的加冕和加洛林王室的废黜,绝非全民大会所为。事实上,如若民众议事的体制仍存,王位断不能传于根本不具资格的家族。②

于格·卡佩僭位之后,查理曼的旧制,只有采邑内的治安体系一项,由于在加洛林王朝末期得到巩固,继续保持了活力。——此时,贵族之间仍然保持着平等的地位。他们是王国内真正有地位的人物。只有他们,才能担任公职,才能充任王室成员的幕僚,才能掌握财务大权。只有他们可以调度军队——更确切地说,只有他们才有入伍的资格。——如今,职衔已是习以为常的事物。而那时,人们对此还觉得陌生,法国人完全无视王室成员的存在,与国王的血缘关系也不意味着任何社会地位。——这

---

① Histoire de l'ancien gouvernement de la France, avec 14 lettres historiques sur les parlements ou Etat généraux, t. I. p. 21, 24, 29, 33, 38, 40, 57, 59, 61, 245, 322,及其他多处。
② Histoire de l'ancien gouvernement de la France, etc., t. I, p. 210, 214, 215, 217, 221, 224, 286, 291.

一状态,随着君主制历史上两大事件的发生而彻底改变。——第一个事件,是遍布法国城乡的大量农奴的解放。他们或是当年被征服的高卢民众,或是因各种意外而沦为社会底层的不走运者。——其次,农奴们无法无天,反抗昔日主人的社会运动,愈演愈烈。六百年来,低贱的平民们被国王解放,甚至获得贵族的头衔,逐渐僭居国家的各类要职。贵族本应继承征服而得的所有特权,现在却不得不将其一一拱手相让。①

卡佩王朝的历任国王,似乎都遵循着事先制订的计划,致力于贬损和破坏国家传统的律令和基本法。他们无一不希望打击贵族,奴役国民,实施其绝对权威和专制统治。——腓力·奥古斯都(Philippe Auguste)❶着手于废除采邑内的治安体系,取缔骑士原先的权利。美男子腓力(Philippe le Bel)❷借助阴谋和武力,继续实施这一计划;而路易十一(Louis XI)❸基本摧毁了传统体制。——他们的后继者本已基本达到预期的目标,红衣主教黎赛留(Richelieu)和路易十四却仍希望更进一步。短短五十年中,他们的所作所为,又胜过了以前十二个世纪所有君王的总和。②

贵族体制具有两面性:针对王权,它展现了民主的一面;而转向大众时,它又显得盛气凌人。希望简单而全面地概括这一体制,显然过于冒失了。布兰维利耶伯爵的两部大作——《法国旧制史》(l'Histoire de l'ancien gouvernement de la France)和《议会史事信札》(Lettres sur les parlements),正是致力于展现并描述它的历史。在作者生前,大作的手抄本已广为流传,但直至他去世5年之后的1727年,才得以刊印成书。书中确实不乏吸引公众注意力的观点,强烈搅动着时人的灵魂。这套有关法国历史的新颖理论,再次展示了人们对政治

---

① Histoire de l'ancien gouvernement de la France, etc., t. I, p. 291,309, 310, 316, 322 ; t. II, p.1.
❶ 腓力·奥古斯都,又作"腓力二世",卡佩王朝国王,1180—1222年在位。以对外扩张,对内强化君主专制政体而闻名。
❷ 美男子腓力,又作"腓力四世",卡佩王朝国王,1285—1314年在位。其任内,教廷被迫迁至法国阿维尼翁,是为"阿维尼翁之囚"。
❸ 路易十一,伐鲁瓦王朝国王,1461—1483年在位。任内大体完成法国统一。因善于玩弄权术,被称为"蜘蛛王"。
② Histoire de l'ancien gouvernement de la France, etc., t.I, p. 191, 210, 291, 352; t. III, p. 135, 152.

自由的本能追求。然而，它同时触发了两种对立的情感：作者在对一部分人极尽歌颂之时，又伤害和激怒了另一个社会群体。与奥特芒简单幼稚的理论相比，伯爵的史学体系，无论在分析力、洞察力，还是在历史基本问题和敏感问题的鉴别力方面，都显然更胜一筹。它讨论了一些重大问题，并对国民进行了重要的划分。"法国存在两个种族"的论调，在伯爵的时代之前，应者寥寥；现在，却被他高声喊出，振聋发聩。有关12世纪以前的法国历史，布兰维利耶理论体系最大的硬伤，在于他完全忽略了足以证明高卢-罗马社会形态在蛮族统治期间仍延续存在的史实。此外，他对"日耳曼人征服高卢"这一事件的性质及后果的判断，完全出于肤浅的逻辑推理，而不是来自对史料的细心研究。这就导致了他观念的错谬。至于12世纪之后的历史，这位政论家倒是更为了解，但他的判断，却未必更具见地。他清晰地看到了法国社会的变迁，以及王权在变迁中扮演的角色；然而，他的结论充满了偏见，表述也漏洞百出。吊诡的是，这一切却开辟了通往事实真相的道路。他的体系，是对历史潮流的叛逆，是对现代文明的发展趋势无力的抗诉。不过，无论如何，正是他，首次揭示并强调了这一趋势的存在。

在布兰维利耶伯爵的第二本著作中，涉及14—15世纪三级会议历史的内容，比其他部分研究得更为细致，也更为客观和完整。在那个时代，这是一项开创性的工作。因此，它也成为此后许多同类论文的参考文献或研究对象。在史料的完整性方面，它至今都未被超越。对该主题的浓厚兴趣，似乎使作者暂时忘却了对贵族命运的一贯关怀，从而踏上了更为宽阔的学术之途。这一问题上，布兰维利耶伯爵没有一味坚持"贵族权利至高无上"的荒谬理论，而是描绘了国家政权内部不同社会阶层之间的激烈角逐的生动图景。这是一项真正的史学研究工作。它展现了三级会议制度与绝对主义君主制之间的对立，也揭示了令人起敬的全民大会与锱铢必较的高等法院在参政方式上的差别。布氏是三级会议制的拥趸。他的努力不仅限于著述，也体现在其行动中。路易十四去世之后，伯爵在向摄政王①提交的多篇论文里，都强烈建议召开三

---

① 此处，摄政王指奥尔良公爵，曾于1715—1722年之间，以辅佐年幼的路易十五之名，治理国家。

级会议。他之所以享有盛誉,凭借的是其政论,而非其史学体系。作为一名贵族,他一直梦想着把自由变成贵族的专利,希望由他们制约国家的权力;但是,在三级会议问题的看法上,他还是要高出其他贵族一筹的。

没有多少贵族乐于从布氏的新理论中萃取早已消磨百年的独立传统。不过,他们似乎都乐意——或者大都乐意——认祖归宗到法兰克人那里,并且坚信自己的贵族地位来源于日耳曼征服。贵族集团膨胀的自豪感,不仅流露于他们的历史书写中,也潜伏在每个成员的心里。他们深信布兰维利耶罗列的史实,认为身边的法官群体、新贵阶层和整个第三等级中,充斥着奴隶的子孙——这些奴隶之所以能获得自由,如果不是通过旧主的恩赐,就是借助偶然的机遇,甚至叛乱的手段。显然,若因气质禀赋或个人利益,他们无法接受布兰维利耶偏于共和派的思想时,自然会将其弃若敝屣,而仅取布氏理论体系的另外一面。圣西门(Saint-Simon)公爵❶就是如此。在那部令人称奇的回忆录中,他用了数页的篇幅,讲述了一个可以支持自己观点的改良版本。他不再宣扬所有法兰克人之间的平等和集体主权,而是强调国王权威的存在。法兰克国王,是高卢唯一的征服者;他根据战士的职衔、军功和忠诚,将征服的土地分配给他们。他写道:"贵族由此而生。他们是国家政权唯一的构成者。贵族集团的成员,在被称为'贵族'之前,享有'战士'的名号。而被征服者又称为'农奴',只能绝对服从。"①以此观点为基础,他进一步论述了平民阶层特性的起源和三级会议的构成。这时,他的文笔滞涩而混乱,全无描述时代面貌时呈现的流畅风格,充分暴露了他对相关领域的生疏。

布兰维利耶的观点曾风靡一时。不过,即使他的理论完美无瑕,也必将触怒不少人,招致激烈的反对——更何况,这一体系本身也不是无懈可击。几个世纪以来,第三等级的力量日渐壮大,并未过多介怀于自己的出身。他们日益强势和富足,越来越多地跻身政界要职,引人注目。历代诸王治下皆是如此,路易十四一朝亦不例外。自然,他们无法接受有人以"史学"之名,贬损他们

---

❶ 圣西门公爵(1675—1755),法国贵族,作家,以回忆录而闻名。现有其二十卷版回忆录传世,共数百万言,号称"文学史之典范"。

① *Mémoire du duc de Saint-Simon*, t. II , p. 367.

昔日的地位。于是,第三等级或愤怒,或理性地痛斥布兰维利耶的理论,其激烈程度远远超出了人们的预期。1730年,已颇流传了一段时间的《来自鲁昂法院一位顾问的信件》手写稿刊印成书。匿名的作者宣称:有人刻意贬低国民的大多数,借以抬高区区三四千人的荣耀地位,这是令人愤怒的。如他所言,他希望能使贵族回到市民的行列中,让他们成为兄弟,而不再是主仆。①这位作者面对贵族的学术翘楚拍案而起,不无自豪的神气。可惜的是,他并未能够在辩论中充分展现自己的博学;而且,他过于天真地信任所谓"资产阶级的传统与观念",全无质疑。他在论战中的这一姿态,如实地反映了第三等级上层的观念、愿望和喜好,以及他们本性中的优点和缺陷。我们也不难感受到他们对身份平等和财富的追求,看到他们厌恶来自血统的特权,却对来自金钱的特权毫不避讳。②

以上,我们谈论的是作者的政治观念,而他的史学观念主要基于法国城市的自由权利。他列举了许多未曾间断市政体制的法国城市——它们或处于法国南部,或处于北方,从未抛弃过继承自罗马时代的权利。作者试图证明:对大城市的居民而言向来没有亟需挣脱的人身依附关系;他们所努力抗争的,是事实存在的压迫和领主司法特权的束缚——这种斗争,本来就是城市自治的特许状所赋予的权利。作为结论,他要求恢复中世纪市民的法律及政治自由,呼吁第三等级因其与贵族同等的富裕、礼貌、慷慨,甚至同样的铺张,而获得荣耀。③ 这一系列的观念和事实,自然使他将罗马文明的遗产视作法国历史的唯一根基。他力图在法国的旧体制和旧习俗中尽可能剔除日耳曼的因素。在这方面,不可能有人比他更加彻底和无畏了。在他眼中,贵族和骑士号称来自"墨洛维(Mérovée)的大营",❶纯属想象;他们自称法兰克人后裔的说辞,即使被当作笑料来看,都有些无聊,不够巧妙。在这位18世纪的匿名政论家的檄文中,嘲讽的笔触有时又带着一丝莫名的忧伤,让我们听到他的不无遗憾的一

---

① *Lettre d'un Conseiller de Rouen au sujet d'un écrit du comte de Boulainvilliers*, Mémoires de littérature du Père Desmolets, t. IX, p. 115, 188.
② Ibid. t. IX, p.125, 及其后内容。
③ Ibid. p. 203, 220, 221, 224, 229, 231, 233, 236, 248, 249, 251.
❶ 墨洛维,法兰克王国开创者克洛维的祖父。墨洛温王朝以其而得名。

声浩叹。作为西阿格里乌斯(Syagrius)❶和阿波利奈尔(Apollinaire)❷的后人,他写道:"我痛苦地涉过淹没高卢的法兰克蛮族洪水。它掀翻了曾以人道与公正实施统治的罗马法律,代之以无知、贪婪和野蛮。多么遗憾!在这个国家的城市和乡村执法的人,是蛮族的伍长,而不是罗马的十夫长!⋯⋯"①

市民阶层的文笔或激烈,或平淡,或犀利,或温和,但终究给人不够沉稳的感觉。然而,在这些类似俏皮话的文风中流露出的情感,毕竟默默孵育出一位成熟的天才的灵魂。这位思维敏锐而缜密的天才,就是让-巴蒂斯特·迪博(Jean-Baptiste Dubos)。迪博是著名的文学家和政论家,曾任法兰西学院终身秘书长(secrétaire perpétuel)。他着力所在,不仅是推翻布兰维利耶的史学理论,而是要将整个有关日耳曼征服的理论体系连根拔起。以此为目的,他撰写了一部有关法兰西民族起源的著作。在当时,这无疑是相关领域内的最杰出的作品。直至今日,我们读到这本题为《高卢地区法兰西君主制确立之史评》(l'Histoire critique de l'établissement de la monarchie françoise dans les Gaules)②的巨著,仍然兴味盎然,且不无收获。该书作者以渊博的见识,做出逻辑缜密的论证。其基本思想可概括如下:

> 法兰克人对高卢的征服,纯属历史虚构。法兰克人以罗马人盟友的身份进入高卢,而非罗马帝国的敌人。——罗马皇帝授权法兰克国王管理高卢地区。因此,国王继承罗马皇帝对高卢的权力,有正式的法律文本可依。——在法兰克人统治时期,国家的治理方式、各阶层的社会地位、法律与政治秩序,与罗马时代别无二致。——在公元五世纪至六世纪,既然不存在敌对的民族,自然没有某一种族对另一种族的统治;而高卢人被奴役的地位,更无从谈起。——四个世纪之后,统一的王权分崩离析,君主封授职位的制度被封建割据取代。这些变化所产生的后果,倒是与外

---

❶ 西阿格里乌斯,法兰克王国兴起时高卢地区的罗马统帅,486 年在苏瓦松大败于克洛维。
❷ 阿波利奈尔,又译作阿波利纳里斯,古罗马末期著名诗人,生于里昂。文中此处将其与西阿格里乌斯并提,概代指帝国末期的高卢-罗马人。
① *Lettre d'un Conseiller de Rouen au sujet d'un écrit du comte de Boulainvilliers*, p. 253.
② 该书第一版刊印于 1734 年,第二版刊印于 1742 年。

族入侵无异。从此,在国王与民众之间,森严的等级制度确立,高卢的确像一个被征服的国度。①

这样,日耳曼征服及其影响,从公元5世纪挪到了公元10世纪。在这个历史的戏法里,作为布兰维利耶理论体系之基础的"征服者特权"彻底失去了依据,继续讨论其价值及范畴,已显得毫无意义。另一方面,法兰克人在高卢定居的历史,在此完全洗去了野蛮与暴力的色彩;君主制和市民阶层一样,都是古代罗马社会体制的自然延伸;而作为贵族起源的封建制度,却必须背负一切历史的罪责。

迪博的父亲是博韦(Beauvais)❶的商人,曾任该市市长。我们不妨大胆推论,他著作的基本框架和其中隐秘的思想,应该与他市民阶层的家庭传统是不可分割的。有一点可以肯定:迪博的行事方式,很大程度上得益于他在公法方面的造诣,及其在外交方面的智慧。他曾深入研究对外政策及国际关系,并多次出使他国宫廷,成功完成了一些棘手的外交使命。无论在著作中,还是在职业生涯里,迪博都展现了灵活的头脑。他乐于从攻守同盟和谈判签约的视角考虑历史问题。他的史学体系,正是建立于政治交易的理论基础之上。一番寻觅之后,他找到了罗马人与法兰克人结盟的理由,随即大胆地推断:基于睦邻关系和共同的利益,他们之间的同盟不仅存在,而且从未间断。在历史学家、地理学家、诗人或是颂歌作者的作品中,他苦苦搜集散落的证据,甚至不惜篡改、误译,或是牵强附会。他使用,或者说滥用了各种有利于自己结论的零星边角史料。然而,即使在最出格的地方,他仍然保留了职业外交官的个性习惯,带有几分克制、耐心和循循善诱的姿态。至少从表面上看,他的论证还是颇具说服力的。读者们很容易被绕进一张证据之网——虽然不够严肃,却纷乱繁复,令人目眩神迷。他想当然地用近代欧洲列强间的国际关系,来理解罗马帝国与蛮族的关系,认为二者相差不远。于是,在5—6世纪的真实历史之上,他构想出了一部法兰克、罗马和所谓"阿莫里卡联省共和国(république des

---

① *Histoire critique de l'établissement de la monarchie françoise dans les Gaules* (éd. de 1742), t. I, Discours préliminaire, p. 3, 22, 59, 60; t. IV, p. 43, 289, 416-420.

❶ 博韦,法国北部城市,位于今皮卡第大区。

provinces armoricaines)"❶之间的外交史。在他的书中,从 3 世纪末直至查士丁尼(Justinien)❷统治时期,主要来自虚构和假设的"事实链"占据了大量篇幅,现简单展示如下:

  法兰克人定居莱茵河畔期间,与罗马人签订了最早的,也是最为重要的同盟协议。从此,两个民族长期和睦共处。这一友谊,可以类比路易十一以来法国与瑞士的良好关系。——罗马从未向整个法兰克民族宣战。事实上,不少法兰克人时常拿起武器,捍卫罗马帝国的利益,对抗违背和平誓言的同族。——对罗马人而言,长期与法兰克人结盟,好处显而易见。法兰克人定居边境,成为帮助帝国抵御蛮族入侵的屏障。因此,帝国政府不吝向法兰克首领授予各种殊荣。——同盟协议多次续签:五世纪初期,斯提利科(Stilicon)以霍诺留(Honorius)皇帝之名续签协议;❸450年前后,埃提乌斯(Aétius)❹以瓦伦提尼安三世之名续签协议;460 年前后,高卢-罗马人厌恶李希梅尔(Ricimer)的暴政,摆脱意大利的统治,埃吉迪乌斯(Aegidius)❺再度与法兰克人续约。——法兰克国王希尔德里克(Chilidéric)被安提米乌斯大帝(Anthémius)❻任命为高卢自卫军首领(maître de la milice des Gaules)。其子克洛维登基之后,也继承了这一头衔,继续将罗马的官职与法兰克的王位兼于一身。——509 年,阿纳斯塔修斯大帝(Anastase)❼任命克洛维为执政官(consul)。这一职务使他获得了与其业已拥有的军事权所等同的民事权。从此,他成为高卢实际意义上的统治者,高卢境内罗马人的保护者和领袖,也是罗马帝国抵御哥特人

---

❶ 该共和国纯属迪博虚构,在历史上从未存在。阿莫里卡(Armorique)地区,一般指法国西北部,自布列塔尼至卢瓦尔河谷一带。
❷ 查士丁尼,东罗马帝国皇帝,在位期间为 527—565 年。在位期间,四处征讨,为重建罗马帝国昔日的辉煌做出很大努力。
❸ 霍诺留 393 年登基,为罗马帝国东西分治之后西罗马帝国首任皇帝。由于幼年登基,国内军政要务由大将斯提利科主持。
❹ 埃提乌斯,西罗马帝国后期重要军事统帅,多次率兵击退匈奴及蛮族入侵。
❺ 埃吉迪乌斯,西罗马帝国驻守高卢北部的将领,由于不满权臣李希梅尔操弄政局,拥兵自重。死后由其子西阿格里乌斯继承领地。
❻ 安提米乌斯,西罗马皇帝,467—472 年在位。
❼ 阿纳斯塔修斯(拉丁文 Anastasius),东罗马皇帝,491—518 年在位。

与勃艮第人的统帅和战士。——540年前后,其子希尔德贝尔(Childebert)、克洛泰尔(Clotaire)和其孙提奥德贝尔特(Théodebert),通过查士丁尼大帝的正式授让,获得了对整个高卢地区的绝对权柄。①

这一授让行为,名气很响,其实不过是把法兰克的势力范围延伸到了东哥特人已经撤出的高卢南部地区而已。❶ 但它毕竟为迪博构筑的华屋之宇加上了美丽的装饰。至此,迪博放弃了叙事,专注于立论。著作的最后一卷是结论部分,也是全书中最引人入胜的章节,作者在此清晰地表达了自己的见解和主张。他在此卷中展现了公元6世纪及其后300年的高卢地区的社会全景图,用娴熟的技巧,厘清了新理论体系所需解决的一系列问题。这一卷里,迪博集中罗列了他所有的政治主张,使其能够互相支持印证:

墨洛温与加洛林两代王朝的统治,作为罗马帝国皇帝权柄的延伸,是绝对的君主专制,而非贵族政制。——这两代王朝期间,高卢人仍然享有罗马时代的权利,完全保留了以前的社会地位。——高卢地区的每个城市均保有市政议会和自卫武装,有权管理自身的事务。——法兰克人和高卢-罗马人的法规习俗有所不同,但可以平等共处。——二者有同等的机会获得公职,税收方面也是平等的。②

迪博一度被视作布兰维利耶伯爵的强劲对手。随着时间的推移和历史观念的发展,人们可以更清晰地甄别出他的推理和假设中所兼有的夸张与合理的因素,荒谬与真实的成分。所谓"法兰克人和平进入高卢"的神话,以及"兼具罗马政体及近代政制特征的高卢-法兰克君主制"的假设,都不再为人所认可。不过,他为证实自己观点而搜索证据的努力,毕竟为史学开辟了新的道路。在同类著作的创作过程中,政治方面的热情,是对作者的科研和探索精神的有力鞭策。在某些问题上,这种热情或许会遮蔽他们的智慧;而在另外一些问题上,它又会开启甚至刺激他们的才智。它会提供一些不同的视野和猜想,

---

① *Histoire critique de l'établissement de la monarchie française dans les Gaules*, liv. II, III, IV et V. passim.
❶ 东哥特王国于公元5世纪下半叶取西罗马帝国而代之。但其势力范围主要限于亚平宁半岛,基本放弃了对高卢地区的统辖。
② *Histoire critique de l'établissement de la monarchie française dans les Gaules*, liv. VI, chap. I, II, VIII, IX, X, XI, XIV et XVI.

有时,甚至能带来灵光一现的天才念头——那可是枯燥的学术研究和一味追求真相的热忱所无法引向的地方。无论如何,我们都应该承认:迪博是第一位热情而耐心地关注着我们祖先的罗马起源的人。在一些平淡无奇的传统中,他发现:古代公民社会的习俗,在蛮族统治时期,仍然顽强地生存着。正是他,首次将这一重要的历史事实,纳入史学的范畴。不夸张地说,萨维尼(Savigny)❶有关罗马法之生命力的精致学说的源头,就是迪博的这部《高卢地区法兰西君主制确立之史评》。①

该书在政治和文学领域,都获得了巨大成功。时人将其列为对付贵族政制"毒液"的"最佳解药"。如果说历史是一门安静而公正的学科,本笃会(bénédictins)的教士在这一领域是颇负盛名的。迪博的作品给他们同样留下了深刻的印象。作为《法国与高卢史学家全集》❷这一巨著的首位编者,布凯修士(dom Bouquet)对迪博的创新观念便推崇有加。②孟德斯鸠(Montesquieu)着手其不朽名著——《论法的精神》(l'Esprit des lois)时,也涉猎了法国历史的基本问题。此时,两大对立的理论体系聚焦了社会各界的信念和热情。迪博去世不久,而布兰维利耶伯爵辞世也20余年了。③然而,此二人已成为两大政治及史学理论的象征,如同盘踞在旧日的废墟上的两个魂灵,各自试图阐释历史的规律及其对当代的影响,但观念针锋相对。他们的神奇力量,将世人分割为不同的阵营。这使孟德斯鸠不得不认真研究他们,并对他们发表评述。他写道:

> 布兰维利耶伯爵和迪博神父各自建立起一个理论体系:一个像是对第三等级的诅咒,一个像对贵族的诅咒。当太阳神将马车借给法厄同

---

❶ 萨维尼,19世纪德国著名法学家,以罗马法体系的研究而著称。
① 参阅萨维尼《中世纪罗马法史》(Histoire du droit romain au moyen âge),由夏尔·格努(Charles Guenoux)先生于1830年译自德文原著。
❷ 《法国与高卢史学家全集》,以拉丁文原名 Rerum gallicarum et francicarum scriptores 而传世,为一部法国史学资料的汇编。18世纪本笃会修士布凯开始编撰工作,至1904年结束,凡24卷。
② 在《全集》前两卷页面下方的大量脚注中,《高卢地区法兰西君主制确立之史评》的作者有时会被不无敬意地提及,并总是冠以"最为博学之迪博神父"的尊称。
③ 后者于1722年去世,迪博1742年去世。而《论法的精神》刊印于1748年。

(Phaéton)驾驶时,❶他告诫道:你若升得太高,将焚烧天庭;你若降得太低,大地将化为齑粉。不要过于靠右,否则将驶入巨蛇星座;也不要过于靠左,否则将驶入天坛星座。最好在两者间取其中。①

这一评价优雅宽容,意味深长,但过于轻描淡写,不足以呼应论题的严肃性。《论法的精神》的作者自然希望更明确地臧否两大对立的体系,清晰表述自己的观点;不过,他并未做到绝对公允:他对布兰维利耶的偏好和宽容程度,显然要大于迪博的体系。当然,布兰维利耶研究过的国民政治权利、议会、立法权等一系列问题,都是囿于罗马传统的迪博所未曾涉及的。此外,布兰维利耶思想中勇敢果决的成分,及其对自由人和贵族身份的自豪,都符合孟德斯鸠的品味。更何况,孟德斯鸠固然是天才,但恐怕也难免怀有出自贵族阶层的偏见,对类似的观点自然赞许有加。由此,在他笔下,对伯爵充满了善意的回护:

  他的著作毫无文学的修饰;而且,由于出身于贵族家庭,他习惯于在书中用古代贵族纯朴、率真而坦诚的口吻说话。所以,每个人都能看出他的大话和他所犯的错误。对此,我就不再一一核查了。我只想说,他的智慧多于他的学问,而他的学问又多于他的知识。但即使如此,他的知识仍不容小觑,因为在我国的历史和法律方面,他还是所知甚多的。②

然而,面对平民出身的迪博,孟德斯鸠就变得一丝不苟了,他作为著名批评家的睿智充分彰显,毫不容情。孟德斯鸠在迪博的著作中,一眼就看出了所有草率、错谬和难以理解的地方,看出了缺乏根据的假设、轻率的推理和错误的结论。他把自己所见写为精彩的一章,发起猛烈的口诛笔伐。我想在此大段引用其原文。要知道,在这个枯燥课题的漫长研究中,我们被迫阅读大量典型的平庸甚至恶劣之作,去追索某些观点的踪迹,往往还需要捕风捉影。终于遇到了在思想和文字方面均具有生命力的篇章,何其幸哉!

这部大作(《高卢地区法兰西君主制确立之史评》一书)曾诱惑过许

---

❶ 根据希腊传说,法厄同为太阳神之子。他向父亲借得马车驱驰玩乐,但马车失控,给人间造成灾害,被宙斯击毙。
① *Esprit des lois*, liv. XXX, chap. X.
② *Esprit des lois*, liv. XXX, chap. X.

多人。它的成功,首先可归因于作者高超的写作技巧。人们喜欢它,因为他们热衷于通过阅读来想象不确定的事物;书中越是缺乏证据,他们就越发认为大有可能;无数猜想被当作论据,他们又借此推理出其他的猜测,作为结论。为了让自己相信书中的内容,读者刻意忽略了当初的疑窦。作者展现渊博学识的领域,并不在自己的理论体系之内,而是在其外。于是,人们的精力被他转移到一些细枝末节之上,舍弃了对真正重要问题的关注……如果迪博的体系有确凿的证据支撑,他也就不必用篇幅骇人的三卷巨著来证明了。设或如此,他应该已经在主题中找到了一切答案,而不必东拉西扯,四处找寻些风马牛不相及的证据。理性本身会把一条真理纳入其他所有真理构成的链条中。如果他的假设真能成立,历史和我们的法律早就会告诉他:"别这么操心了吧,让我们来为你作证。"①

迪博阁下希望彻底清除有关"法兰克人征服高卢"的看法。以他之见,我们的国王们不过响应各民族的呼吁,前来取罗马皇帝而代之,继承了罗马的权柄。当然,这种说辞既不适用于克洛维进入高卢洗劫城市的时代,也不适用于他击败罗马将领西阿格里乌斯,并夺取其领地的时期。或许,它仅能被用来描述这一时段:克洛维通过武力成为大部分高卢人的主宰之后,获得了各族民众的"选择"和"爱戴",被"请求"统治高卢的剩余地区。仅仅证明克洛维被民众所接受,那是远远不够的;必须证明,是民众在召唤他!迪博阁下应该证实:与罗马人或罗马法的统治相比,民众更乐于在克洛维的统治下生活。然而,依据迪博本人的说法,在未曾遭受蛮族入侵的高卢地区,生活着两类罗马人:一类为阿莫里卡联邦的公民,他们赶走了帝国的将领,自己抵御蛮族的入侵,自行立法并自治;另一类则听命于罗马帝国的军官。那么,迪博是否能证明后一类罗马人召唤过克洛维呢?当然不能。而他又是否证明了阿莫里卡共和国的民众曾召唤过克洛维,并与他缔结过某种契约呢?答案仍是否定的。迪

---

① *Esprit des lois*, liv. XXX, chap. XXIII.

博试图描述该共和国自霍诺留时代直到克洛维征服的整部历史，并以精妙的笔法讲述了这一时期的所有历史事件。但是,他却连这个共和国的存在都无法证实，更不必说揭示其命运了。其实，在汗牛充栋的历史著作中，共和国仍是不可见的……①

（迪博声称）法兰克人是罗马人最好的朋友。那么,既然如此,为什么他们会给罗马人带来可怕的灾祸呢？既然如此，为什么他们在武力征服之后，又用自己的法律冷血地压迫罗马人呢？说他们是罗马人的朋友，就好像说占领了中国的鞑靼是中国人的朋友一样。固然，有一些天主教的主教想利用法兰克人来消灭信奉阿里乌教派的国王们，但是，难道能够就此说他们乐意接受蛮族人的统治吗？难道人们可以得出"法兰克人特别尊重罗马人"的结论吗？②……法兰克人既不愿，也无力对自己做出彻头彻尾的改变。我们甚至可以说，几乎没有哪位征服者会莫名其妙地热衷于此。但是，若要证实迪博的推论，就需要证明：法兰克人不但没有丝毫改变罗马人，而且还彻底改变了自己。③

何其犀利的文风，何其活跃的理智，何其明确的观点！孟德斯鸠重提了日耳曼军事征服的史实及其政治影响，还原历史的本色，尺度恰如其分。这位伟大的思想家旗帜鲜明地提出了这一观点，清除了迪博的理论在法国历史各领域内造成的混乱。不过，他自己的著作并非无懈可击：在他偶一疏漏之时，也会露出同样的破绽，让类似的逻辑混乱以另一种形式卷土重来。例如：他坚信墨洛温和加洛林两朝确实存在私法自治，并以其学术权威，为这一严重谬误背书。姑且节选几行文字，摘录如下：

子女遵循父亲的法律；女人遵循丈夫的法律，守寡之后又遵从婚前自己的法律；获得自由的奴隶遵循主人的法律。不仅如此，每人均有权根据自己的意愿选择法律。洛泰尔一世（Lothaire I）❶立法规定，相关选择必

---

① Esprit des lois, liv. XXX, chap. XXIV.
② Esprit des lois, liv. XXIII, chap. III.
③ Esprit des lois, liv. XXX, chap. XXIV.
❶ 洛泰尔一世，加洛林王朝君主，840—855年在位。

须公之于世……①但是，为什么萨利克人法典在法兰克地区大获认可？为什么罗马法在此日渐式微，而在西哥特地区却可以大放异彩，赢得无上的权威？我认为，罗马法在法兰克难行其道，是因为法兰克人、蛮族人或其他人都可以从萨利克人法典中得到巨大的好处。除了教会，几乎所有人都放弃了罗马法，转向萨利克人法典；而变更法律，对神职人员意义不大……②

对这种天才而言，如此缺乏人文关怀的过错，应该算是突出的，也是令人遗憾的。孟德斯鸠在此前不远的章节中，刚刚明确地将日耳曼征服定义为"蛮族入侵"。而他丝毫没有意识到：就在他自己的笔下，"蛮族入侵"已经烟消云散，至多不过一道若隐若现的幻景而已。他也没有意识到：如果每个人都可以随心所欲地成为征服集团中的一员，那么，就不会有征服者和被征服者之分，亦无所谓法兰克人与罗马人之别了；倘若如此，在研究法国起源的历史时区分这些概念，也就没有任何意义了。孟德斯鸠强调，被征服的民族同样能够享有私法自治——那是法兰克人引以为傲的征服者的特权，也是他们对罗马人的不屑之处。然而，同样是他本人，用"残酷的差别（cruelle différence）"概括了法兰克人强加于高卢-罗马人的压迫，指出它普遍存在于两个民族之间。那么，问题来了：可以享用胜利者特权的高卢当地民众，究竟有没有受到这种"差别"之苦呢？

由于过于轻率地处理了两段史料，孟德斯鸠被引上了歧途。其一，为萨利克人法典最早版本的第44条："若自由人杀一法兰克人，或一日耳曼人，或一遵从萨利克人法典之人……"③由字面看，似乎有些非日耳曼裔的罗马人也在萨利克人法典之下生活。但是，这一理解是错误的。如果我们对照各种手稿，尤其是查理大帝修正版——所有手稿中最为正确和清晰的版本，就可以发现问题之所在。显然，由于抄写员或是印刷商的疏忽，"或"字（拉丁语为 aut）多余地重复了一次。因此，该条款实际应理解为："若自由人杀一法兰克人，或

---

① *Esprit des lois*, liv. XXVIII, chap. II.
② *Esprit des lois*, liv. XXVIII, chap. IV.
③ *Script. rer. Gallic et francic.*, t. IV, p. 147.

一日耳曼人——遵从萨利克人法典之人……"①这一条文没有为高卢-罗马人预留任何位置。

这位伟大的作家错误理解的另一段史料,是虔诚者路易(Louis le Débonnaire)❶之子洛泰尔一世824年在罗马颁布的法令。该法令旨在调解罗马人与犹金二世(Eugène II)之间的纷争,仅适用于罗马城及周边的居民;而不像许多学者们所想象的那样,适用于整个法兰克人帝国统治范围内的罗马族裔。如果想保留法令中略显古怪的文法,可将其润饰翻译如下:

> 吾愿问元老院罗马民众欲循何法,以令其日后守之。吾愿告之:汝若不践汝发愿应循之法,当由吾或教宗,以此法判汝。②

但不知何故,该法令在伦巴第(lombarde)❷的其他所有法典汇编中,只有"吾愿问罗马民众……"云云,而没有"元老院"的字样。此处缺失绝不可掉以轻心:日耳曼民族建立的各王国的公文中,无论在高卢,在西班牙,还是在意大利的伦巴第,当地土著——或谓帝国的"外省人们(provinciaux)"从来不被称作"罗马民众"。这个集体名词仅在中世纪的外交语言中,作为特殊称谓,被用以称呼罗马城或教皇国的居民,成为"永恒之城"的市民们的最后的荣誉头衔。

孟德斯鸠三卷本的《论法的精神》确实不乏真知灼见,但类似的错误,也并非仅见。他在我们民族起源的问题上有力地抛出了自己的观点,但带着几分任性和逻辑混乱。不过,那些错误在孟德斯鸠显赫声名的护持之下,被引入了史学领域,一度被视作不争的事实。更有甚者,它成为一套新的史学理论的

---

① 有足够的理由相信错谬来自1557年埃霍德(Hérold)版的一个印刷错误。因为,在目前已知的所有萨利克人法典手抄本中,我们都没有发现类似的差错。
❶ 虔诚者路易,法语名又作Louis le pieux,查理大帝之子,加洛林王朝国王,814年至840年在位。824年,路易派遣其子洛泰尔至罗马,迫使当时刚刚即位的教宗犹金二世接受法令,承认教权受皇权支配。
② script. rer. gallic. et francic. t. VI, p. 410 et 411.
❷ 法语原文 Nous voulons que tout le sénat et le peuple romain soit interrogé et qu'il lui soit demandé sous quelle loi il veut vivre…,从句主语包括 sénat 与 peuple romain 二者,即"元老院"和"罗马民众",谓语应使用复数形式 soient,而非单数 soit。这也就是文中所谓"古怪的文法"。因此,译者刻意将其译作"元老院罗马民众",以显示原文主语的模糊和句式的病拗。伦巴第王国在西罗马帝国覆灭之后,曾一度占领意大利北部地区。后被查理大帝征服,成为查理曼帝国的一部分。

基石。一番灵巧的辗转腾挪之后,该理论让第三等级看到:他们的祖先或代表,早在君主制的萌芽阶段,就已经跻身于全民的政治会议,享有各项至高的权力。这一理论的代表人物,当属在18世纪下半叶大受欢迎的马布利(Mably)神父。在法兰西民族与法律起源的研究领域里,充斥着武断的历史学家们。在此,我或许过于草率地把这位伟大的学者置于他们的行列中了。此外,我也忽略了另外一些不乏智识与才华的文字——只因这些文字对所谓"社会舆论潮流"没有任何影响。其中,最杰出的当推布阿(Buat)伯爵的《起源》①一书。该书芜菁并存:作者缺乏史学研究方法,年代不清,对文献的处理也不够聪明;然而,他清醒的问题意识、自由的思想和勤奋的工作,都十分引人注目。他在德国博览群书的经历,有助于他摆脱当时法国国内的学究和群氓所主导的历史偏见。

---

① *les origines de l'ancien gouvernement de la France, de l'Allemagne et de l'Italie*, 1757. 此外,还有两本晚些的著作,尤以第二本为优。分别为加尼耶(Garnier)神父的《论法兰西政府的起源》(*Traité de l'origine du gouvernement français*),1765版,和古雷(Gourey)神父的《法兰西第一朝与第二朝时代人的状况如何?》(*Quel fut l'état des personnes en France sous la première et la deuxième race de nos rois?*),1768年版。后者曾获评法兰西文学院优秀论文。

第三章

18世纪中叶史学领域内博学派的发展状况。——哲学观念的产生及发展。——历史发展趋势及该趋势对历史的影响。——马布利（Mably）的理论体系。——怯懦的史学。——布雷基尼（Bréquigny）的著作。——城市公社运动及市政体制的问题。——德雷扎迪艾尔小姐（mademoiselle de Lézardière）的《法国政法理论》。——西哀士（Sieyès）的政论小册子《什么是第三等级？》。——制宪议会。——法国革命的完结。——图雷（Thouret）的《法兰克旧政体革命简史》。

从未有过哪个时代像1750年之后的若干年度一样，如此有利于法国史学各领域的发展。18世纪上半叶，才华横溢的孟德斯鸠通过法兰西政体史的相关研究，完成了对民众的启蒙。在王国政府的资助下，一些博学派（érudition）大部头著作的编撰，填补了17世纪学者们个人著作所留下的空白；《国王敕令汇编》和《法兰西及高卢史家汇编》的编写工作，于1723年和1738年相继展开。①

史学各领域的研究工作都热火朝天地进行着，而且研究的范围也在不断扩大。以往散见于王国公共或私人档案中的司法史料——无论来自国王、领主，还是某些市政管理机构——均被统一存放入王国文献室（cabinet des char-

---

① 《法兰西及高卢史家汇编》（*Rerum gallicarum et francicarum scriptores*），共20卷，其编者包括：本笃会圣摩尔（Saint-Maur）修会的布凯修士，8卷，1738—1752年出版；同属圣摩尔修会的奥迪基耶（Haudiguier）、普瓦里耶（Poiriers）、乌索（Housseau）和普里修（Précieux）修士，5卷，1757—1767年出版；克莱蒙和布里亚尔（Brial）修士合编，2卷，1781—1786年出版；布里亚尔修士，5卷，1806—1822年出版；多努（Daunou）及诺代（Naudet），根据布里亚尔修士手稿整理出版最后两卷。《国王敕令汇编》（*Le recueil des ordonnances des rois*），凡21卷，编者包括：德·罗里埃尔（de Laurière），1卷，1723年出版；索古斯（Secousse），7卷，1729—1750年出版；德·维勒沃（de Villevaut），1卷，根据索古斯遗稿整理，1755年出版；德·布雷基尼，名义上与德·维勒沃合编，实则独自编撰5卷，1763—1790年出版；法兰西学会成立后，德·巴斯托莱（de Pastoret）编撰6卷，1811—1841年出版；帕尔德叙（Pardessus），1卷，1849年出版。

tres)。① 此前,从未有过如此之多的第一手史料刊印发行,或者统一收藏,供好学之士使用。伟大的时代似乎到来了! 人们对法国社会的起源与变革的观察更具穿透力;而随着学科的发展,各种传统观念都减少了谬误,依托于貌似更接近历史真相的理论,朝着统一的方向,彼此靠近与融合,并从此固定下来。一切显得那么无懈可击,但实则不堪一击。确实,在有关我国历史的起源及发展的研究方法中,一个偏差的出现,使其一下子就滑出了通向事实的唯一道路。当然,这一偏差是不可避免的:它关乎一项崇高的事业,与之相比,史学本身的发展无足轻重;它也关乎一场观念的全面变革,此变革将动摇一切事物,并随处留下自己的烙印。

当时,1789 年的巨变,在思想领域正处于酝酿之中。人们出于本能,渴望着社会变革,向往着更为美好但不可知的未来。面对这一切,历史无法给出答案。因而,人们在本能的驱使下,偏离了历史的轨道。他们模糊地感受到一个强有力的观念:所谓"法国历史",若仅是法国不同社会群体与阶层的权利或特权的历史,只会令人离心离德;为了将长期处于敌对或争锋状态的不同阶层,融入一个全新的社会,就需要引入有异于传统史观的新视角。学者们需要摒弃传统史观所本的论题,摒弃基督教和罗马帝国的课题,在古代共和国的历史中寻找理想的社会、制度和美德。他们相信:理智和激情,必能借此创造出更为美好、单纯而崇高的事物。于是,他们只取古代世界中符合当代人品味和旨趣的一些因素来研究,把贵族政制和奴隶制放在一边,专攻斯巴达和罗马的民主制度。"民意(idée du peuple)"一词,从政治含义上说,应为一个自由而同质的社会中"全体国民的意志"。因此,把古代自由城邦的原则比附于现代社会的状况,当然多少有些牵强。但是,不如此做,"民意"的概念就无法厘清,更无法吸引各界的关注,成为社会共同行动的目标。如果对法国历史的严肃研究不可能做到这一点,那么就必须忽视或矫饰这段历史,使变革成为人心所向——至于变革的终极目标,那便是上帝的秘密了。

---

① 该文献室 1762 年由王室总管贝尔坦(Bertin)创立。1763 年 10 月 8 日及 1765 年 1 月 18 日的御前会议法案规定了管理章程,并拨付运营资金。详见商博良-费雅克有关王国文献室及法国史学文凭的说明(1827 年)。

16世纪,在整个欧洲范围内对经典的研究,使古代政治的观念和格言风靡一时,但转瞬即逝。这一风潮,在宗教改革引发的内战❶期间,曾在法国强劲至极。随着宗教派别之间的和解,以及黎赛留与路易十四时代中央集权的强化,复古风潮一度进入低谷,直到17世纪末期,才借幻想作品或诗歌等形式卷土重来。以热心于公共利益而著称的费奈隆,多次成功地预言未来,向法国民众揭示了他们的命运;同样是他,把埃及和希腊的古代世界,作为完美社会和高尚道德的典范,推荐给沉浸于想象中的人们。当然,如果希望保持对古典主义的热情,仅仅凭借诗意的幻想是不够的。人们还需要补充些更为严肃的东西。于是,罗兰(Rollin)❷的著作应运而生。罗兰与费奈隆一样,也是虔诚的教徒。他以天真的口吻,适度地美化了古代的社会。在他笔下,古人质朴而严肃的美德,同样可以反映福音书的道德观念——即使那些古代的共和国还不知道基督教为何物;古人的德行本来就令人惊奇或仰慕,而他充满写实主义色彩的描述,更使这些德行为大众所热爱。他的古代史和罗马史著作的巨大成功,为继承者开辟了道路。此后撰写同类题材著作的史学家,往往带有更为清晰的使命感,直接以缜密的逻辑和雄辩的文风打动读者。这些史学家构成了古代社会的"辩护人团队",而马布利神父应该算是其中的佼佼者。他的读者群体中,不乏训练有素之士,也有一些人早就对古典美德和公民责任充满了热情。通过诗歌和质朴的史著,古典的事物原本已经深得人心;而马布利神父使用推理和论证,进一步巩固了它的地位,更将其确立为社会的准则。马布利宣扬自由、平等和为国奉献的精神;他倡导通过节俭、教化和自治,实现全民的福祉,使"祖国""公民""公意"和"人民主权"等词语走进了日常生活——这些词语,日后将在卢梭充满热情和力量的著作中迸发出来,①更成为共和国的老生常谈。

作为逻辑学家,马布利是冷静而大胆的。他不满足于仅用外国历史吸引

---

❶ 此处指法国宗教战争。自1562年至1593年,法国天主教及新教双方势力的军队之间的战争断断续续达30年之久。
❷ 夏尔·罗兰,法国18世纪史学家,著有《古代史》《罗马史》等书。
① 有关这两位作家的关系,详见维尔曼(Villemain)先生的《18世纪法国文学教程》,第二卷,第一课及第二课。

读者的注意力,而立志改造法国史本身。因此,他希望在这个领域加入自己的语言印记,使它能够为己所用,作为其治国理念的佐证。这也就是他创作《法国历史观察》(Observations sur l'histoire de France)一书的本意。该书第一部分出版于 1765 年,而第二部分的出版则是 23 年之后的事了。① 马布利的新理论不蹈前人章法。他自外于所有传统观点,只根据自己的想法和个人的信念来选择史料。面对不同阶层和派别的史学传统,他并未抛弃其中任何一家,而是兼容并收——不过,只取各派中有利于自己的部分,任意裁剪加工。因此,他的体系由史学各派的碎片拼贴而成,除借鉴古典政治的辞章外,了无新意。对于他的思想,我就不再赘述了,否则,必将陷入大段的重复,徒遭厌烦。此前,我概括过布兰维利耶和迪博的理论体系。他们的观点虽然都很片面,但各有不可替代的意义;而且,他们的研究毕竟也都扎根于法国的历史。反观马布利,却只是受到了外国历史的启发,拼凑前人列举过的零散史实,刻意矫饰,缺乏同代史学家们的熟练技巧。

我再重复一遍:这一史学体系的实质和主要特性,就是混杂甚至混淆壁垒森严的各类史学传统观念。马布利神父把第三等级的民主与古代法兰克人的民主混为一谈,从而抛弃了罗马市政体制留给第三等级的古老遗产——自由;他赞同布兰维利耶,认为日耳曼人在高卢建立的共和国是法国政治制度的理想模型;同时,他也赞同迪博,认为日耳曼人的入侵破坏了罗马的公民政治体制;他还赞同奥特芒,相信高卢-法兰克民族的存在,并由此得出"应当重新召开三级会议"的政治结论。当然,与最后这位 16 世纪的政论家不同,他没有强调法兰克人"高卢解放者"的形象。在他眼里,反正个人选择适用法律的自由与"高卢解放"的理论一样,都能够让征服者与被征服者形成同一民族。就这样,马布利彻底清除了罗马传统的影响,即使后者似乎颇受某些社会集团的钟爱——数百年来,市民阶层一直自豪地捍卫着它,为市民阶层代言的律师和政论家们也在奋力维护着它。马布利史学体系的混乱有一个明证:他欣赏塔

---

① 1765 年版,第一部分凡四卷,止于伐鲁瓦的腓力时代。1788 年出版的第二部分,也包括四卷。

西佗书中❶提及的莱茵河对岸法兰克氏族的民主政治形式;此外,他又发现,查理大帝时代的政体兼有君主制、贵族制和三级(教士、贵族和平民)议事的民主制特征,法律由定期召开的民众大会制定。确认了这种理想的君主政体模式之后,他为其未能延续而深表遗憾——正如他慨叹日耳曼共和国在征服高卢之后的改弦更张。他的逻辑推理基于对古代政治的广泛涉猎与思考,基于对民众的美德与缺陷的考量,基于对光荣与富庶的热情,基于对未来的预测和臆想。然而,所有这些推理无疑都是虚幻的,虽响亮却空洞,完全无法适用于任何时代和任何个人。①

马布利神父无意为征服者开脱。他承认日耳曼征服期间的暴力行为,但别出心裁地辩护道:"罗马皇帝们的贪婪和将领们的傲慢,使高卢人习于不公和凌辱,习于忍耐。他们不像热爱自由的民族一样,会为法兰西亚人(François)❷的统治感到羞辱。至于'罗马公民'的头衔,在很长时间里,只被用来称呼奴隶。"③基于此点,他设想法兰克治下的所有居民均享有所谓"改变适用法律的自由",而高卢-罗马人从此在政治方面融入了征服者主导的社会。④ 这样,他也就触到了自己理论体系的核心。他写道:"高卢人如果想遵从萨利克人或利普里安人(riptuaire)❷的法典,从臣民变为公民,如果想在三月校场民众大会上占有一席之地,从而分享国家的主权和管理,就必须事先宣布放弃罗马的法律……"⑤这便是他理论的关键点,也是自洽的难点所在。如何解释法兰克人与罗马人的法律地位直至10世纪仍有所不同?作者对此并不惊慌。凭借着对古代演讲家们的依稀记忆,他以不容争辩的口吻补充道:

---

❶ 此处指塔西佗的《日耳曼尼亚志》一书。
① *Observations sur l'histoire de France*, éd. de 1788, liv. I et II.
② 孟德斯鸠和迪博对这一可笑而过时的词语都非常警惕;他们总是使用"法兰克人"一词。(François 一词,源自 France 的古称 Francia,为马布利所特有的对"法兰克人"的称呼。因此,译者用"法兰西亚人"一词,以便与"法兰克人"区别。——译者注)
③ *Observations sur l'histoire de France*, liv. I, p. 241.
④ 参阅同一著作第二章 53 页及其后的内容。
❷ 利普里安人,又称"滨河法兰克人",与萨利克人同为法兰克的一支,罗马帝国末期主要生活在莱茵河东岸。
⑤ *Observations sur l'histoire de France*, t. I, p. 219 et 250.

有关法国历史的思考（代序） 47

"确实，纵使成为法兰西亚人益处甚多，大部分高卢家族的家长们仍然甘作臣民，拒绝融入法兰西亚民族。我们发现，高卢人可以自由地加入法兰西亚人的行列。所以，不作此选择的高卢人本应更加感到羞耻，或是受到非难。然而，让我们很难想象的是，他们竟会对享用与主人同样的权利无动于衷。事实上，罗马皇帝的长期专制，使民众的头脑麻木不仁，习惯于被奴役，甚至不再渴望自由。"①

与布兰维利耶伯爵一样，马布利也把查理大帝视作民众大会的重建者。此外，他还赋予了查理曼"爱民哲学家"的美妙头衔——这是身为贵族政论家的布兰维利耶都未曾虑及的。"无论封建制和世袭制建立以来，民众的地位多么卑微，他都没有忘记他们亘古不变的权利。他对他们满怀尊敬和同情，就好像普通民众看待一位被劫掠的落难王子……他很高兴政要们允许民众进入三月校场。这实际上就是民众会议的前身……根据规定，每位伯爵可在领地的自由民（rachinbourg）或城市的富裕市民中，选择12位代表参加三月校场会议；而教堂的守护者（avoué）❶那时虽然身份低微，也可与代表们共同与会。"②在书中，他对法兰克首位皇帝的刻画，以及对皇帝若干敕令的解读，是如此的荒诞不经；然而，我竟不敢冒昧地作此评述。不错，说高卢全境的居民都有权选派代表进入五月校场，说8世纪的国王会屈膝于民众的至高权力，不啻痴人说梦。可是，这些梦想中蕴含了某种道德的力量：它们赋予第三等级强烈的政治信念，使第三等级的代表们在面对贵族专制时，仍然坚信自己的权利对国家管理的重要性。就是这些纯属虚构的历史幻象，奠定了我们当前社会秩序的基础，使我们成为现在的模样。

一旦马布利神父决定以查理大帝为自己思想的代言人，借大帝颁布的法令，虚拟了拥有政治权利的民众的形象，民众——或如他所言，日后的"第三等级"——便成为他著作的主角。他详尽描述了民众政治权利的几番沉浮，

---

① *Observations sur l'histoire de France*, t.I, p. 250.
❶ 中世纪早期，教会聘请专人护卫教堂，维持堂区治安，执行教会的司法判决。后来，这一职责往往由当地的贵族担任。例如，法国国王担任圣德尼（Saint-Denis）教堂的守护者。
② *Observations sur l'histoire de France*, t. II, p. 79, 80, 81. Remarques et œuvres, p. 250, 251.

全不在意对历史的肆意篡改。他先是指出,将民众大会"分为彼此不相属的三级",是加洛林王朝政制的巨大缺陷;随后,他又发现,查理曼之后数朝,三个等级开始不睦,而民众才开始渐渐被无视。研读马布利著作后面的篇章,我们可以将其主要观点总结为以下假设:"政治体制经历巨大变革之后,要职变为世袭,而领主获得至高无上的司法权力,民众也就陷入了被奴役的境地。城市公社(communes)的独立和领主统治的瓦解,使民众在城市里享有一定自由。虽然这些变化并非他们所为,但仍然带给他们不少好处;不过,昔日的政治权利,他们还是未能全部收回。这些权利终于通过14世纪的三级会议卷土重来。三级会议其实是查理曼旧制的一个不完美的复制品。1355年和1356年的三级会议的召开,说明时人对国民权利已有粗浅的认识;然而,两次会议的低效和缺乏预见性,使与会者力图重建自由的努力最终幻灭了。"①以上就是《法国历史观察》作者眼中重大政治事件的脉络,其他一切史实都不过是浮云。为了更加符合学术规范,他在上述假设之后,得出不无书卷气的结论,旨在概括法国的历史与未来:"智者查理(Charles le Sage)❶解散三级会议,以专制的政府机构取而代之,实为君主专政的始作俑者。不难得出结论:我们不能僵化地模仿旧制,而应当根据实际情况,重建三级会议。唯有如此,我们才能拾回一度渐行渐远的各项美德,否则,王国只会日益衰颓,坐以待毙。"②

这位政论家的心愿很快就成为现实。1789年,三级会议再次召开,引发了声势浩大的法国革命。社会发生天翻地覆的变化,法国旧制度被横扫殆尽——三级会议本身亦不例外。这或许就是上帝的安排吧。18世纪的学者在运用哲学的视野或诡辩的方式,阐述着正确或是错误的文史观念之时,本不知天意所在。然而,正是他们的工作,最终完成了上苍的旨意。在马布利的理论体系里,虚构的成分远多于史实;但对他同时代的人而言,这又何妨?他们所需要的,是革命的激情,而不是科学的实证。准确地判断这本著作的历史地

---

① *Observations sur l'histoire de France*, t. III, iv. III, chap. I et VII; liv. IV, chap. III; liv. V, chap. II et III.
❶ 智者查理,即法国国王查理五世,1364年至1381年在位,一度扭转了英法百年战争中法国不利的局面。他曾两次召开三级会议,讨论王国征税问题。
② *Observations sur l'histoire de France*. T. VI, livre VIII, p. 213.

位,恐怕更多应考虑时人的评议。其实,作者对法国古代史是一无所知的;他毕生的研究精力,都集中在古希腊古罗马和近代的外交领域。他很晚才开始涉猎法国史的著作,并且只是匆匆浏览而已。自己著书之时,他先根据一些二手著作形成了基本的观念,再在原始资料中寻找证据。然而,他却声称要以自己的观点为法国历史立言,并将引用大量史料作为佐证。

为此,该著作每卷之后,都附有备注及论据(Remarques et preuves),包括史料征引及对其主要观点的辩护。这样,此书便包含了截然不同的两个部分:第一部分教条、死板、拘谨,而充满说教意味;第二部分,是有理有据的辩论,更为简洁明了,却缺乏逻辑性和深度。第二部分之于第一部分,有如支柱之于房屋;没有前者,后者是难于立足的。备注及论据可以算是马布利在"法国史叙述者"的盛名之下最为严肃的章节名称了,但其实质却只是一个大杂烩,充斥着鲁莽的批判或论断,随意的怀疑,对前人观点毫无根据的指责,以及对某些第一手史料并不聪明的引用。对这位新生代的第三等级政论家而言,迪博是其永恒的假想敌,遭受了他最猛烈的批判。抨击迪博时,马布利曾借用过孟德斯鸠的观点;随后,他又转而攻击孟氏。后一场论战中,马布利毫无章法可言:有时,他确实抓到了孟德斯鸠的软肋,有时却试图攻击对手比他扎实得多的观点。[①] 至于布兰维利耶,马布利只在一个问题上提起过一次——那是为了论证他的著名假设:"所有法兰克人都是贵族,而所有高卢人都是平民。"[②]事实上,在有关两种族对立的问题上,布兰维利耶思想的内核与马布利的体系是不谋而合的。

在论战中,对迪博体系中最具真实性和生命力的部分——罗马市政体系的影响力,马布利表现得更为刻薄和倨傲。[③] 他以令人难以置信的坚定口吻,断然否定了这一制度的延存。他把许多城市悠久的私法自治传统,视为"虚荣心作祟"。面对巴黎高等法院(parlement de Paris)有关兰斯古代市政自由

---

① *Observations sur l'histoire de France*, t. II, passim. Remarques et preuves, p. 254, 272.
② Ibid., t. II, passim; remarques et preuves, p. 240.
③ Ibid., t. III; remarques et preuves, p. 315-325.

权利的法令,他认为缺乏史学依据。① 在他看来,高卢-罗马时代的市政体系与12世纪的市政机构毫不相干,而墨洛温和加洛林两朝在公共或私人领域的一切文件,都无法说明市政管理及司法体系的存在。他放言道:"封建体制乃应乱世的需要而生。因此,声称某些城市能够在乱世中保留自由权利,却同时承认领主的特权,实在是最为荒诞不经的事情。有人想论证在胖子路易(Louis le gros)❶登基之前,已有一些城市通过斗争挣脱了领主的枷锁。然而,这样的假设没有任何历史根据;恰恰相反,恐怕所有已知的史实,都可证明它的谬误。"②

当然,马布利并不总是在篡改历史;很多问题上,他甚至非常忠于历史事实。在法兰克部落的传统组织形态方面,他的认识是公正的。他也准确地判断:法兰克部落中不存在享有特权的贵族集团;而充满争议的"萨利克土地(terres saliques)"一词,只能理解为萨利克法兰克人根据父系亲缘继承而得的地产,而不是让渡给公共部门的土地,或者征服而来的领土。③ 在莱茵河对岸,还生活着其他一些日耳曼民族。他们不像法兰克人那样具有"征服者"的身份;但是,在不动产的继承问题上,他们也同样将女性排除在外。图林根人(Thuringien)❷的相关法律非常清晰地揭示了剥夺女性继承权的原因。法律条文如后:"地产传子不传女。若亡者无子,金银奴仆尽归其女,而其地传于父系最近之亲。若亡者无女,金银奴仆尽归姊妹,而其地传于父系最近之亲。若无子女姊妹而母尚在,金银奴仆尽归其母。若无子女姊妹,亦无母,金银奴仆并土地,咸归父系最近之亲。获地之人,需承办甲胄战袍,需履血亲复仇及筹款偿命之责。"

马布利的作品获得了罕有的成功。与迪博和布兰维利耶不同的理论体系,使他在法兰西民族的各个阶层中都获得了大量的拥趸。之所以被称为

---

① *Observations sur l'histoire de France*, t. III; remarques et preuves, p. 324.
❶ 胖子路易,即法国国王路易六世,1108—1137年在位。在位期间,他为了制衡地方贵族的权力,大量赋予城市自治权。
② Ibid., t. III; remarques et preuves, p. 325.
③ Ibid., t. II; remarques et preuves, p. 244, 360, note 7.
❷ 图林根人,日耳曼人的一支,生活在今日德国东南部一带。

"新理论",是因为他具有一套完整的哲学体系,并表现出了爱国主义和崇尚自由的情怀。①他深深地打动了那些最为严谨,也最有资格对他做出评判的大人物。1787年,铭文与美文研究院(Académie des inscriptions et belles-lettres)❶主办了对《法国历史观察》作者的颂词大奖赛。这所研究院,素来以史论及史实的"卫道士"而著称。在大量同类作品中,研究院最终敲定了桂冠的得主。该文摘录如下:

> (书中)两个极具创新性的亮点,给所有读者留下了深刻的印象。第一点,无论世人作何评价,作者所展现的法兰克共和国的图景,是绝无虚构的。自由的力量,伴随着法兰克人走出日耳曼的森林,来到高卢,打碎了罗马的枷锁,解民于倒悬。克洛维就是这个解放者民族的元帅和领袖。可以说,马布利正是在自由与共和确立的过程中,发现了君主制的起源……第二点,是查理大帝的立法。马布利视这位伟人为政治奇才,对他赞不绝口。他向我们揭示了查理大帝作为哲学家、爱国者和立法者的侧面。他向我们描述了这位放弃了独裁权力的君王——这种权力,对统治者而言,其实是致命的毒药。查理曼承认民众的权利永不失效,尽管当时,民权已被大家遗忘很久了。②

布雷基尼、迪泰伊(du Theil)、加亚尔(Gaillard)和达西耶(Dacier)等诸位先生,对马布利那一本正经的胡说八道,也或明或暗地赞誉有加。这一切只能说明,当时的严肃史学是何等怯懦,何等优柔寡断!王国的独裁政体,以及该制度影响下的思维习惯,限制了史学的发展;但同时,崇尚民主的思想潮流,又把它拖拽向一个截然相反的方向。无论史学家们是否情愿,民意的浪潮终究还是控制了史学界,迫使他们在某些基本问题上采取事先预设的观点开展研究。因此,史学越来越依托于片面的研究方法,在结论上却缺乏创意;它不再服务于本身的目标,却听命于那些别有用心的人——他们只希望在史实中为

---

① "他的信条,征服了所有灵魂不被奴役的人们,所有的良好市民,以及所有热爱祖国的法国人。"(《法国历史观察》1788年版,第一卷卷首,第46页,布里扎神父[Abbé Brizard]所著的《马布利历史地位颂》。)

❶ 铭文与美文研究院,自17世纪路易十四执政期间成立以来,一直为法国官方的人文学科研究机构。

② *Eloge historique de Mably*, par l'abbé Brizard, t. I, p. 41, 42, 43.

自己的观点寻找证据。总之，虽然原始文献的搜集整理工作如火如荼，但人们对文献的理解和阐发能力却步履蹒跚，就如同一场失败的婚姻，两者之间没有产生良性的互动。

试举一例。在史料汇编类的大型著作中，编者本应都能敏锐地感到专门属文的必要，以阐述收录的各类原始文献（回忆录、文书等）的相关历史背景。然而，当时的编者们，无论个人才智如何，对重要历史年代的习俗、政制和社会面貌，基本都没有作出任何概述和评论。布凯修士和他的继任者们在《法兰西及高卢史家汇编》一书中，更把这种缄默——或曰"缺陷"，推到了极致。该书从第一卷到第十卷的序言中，一共只有两段文字算得上真正的专业（ex professo）论述：一段有关高卢人的风俗；另一段有关法兰克人的起源和墨洛温王朝的习俗。不过，两段文字都不够完整；对相关历史问题，没有提出解决方案，甚至没有作出基本的概述。在编者们的论述中，我们找不到当时争议最大的法兰克征服及其政治影响；找不到法兰克人的法律和墨洛温王朝的其他法规；找不到引发墨洛温王朝覆灭的革命；找不到引发如此之多假设和想象的查理大帝法典；找不到法兰克帝国的分裂；也找不到封建制度的特性和形成的原因。对以上所有问题，这些学者既没有研究，也没有解释；既没有批判性的建议，也没有武断的结论。1767年出版的第十一卷，倒是不乏作者的思考——虽然有些片面和散乱。论题涉及卡佩王朝的王位继承、储君监国（association au trône）、❶长子继承制、圣职、王室领地、节日大会（cour plénière）及其他制度等。但此卷之后的几卷中，论述又再度消失了。即使大革命之后，法兰西学会成员布里阿尔修士在19世纪的续作，也没有避免这个毛病。

当然，我们不必过于苛求卡佩王朝敕令的汇编者们也一定得出合格的史论。他们给自己圈定了研究工作的范围。不过，如果在这个范围内，他们能够对自己汇编的史料再多加一些诠释，则更是锦上添花了。该书的前八卷，分别由罗里埃尔和索古斯先后领衔主编。在序言里，他们只是谈到了法国古代法

---

❶ 储君监国，指君主将部分政务交由储君处理，分享王权。例如：卡佩王朝的开国君主于格（Hugues）在位时，王储罗伯特二世（Robert II）加冕，与其共治王国。

有关法国历史的思考（代序） 53

律体系中一些零星的细枝末节。其涉及的主题包括遗产税(amortissements)、自由民领地(francs-fiefs)、侨民财产继承税(droit d'aubaine)、私生子的权利、血亲复仇、战俘赎金、召集附庸出兵(arrière-ban)、货币等，尤其是 12—15 世纪的王室领地问题。有关王国的基本政制或特定体制，只有零星的数页有所涉及。这两位博学的编者不无洞察力，然而，他们对圣路易的司法改革及其政治后果、罗马法影响下的传统权利的变革，或者数代国王统治期间国家统一观念的渐进式演变等重大问题，统统没有提及。他们不经意间抛出的对某些历史细节的思考，几乎占据了他们所有的注意力。直到 1769 年布雷基尼继续挑起了第十一卷的写作重任，有关城市公社的重大议题才获得认真的对待。谈到这位大名鼎鼎的人物，我想多写两页。他的名声在今日更为显赫，这要归功于题为《法国历史典章大全》(Chartes, diplômes, titres et actes concernant l'histoire de France)的大型丛书。上个世纪，布雷基尼曾动念于这个宏大的创作计划，但开始编撰不久便中断了。本世纪，人们准备着手将该书补充完整。❶

弗德里克斯·德·布雷基尼(Feudrix de Bréquigny)出生于诺曼底的一个贵族家庭。年轻时，他对博学派的研究就表现出了浓厚的兴趣。在长达 20 年时间里，他同时涉猎古代和中世纪两大领域，专注于法国历史典籍的研究和出版发行工作。王国图书馆珍藏了他的上百本对开的笔记本，其中满是他从伦敦塔(Tour de Londres)❷或英国其他史料存放之处发现并誊抄的笔记。1763 年至 1790 年之间，他编撰了五卷国王敕令的汇编。同时，路易十五政府希望编写法国各类文书的全集，也正是他和好友拉·波特·迪泰伊(la Porte du Theil)共同接下了这项繁重的工作。他们联手出版了对开本的前三卷：第一卷是墨洛温王朝的各类法规与文书；两卷教皇信札。1791 年，他们将文稿进呈路易十六。一年后，革命政府勒令停止编写工作。书籍的样稿被弃如敝屣，各类相关资料塞满了国家图书馆的大纸箱子。布雷基尼于 1795 年去世。他的遗产还需等到 40 年之后，才回到学界的视野；并由法兰西文学院主持续篇，

---

❶ 《法国历史典章大全》前三卷，由布雷基尼所著(1769—1783)。1832 年，政府出资刊印该书，并委托法兰西文学院着手编写第四至第八卷，1876 年完成。
❷ 伦敦塔，英国著名宫殿，位于伦敦市中心。旧时，伦敦塔曾为文献管理中心。

完成这座他奠基的史学大厦。

　　布雷基尼不但作为勤奋的学者和编辑取得了成功,而且也贡献出了两篇重要的史学论文。它们的生命力,在那个时代留下的同类文章中,无疑是最强大的。这两篇文章论述了城市公社和资产阶级的问题,分别是第十一卷和第十二卷的序言。中世纪的城市自由问题首次被明确提出,并进行了深入研究。在两篇论文中,有关城市公社的那篇更为重要。它提出了两个史无前例的观点:应将保留罗马时代传统自治权的市镇,与通过斗争和宣誓获得独立的市镇区分开来;应将享有充分民事和政治自由的自治城市(ville de commune),与享有民事权利但缺乏政治自由的市民阶层城市区分开来。这样,布雷基尼就以罕见的智慧,意识到并厘清了该问题的不同层面。然而,他的史学研究过程并不足以支持这些清晰的观点。他过分拘泥于城市公社的合法性。这种法学家式的思路,即使不是错误的,至少也会使人对他的推论产生怀疑。根据布雷基尼的定义,自治城市"有自己特殊的习俗、自治权和独立的司法权;此外,全体市民须宣誓结盟,形成一体。国王依法正式授予特许状,确认该结盟的合法性"。①他声称:"城市公社成立的标志,是市民为抵御领主的横暴而通过宣誓结成的联盟。"不过,他很快发现:"如果这一联盟的成立未获准许,实质上只能算作一场暴动。"于是,他进一步补充道:"首先,应当由城市的直接领主批准公社的建立,赋予它某种雏形。然后,国王颁布特许状予以确认。只有批准成立公社的政治权威,才有权力对其进行改造、取缔或重建。在授权成立城市公社之后,国王的相关权力并未消失。他始终是城市的主人,有权在认为必要时对城市做出改变。作为立法者,他个人在自己王国的这一公法领域内,拥有不可变更的权力。"②

　　从法院(parlement)和议会(conseil)的实践操作角度来看,这些提法是再正确不过的了。不过,从历史角度看,它们无疑是狭隘和残缺的,只看到了问题的一个侧面。其实,在城市公社运动期间,国王的立法权远未达到后来的高

---

① *Ordonnances des rois de France*, t. XI, préface, p. V et VI.
② *Ordonnances des rois de France*, t. XI, préface, p. XXIIIM XXVII et XLVI.

度。12世纪，在三分之二的法国国土上，国王完全没有实际的权力；而其余的领土上，他的影响也很有限。当布雷基尼钻进了国王统治权限的牛角尖，他便陷入了时间错置(anachronisme)的陷阱，歪曲了城市公社运动的史实。布氏确实揭示了公社运动的一些特性，但是，我认为他并不了解这一历史事件的含义和影响。恕我直言，在12世纪和13世纪，市政管理体系有强烈的个人色彩，在其后的数百年中才逐渐减弱消弭。而身为著名学者的布雷基尼，无论在其他问题上观念多么公正，对这一点却全无概念。从他的著作中，人们会得出结论：城市公社的状况在不同的历史时期内，始终是一成不变的。确实，他接受前人的看法，承认顺应胖子路易政策的民众自治运动，符合市政独立的原则。然而，事实上，这只是一些偶然的孤立事件，起源于城市甚至个人对不满的宣泄，而不是特定的时代背景下，由不可逆转的社会原因所引发的动乱，但凡有外力推动，就会呈星火燎原之势，四处蔓延。他没有认识到城市公社运动的双重性质。该运动的一支起源于意大利，主要集中在高卢南部城市。在罗马市政机构的传统基础上，这些城市更为自由，市政功能完善，而统治的技艺也更为娴熟。运动的另一支产生于旨在维护市民利益的联盟，发端于北部城市，联盟的形式简单粗糙，从某种意义上说，还比较初级。应运而生的市政机构生机勃勃，但功能并不完备，各种不同性质的要素，像不经意间被捏合在了一起。

　　布雷基尼是拨开三级会议起源迷雾的第一人。公正地说，在我们所处的19世纪，他应当被赋予这一荣耀。或许他本人并没有清晰地意识到自己所做之事的意义。然而，至少在他的时代，还没有人能从城市公社和市民阶级的相关研究中，看到可以照亮我国历史未知一面的光芒。这是一个全新而多产的科研领域的起点。可是，公众对此没有足够的关注。他们被马布利的史学体系所引导，比以往更为忽视城市公社的问题；绝大多数人因循成见，相信市镇独立应拜胖子路易所赐——这一谬误直至今天才不再统治学界。现在，人们可以根据既有的经验，重新审视过去的历史；可以从一个城市的斗争历程中，体会到人类的政治热情，体会到他们在法国大革命中同样经历的激情与阵痛。因此，彻底推翻前述的错误观念，只有等到我们这个时代。

准确地说,第三等级的历史是一部新社会的发展史。可以认为,这部历史有两大核心问题:罗马市政体制在日耳曼征服之后的延续,以及城市公社运动。其他所有小问题都是围绕着它们展开的。如前文所述,布雷基尼探讨过第二个核心问题,而他也曾不经意间碰触到了第一个问题:他编撰的墨洛温王朝新旧史料汇编的序言部分,①自然也涉及了这一领域。不过,汇编中空前丰富的史料,并没有让布雷基尼给出问题的答案,他甚至从未对此做出尝试。作为卷帙繁浩的大型丛书第一卷的编者,他展现了自己在编辑方面的出色才能;可以说,他对每一件史料的真实性的讨论,都是智慧和批判精神的良好范本。不过,他在探讨旧时的某些习俗和机构,或者试图解释史料背后的精神时,视野往往就会显得短浅而局促。于他而言,公元6—7世纪,没有什么值得关注的地方——无论是种族间的对立,还是不同习俗与法律之间的冲突,概不例外。他对蛮族生活与罗马式生活的共存和融合,毫不在意,却一味纠结于一些次要的法律问题,诸如判定国王成年的标准,王权在主教选举中的角色,主教在修道院问题上的权限,教士的豁免权,等等。当时的人们普遍认为:君主制度成立以来,凡12个世纪,法律之基本精神一脉相承,必须遵循。因此,他对法理的关注,不亚于他曾经对城市公社的重视程度。布雷基尼没有理睬那些被他视作"过于新奇"的事物,而更关心那些可以"横亘古今"的东西。然而,在他写作序言的同时,植根于过往12个世纪的产物,已经在制宪议会(Assemblée constituante)❶的撼动下摇摇欲坠了。布雷基尼在自己的文献中,曾遥听过这场革命的声音;而这些经他精心整理搜集的文献,很快就要在革命中被封存,直至散逸。他确曾对革命冷嘲热讽。不过,这些怪话只能证明他对这一重大历史事件的看法缺乏公正。新宪法授予路易十六"法兰西人的国王(roi des français)"这一称号,在他眼里的意义,只是对墨洛温王朝的官方风格的回归。②

---

① 该序言是一篇优秀的史学评论文章,洋洋洒洒380页之多。
❶ 制宪议会,1789年6月成立,于1791年6月制定法国首部君主立宪制的宪法。
② "'法兰克人的国王'或'法兰西人的国王'之类称号的历史,可以追溯到君主制的源头。这一头衔由法国国王们占有了数百年,最近终于由国民议会集体提议,被正式授予我们的国王,并由国王本人亲自批准确认。"(*Diplomata, chartae, epistolae et alia documaenta ad res francicas spectantia.* Prolégomènes, p. 172.)

布雷基尼本人不喜欢贸然归纳史实,却似乎乐于鼓励他人作出结论或建立理论体系。在他的赞许和建议下,一项有关法国君主制基本法的研究拉开了序幕。与其他史学项目的最大不同之处在于:这个项目的研究者,是一位女性。1771 年,在一座远离巴黎的城堡里,有一位痴迷于古代典籍的青年人。根据同时代人的描述,她对马库尔夫(Marculfe)❶的文书格式、法兰克国王的敕令及日耳曼蛮族的法令等都颇有兴趣。① 一开始,德雷扎迪艾尔小姐的家庭视其爱好为怪诞,加以诸多非难和阻碍。然而,在她的坚持下,父母终于不再反对,并转而向她提供资金支持,使其得以继续研究史学。她深居简出,远离公众的视线,把自己最为美好的年华奉献给科研事业。她不无勇气地决心著书立说,以填补孟德斯鸠《论法的精神》留下的空白,而这个计划也得到了一些学者的支持。就这样,1792 年,《法兰克君主制政治法律理论》(*Théorie des lois politiques de la monarchie françoise*) 一书匿名印刷出版;在大革命结束后,又以《法国政治法律理论》(*Théorie des lois politiques de la France*)为题正式发行。②

人们普遍猜想,该书的布局谋篇,一定程度上有赖于布雷基尼的建议。作者在著述时,似乎抱有一个信念:应该让史料代替作者发言。因此,此书在某种意义上,是文献本身发出的声音。她的想法可嘉,但终究还是失算了。正是这种信念,使该书的文体异常古怪。书每卷分为三部分,分主题互相呼应;因此,阅读时不能依序通读,而应该在各部分之间交叉浏览。第一部分为论题,以教义的形式,展现了各个时代的基本精神,以及作者所发现,或自认为所发现的符合此精神的法律。第二部分为例证概览,将这些真实的或想象中的法律,一直溯源至立法的历史文献。第三部分为证据,收录了一些拉丁文的文字片段及相关的法语译文。作者和她的学者朋友们相信这种结构的优点,认为

---

❶ 马库尔夫,法兰克僧侣,据推测,生活年代应为公元 7 世纪下半叶。著有法兰克的司法文件汇编,收录了大量当时的司法文件模板及各类文书。
① *Journal des savants*, avril 1791, article de M. Gaillard.
② "孟德斯鸠把他的著作,定位为有关我国古代民法的理论书籍;其后,他也对自己未曾书写政治方面的法律理论而表示遗憾。因此,我动念以此题开始该书的写作。"(*Théorie des lois politiques*, etc., 8 vol. in-8°, 1792.)

它可以排除各种假说，从而导向真相，而不陷入任何异端。当然，这不过是他们的臆想而已。只有把史料通盘推出，它才可能如实地诉说历史。但凡有所选择和裁剪，说话的便是编者本人；这样，汇编的材料即使能发言，也只是在替编者侃侃而谈罢了。在书的题记(épigraphe)中，这种对待历史的"诚意"的虚妄之处，便彰显无遗了。编者从萨利克人法典的序言中，东拼西凑地截取文字如下："杰出的法兰克民族……擅长武力……远见卓识……因为这个勇敢而强大的民族，摆脱了罗马人的沉重桎梏。"在这精心裁剪的短短几行之内，以哲学家的角度来看，一个理论体系已经萌芽，甚至进入成熟期了。①

这个体系的本质不难解读。它认为：法兰克民族既具备战斗激情，又不乏政治方面的天赋和谨慎的性格，这一切使它在高卢兼有道德和物质方面的优势地位；法兰克人与罗马人为社会的基本原则展开激战，最终，日耳曼人的自由战胜了罗马帝国的专制——这是一场属于自由的胜利！这也正是《法兰克君主制政治法律理论》一书的出发点和理论基础。② 在德雷扎迪艾尔小姐的体系中，日耳曼征服变成了对高卢民族的解放——即使并非出于主观愿望，客观事实也是如此。这个新理论建立于博学研究的基础上，有着推理和证据的支撑，通过知识和哲学的途径，把我们又带回了老弗朗索瓦·奥特芒的传统假设。如果要让这类体系站得住脚，就必须证明高卢-罗马人得以分享法兰克民族的所有权利。为此，马布利曾经诡称：高卢人有权放弃罗马法而根据萨利克人法典生活，并由此得以融入征服者的社会。而《法兰克君主制政治法律理论》的作者没有找到任何足够支持这种"入籍自由"的证据，只得忍痛割爱；不过，她推出了一个更加怪异的假设：作为征服对象的高卢人，仍像帝国时代一样，身份卑微，低人一等，但却拥有与法兰克人等同的政治权利；这一切应归

---

① 被删除的文字部分，恰恰表现了法兰克民族粗野的一面，向人们提示着他们的蛮族特质。
② "罗马帝国时期，高卢人在政治方面的奴颜婢膝，无以复加。而日耳曼人如果说承认这个政府的存在，也只不过是为了憎恶它和摧毁它。日耳曼人早期的立法，是他们的习俗与原则面对罗马法律原则的胜利……法兰克人在高卢建立政权，意味着以一个在绝对意义上属于他们自己的政府，取代了罗马皇帝作为枷锁施加给高卢人的政府。"(Théorie des lois politiques, etc.; t. VIII, conclusion, p. 32, et Preuves, p. 208.)

功于政治技巧娴熟的征服者们的高瞻远瞩。[①]此论断非常符合逻辑,与马布利的观点相比,显得更为明确,不容争辩。德雷扎迪艾尔小姐认为:所有高卢-罗马裔的自由民都有权参加制定法律的民众大会;无论在三月校场还是五月校场,无论是在克洛维时代还是查理曼时代,他们都拥有很高的地位;并不是查理大帝重新赋予民众以权利,因为自日耳曼征服以来,民众始终享有完整的权利,不曾中断;所谓民众,就是军队,就是法兰克君主体制下所有自由民的统称,不分种族、语言和法律。[②]

在我们的各个史学体系中,法兰克人都扮演了独一无二的重要角色。但是,从来没有哪个体系,呈现出如此怪异的法兰克人形象。这些法兰克人一方面打击高卢人,掠夺他们的财产,在日常生活中欺压他们;[③]另一方面,又解放他们,把他们提高到与自己同等的政治地位,赋予他们最大程度的政治自由,并与他们分享统治权力。法兰克人让他们进入既自由又专制的政体——这是人们能够看到的最美好的关于制度的平行设计了,它匠心独具,不偏不倚,完美地一视同仁。[④]当作者缺乏书面史料,或无法在史料中发现这一虚拟政体的足够证据时,她多少会采用些武断的推理方式,寻找到或猜测到所谓的"日耳

[①] "法兰克人把帝国治下的各个民族都纳入他们既有的政治体系中,使征服者和被征服者之间的权利没有任何区别……将法兰克民族的政治权利与被征服民族——甚至可怜的高卢人——统一起来,正是法兰克人最大的利益所在。如果法兰克人不与国家的其他公民分享他们在建制之初为自己规定的权益,人们就会认为国王在奴役被征服民族,甚至其本族人民。这样,君主制就将灭亡于专制了。"(*Théorie des lois politiques*, etc., t.VIII. Conclusion, p.82 et 83.)

[②] "五月一日的民众大会和三月一日的民众大会是一码事,时间不同而已。法兰克人的民众大会,包括五月校场、教士会议、审判大会(placites)等,都是全民性的集会。换言之,共同构成法兰克民族的各族人民都有权参加。在审判大会上,君主统治下的各族人民都与法兰克人一样,有权出席并参加讨论。"(*Théorie des lois politiques*, etc., t.III, Discours, p.8 à 38, passim.)"民众聚集而成的军队同样在审判大会享有政治权力。"(Ibid., t.III, Preuves, p. 57 et suiv.)

[③] "法兰克人野蛮地实施战争与征服带给他们的权利,将他们通过征服在高卢攫取的土地占为己有。"(Ibid., t.II, Discours, p.33.)"萨利克人法典的精神和文字,在司法程序中经常被援引。(文献中)受到法兰克人或其他蛮族欺凌的罗马人随处可见。"(*Théorie des lois politiques*, etc., t.II, Sommaire des preuves, p. 28.)

[④] "我们发现,这些法律在立法时,既注意到了防止国王践踏民众的自由,又预防了民众损害国王的特权。这种平衡,确实是君主制政府的显著特性。"(Ibid., t.III, Discours, p.37.)"我们发现,在早期的制度设计中,政治的自由和附庸的效忠是结合在一起的;而且,法律和政府,从精神到文字,从大概轮廓到具体细节,都体现了日耳曼人的规则和习俗。"(Ibid., t.VIII, Conclusion, p. 83.)

曼习俗",作为可资利用的资料来源。这样,她可以根据植根于这些习俗的规则,填补第一手史料的空白,或者任意加以解释。① 正如她所强调的,这些早期的规则构成了她的著作的基础。在她眼中,墨洛温和加洛林两朝,政府统治形式别无二致,而那些规则也始终存在,没有变化。

她认为:从克洛维到秃头查理(Charles le Chauve),❶没有任何值得一提的社会变化;在这 3 个世纪里,没有变革,只有一些波动——既然贵族和民众分享了政治主权、发动战争和缔结和平的权力,以及立法和司法权,权力天平在两者间的倾斜,于这种混合制政体中总是难免的。为了构建这个制度框架,根据塔西佗的文字记载,她提出了日耳曼人的自由原则,认为它一直可以贯穿到查理大帝时代;而查理大帝的统治形式,则可以原封不动地追溯到克洛维时代。这一切与马布利的观点一样虚妄,甚至更有悖历史的真相:马布利至少还看到了 5—6 世纪的社会变革。虽然他对变革的定性不够准确,原因也没有找对,但是在他的体系里,毕竟没有为这神奇而虚幻的"公法不变"的传说留下空间。② 尽管马布利对历史的判断有些谬误,他还是在使用史学的方法和准则,根据时序进行推演。德雷扎迪艾尔完全遗忘这些基本准则,只因她拘泥于对法律文献的研究,而割裂了相关的历史背景;只因她过于沉迷抽象的思辨,而无视历史的时间维度。尽管如此,我们仍然必须承认,德雷扎迪艾尔小姐的著作是完备而精巧的,往往也不乏智慧。她似乎具有分析事物的天赋,善于寻找和提出所有重要的问题,不穷尽绝大多数相关史料,就决不放弃。一般来说,她对经手之史料的意义和范围,不会出什么大错;对史料的扭曲也不很明显。即使她最后把对某些史料的理解引入歧途,那也是一步步地巧妙实现的。总而言之,在这里,她避免了此前史学的通病,没有武断地任意拣选相关的原

---

① "各民族与法兰克人一起构成了王国的臣民,与法兰克人共同接受政府的统治。因此,人们承认在日耳曼征服时期法兰克人的政治规则,视其为基本法;而有关王国内部国王和臣民相关权利的法律,都可以溯源于此。"(Ibid., t.III, Discours, p.4.)

❶ 秃头查理,加洛林王朝西法兰克王国的国王,843—877 年在位。

② 德雷扎迪艾尔的大作只出版了前两卷,截至秃头查理统治时期。在前言中,作者宣称第三卷已经完成,即将付梓,"展现了从法兰克帝国的分裂至美男子腓力时期,君主制公法的传统与变迁"。她一方面只承认单一的日耳曼式早期政制,一方面又论证了 12 世纪罗马法的复兴、"城市公社"形式下市政体制的复活,以及受到罗马精神启发的君权建构。我很好奇,她怎能毫无违和地做到这点?

始史料。她兼容并蓄了各方面的资料,以循序渐进而难以察觉的方式,悄悄改变了它们的面貌,使其得以顺利进入她的思维体系并显得颇为规整。

或许出于谨慎,或许是害怕与主流的学术观念碰撞,德雷扎迪艾尔对马布利的史学体系不置一词。不过,她虽生性淡泊,还是针对史学家莫罗(Moreau)发起了一场论战。后者作为一名作家,不值一提,但却是迪博的信徒和忠实的鼓吹者。18 世纪政治自由的潮流,倾向于将迪博体系的主要观念一一连根拔起。在君主制的建立问题上,迪博主要强调了两点:绝对君主制和市政自由。当时,前者已越来越为人所反感;而后者在有志于获得国家权力的第三等级眼中,显得过于小家子气——他们声称在历史上既享有部分最高权力,自然对市政不屑一顾。他们的意志空前强大,变成了历史的法则,而历史也只能服从;为了法国,他们抛弃了把现代社会的起源与罗马帝国相联系的传统史学。《法兰克君主制政治法律理论》的作者,与马布利同样走在这条道路上,但步伐更为坚定,也更有学术范儿。她用了很大的篇幅论证,彻底否定了日耳曼民族统治期间,罗马的影响在高卢的存续:无论是司法程序、法院构成,还是税制或市政体系,全部荡然无存。在她看来,城市法院和乡村法庭(justices de canton)是一体的,没有区别;墨洛温时代的地方贵族们全权管理城市,而高卢-罗马时期所有市政体系和城堡都已了无痕迹。她把法兰克高卢视作原初的法国,不愿意承认任何罗马帝国的遗产。① 她如此厌恶一切有关罗马帝国的想法,以至于连查理大帝都不放过,只承认后者"法兰克人国王"的头衔,❶甚至对查理曼的皇帝头衔和权力都深表痛恨。②

其实,这本书的命运如此多舛,我本应对其少一些苛责。作为 25 年研究

---

① "日耳曼统治高卢之后,在高卢大地上,即使罗马元老院和元老院的成员,也改唤日耳曼蛮族的名字。专制帝国的痕迹荡然无存,一切都与君主制的原则及自由的思想联系在一起。"(*Théorie des lois politiques*, etc., t.VII, Sommaire des preuves, p. 178.)

❶ 公元 800 年,作为法兰克国王,查理曼又被罗马教皇加冕为"罗马人的皇帝"。但这一事实似乎不为德雷扎迪艾尔所接受。

② "查理曼是罗马人的皇帝,而意大利与法国两国的政治制度原则有所不同,无法统一……他更喜欢这两个头衔(查理曼 768 年成为法兰克国王,774 年又通过军事征服成为伦巴第国王。后者主要统辖今意大利的北部领土。——译者注),而对皇帝称号颇为鄙夷,并不情愿接受它。他更看重法兰克国王的头衔。在其分配帝国领土的文书中,他没有把皇帝头衔留给任何一个儿子,试图在家族中消除这个来自外族的称号。"(Ibid., t. VIII, Discours, p.55 et 56.)

的成果,在漫长的成书岁月里,它一度受到学界和社会各界贤达的热切期待。马勒泽布(Malesherbes)❶曾殷切而不无赞誉地跟踪着该书的写作进程。一切似乎将给作者带来巨大的成功和无上的荣耀。然而,出版的时间太迟了,时势没有等待她。《法兰克君主制政治法律理论》刊印于1791年,在旧制度灭亡之际即将面世。革命恐怖和其后的动荡时期,出于谨慎的态度,该书一度被束之高阁,直到1801年,方千呼万唤始出来。这个全新的世界,距离作者原先希望针对的时代和人群实在太遥远了。如果出版适逢其时,此书本应与马布利的体系分庭抗礼;而且,由于它更完备,更深刻,看起来也更接近于历史的源头,或许它更能得到严谨治学者的青睐。总之,虽然两个理论体系泾渭分明,但它们的缺陷是一样的,都在于对罗马传统的割裂。马布利体系中的这一问题,在德雷扎迪艾尔小姐的书中更为鲜明,更为旁征博引,目标明确。这正是社会舆论的潮流将历史推入的轨道,轨道上的车辆也愈益深陷其中。人们沉迷于日耳曼制度的幽灵,却唾弃与现代文明真正源头的一切联系。可是同时,国民盼望着赋予一个民众大会昔日立法者同样的权限;这一想法必然在法国的民法、行政区划体系及整个管理体系等领域,重建罗马帝国的中央集权专制模式。

  终于,社会变革的标志性时刻到来了。在这里,"变革"一词❷,表示起源于12世纪的社会复兴(renaissance sociale)的大规模运动,即使定义不够明确,至少也算是如今通行的用法。经过175年的中断,三级会议在1789年5月5日重新拉开序幕。社会舆论的主流声音呼吁赋予第三等级双倍的席位。这个问题引发了激烈的论战,对立双方从史学和法学的角度各抒己见。此时,一位人物横空出世。不止一次,他犀利而新颖的观点完美地结束了争论,在社会变革时期无数的不确定性中变成了所有人奉行的法则。这次也不例外。

  "第三等级是什么?是一切!第三等级至今的政治地位如何?一无所有!第三等级需要什么?获得一些东西!(A être quelque chose.)"就在这简

---

❶ 马勒泽布,法国政治家,曾在旧制度末期担任书籍审查官,暗中支持了大批启蒙书籍的出版。后担任法王路易十六的辩护律师,并因此在1794年被送上断头台。

❷ 原文使用了révolution一词,与"法国大革命"的拼写一致,故需要专门解释说明,以示区别。

短有力的话语里,西哀士神父给出了对大革命第一个问题的解答。根据他的个人习惯,这本著名的小册子❶首先是理论性的,它阐发了作者一个不无大胆的推测:"第三等级自身即是一个民族,一个完整的民族。"①这位具有很强逻辑性的政论家喜欢援引法律。为行政法律所认可或制裁的各类社会现实与全新的社会关系,构成了他论证的基础。因此,文中涉及历史的篇幅不多,但意义却很重大:

> 贵族们的表现本来就不配享有自由。倘若他们竟然冒着失去自由的风险,企图继续压迫民众,那么,人民就可以勇敢地质问他们:如此胡作非为,你们的依据何在?假如他们以"日耳曼征服"作为答案,打算往前追溯一小段历史,没有问题。但是,第三等级不会害怕追忆往昔。民众大可以回溯到征服以前的年代。那些贵胄始终狂妄地自诩为征服民族的后裔,并且继承了征服的特权。不过,既然今天人民的力量已经足够强大,不会再被轻易征服,(如果再发动一场征服战争,)民众的反抗势必会更有成效。这样,第三等级何不索性将贵族们举家送回法兰克人曾经居住的森林中去?我想,经过这番清洗,国民必感欣慰:自此之后,这个民族将仅由高卢人和罗马人的后裔构成。事实上,如果人们非要以出身来区别不同的人群,难道我们不应该告诉可怜的同胞们:高卢人和罗马人的出身,至少不会逊于西冈布尔人(Sicambres)、❷威乐士人(Welches)❸以及其他来自古日耳曼尼亚地区的丛林池沼的野蛮人?贵族们还可能答道:"即便此言不虚,但征服已打乱了原有的格局,征服者已变成了贵族。"好吧!让我们再把这些贵族打回原形!这次,该轮到第三等级成为征服者,变成新的贵族了。②

---

❶ 西哀士所著的《什么是第三等级?》(*Qu'est-ce que le tiers état*)一文,在法国大革命之前刊印成册,享有盛誉。

① *Qu'est-ce que le tiers état*? p. 10 et 11, 3ᵉ éd., 1789.

❷ 西冈布尔人,日耳曼人的一支,曾在公元1世纪前后被罗马人征服。西冈布尔人往往被视作法兰克人的前身。

❸ 威乐士人,指生活在今法德边境地区的非日耳曼语族裔,一般为高卢–罗马人后裔。因此,在下文中,作者指出了西哀士在此处提到威乐士人的问题。

② *Qu'est-ce que le tiers état*? p. 16, 17 et 18.

这里提到威乐士人是个败笔,它证明西哀士在历史哲学方面的修为还欠火候。① 然而,他话语中自豪无畏的气概,足以让人明白,第三等级的生存状况和精神面貌,在60年来,发生了怎样的巨变。60年前,布兰维利耶的体系曾引起过平民阶层的不满。人们对它忧心忡忡,似乎难于招架它的威胁;若想拒斥它,就只能含沙射影地另建一个否定征服的体系。② 可是,在1730年曾引起轩然大波的理论,却被1789年的作家以嘲讽的姿态,理智地接受了。接受该理论的同时,西哀士也抛出了自己的挑战和威胁。这个威胁,与6世纪以来法兰克人后裔对所谓"被征服者"的后代所做出的一切恫吓,具有完全不同的意义。

虽然史无前例,国王还是批准了第三等级代表的双倍人数,三级会议也随之召开。三级会议像人们为从旧秩序通往新秩序而铺设的桥梁;当人们通过了,桥也就很快废弃了。君主制体系下三个等级共治的会议,被主要由第三等级的精英所主宰的国民议会(assemblée nationale)取代。经过整个世纪的知识积累,他们已经做好了参与政治生活的充分准备。根据一位历史学家简洁而激烈的表述:大众渴望登上缺失已久的地位,③因此,他们的代表只用了不到3个月的时间,就把旧社会连根拔起,并为新制度的建立奠定了基础。在1789年8月4日那个著名的夜晚,❶所有的特权烟消云散;而国民议会也就此变换角色,停止摧毁,而转入了建构的阶段。此后,它开始运用理智、言辞和自由的力量,创建全新的政治制度,并取得了巨大的成功。这项工作在各个分支领域内,都建立于纯粹理性的基础之上,实现了绝对权利和永恒正义的结合。根据当时人们的普遍观念,人类永恒的自然权利,对所有的法治社会而言,既是原则和目标,又是起点和终点。此信念也构成了制宪议会的力量和灵感的来源。制宪议会始终坚持着这条信念,将一切诉诸理性而非历史;不过,纵然宪法具有纯哲学性的包装,总免不了一些历史的元素。完整的权利、法律面前的平

---

① 在日耳曼语中,威乐士人的含义,正是高卢-罗马人。
② 参见本书第二章第71页,及其后部分。
③ M. Mignet, *Histoire de la révolution française*.
❶ 1789年8月4日,国民议会通过决议,废除所有封建特权。

等、公职的分级体系、行政的统一性、社会对国家管理的参与……所有这一切的确立,都不过是制宪议会结合现状,在法国恢复罗马帝国民事旧制的尝试而已。①这些要点,构成了宪法中最坚实的部分,历经多次政治动荡而不变;10年之后,督政府又通过立法对其进行了修复和补充。❶ 在 10 年间,所有恢复古代共和国的努力,以及建设马布利或让-雅克·卢梭(Jean-Jacques Rousseau)的理想世界的尝试,都一一宣告破产,烟消云散,只留给回忆一片怅然,国民对此也愈益厌倦,最后甚至产生反感了。1791 年以来,宪法走马灯般换个不停;作为社会的外衣,它也许仍将继续变化下去。但是,在不断改变的外表之下,总有些永恒不变的东西,比如社会的统一、领土的不可分割、权利的平等和行政的集权等。

制宪议会的那些大演说家们,至今仍声名赫赫,个人传记也甚为畅销。然而,在他们的光环下,议会中还隐藏了一批具有远见卓识的人物;他们的提案变成了法律,而他们个人所获得的,只是一个集体的虚名而已。在这些实干家中,来自鲁昂的第三等级代表图雷应算是一位佼佼者。作为宪法委员会成员,他四次当选国民议会的主席;1791 年,又被任命为他本人建议成立的翻案法庭(tribunal de cassation)❷的主席。制宪议会最为辉煌的成就,很大一部分可以归功于他的努力。完成立法工作之后,他感到有必要重新连缀似乎为大革命所打断的历史记忆的链条,并应该在新社会的建设与我国历史的根源之间建立某种联系。为了满足极度推崇逻辑性的读者的需要,图雷既没有专研原始文献,也没有求助于本笃会教士们的鸿篇巨制。他过于着急下结论,习惯在现成的理论体系中寻找自己的素材和数据。他同时采纳了两个体系,以新颖的折中主义方式将其合并到一本书里,毫不担心其间的矛盾。他的《法兰克

---

① 无论罗马皇帝多么专断,他的权力基本还是来自某种民主原则的。罗马时代的法学家们评述道:"之所以贵族的意志拥有法律的力量,是因为民众将国家和权力都让渡给他们,施于其身。"(Digest., lex I, tit. IV, lib. I ; institut., lib. I, tit. II, VI.)
❶ 1799 年 12 月 13 日,法国推出新宪法,确立拿破仑作为第一执政官的合法统治地位,又称"共和八年宪法"。
❷ 翻案法庭,成立于 1791 年,是翻案法院(cour de cassation)的前身。后者为法国最高法院,是民事和刑事的最终上诉法院,有权撤销低级法院的裁决。

旧政体革命简史》(*Abrégé des révolutions de l'ancien gouvernement françois*)兼容了对迪博著作的简单概述和对马布利著作的逻辑归纳。①

迪博的体系,在40年内深受质疑;此书自可被视作为其正名的开端。然而,图雷对这位为时人所轻视的学者青眼有加,除了文人的任性,恐怕还有其他原因。可以想象,作为1791年宪法的制定者之一,看到自己所亲身参与的社会变革,图雷又重拾对古代公民社会最后时光的兴趣,倾心于高卢-罗马那统一而庞大的行政机制。② 他重提那为人遗忘已久的罗马式理论体系,将它与马布利颇为流行的日耳曼式理论体系并举,这正是著作的新颖之处,符合当时史学潮流的主要特征;然而,这两种体系的混合,又展现出极为不协调的一面。根据迪博的观点,图雷描述了高卢5世纪的行政体制,并指出:墨洛温王朝的政府形式和行政体系均沿袭罗马帝国,而加洛林王朝的部分时期也是如此。随后,他又继承了马布利的观点:日耳曼纯粹的民主制度在墨洛温王朝早期既遭受破坏——国王、主教和贵族合谋对付民众,更在宫相时期发展为专制政体;民主制度曾部分被查理大帝修复,但在他的继任者那里又消失殆尽。若论史学体系之所本,简史是非常忠实于《法国历史观察》一书的;但在政治结论方面,图雷要比马布利走得远很多。当然,要做到这点,他不必具备过人的勇气,而只须紧跟时代精神,适应时势则可。他有志于史学时,1792年已经过去,他看到了君主制的废除。在他看来,革命的这一高潮是必然到来的;其动机和来源,似乎均可在一切的历史事实中找到答案。通过他的总结,从6世纪到18世纪末期的法国史,只是从法兰克共和国过渡到法兰西共和国而已。他写作此书的目的,是为了教育当时尚年幼的儿子。该书在1800年出版,获得巨大成功。在第一帝国时期,它的流行程度一度下降;但在波旁王朝复辟的早期,又曾卷土重来。③ 姑且摘录几段如下:

今天,最具有绝对意义,而结果也最为彻底的革命,审判了所有的僭越和暴政。新的光芒照耀了法国的历史。因此,我的孩子,你要更深入地

---

① 《法兰克旧政体革命简史》一书,提供了迪博神父和马布利神父著作的简写版本。
② 参阅本书第142页(边码)弗朗索瓦·德·纳沙托(François de Neufchâteau)的观点。
③ 该书的铅印版本,直至今日仍有重印。

了解历史,要看到以下历史事实的真相:1.大革命所消灭的诸多贵族权力和特权,其根源在于不平等。2.他们曾导致国家积弊丛生。这就可以使你正确地判断革命的必要性,理解它对国家富强的重要性,从而认清我们的使命——奉献我们全部的努力,促成革命的成功。①

大革命废除了君主制。我们已经看到君主制对国家主权的侵害。克洛维最早的几位继承者篡夺了权力,将共和国首席公职人员的地位偷换成专制的君主。墨洛温国王们的君权从来未经民众授予,是不折不扣的暴君;因为,暴政实质上就是对国家主权的篡夺。君主制的起源没有法律依据。无疑,人民有权废除它。②

孩子,你已经看到墨洛温和加洛林两朝国王的所作所为……他们是最早压迫人民的君主。于格·卡佩和他的族裔也对人民犯下了同样的罪行:首先,他们继续篡夺国家主权,为自身牟利;其次,他们从不真心为人民造福……路易十六唯一的权利,继承自于格·卡佩;而于格·卡佩本无任何权利可言。如果洛林公爵查理(Charles de Lorraine)❶实力更强,他就能够以谋逆的罪名逮捕于格·卡佩;如果人民知道捍卫自己的权利,他们也可以制裁卡佩的暴政。时光流逝,直至路易十六上台,卡佩家族窃取王位的事实,在法律方面还没有得到纠正……③

直到今天,我们才盼到了人民的理性和勇气的复苏。国民以一场史无前例的革命,向他们十二个世纪以来遭受的所有痛苦复仇,向他们在长期压迫中经受的所有罪恶复仇。革命为全世界树立了伟大的榜样。④

在这字里行间,温柔的父爱与主导他史学思想的粗犷的绝对理念杂糅在一起,似乎形成了一种无与伦比的荒诞效果。然而,成书时代的现实,不仅同样荒诞,而且还多出了几分阴郁的色彩。作者被流放至卢森堡,旋即被关押,

---

① *Abrégé des révolutions de l'ancien gouvernement françois*, p. 59, 1ᵉʳ éd.; an IX.
② Ibid., p. 79.
❶ 洛林的查理,加洛林王朝末代国王路易五世的叔父。987年路易五世死后,他成为加洛林王朝仅存的男嗣。然而,他在权力斗争中失败,民众大会最终推选于格·卡佩继承王位。
③ *Abrégé des révolutions de l'ancien gouvernement françois*, p.113.
④ *Abrégé des révolutions de l'ancien gouvernement françois*, p. 299.

直到走上断头台的一刻才离开监狱。同日走上断头台的还有他在制宪议会的同事德普雷梅尼(D'Épréménil)、[1]列·霞白利(Chapelier),[2]以及国王的辩护律师马勒泽布。他目睹了革命的力量在斗争中渐渐迷失和堕落,革命领导集团的社会等级不断下降,直到落入人数最多,但也最蒙昧、最倾向于狂暴政策的阶层。

---

[1] 德普雷梅尼,法国大革命时期著名政论家。
[2] 列·霞白利,即 Issac Le Chapelier,又译作勒沙普利埃,法国大革命时期政治家,以《列·霞白利法》闻名。根据他的提案,1791年6月,制宪议会通过法令,禁止工人结社和罢工。

第四章

　　法国史理论之时序梳理的方法。——1789年法国大革命的影响。——新的利益,新的流派。——法兰西共和国第一执政官拿破仑。——历史观念的分歧。——以第一执政官名义提出的对新史学体系的要求。——德·蒙洛西耶(de Montlosier)先生。——共和国的终结,帝国的确立。——有关查理大帝的回忆的错误应用。——我国天然边界的概念,其影响力及历史依据。——法兰西学院继续编撰博学派著作。——对中世纪史的偏好。——对抗帝国的力量。——波旁王朝复辟。——有关王朝复辟的命定论。——宪章序言的历史部分。——国家分裂为两派。——《法兰西君主论》。——德·蒙洛西耶的史学体系。——其著作的影响。——有关法兰克人与高卢人之敌对状态的论战。——新的史学流派及其特点。——提出或解决的问题。——基佐(Guizot)先生。——当代的史学精神。——罗马传统的绝对性优势。

　　在继续就19世纪的史学状况展开论述之前,既然要面临一些当代的问题,我自然应当向诸位阐明本人所遵循的方法。我主要从两个角度审视有关法国历史的五花八门的理论,以及针对法国历史基本问题的不同观念。一方面,我深入思考各种史学理论;另一方面,我会考量它们与所处时代的舆论趋势和社会变革的关系。这样,对不同时代史学体系的批评,或是对史学领域论战的回顾,皆可置于政治派别和民族革命的框架内进行。当我着手品评一些缺乏创新的理论时,我会注意搜集蛛丝马迹,看它究竟在多大程度上沉迷于传统;如果涉及的理论体系不够完整,也缺乏专业的著作,我会设法探索对其遥遥产生影响的思想之轨迹。就此,我已引用了许多政论文字,并将继续如此;如有必要,我也会征引一些官方的文书。本人的最终目标,是清晰指出近来史学运动的特质和范围,并定义其在我国历史发展进程中的地位。这一运动,与以前的运动别无二致,都可归结为两方面的成因:它既来自史学界内部的科研成果,又受到社会形态和政治事件的外部影响。根据计划,我准备梳理近代史学发展脉络,直至今日的史坛。在这一过程中,我将多次遇到那些对当代人而言纯属党派之争的问题。这本来就是我的题中应有之义,我自应欣然受之;而在谈论近现代的史学著作时,我无法改变既定的步骤,也无法忽视它们面世的时期,以及它们所属的年代。

在政治方面,罗马帝国崩溃的余震,直到法国大革命方戛然而止。大革命的结果,无论是必然还是偶然,无论在情理之中还是意料之外,都给人与物的状态带来了深刻的变革;而大革命的准则,在人们的思想观念领域,也带来了同样巨大的变化。教会在数百年来积累的地产被悉数收归国有;而针对逃亡者的严苛法律,也规定要没收一部分贵族的地产。大半土地易主,从昔日的特权阶层手中,转移到资产阶级和农民的名下。为了对抗这一无法阻挡的潮流,贵族们成千上万地倒下——在流亡的途中,在旺代(Vendée)的战场上,❶抑或是在革命法庭的斧钺之下。经过这场风暴,四分之三的贵族销声匿迹了,所有的重要公职、行政职位和军职,都被来自平民阶层的人士所占据。旧日的等级制度不复存在,不同阶层的权利与社会地位不再有所区别,整个社会融为一体,2500万法国公民,生活在同样的法律法规之下。正如短暂的共和国政府所宣称:这是一个新的法国,它是唯一的,不可分割的;它的行政区划、司法组织、税制,甚至整个政府体系的所有分支,都具有统一的形式。①

然而,大革命甫将这个国家引向法律的统一和公民身份的一致,就在自己身后留下了一道利益与灵魂的鸿沟。由于观念的区隔,也由于革命事件本身的暴力,法国被分为两大阵营:革命阵营和反革命阵营。这一政治分裂,与16世纪宗教革命在法国所造成的教派对立,本质上是相同的。革命所造成的社会伤口亟需愈合,也正是它的弱点所在。19世纪初,逃亡贵族逾10万人;对

---

❶ 旺代,法国西部省份,以1793年的反革命叛乱而闻名。该叛乱的基本原因是当地农民对大革命一系列政策不满。许多贵族也投身叛乱,并在中后期获得叛军的主要指挥权。
① 参阅《拿破仑对人与物的观念及判断》(*Napoléon, ses opinions et jugements sur les hommes et sur les choses*)一书(两卷本,1838年版)的部分内容。相关的草图非常精美,我对此做过誊抄,印象非常深刻,难以忘怀。

教士身体或精神的折磨,使虔信宗教的灵魂对一切新生事物都怀有深刻的敌意;在革命的对手和它不同程度的支持者之间,流放、死刑、暴力、毛骨悚然的复仇、盲目无由的憎恶、毫无怜悯的仇恨……所有一切,构成一道道巷战的街垒。结束这一纷争,消泯利益集团之间的敌意,用社会的宽容化解立场的对立,重建历史与现实的默契——这正是新世纪所必须面对的艰难任务。在这样的局面下,要想解决问题,人们似乎不得不暂且将理性搁在一边,而寄望于某人的个人才智。① 以执政之名实施独裁的拿破仑,恰恰有足够的才华承担起这项修复性的任务:他必须保证法兰西民族稳定、团结,并促使其最终确立和形成。拿破仑没有沾染当年知识分子的通病,不会醉心于某些抽象原则,也不执着于逻辑推理。他重视实际问题的解决,坚定地将本能置于理智之上。他勇敢地回到废弃的路径,在旧制度的废墟和大革命的创举之间,根据自己的标准,选择对重建新秩序有利的部分。他努力消弭党派之争,将对立的力量融为统一的民族;同时,他也力图借助那些为数百年来的实践所证明,也为人类的理性所肯定的各种手段,赋予这个民族以凝聚力。他恢复宗教;召回流亡贵族;归还尚未售出的没收来的财产;对因政见或做法而对立的各派人物一视同仁,统统纳入政府公职的行列。正如他本人所言,法国人的和解、报复的结束、仇恨的遗忘……这就是他的"基本原则",也是他政策的灵魂和目标。从第一执政官到终身执政官,又到帝国的皇帝,在政治生涯的一个个台阶上,拿破仑对党派之争始终非常反感。这是他性格中的鲜明特点——即使他在专断独裁中自我迷失的时期,这一点也从未改变。②

与制宪会议相反,这位伟人在政治方面的创举依托历史的经验。自然,他对法兰西民族的历史不无兴趣,也很关注人们曾一度在大革命中遗忘了的领

---

① 参阅米涅的《法国革命史》,及拉克雷泰勒(Lacretelle)的《波旁王朝复辟史》序言部分。
② "我针对教士和贵族的自由主义见解,及我有关民族融合的思想体系,是我执政的基本准则之一,也是我治国的一大特色……我的重要原则,是要彻底埋葬过去。谁都不曾见过我追究他人的观点和作为。自从我担任政府首脑以来,可曾有人听到我听听某某的现在或过去?可曾有人听到我听听某某以前曾说过什么,做过什么,写过什么?希望大家能够效法我……除了群众,我不参与任何一派。不要只想着把人们聚集起来:我的政策,旨在实现民族的团结。我应该和所有人一起治理国家,而不考虑他们以前的所作所为。"(*Napoléon, ses opinions et jugements recueillis par ordre alphabétique*, t.II, p. 180,185, 188, 268.)

域。吞噬了旧社会的风暴,同样摧毁了传统的史学研究;史学家四散,史学体系也丧失了生命力。在法国,有近10年的时间,行动意味着一切,每个人的思想只专注于现实的必要性,只服从于一时的利益或是激情。纷乱终于告一段落。知识分子们一旦消停下来,能够恢复自己的爱好,就马上重新开始反思,开始回忆,重拾历史研究。了解过去,并对过去与现实进行比较,是人类内在的需求。如今,这种需求又露出了苗头;不过,还只是零星出现,如同洪水退去之后地面露出的草木茎梢。与前一个世纪不同,引导人们赞同或反对某一历史学说的,不再是思想潮流,而只是或正或误的一些个人信仰而已。

作家弗朗索瓦·德·纳沙托(François de Neufchâteau),1795年进入国家政权。他欣赏迪博的书籍,但对其君主制观念不愿苟同,只偏爱思考书中有关罗马帝国行政管理方式的内容。他的评论公正而新颖,令人印象深刻:"走过一大圈政治的误区之后,我们似乎在很多方面又回到了当年罗马人采用的方案"。① 对充满了热情的诗人和哲学家谢尼埃(Chénier)❶而言,没有贯穿基本原则的史料是毫无意义的,只有马布利的著作才能揭示全部的真相。② 一些才学之士把对法兰西13个世纪历史之研究的意义完全抹杀,以1789年前后作为法国史的起源;更有人只愿把法国史追溯到1792年法兰西共和国创立的年代。当时颇为流行的一些宣传小册,精致性和牵强程度不一,但都试图用雅典、斯巴达、科林斯(Corinthe)、叙拉古(Syracuse)等所有古代的希腊自由城邦的革命,来解释法国革命的危机。作为那个时代最伟大的作家之一,年轻的夏多布里昂(Chateaubriand)❷捍卫基督教,反对革命的哲学和激情;与此同时,对

---

① 可参阅其1800年有关图雷著作的整个段落:"迪博神父的简述是史学分析的经典之作……图雷的摘录使人们对罗马在高卢的政治体制,以及克洛维和他的继任者们的政府形式,都有了清晰的认识。国家的行政区划、市政体系、赋税之外的捐纳金(subsides)等问题,本来就值得我们关注,更何况走过一大圈政治的误区之后,我们似乎在很多方面又回到了当年罗马人采用的方案。"(*Le conservateur, ou recueil de morceaux inédits d'histoire, de politique, de littérature et de philosophie*, tirés du portefeuille de François de Neufchâteau, de l'Institut national, t.I, préface, p. 16 et 21. Discours préliminaire de G. F.A. Thouret, p. VI et VII.)
❶ 谢尼埃,18世纪法国诗人,在革命恐怖时期被处死。他以其代表作《青年女囚》等诗篇,被后世尊崇为浪漫主义的始祖之一。
② *Œuvres de M. J. Chénier*, t. III, p. 145 et 169.
❷ 夏多布里昂,18—19世纪法国作家,代表作为《墓畔回忆录》等,是法国早期浪漫主义的领军人物之一。

待已经坍塌的君主制的昔日荣光和骑士英雄主义，他也充满了留恋。在他眼中，这个初生的社会数典忘祖，自称"理性之女"，而不是"岁月之子"。他希望用自己的诗篇，引导这个社会重新正视历史。

在各种历史观念和情感的混乱中，图雷的《法兰克旧政体革命简史》一书脱颖而出，我们在前面已经提及。然而，此书缺乏统一性，也不具备开阔的视野，没有能力整合充满分歧的各派观点。他自相矛盾的史学体系，对认真的读者而言，更多的是一种折磨，而不是休闲；而他过于革命性的结论，在过去与现实之间掘出了一道深渊。可以说，他把法国系在了共和国宪法的摇篮上，而那部宪法不到10年就开始老化，丧失了生命的活力。拿破仑很清楚地意识到：一本史书，如果可以解释旧制度的兴衰和新制度的确定，并且能够自圆其说，必将具有非凡的影响力。因此，他希望拥有这样一部著作。拿破仑处理此事的原则与他在其他方面的风格一样，讲究雷厉风行。所以，他不想求助于法兰西学院的学者们。在他眼中，这帮人素来磨磨蹭蹭，且沾染了太多18世纪哲学的习气和偏见。于是，他情愿在反对革命的阵营中，寻找一位素以严谨治史著称的学者——这位学者应该同时头脑灵活，勇于探险，有能力在短短数月之间推出一套新的体系，将君主制时期的重大事件，与他在称帝之前所主导的社会复兴结合起来。

蒙罗西耶先生曾为三级会议的贵族代表，是获得特赦的逃亡贵族之一，深为政府所善待。归国之后，他任职于外交部。在国民议会时期，他就曾以"贵族特权的狂热维护者"而著称；流亡英国期间，也从未中止以言行对抗革命。他在写作方面的才华无与伦比，不过，知识结构并不清晰，逻辑性也不甚强。但是，他有一种无知者无畏的力量，善于夸张声势，给人留下深刻的印象。第一执政官最终选定了他。1804年，外交部长向他传令，交代了写作任务。他得知自己应当撰写一本著作："1.有关法国的旧政体及政治机构；2.有关法国大革命破除旧社会的方式；3.有关对此纠偏的各种努力；4.有关第一执政官在这方面的成就,及其对社会各领域的重建。"①这一命令的口吻,简洁而精确,具有所谓的"拿破仑式风格"。我们这位未来的史学家得到明确的书稿完成时间,就像接受了某项行政任务;在即将发生的一个巨大变革公之于众之前,该书必须完成并付梓。这场变革是法兰西共和国最后一次嬗变,所有人的权柄将托付于一人;世袭君主制即将重建,只不过君主制的基础变成了"国民意愿"。

政论家蒙洛西耶受命开始写作。在以历史和权利的名义反对制宪会议时,他已经搜集了一些素材;然而,想遵照拿破仑的命令,或如他本人所预期的那样,仓促成书,终究还是困难重重。几个月,几年过去了。书稿完成之日,共和国早变成了帝国,拿破仑·波拿巴一世登基已多年了。根据拿破仑最初的想法,登基本应伴随着该书的面世;他是否曾为彼时新史学理论的缺位而遗憾,我们不得而知。但是,所有一切都可以证明,他对该书和作者保持了持续的关注。拿破仑始终在等待一本著作——它能够烛照所有展现了社会秩序和国家荣光的历史年代,能够杜绝无政府主义的因素;在书中,新法国与旧法国可以在历史的领域里实现和解,友好地握手。然而,他完全没有想到,在他精心选择的这位史学家身上,恰恰具有最为强烈的反革命的激情。

蒙洛西耶先生是个十足的大好人,但是,他执着于自己的信念。结束流亡生涯回到法国时,他对1791年的惨痛失败仍耿耿于怀。❶ 他把这满腔的仇恨,通过自己的想象,一直追溯到遥远的过往,并给他的法国史理论打下了深深的烙印。由于他的政治斗争经验和流亡外国的经历,著作中有一些新颖而怪诞的观点,与布兰维利耶相比,在表达形式上更具活力,但也不乏骄傲和自尊。在他看来,真正的法国人民,最早的法兰西民族,就是贵族,就是在高卢土地上融合的三个种族之自由民的后裔。❷ 第三等级是一个全新的族类,相对

---

① 见三级会议贵族代表德·蒙洛西耶伯爵所著的《论法国君主制:从起源到今天》(*De la monarchie françoise depuis son établissement à nos jours*),1814年版,卷一,告读者书。

❶ 此处应指1791年法国宪法的颁布。该宪法确定君主立宪制,宣布法国旧制度的灭亡。

❷ 在法国,19世纪的史学界曾流行一种说法:公元5世纪末,高卢地区主要生活了三大种族——高卢-罗马人、日耳曼人和斯堪的纳维亚人。其中,斯堪的纳维亚人与北欧的斯堪的纳维亚半岛没有直接联系,主要指因外族入侵而向西迁入欧洲西部的民族,包括哥特人、阿兰人等。

于原住民而言,可谓"异族";他们是来自不同种族和时代的奴隶与藩属。直到 12 世纪,只有原住民才可以进入国家政权;而此后,经过政治斗争和权力的分享,新的族类渐渐剥夺了原住民的权力和利益。6 个世纪之后,在 1789 年革命引起的一系列社会现象中,这种僭越行为更是登峰造极。以上就是蒙洛西耶先生法国史理论的基础。他深信这一偏颇的观点才是历史的真相,便勇敢地以其作为主导思想,完成第一执政官交付的任务。他生性独立,虽奉命而行,也只做自己想做的事情,表述来源于自己的思想;而拿破仑布置的任务,却成了护身符,可以保证他写作的自由。这部 1807 年完稿的大作,主要阐述了以下史学观点:法国贵族在与市民阶层和城市公社的斗争中,捍卫了神圣的事业和毋庸置疑的权利。

就这样,在他的书中,内战成了法兰西历史的必然。拿破仑本来对该书寄予厚望,希望它倡导历史与今天的和解;而它却论证了和解绝无可能:无论任何历史事件,归根结底只有一个原因,就是在同一国度的两个民族之间的敌对。很难想象有比这个更为南辕北辙的事情了。蒙洛西耶的手稿交付专门委员会审核。后者虽然对其不吝礼貌的赞誉之辞,但仍决定暂不付梓,退还给作者。直至拿破仑帝国覆灭之时,书稿方得见天日。皇帝本人对此是有些失望的。然而,他对史学的造化之功仍然不改初心,并不放弃对其实施行政管理的念头——正如他对其他各种社会力量的控制。不过,他不再试图重建全新的史学理论,而是转向一些更为普通的学术领域,要求将一些号称"经典"或仅作为参考书的史书续写到 1800 年。拿破仑委派一位内阁成员监督对米约(Millot)❶的法国史的续写工作,又指定另一位内阁成员督导对韦利(Velly)❷和埃诺主席(président Hénault)❸法国史的续写。1808 年,在无可避免地以西

---

❶ 克洛德-弗朗索瓦-格扎维埃·米约(Claude-François-Xavier Millot),18 世纪法国历史学家,于 1767 年至 1769 年著有《法国史》。

❷ 保罗·弗朗索瓦·韦利(Paul François Velly),18 世纪法国历史学家,著有七卷本《法国史:自君主制的建立至路易十四》的第一部分。

❸ 夏尔-让-弗朗索瓦·埃诺(Charles-Jean-François Hénault),18 世纪法国著名文学家、史学家,积极组织沙龙等文化活动。因其曾任第一调查委员会(première Chambre des Enquêtes)主席,人称"埃诺主席"。著有《法国编年简史:至路易十四之死》。

班牙的重大事务为首要考虑目标之时，❶拿破仑从波尔多发出的一则不无专断语气和激昂情绪的口谕，仍流露出对史学事业的巨大兴趣。①

大革命自其伊始，就具有两大趋势：对内注重社会平等，对外强调领土扩张。在第一波征服中，法兰西的边界已达到了莱茵河和阿尔卑斯山。法国本来应当就此标明国境线，明确立法宣称：此后越界将只为军事需要，而不为领土征服。然而，它却没有这样做。这可谓其外交政策上的重大缺陷。执政府（Consulat）时期，❷法国兼并了一些地区，使领土形态发生了怪异的改变，反倒破坏了来之不易的国家统一。可是，所有人都刻意拒斥对此事的回忆。② 君主制狂热地奔向独裁，无止境地追求扩张——这是一场毁灭性的危险游戏。帝国义无反顾地走上这条路；而很快，它也无法再退出。当时，人们为了在历史中寻找先例，一直追溯到了查理大帝时代，以幼稚的错误方式，对两个帝国进行类比。拿破仑由教皇亲自加冕，会引起人们的虚幻联想——而这一切，似乎也正是他本人希望在公众心目中营造的效果。然而，在1805年的法国与公

---

❶ 1808年，拿破仑发动半岛战争，出兵占领西班牙。

① 以下是一些有趣的片段："我不赞成内务部呈文中所提及的一些原则；20年前，它是正确的；60年后，可能也不错；但今天是行不通的。韦利是唯一一位较为详尽地记述了法国历史的学者。埃诺主席的法国编年简史，是一部经典。续写这两部著作，是非常有用的。韦利只写到了亨利四世时代，其他史学家的续作，也没有超过路易十四时期。保证续写者对此事的重视程度，是至关重要的。我已经委托警务大臣监督米约著作的续写。我希望两位内阁大臣专注于续写韦利和埃诺主席的著作……"

"我们对亨利四世、路易十三、路易十四和路易十五，应该有公正的评价，但不能过于溢美。在写作过程中，对九月屠杀及革命恐怖政策，应采取与宗教审判所和十六区委员会的屠杀（十六区委员会，les Seize，在法国三十年宗教战争后期，天主教神圣联盟一方于1591年在巴黎成立的市政自治机构，统治手段严酷无情。——译者注）一视同仁的笔法。在谈及大革命时，要注意避免不良反应：任何人都不能违背这一点。无论对死者还是生者，都不要加以责备。历史事件起源于事物和事态的自然发展，任何人都无法预测，也无法改变。"

"应该提醒人们注意（法国旧制度时期的）长期无序的财务状况、地方议会的乱象、法院的野心，以及行政管理方面规则和活力的缺失。这个七拼八凑的法国，缺乏法律、行政和领土的统一，与其说是一个国家，不如说是20多个小王国的集合。当人们终于可以享受法律、行政和领土的统一所带来的好处时，自然倍感宽慰……因此，内务大臣提议，要将这样一项工作交付给个人或是投机的书商，不是一个好主意，只可能带来令人不快的结果。"（Notice sur la vie et les écrits de Fontanes. Par M. Saint-Bauve. Œuvres de Fontanes, t. I.）

❷ 执政府时期，自1799年雾月政变拿破仑执政时起，直至1804年法兰西第一帝国成立。

② 1802年9月11日，皮埃蒙特（Piémont）并入法国领土，包括五省：波河省（Pô），省会都灵；马伦哥省（Marengo），省会亚历山大城（Alexandrie）；索启亚省（Sezia），省会韦尔切利（Verceil）；斯图尔省（Sturs），省会库内奥（Coni）；杜阿尔省（Doire），省会伊夫雷亚（Ivrée）。

元9世纪的所谓"法国"之间,事实上是毫无共同点的。无论查理大帝的文功武略影响力如何,即使在权力鼎盛时期,他个人的民族性也极为有限。法兰克民族喜欢统治其他族群,而不是消灭他们,或是杜绝他们日后的分裂倾向。这也正是查理大帝的特点。因此,加洛林帝国注定只可能昙花一现。该帝国自然有些与拿破仑帝国相似的地方,也有一些事物延续至今。然而,就此将其与全新的法国政权进行类比,却无视其作为过渡性政体的特征,这是对历史和政治的极度不尊重。

可以说,在人们沉醉于一系列的军事胜利时,虽然那充满着危机的野心将给每个民族和个体都带来沉重的负担,但是,国民仍然坚定不移地期盼着维持天然边界(limites naturelles)。❶ 无论财富多寡,我们夺回天然边界的想法,从来没有消弭。它具有深刻的民族原因和历史原因。这个想法与法兰克人无关——从某种意义上说,他们只是法兰西民族历史上浮光掠影的匆匆过客。我们可以把它追溯到这个民族古老而鲜活的历史深处,也就是自由高卢和罗马高卢时期。12世纪,新的种族在共同的基础上完成了融合,随着公民权利的复兴,天然边界的概念也开始孕育。腓力·奥古斯都的政策,及其对法国南部与北部所采取的军事行动,都明显可见该思想的痕迹。随后,号称"第三等级国王"的路易十一,在政治方面重申了天然边界的存在,似乎已早早具备了法国大革命的精神;而它的基本实现,要等到路易十四时期。最后,大革命以无可抵御的力量,再次为天然边界而战,很快便达到了目标;然而,不幸的是,它又一下走得太远了。

法兰西帝国由近及远,渐渐吞噬欧洲各种政体的国家——无论它们是共和国、公国还是王国。史无前例的伟大事件在我们眼皮底下发生,但也带来了一系列令人震惊的灾难。此时,人们更希望从历史中汲取智慧,而史学研究也终于从革命的巨大震荡中复苏了。在断裂时期,法兰西学会第三组(troisième

---

❶ 天然边界,又作"自然边疆",是以法国周围的天然屏障作为法国国境线的理论,在中世纪最早提出,正式确立于法国大革命时期。根据该理论,法国国境应以大西洋、莱茵河、阿尔卑斯山和比利牛斯山为界。

classe）❶延续着传统史学的血脉。他们继承本笃派圣摩尔教团（congrégation de Saint-Maur）的事业，①并续写了在波旁王朝最后两位国王的赞助下开始撰写的著作。从1806年到1814年，三卷史学资料汇编先后刊印成册，其中，包括两卷国王敕令汇编和一卷法国文学史。❷ 不过，这次史学研究的回潮，仅限于博学派的小圈子内部，对外界的影响微乎其微；学者们不堪日渐沉重的专政帝制之苦，意志消沉，很少能借势展现自己的才华。法国历史领域没有任何突破，理论方面完全停留在上个世纪的水准。马布利的盛名，本是上世纪时势的产物，此时却仍然无人超越；唯有德雷扎迪艾尔小姐的著作，受到极少数治学严谨的读者的青睐，被他们抬到与马布利平齐，甚至更为瞩目的高度。从某个层面来说，此书的编写形式，只是一些原始资料的堆砌，不让人感觉亲切。但是，某些在哲学的暴政下已习惯服膺于抽象理念的人，还是通过该书恢复了对书面史料的尊重。另一方面，一些想象中的虚幻事物也使人们开始萌生出某种对历史的情感；确实，这一情感也许模糊甚至幼稚，但充满了活力和魅惑。启蒙思想家们对中世纪的诅咒，现在便遭遇了反弹：德·马尚吉（de Marchangy）先生的《诗意高卢》（La Gaule poétique）一书，虽条理混乱，但热情洋溢，好歹还在帝国覆灭前夕风靡一时，取得了巨大成功。② 而当时的流行小说，只热衷于城堡和吟游诗人的浪漫故事。无论这种新口味多么轻浮，它毕竟开拓了一条道路，导致未来史学书籍的形式和精神的重大变革。

　　在执政府和帝国时期，拿破仑执意将学术自由和政治自由隔绝于他的社

---

❶ 法兰西学会成立之初，根据学科类型不同，分为若干小组，类似日后的学院。在拿破仑时代，第三组为古代文学及历史组。
① 圣摩尔教团，是16世纪成立的一个本笃派教团，1790年被取消。该教团以编撰文史著作而闻名。
❷ 1728年，勒芒的圣樊尚修道院（abbaye Saint-Vincent）修士里韦（Rivet）在普赛和克隆布的协助下，着手编撰法国文学史。自1733年至1747年，里韦出版了这本巨著的前8卷（四开本，现在作24卷重印）。1750年，泰朗迪耶（Taillandier）出版第九卷；而其后3卷，由克莱蒙和克莱蒙赛在1756年至1763年之间陆续推出。此时，编撰工作告一段落。1800年，拿破仑委托法兰西学会续写。1814年，古代文学及历史组恢复"法兰西文学院"的旧称。随后，从1814年至1841年，文学院又先后推出了8卷，其中最后一卷截至13世纪的文学。至于《法兰西及高卢史家汇编》和卡佩王朝《国王敕令汇编》两书的情况，参阅本文第三章。
② La Gaule poétique, ou l'histoire de France considérée dans ses rapports avec la poésie, l'éloquence et les beaux-arts. 4 vol. in-8°, 1813.

会政策体系之外,这是他所犯的严重错误之一。他将这两种自由视作意识形态的空想,无法理解一个事实:经过整个18世纪的政治运动,在我们的国家,这两项本能,作为历史发展的必然结果,理应被视作真实的存在。一旦人们厌倦了军事胜利所带来的荣光,一旦人们需要摆脱无政府的乱象而获得安宁,整个民族就会重拾对权利的渴望。他们为这些权利战斗了10年,而法兰西帝国竟拒绝让他们拥有它! 近年来,帝国体制给民众施加了史无前例的苦难:横行的密探、疯狂的征兵、滥用司法权力的军事委员会、苛捐杂税和商业管制的暴政……这一切刺激了公共生活原则的忽然觉醒。在我们1814年的灾难当中,❶1789年的宪政派曾经发起过某种形式的反抗。与以往相比,他们不那么执着于政治自由,更多地强调对公民权益的保障,而非无法实现的"所有人对所有人的统治"。① 这与实现波旁王朝复辟的旧王党分子的愿望与计划,竟也不谋而合。其实,对反法联军而言,取得军事胜利时,波旁的复辟既非他们所求,也不在他们的意料之中。②

　　世间万事,皆有尽头,也都有自己理想的目标。这目标往往难以实现,与现实相差甚远,但总有自己的逻辑可循。那么,这场令波旁王朝卷土重来,再次登上王位的革命,具有怎样的理想目标? 换句话说,波旁家族的政治使命是什么? 答案如下:在同质的平等社会的基础上,在国王和国家完美的默契与和谐中,通过实用主义的手段,重现实现1791年那些伟大的理论家们的流产计划;跳出近年来的争斗,重履伟大历史年代中君主所扮演的社会角色,协调当

---

❶　1813年10月,第六次反法同盟在德国莱比锡击败法军,并于1814年攻入法国,占领巴黎,逼迫拿破仑退位。因此,在译者眼中,1814年的灾难,在前一年已经开始。

①　"恳请陛下保证法律得到完整而持久的贯彻实施,保障公民的自由、安全和财产,保护国民行使其政治权益的自由。"(Rapport des cinq commissaires nommés par le Corps législatif, Lainé, Gallois, Flaugergues et Maine de Biran, 30 décembre 1813.)

②　"参议院认为,在君主立宪制的政体中,君主只能根据宪法或社会契约而存在;在拿破仑·波拿巴一度严谨治国期间,他也曾向国民作出解释,令他们可以怀着对法律和智慧的信任来期待明天;可惜,他随后又撕毁了使法国人民团结在他身边的这一契约……

　　"参议院认为,由于以上原因,参议院于共和十二年花月28日(1804年5月18日)建立的法兰西帝国政府解散……

　　"鉴于以上事实,参议院宣布法令如下:拿破仑退位,取消其家族的继承权,法国人民及军队对其效忠的宣誓无效。"(Sénatus-consulte du 2 avril 1814)

时的激情碰撞与党派纷争；在合法合理的范围内，接受已经为欧洲所承认的法国大革命，将其视作历史发展的必然结果；最后，为君主的古老徽章涂抹上1789年的国民革命色彩，保证法兰西民族的联盟——换用一位爱国主义演说家高贵的表达方法来说，就是要将布汶（Bouvines）战役的百合花，❶绣在奥斯特利兹（Austerlitz）❷的军旗之上。①这项使命是美好的，但不可能为人们所接受。只不过，刚刚获得命运垂青的亲王完全无法理解这一点。

路易十八错失良机，时不再来。制定宪章时，他还没有想到，要在现实与过去之间，在理性和历史之间，订立平等而明确的契约。他大力支持史学的发展——在这点上，他还做得不错；然而，他过于轻视最近600年以来接踵而至的社会变革的性质，既不承认旧王朝统治下所取得的社会进步的革命性，又不承认1789年革命的合法性。我们与其认为他的这一谬误主要出于政治方面的担忧，还不如把它归因为18世纪混乱的史学所带来的对我国历史的普遍无知。在1814年宪章的序言中，我们可以找到以上判断的确凿证据。虽然另一场革命已经取消了这部宪法的合法性，但是，它作为当时人们史学观念的可悲记录，还是有文献意义的。序言写道：

朕以为，虽法国的最高权威集中于国王一身，历任君主仍然会坚定地根据时势对施政方式做出调整。因此，胖子路易批准城市公社独立，而公社相关权利的确定和扩展，则可以归功于圣路易和美男子腓力；路易十一、亨利二世和查理九世先后立法，建立并发展了司法制度；最后，路易十四以无与伦比的智慧，颁布了一系列诏书，解决了行政管理几乎各个领域内的问题。

朕自应效法先王，激赏人类智识持续的发展进步，重视这些进步带来

---

❶ 布汶战役，发生于1214年。战役中，由腓力·奥古斯都统帅的法军，在法国北部的布汶，大胜神圣罗马帝国主导的联军，是中世纪法兰西王权扩张的决定性战役。百合花为法国王室的象征。
❷ 奥斯特利兹战役，发生于1805年，在拿破仑领导下的法军和奥俄联军之间展开，法军取得最后胜利。
① "三色徽章标志了人类思想最为先进的时期，标志了一个民族史无前例的光荣时期，标志了传统社会秩序彻底颠覆的时期……如果宪章的制定者们能够为我们恢复这个佩戴了四分之一世纪的标记，腓力·奥古斯都和亨利四世的英魂，在九泉之下，自然也会欣然接受布汶和依弗里（Ivry，1590年，法王亨利四世在此取得宗教战争中的重要胜利。——译者注）的百合花在奥斯特利兹的军旗上绽放。"——富瓦（Foy）将军1821年2月7日在众议院的讲话

的新的社会关系,重视半个世纪来它们对人类精神的指引和巨大改变。朕以为:臣民对宪章的渴望,表达了一种现实的需求,朕理应满足;然而,朕必须审慎而行,确保宪章不负于朕,也不负于朕有幸君临之臣民……

朕力求在法兰西民族的特性及历代的经典文献中寻找宪章的基本原则。在贵族爵位的更替中,朕发现了真正意义上的国家机制,它贯通了古代和现代,连接了回忆与希望。

朕以众议院取代传统的三月校场和五月校场大会,以及第三等级会议。这些机构曾多次表现出对民众利益的热切关注,以及对国王权威的忠诚和尊重。一段致命的迷途,切断了现实与历史的联系。为了重系时间的纽带,朕从回忆中抹去了朕离开法国期间,我们的国家所承受的所有苦难;朕也希望诸位将其从历史中抹去……

因此,朕以施行王权之自由,自愿授权于国民,以朕及先王之名,批准以下宪章,有效期无限。①

法国的史学理论从来没有被提到如此的高度。然而,它歪曲了历史事实,混淆了各种史学观念,其荒谬和武断都是空前的。在国王的最终结论里,首先出现了迪博的观念:"法国的最高权威集中于国王一身"。但是,虽说路易十八全盘接受了迪氏的君主制理论,后者有关市政自由传统的理论却完全被摒弃了。"胖子路易批准城市公社独立"——在这里,市政自由的获得,应当追本溯源至国王统治手段的主动转变。作为中世纪以来的重要组织,城市公社运动的传统在民众的推动下,历久弥新,渐呈燎原之势;然而,路易十八却古怪地将这一切都归为"行政改革"的结果,并以16—17世纪的法律及诏书作为佐证。随之而来的,就是对马布利史学理论的模糊记忆了。马布利最荒谬的观点之一,就是认为市民阶层的代表有权参加法兰克人的民众大会。"朕以众议院取代传统的三月校场和五月校场大会,以及第三等级会议……"②这是多么怀古的精神啊!作为自由原则的真正源头,1789年大革命在宪章的序言

---

① 1814年6月4日。
② 参见本文第三章。拿破仑把马布利的这一观点当真了。在百日皇朝时,他在巴黎召集选举人组成"五月校场特别大会(assemblée extraordinaire du champ de mai)"。参见1815年3月13日皇帝诏书。

中只被提及了一次,字里行间还充满了模糊的隐喻和阴暗的恨意。① 路易十八致力于将它逐出诸多"美好的法治时代"的行列。在他眼中,这些时代只属于 18 世纪以前,各自应与某位国王的英名挂钩。在这里,对历史的含混和轻蔑,只有一个目的:证明国王在法国自古以来就是唯一的立宪者——在一切意义上,在所有领域,他享有绝对而普遍的立法权,从未间断。这种吹嘘在历史角度上是徒劳的,对 25 年前在(前任)国王本人倡议下重构的国家也是有害的。无论立宪权属于谁,其唯一原则都恒常不变,也就是"天命"二字。每每有政治更替,立宪权都会落在"真命天子"的手中。在法国,这"真命天子",先后是国王、人民,以及由国家、议会和优秀人才组成的政权。经过漫长建设而成的今日公民社会的大厦,就是他们几百年来努力积累的成果。

在古今的虚幻比照中,在反复强调的"和平""博爱""合法"及"仁慈的君主"等字样流露出的或真或假的感情里,包藏着复辟王朝阴暗而险峻的现实。王朝不辨良莠,不分黑白,不计手段,把旧贵族、流亡者、被革命镇压者,以及所有反对革命原则或对抗革命的人都聚拢到一起,把他们抬高为一个组织严密,一个可以不战而胜的执政党。1800 年的特赦政策❶彻底翻了个个儿:流亡贵族不再被视作特赦对象;他们摇身一变,成为裁断者,决定是否对国民实施特赦。②这样,"政党从属于法国民众"的必要原则就被生硬地打破了;拿破仑在新秩序下所致力打造的社会融合的局面,忽然中断。历史倒退的趋势出现了,但无人知道它将去向何方——无论是这一趋势的支持者、反对者,还是预言灾

---

① "半个世纪来它们对人类精神的指引和巨大改变(原文 altérations,有"改变"之意,但该词原为贬义词,本意为"变质"。——译者注)……一段致命的迷途,切断了现实与历史的联系。"——1814 年宪章序言

❶ 1800 年,执政府宣布特赦法令,允许已经被销籍的流亡贵族归国。

② "应该承认,所有的自然国民(régnicole,古代司法术语,表示天然具有权利成为某国国民的人。——译者注)和流亡贵族都会由衷地为这个幸福的转变而喝彩——那是他们以往甚至不敢想象的事情。经过了太多的苦难和动荡,所有人都恢复了他们曾经的共同状态:有的人是直线抵达的,没有走什么弯路;而有的人却或多或少地亲身经历了革命。"——国务大臣费朗(Ferrand)伯爵 1814 年 9 月 13 日在颁布法令取消尚未售出的国有财产时的讲话

"法国的军队不需要恩赐,法国的军队不需要任何人的仁慈。对于法国的军队和人民,没有特赦可言;特赦只可能针对那些打着外国的军旗与自己的祖国作战的人。"——富瓦将军 1822 年 3 月 28 日在众议院的讲话

祸即将来临的人们。①在圣路易和亨利四世时代,政治传统和王权本身的特性都赋予国王一项权力:制定公平公正的法律。而如今,纵使试图开历史倒车者满怀热情地奋力拖拽,王权也很难再履行原来的职责,真正与全体国民融为一体。保王党与国王的关系,建立在封建忠诚与个人不幸的基础之上;恢复王权,只是为了自己的私利而已。这样,国王必须在两者之间做出选择:要么,他得根据保王党倡导的原则,加重国民的负担;要么,他就得与这个党派进行斗争,摆脱他们的期望,降低专制程度。复辟王朝的历史,就是在这两种截然相反的趋势之交替中前行的。这里蕴含着它必然失败的宿命,隐藏着致命的暗礁——王朝在最确信自己的实力与未来的时候,却于此处搁浅。

新的政治局势引发了道德的困扰和利益的纷争。我们在前文中提到的蒙洛西耶的大作,就应运以《法国君主论》(*De la monarchie françoise*) 为题,原封不动地出版发行了。这部著作的手稿曾被拿破仑帝国弃如敝屣;而在刚刚显现的民族分裂的局势下,人们对它的评述可笑而可悲。我之所以将对此进行全面的介绍,有以下两个原因:在当代史学之外,它建立了最后一个庞大的史学体系;而1814—1820年之间,它的影响,虽然是间接的,却引人注目。它引起了强烈反感,猛力地搅动了人们的灵魂,在史学领域也引发了政治攻讦和论战。这一全新理论的要点,在于它不像其他理论一样侧重于法兰克王权的建立,而是侧重于城市公社的独立与第三等级的产生。这也是该书的独到之处。时代晚于布兰维利耶、迪博、孟德斯鸠、马布利和其他名声稍逊的学者,作者不再像早期史学家们那样,对某一体系充满着单纯的自信。况且,在撰写专著时,他主要致力于研究第二手史料,而不是原始资料,因此,他的理论,可以说是游离于各种传统史学体系之间的。他将这些体系逐一掠过,从其中各取了

---

① "这一切将引发什么后果?两个民族在同一块土地上,你死我活,不共戴天,无休无止地争斗和残杀……如此之多的风暴,谁能预测它们的威胁,它们的持续时间和具体细节?不过,最后的结果毋庸置疑;新的世纪和启蒙运动不容逆转!" (*Napoléon, ses opinions sur les hommes et sur les choses*, t. I, p. 167.)

一些内容,再以某种逻辑学家的技艺,把这些观点互相对立起来。① 蒙洛西耶迂回曲折地绕行到12世纪,忽然改变了步骤和程序,以一种专属于他本人的论证方式,直接而有力地进入了布兰维利耶伯爵反君主和反平民的观点。如果可以将其视作构成他史学体系的命题,或所谓"命题"的话,我姑且摘录如下:

> 法国基本政治制度的源头,与构建我们国家的三大民族的起源,是融为一体的。没有任何历史事件和历史年代,能够标志它们的开端。罗马人进入高卢时,领主司法权、采邑、田赋和家族战争就已经存在了;已经有自由民和纳税人之间的分野;土地本身也有等级和差序之分。在此国家建立的罗马政权,没有破坏这一等级制度:高卢继续区分自由田和采邑、自由民和纳税人;领主司法权保留下来,城市之间继续混战不已。法兰克人没有行使自己的征服权,而是选择尊重他们到来之前的秩序。克洛维根据高卢的习俗管理国家;他保留了农村的领主农奴制;同时,他也保留了市政管理体系,包括元老院、市议会和自卫队;等等。封建关系来自罗马的保护人制度。在法兰克高卢,有三种保护人制度:高卢式、罗马式和日耳曼式。高卢式的保护人制度是针对奴隶的,弱者向财产的所有者宣誓效忠,并向后者缴纳保护费;罗马式针对市民,在保护人和被保护人之间,根据相同的条件确立关系;而第三种制度针对战士,战士们向其中一位宣誓效忠,从此追随着他,并与其分享战利品。三种保护人制度结合在一起,形成了封建制。人人寻求他人的保护,而领地寻求领地的保护。这样,人和领地就通过同样的义务和职责结合起来了。根据高卢式保护人制度,被保护者卑微地献出自己的土地;而日耳曼制度要求被保护人奉献

---

① "我不可能在布兰维利耶先生和迪博先生的对立观点中,选择任何一方的立场。我不同意孟德斯鸠先生的观点,认为法兰克人参与并最终建立了封建制度。我也不赞成埃诺主席的想法,把封建制度的形成归因于加洛林末代诸王的大权旁落。与德·伐鲁瓦先生和埃诺主席不同,我不认为最早两个王朝里不存在贵族;与孟德斯鸠先生不同,我也不认为在法兰克国王的近臣中,已经有贵族的身影。

"遍览了三级会议时期所有的相关资料之后,我也陷入了同样的困境。我不像贵族的代表们那样,认为贵族阶层的机制可以追溯到三月和五月校场大会上,由名门贵胄构成的政要集团;但我也不像第三等级的写手们那样,认为它与大会上所谓的'民众'有任何关系。"(*De la monarchie françoise*, t. I, p. 78, 79, éd. de 1814.)

自己的信用和勇气。两种制度相结合之后,第一种制度就变得高贵起来了。①

由于所有自由民都被许可接受萨利克人法典,族裔之间的区别消失了。法兰克的民族特性和日耳曼的习俗,在高卢全体居民中间传播开来——当然,不同的社会等级情况有所不同,纳税人和奴隶的接受程度相对较低。在我们最早的君王们那里,只有身边的极少数人被称作自由民。而加洛林王朝早期,整个法国已是自由民遍布了。秃头查理时代,统一的局面结束;❶此后,所有的自由民都被称作法兰克人。在很多民族眼中,人身依附都不大体面;而根据日耳曼人的习俗,这却是很高贵的事情:以某人作为自己的臣属,也是对他的特殊关照。法兰克人将这种做法在高卢渐渐推广开来。当初高卢人和罗马人的家奴,变成了手工艺人和农民;从此,以前的奴隶升格为纳税人和平民,而对个人进行奴役的制度被取缔了。日耳曼人习俗的另一特点,就是对田园生活的偏好。这个习俗也被各种族的所有自由民所接受,程度不同而已。于是,随着名门望族的离去,城市丧失了市议会、元老院和自卫队,变成了作为纳税人的手工业者的天下。罗马人建立的市政组织,受到法兰克征服者的尊重,但还是日渐消逝了。当所有高卢贵族和自由民都变成了法兰克人,当人们彻底接受了法兰克人的习俗,采邑取代了城市昔日的地位。这些采邑效法传统的城邦,成为城堡。以前,战争爆发于城邦之间,现在则在采邑之间。以上我们介绍了人身依附体制和市政体制,而政治制度方面的变化,绝不会更

---

① *De la monarchie françoise*, t. I, p. 2, 7, 10, 12, 13, 31, 33, 35, 39. 我不需要——列举这所谓"高卢早期机制的图景"中的各种年代错乱和史实歪曲——凯尔特人(一般认为,高卢人为凯尔特人的一支;或曰,对来自中亚的这个民族,古希腊语称为"凯尔特",而拉丁语称为"高卢"。——译者注)、日耳曼人和封建时期的习俗,统统被混为一谈;我不需要指出"高卢部落的制度一直延续到罗马时期"这一论断的荒谬;也不需要指出"高卢、罗马、日耳曼习俗三等分论"假设的虚妄。这一理论的基础,是对凯尔特人氏族、日耳曼部落和中世纪的领主制的野蛮拼凑。该理论的诡异之处,在于它从类似迪博的假设出发,得到了与布兰维利耶相同的结论。参看米涅的《论圣路易时代的封建制度与机构》(*Essai sur la féodalité et les institutions de saint Louis*),1822 年版,第 212 页,注释部分,及我的兄弟阿梅代·梯叶里(Amédée Thierry)的《高卢史》(*Histoire des Gaulois*)。

❶ 根据 843 年的《凡尔登条约》,秃头查理与自己的两名兄弟将查理曼帝国一分为三,而他成为西法兰克王国的君主。西法兰克王国也就是日后的法国的雏形。

小。在墨洛温王朝,在制定法律的会议上,只有大人物和部分自由民才有机会登场;当所有自由民成为法兰克人之后,他们都有权在有关国家事务的会议上发言了。①

12世纪前后,法兰克人的习俗(在法国社会)全面确立,社会秩序表现出两大特点:行政权和司法权碎片般散落于各采邑;奴隶不复存在。最初,存在两个对立的群体:一方为法兰克人;另一方则是纳税人阶层,占人口的绝大多数。然而,城市公社的建立,使后者忽然也获得了解放,取得与法兰克人同等的地位。根据获批的城市特许状,城市居民有权组建元老院,征收军役税,组织司法审判,铸币,按照规定招募自卫队。唯有法兰克人的神圣特权——战争权,没有赋予城市。无论权利的让渡多么巨大,它本身并无特别之处。一切只是君主制的传统操作而已。在墨洛温和加洛林两朝,获得"解放(affranchissement)",或曰获得了贵族地位的纳税人,被称为"德纳里耶(dénarié)",完美地拥有法兰克人的所有权利。不过,这次"解放"与以前的"解放"之间,区别是巨大的。在以前的"解放"中,纳税人进入法兰克人的行列,只是完全个人的行为,对社会结构没有影响。这次"解放"则完全不同:城市普遍成为某种主权实体;同时,农村也走向"解放"。这样,国家内部出现了新的民众群体——他们享有以前民众的权利,但人数更多。此外,还有更大的不同之处。以前,纳税人获得法兰克人的地位之后,就会放弃以前的生活习惯和职业,接受法兰克人的生活习俗。而这次,一个庞大的群体得以分享法兰克人的权利和地位,保留了自己的习俗和卑贱的职业。②

---

① *De la monarchie françoise*, t. I, p. 21, 23, 24, 25, 28, 146. 日耳曼的个人决斗或家族间的血亲复仇,与高卢城邦或高卢-罗马城市之间的战争,没有任何共同点。法兰克习俗对高卢民众的影响,以及自由民对城市的背弃,都只是全无价值的猜想。如果认真而理性地阅读墨洛温和加洛林王朝的典籍,我们找不到任何所谓"市政体系消失"的蛛丝马迹。城市保留了相当多的罗马习俗;而罗马法对习俗的影响,足以抗衡日耳曼的习俗。
② *De la monarchie françoise*, t. I, p.41, 103, 141, 149, 150, 151, 152. 作者在此滥用了"法兰克人"一词,混淆了该词的原义(法兰克人的法语 Franc,原为"不纳税的"。——译者注)与其作为民族名称的引申义,将其视作一种社会身份。此外,他把城市与村镇的独立(原文 affranchissement 一词,也可作"解放"讲。引文的作者刻意使用该词进行概念的偷换,故文中均译作"解放"。——译者注),与根据萨利克人法典或滨河法兰克人的法律而实施的奴隶解放也混作一谈。此类错谬多如牛毛,不值一驳。

在卡佩王朝诸王的保护和推动下,这次革新推翻了国家、等级、风俗、法律和法令中的一切。贵族没有权利反对国王向自己治下的城市颁发特许状。他们不但从未试图阻止,而且还纷起效尤。大贵族们也像自己的君主一样,在采邑内建立城市公社。然而,人们对这种渐进式的自觉行动仍不满足。某些贵族由于行动迟缓,甚至招致叛乱,只好也做出改变。国王的钦差们,像旧制度末期的传道士一般,跑遍了各个城市。所有尚未被赋予特许状的城市,都获得了独立;而在所有已经独立的城市,国王都确立了作为唯一主宰的地位。城市独立之后,农村也获得了解放,其精神是一致的。路易十世(Louis X)❶的一条法令宣布:"根据自然权利,人人都可以成为法兰克人。"这个"人权"观点很快见效:农民揭竿而起,屠杀贵族,焚烧城堡,就如同不久之前一样。我们对扎克雷(Jacquerie)❷的暴行,已是见怪不怪了……①

正如我所言,以上就是蒙洛西耶先生史学体系的要点。由此出发,他既反对王权,又反对社会统一、公民平等、司法秩序,以及罗马习俗和罗马法。这样做的时候,他使用了自创的一套话语体系,语言比布兰维利耶犀利得多。可以感觉到,革命不过如此——指向各方的语言都严厉而冷酷,战斗也必是刺刀见红。在蒙洛西耶先生这里,贵族们的懊悔是苦涩而强烈的。1789 年 8 月 4 日通过的取消贵族特权的法令,于他们是一场浩劫,人们带着仇恨取消了当时所有的社会原则和法律基础,以及 600 年来一直在发展壮大的一切:民众主权、社会正义、民法、动产、劳动生活,还有工作的重要性,以及对科学和智力的重视。他在忧怨的诅咒中,添加了一种新颖的腔调,使用"民族"之类的空洞辞藻取代封建等级观念。这样,他就可以使用侵略和征服史中的丰富词汇,描述敌对或竞争的不同阶级间的斗争。在他笔下,一部平凡黯淡、了无生趣的史

---

❶ 路易十世,法国卡佩王朝国王,1314—1316 年在位。
❷ 扎克雷起义,本是英法百年战争期间爆发的一场法国农民暴动。"扎克(Jacques)"是当时贵族对农民的蔑称,故名。后将所有农民暴动统称为"扎克雷"。
① *De la monarchie françoise*, t. I, p.153-157. 在书中,传统王权居然被赋予了革命者的角色。这种奇谈怪论既不正确,也不适当。不过必须承认:1814 年,在有关 12—13 世纪城市公社运动的研究中,他的观念至少比当时流行的"通过行政改革方式解放城市"的论点更接近事实。

论,具备了生命的活力。这是布兰维利耶、迪博和马布利都不曾做到的事情。我列举以下几段文字,希望大家可以看到:这种神奇的活力,是通过怎样的形式和细节的展现,使那些老生常谈焕发了青春。

国家出现了两个民族:一个古老的民族,严密守护着自己的尊严,占据着一切荣光;一个全新的民族,试图赢得尊重,拥有一切力量。曾几何时,两个民族平行地生活着,似乎在制度和源头上都没有任何关联。然而,最后,他们之间,总不免会有拥抱和碰撞,甚至战斗。不过,新民族本没有任何权利可言,因此,所获的一切,于他们都是恩典。这一点正合统治者之意。于是,新民族得到君主的支持,在他的帮助下,夺取了国家的立法权和司法权。新任的法官不停地阻挠那些不为他所了解,或者会勾起他痛苦回忆的法令。从此,法律和原则,都只能朝令夕改。这个民族为自己赢得了新的自由,但摧毁了旧的自由;他们为自己赢得了新的免税权,但摧毁了旧的免税权;他们为自己建立了新的公法,但摧毁了旧的公法。

可是,在这个新的民族身边,旧的民族变成了怎样?他们只能听任新的社会秩序生成:他们曾希望漠然处之,但仍然难免陷入困境。当旧民族独自存在于世时,它以自己的方式打造了等级制度和司法体系;它有自己的伯爵、贵族、领主和附庸。而现在,名称保留下来,现实却被抹煞了。旧民族眼睁睁地看着自己传统的法官、法律和风俗在消失。他们被迫臣服于他们的父辈闻所未闻的法律,他们被迫接受他们的父辈所拒斥的习俗。根据当前国家的法律,法官可以迫害他们,下属可以迫害自己的主人!一切都颠倒过来了:法国的法律被视为天方夜谭,而异国的规范却成为法国的法律;旧民族的自由只被称作"特权",而他们的独立被称作"野蛮"……①

动产与不动产之间,金钱与土地之间,城市与城堡之间,界限都模糊不清。科学站起来挑战勇气,智慧挑战荣誉,而工商业挑战着军事。法兰

---

① *De la monarchie françoise*, t.I, p. 163-165.

克的法律已经消除了罗马法的影响,法兰克的习俗已经替代了罗马习俗;而现在,罗马法和罗马习俗又复兴了。日渐壮大的新民族到处摆出胜利者的姿态。他们击败了,或者说征服了昔日的习俗;他们中断了,或者说占据了传统的贵族地位;他们以市政之名统治城市,以司法辖区之名统治城堡,以大学之名统治人们的灵魂;他们剥夺了旧民族的地位和职务;最后,他们登堂入室,成为国王身边的重臣,把他们的新思想和新习俗强加于人……①

贵族——此后,我将不再使用此词——在自己的土地上本应有自己的臣民,现在却被剥夺了;他们本有作战的权利,现在却被取消了;他们本有征税的权利,现在却被废除了;他们本有权聚会庆祝军事的胜利,现在却被取缔了;他们本有权在自己的采邑征兵,现在却被禁止了;他们本享有铸币权,现在却被夺去了;他们本来只能由自己的同侪审判,现在却要被交付平民组成的法庭手中;他们向来重视免税权,现在却被强制征税。总之,他们被迫承受各种不公、暴政和掠夺;但是,那些人为了给自己的伎俩戴上合法的冠冕,却把他们想象为暴政和掠夺的始作俑者。这就是三个世纪以来的思想体系。②

作者满怀愤慨地攻击12世纪以来数百年的历史进程。在这些充满了偏激情绪的奇谈怪论里,一种新的史观开始萌芽。虽说结论错谬,但他还是很清晰地提出了两个概念。蒙洛西耶先生所言不虚:7个世纪以来,法国的社会斗争,正是罗马公民社会的传统与蛮族生活习俗的本能之间的较量——尽管后者已经被基督教软化,并用忠诚和荣誉感加以粉饰;正是法律地位的平等和世袭传统的不平等之间的对抗;正是罗马习俗和日耳曼习俗的角逐。他狂热地崇拜封建制度,而这个世界,他只能在梦中看见它的存在,只能在现实中拥抱它的遗迹。他炮制了一个理论体系,试图证明所有的自由与权威都只是专属于贵族的权利。然而,这个体系导致的重要结果,恰恰是令人震撼地强调了第

---

① *De la monarchie françoise*, t.I, p. 175.
② Ibid, p. 181–182.

三等级出现在历史舞台上的意义。无论蒙洛西耶的理论本质上多么荒诞不经,他毕竟率先清晰地嗅到了现代社会秩序的起源,并指明了12世纪作为此后发生事件的"革命之母"的特性。①我们必须承认他的这一功绩。就此一点,他的党派观念给他的史学理论赋予了更多的说服力和生命力:他可以更清楚地意识到昨天和今天他最仇恨的,最希望摧毁的东西。②

蒙洛西耶先生的体系诞生于拿破仑帝国时代。它从时势与思想潮流中汲取了大量养分,但当时却显得人微言轻,和者甚寡。书中几乎随处可见"新民族与旧民族这两个宿敌"③一语。然而,很多人都还记得:在事后看到这句话时,他们都曾震惊于似乎隐藏于其中的某种宿命。它似乎足以说明,目前的党派之争由来已久,已有若干世纪的历史。在百日皇朝和1815年的外敌入侵❶之后,1816年对帝国余党和革命分子的严厉镇压,使法兰西再次付出了血的代价。此后,人们开始相信:由于历史原因,法国被分割成了两个不可调解的敌对阵营;蒙洛西耶的这一观点,也就被认为具有一定严肃性和预言性了。"民族二元论"(这是别人告诉我的名词)给革命–立宪派和王党这两个对立党派中的任何一方,都提供了幻想和话语。在极端保王党分子的报纸和宣传手册中,"法兰克人"一词俯拾皆是。蒙洛西耶曾经极度滥用的这个名词,他们有时按照本义使用,有时取其象征含义,套用到所有为旧制度战斗的人身上,甚至强加给布列塔尼和旺代的农民。④ 与这种为特权民族请命的不无诗意的方式不同,另一方的写手们做出挑战式的回应,宣称城市公社和第三等级的高卢民族的存在,并要求为大革命时期和帝国时期的民众讨回公道。蒙洛西耶

---

① "这就是一场革命,它是日后诸多革命的起源。它传播到整个欧洲,使欧洲陷入战乱之中,使德意志帝国城邦林立,而城市共和国遍布意大利。它使各种全新的权利、观念和法律四处蔓延。"(*De la monarchie françoise*, t. I, p. 136.)
② 因此,有关1789年的大革命,他的评价看似错谬百出,其实不无意义和历史感:"我们不必过于苛责具有无上权力的民众:他们不过是在享用此前拥有最高权力者的作为。国王、议会、法学家和学者们在这条路上已经走了200年,他们只是亦步亦趋而已。"(Ibid., t. II, p. 209.)
③ Ibid., t. II, p. 209 et passim.
❶ 1815年6月,拿破仑在滑铁卢战败,百日皇朝结束,反法联军进入法国,波旁王朝再次复辟。自1815年底至1816年9月,路易十八大力清算拿破仑余党,史称"白色恐怖(terreur blanche)"。
④ 参阅1817—1820年期间的《保守党》(*Conservateur*)、《海军观察》(*Observateur de la marine*),及其他持同样观点的定期印刷品。

的史学新体系把各种族中本不属于纳税人行列的大众统统视作"平民",认为他们的身份起源于卑微的地位;这令我们重提布兰维利耶体系中"奴役来自征服"的观点。我之所以说"我们",是因为我在1820年前后,也加入了与"高卢-法兰克对立说"论战的史学家阵营。① 基佐先生当时撰写了他最为著名的政论之一,表明与当局决裂的态度——王朝政府在举棋不定的6年之后,终于坚定地投入了保王党的怀抱。②以下借喻性文字的语气,让我们不难想见当时利益之争的激烈和严酷。

我决定就用这样的词语来说话,因为它们足够清晰和真实。大革命是一场战争,真正的战争。全世界和各国人民都知道这一点。一千三百多年以来,法国被一分为二:战胜者的民族和战败者的民族。一千三百多年以来,战败者的民族一直在奋力摇撼战胜者施加的枷锁。我们的历史就是这部斗争史。在我们这个时代,一场决定性的战役打响了。它就叫作大革命。

很可悲,战争在这样两个民族之间打响:他们有着同样的名字,说着同样的语言,十三个世纪以来在同一片土地上生活。尽管有各种原因把他们分开,尽管他们不停地明争暗斗,时间还是用无数的关联,让他们彼此接近,让他们混杂融合在一起。他们卷进了同样的命运,让我们只能看到唯一的统一民族——虽然两个截然不同的种族,两种深刻差异的社会地位确实存在着。

法兰克人和高卢人,领主和农民,贵族和平民,所有人从大革命之前很久的时候起,都叫作"法国人",都称法国为自己的祖国。时间只会增益所有的东西,什么都不会毁灭;种子一旦撒下,迟早会开花结果。十三个世纪被用来把征服者种族和被征服的种族,把战胜者和战败者,融合在同一个民族里。最早的区别始终贯穿于这个过程,也在阻碍着它。在每

---

① 参阅《史学研究十年》(*Dix ans d'études historiques*)一书。其内容摘录自1820年4月2日,5月1日及12日的《欧洲批评家》(*Censeur européen*)。

② "一位内阁成员被反革命势力击倒了;新的内阁成员深受后者的影响,也对其十分支持。当局忽然开始寻找新的阵营和新的朋友,他们成功了。我们知道他们从哪里来,当然也足以因此知道,他们将向哪里去。"(*Du gouvernement de la France depuis la restauration, et du ministère actuel*, F. Guizot, p. 7, 1820.)

一个年代,各种形式和各种武器的斗争,一直没有停歇。1789 年,当来自全法国的议员们聚集在统一的议会中,两个民族又马上开始了传统的争斗——殊不知,那结束争斗的一天已经到来了……①

布兰维利耶的体系不但为保护民众权利的平民代表所接受,还被他们奉为圭臬,这是一个奇特的现象。在政治方面,这意味着那些甘愿自称"5 世纪战败者之后代"的人,一旦成为胜利者,就对未来的事业充满了信心;而在历史方面,布氏的理论虽然表达方式偏激,但却有利于瓦解传统的党争。18 世纪有两大基本的历史假说:其一,是迪博对法兰克人征服权的否定——蒙洛西耶从极端贵族主义的角度对这一点进行了发挥;其二,如布兰维利耶一般,认为高卢人受到奴役之后,从贵族变成了平民。如今,两种假说所各自效力的政治团体,相对其产生之日力求服务与迎合的人群,正好来了个一百八十度的大转变。这一吊诡的变化,应是也确是它们最后的生命印记了。

终于来到一个盛产巨著的时期了,这也是一个史学取得巨大进展的时期。19 世纪 20 年代,革命制造的两大党派和解无望,一切似乎只能有待于一场或远或近的社会危机来解决。还好,或许是作为补偿吧,总有些幸运的事情:在伦理和政治领域,这个年代翻开了美妙的革新运动的篇章。拒绝向政府的意识形态和政策方针妥协的人们(包括人数众多的大多数青年知识分子)被排斥在公职之外。他们闭门钻研,静候着未来。对这些被迫离群索居,专心从事思辨性学术活动的青年而言,这也许是他们唯一一段平静的光阴:此时,偃旗息鼓并非源于外界的高压,而潜心于学术研究,似乎是理所当然的事情。今天,在这个政府获得民意支持和引导的时代下,他们都成为公众人物;而在那 10 年时间里,他们的能力和才华还无人问津。于是,这些被迫远离政治事务的年轻人,将所有被打压的热情,将对自己所希望颠覆的规则的隐忍,全部倾注在学术研究中。因此,一个年轻而富有献身精神的学者团体产生了——那时,他们的抱负还只能通过自身的努力来实现;他们学术创新的激情,在他们的意识里,与他们作为反对派的荣誉和声望是紧密相连的。学者的地位提高,

---

① *Du gouvernement de la France depuis la restauration, et du ministère actuel*, p. 2-3.

形成了一股社会力量；人们向他们欢呼，给他们戴上了公民的桂冠。① 当时，一些沙龙以组织伦理学、史学和美学领域内高端问题的严肃讨论而大获成功。由于社会的鼓励，史学在这些智力活动中占有很大比重。对疑云密布的过去，人们渴望了解全部的真相，于是，法国史学迎来了空前繁荣的 10 年。

主啊，原谅我吧！我本不想只用寥寥数语，把大革命之前博学派史学的光荣一笔带过！无论史学今日取得怎样的进步，也无论它日后会有怎样的发展，博学派的成就仍然辉煌，无可撼动。正如一位天才的作家所言，本笃会的修士圣摩尔和圣瓦纳(Saint-Vannes)，以及效仿他们的世俗学者的著作，于我们所有人而言，是一泓汲之不尽的清泉。② 他们搜集并向世人展示了尘封于档案文献中的大量史实；他们奠基了法国史的年代学、地理学和批评理论。在历史领域，人类灵魂试图同时完成两项截然不同的任务，两项浩大的工程；然而，事难遂人愿，为了成功，我们不得不一项接一项去进行。对史实的探索和讨论，构成历史问题的两面——只为求得"准确"二字。这项工作完结之后，我们才能够继续加以诠释和演绎，才能够发现事实之间的因果链条，揭示事件的意义和特性，直到最后去展现它在历史舞台上必备的生命力。因而，我在前文中已经有机会提到：在 1789 年之前，所有致力于完成第一项任务的努力，都是出色的，伟大的；但以第二项任务为目标的著作，几乎都是平庸和错谬的。这类工作的成功，必须留待后世——这是思维的逻辑性和任务本身特性的要求。此外，在史学发展的规律之外，外部环境所施加的动因，也是不可抗拒的因素。

史学能够授课，但它自己也在求学。经验是它的老师，在一个又一个时期，教导它如何更好地观察与判断。最近 50 年发生的事情，以往闻所未闻。它们教育我们理解中世纪的革命，教育我们透过编年史的字面去观察历史的深处，教育我们如何阅读本笃派学者的著作——他们有些东西没看到，或者看得片面而不完整，而且，他们没有得出结论，也没能界定事件的意义。其实，他

---

① 1819 年，维尔曼和库赞(Cousin)先生的法国文学及法国伦理学史课程，都大获成功。1821 年，基佐先生开设了著名的近代史课程(1822 年曾一度停授，1828 年恢复)。从 1828 年至 1830 年年底，在索邦大学开设的这三门课程，吸引了大批听众。与课者今日忆起，仍觉神往。

② M. de Chateaubriand, *Études historiques*, préface, p. XIX, éd. de 1831.

们的智识有限,对巨大的社会变革也不够敏感。出于好奇心,他们研究了法律、文书、司法行文和个人之间的合同;他们探讨文字资料,对其加以整理和分析;他们在辨别史料真伪方面的能力,令人惊叹。但是,他们不了解这一切的政治意义;他们无法想象在这些冰冷文字背后的生命;他们难于看清社会本身和构建社会的不同要素——无论它们古老还是新鲜,也无论它们文明还是野蛮。这些构成了他们著作的空白和不足。由于目睹了社会和政局的剧变,我们可以通过自己的经历认识到这点。法兰西共和国把路易十六打倒在地,在共和国废墟上建立的帝国又訇然崩塌,政治风云变幻无常,此起彼伏。此时,出现了一个奇特的现象:似乎有一种新的史学智慧诞生在我们中间——这一说法应该是恰如其分的。

因此,19 世纪出现了新的史学学派——虽然既没有某位导师和他的弟子,也没有某一学说和它的信徒,并不存在真正意义上的"流派",但这是当时通行的说法。[①]事实上,这些史学家的思想、研究方法和范围,都大异其趣;不过,他们的本性、偏好和目标,倒是大同小异。他们的共同目标,都在于研究史学基本问题,明确地为法兰西民族史奠定基础。所以,自这次史学复兴以来,有关法兰西民族起源、旧制度及旧习俗的研究,就达到了从未企及的明确而固定的高度。此后,各史学体系不再各自为战,史学论点不再属于个人,史学问题的研究方法不再互相矛盾;某一位聪敏而博学的作家给出一个解决方案,其他人都会乐于接受;而在基本问题上,人们达成了高度的一致,大家各自在前人基础上添砖加瓦,共同渐进地进行着史学建设。上个世纪,史学领域的新论述和新观点层出不穷,却没有真正能站住脚的观念;没有错误真正被驳倒,也没有正确的观点真正被接受。有人只看见罗马法,有人却只看到日耳曼人的习俗和法典;有人鼓吹纯粹的君主制,有人却只赞赏绝对的自由。在所谓"基本法"和"法国公法原则"问题上,人们长期争论不休。墨洛温王朝国王封授领地的问题,被近代流行的"采邑不可转让"的理论搅得扑朔迷离;"国王的绝

[①] 追溯起来,是夏多布里昂在 1831 年的《史学研究》(*Études historiques*)中第一次使用该名词。参见该书序言第 40 页及第 80 页。

对主权"理论令城市公社的建立问题疑云重重;时常出现的"法律事实",使人们很难看清历史的真实情况。①

判断当代的史学著作的价值和创新性,可以看它是否用新的方式解决了问题,或者看它是否在 20 年来首次提出了某一问题。这些问题为数不少,我只能把其中最具重要性的问题简单列举一下。

有关我们的民族起源的问题,如此重大而棘手。对最早的种族及其演变、他们多样化的个性及社会结构等问题,史学家们进行了更深入的研究,但得出的结论,也更为五花八门,更加泾渭分明,也更是微妙。在高卢民族和日耳曼民族的问题上,学者们打破了前人的老生常谈,提出了一些新的观点。这些史学家对五世纪征服高卢的各个民族和部落逐一研究,在他们的族群特性和文明程度的差异中,找到他们在罗马帝国的土地上建制多元化之根源。法兰克王国有多个政治区域,而纽斯特利亚和奥斯特拉西亚的种族和习俗也是不一样的。无论是否准确,史学家终究定位了法兰西民族的起点,认为它混合了多个早已存在的民族,从而把真正意义上的"法兰西史"与高卢-法兰克史区别开来②。

史学家通过日耳曼征服的政治后果及其对民众权利的影响,进一步研究了征服一事。他们分别考察了高卢-罗马社会和日耳曼征服者的社会。对两个种族的生存状况、社会地位的划分、政治机构和地方机构,他们重新研究了原始文献,所采用的方法更为清晰准确,也更具一致性。他们试图更公正地评

---

① 夏多布里昂先生用一种专属于他的生动语气谈到了同样的事情:"在大革命以前的编年史中,克洛维好像路易十四,而路易十四好像于格·卡佩。人们的头脑里,严厉的君主制一成不变,君王与三个等级和穿着长袍的高等法院法官一同庄严地一路走来。由此产生了那些单调的传记,还有那些千篇一律的风俗描写,以致我们的通史读起来如此乏味无趣……然而,如果改日再看看那些史实,不要认为这一切只取决于我们的智力。我们经历了君主制的颠覆,我们丈量了这位倒地的巨人,发现他的实际比例,与他以前站立时我们看到的有所不同。当我们置身于另一个视角,就会把历史事件的结局,把事物秩序的改变或者消失,看作人类思想的进步。如今脚踩着台伯(Thèbes)废墟的旅行者,是不是那位曾流连于法老城一百个城门之一的埃及人呢?"(Études historiques, préface, p. XXXIX et XL.)

写下这些文字的天才,给了法国新的史学流派以"政治学派"的美誉。但同时,他也提醒史学家们不要过于自信,应该更公正地对待前辈们。这是一条值得听从的建议——即使建议者本身并不足够高明。

② "通常意义上来说,我愿意采用'现代学派'的对最早两个种族的看法。我不想直接称法兰克人为'法国人'。我认为,即使被蛮族统治,罗马社会仍然几乎完整地保存到加洛林王朝的末期。"(M. de Chateaubriand, Études historiques, préface, p. CXV.)

价蛮族入侵对高卢人精神状态的影响，尤其是高卢-罗马教会的行动及后果的政治意义。根据确凿的证据，他们在两个要点上达成了共识：帝国崩溃之后，罗马法权曾长期存在；而罗马市政体系在某种程度上仍保留下来。他们还研究了法兰克人内部组织的状况，及其与周边民族的关系。以往，人们对墨洛温和加洛林两朝的国王权力及民众大会，没有清晰的概念。现在，史学家们确定了二者的特性，并通过社会变化、民族运动和政治必然性等因素，解释了颠覆两个法兰克王朝的系列革命的原因。

查理大帝作为执政者和立法者的地位，获得了很高评价，但不再有文学和哲学方面的夸张成分。史学家们从各方面分析和描述了他的统治，并顺藤摸瓜，探讨了查理曼帝国解体的原因：一个违背自然法则和民族意志强行构建的国家，难免四分五裂的命运。

史学家平静而公正地把封建制度视为一场必然的革命。他们分年代研究了附庸关系、土地和效忠的等级制，钻研了封建社会纷繁庞杂的整个组织体系和所有要素。他们发现：在支离破碎的封建土地状况之下，地块的划分，不但与地理和自然的分野有关，也涉及了各地域的文化特性——它源自蛮族和高卢-罗马人在当地居民中的不同比例。目前，一些专项研究成果表明，法国南部居民作为一个独立的民族，一直存在到13世纪，他们的语言、思想、习俗、社会状况，乃至整个文明，都与法兰西民族不同。

12—13世纪的城市公社运动问题，首次被提到了应有的高度。史学家们认可了运动的广度和力度，将其性质和影响与法国大革命相等同。他们还研究了公社形成的各种原则和因素，在其发展、律动和衰落中，探索它的命运。最后，他们也极为重视民众对城市独立（或更准确地说，对城市复兴）的推动作用。①

　　卡佩王朝国王的开明形象曾是市民阶层的史学传统,后被启蒙运动的哲学家们所摒弃。现代的史学家们又将其作为卡佩王朝的新特性明确提出。王权在封建体系之外开拓空间的努力——包括胖子路易的政治措施、腓力·奥古斯都和圣路易的立法举措等,都获得了公正而理智的高度评价。史学家们很重视法学家与封建贵族的激烈斗争;他们也探索了第三等级的起源,并指明了它的出现时期。以往,第三等级的历史是残缺的,总是在完全相反的两个方向,被自己的朋友或敌人所歪曲。现代史学家则通过所谓"城市公社"的兴衰,研究第三等级的渐进式发展历程。

　　公民权利的复兴,习俗的改变,以及统一司法、领土、行政及国民思想的缓慢而持续的进程……历史学家们承认这一切,并史无前例地对其作出了描述。他们撰写了大量概述性的文字,揭示了在中世纪各历史时期内法国政治史与教会史之间的密切联系。不过,有关三级会议的研究,目前还暂付阙如。代议制政治只能在国家统一和法律平等的前提下才能够建立。因此,三级会议是代议制一个不完美的早熟尝试。新史学学派对此还没有予以等同于城市公社的重视。②当然,在时间段更为接近的法国大革命的研究方面,成果是颇为丰硕的。对这场伟大的运动及其不同阶段,史学家明确提出了问题。他们在失序的表象下,发现了所有失败的革命运动的规律。这条规律中蕴含着无法逃脱的命定论,带有一种忧伤和恐怖的色彩;但无论在历史还是在现实中,我们都无法否认它的存在。

　　以上这些问题的集合,就构成了我们所言的"当代史学研究的共同基

---

① "传统的史学家们所确信的说法并不成立:不是胖子路易,而是十一世纪以来声势浩大的城市公社运动,使城市获得了自由。近代的史学学派指出了这一点。不过,运动的作用也不能无限放大。这方面,新一代史学家们太相信史学体系的理性了。"(M. de Chateaubriand, Études historiques, préface, p. CXXII.)
　　在此基本问题上,大作家没有与史学家达成完全的一致,这是令人遗憾的。虽然他只是以非常含糊的方式表达了自己的保留意见,但是,由于他话语的权威性,他还是给史学界造成了一定的犹疑和困扰。当然,这一异议并不致命——因为最强调民众运动对于公社的建立之重要性的史学家们,并未把斗争作为市政机构的唯一源头。其实,他们总是清晰地区分公社革命的三大要素:罗马市政体系的影响、政治斗争和领主的授权。

② 我写作这段文字,是在 1840 年以前。后来出版过两部三级会议史,分别是蒂博多(Thibaudeau)先生(1843 年)和巴特里(Bathery)先生(1845 年)的大作。

础"。即使不愿把这些史学家的所有观点视作定论,至少也应该承认:他们在史学领域指明了自由思想的运动方向——这方面,他们比前人要进步得多。当然,在大量的科研活动和史学概述中,他们的基本思路和治史方法是异常多元化的。以上正是那个时代的特性,我将在后文中继续把两者结合起来加以描述。最近20年来,他们的幸运程度有所不同,但都为公众所熟知。没必要一一列举他们的名字,我也没有权力给他们排定座次。在这里,只能谈一下基佐先生的大作,因为它是迄今为止有关法国的起源、本质和历史的最宏大的作品,包括六卷评史,是三套条理清晰的课程讲义,部头很大。①《法国历史论》《欧洲文明史》和《法国文明史》是一个整体中的三个部分,也是一项长达10年的研究工作的三个连续的阶段。每当作者开始一个新的主题,对罗马帝国崩溃以来高卢的社会发展,他都做出了更为深刻的分析,提出了更为明确的观点,达到了新的高度。随着个人研究的不断深入,他也持续关注身边的史学观念的发展。他一直审视着它们,修正着它们,使它们更具精确性和适应性;最终,他很好地兼容并收,把它们与自己的学说结合在一起。由此,他的著作既构成了当代史学最为坚固的根基,又是一面最为忠实的镜子,映照出当代史学中那些确定无疑的观念。作为古代政治制度的研究专家,他开创了真正意义上的一个时代——在他之前,除孟德斯鸠外,只有一些片段的研究。

文艺复兴时期之后,一些学者开始试图表述有关法国社会史的完整看法。但如果逐一阅读他们的著作——从弗朗索瓦·奥特芒到布兰维利耶,从布兰维利耶到马布利,从马布利到蒙洛西耶,我们会发现:他们在本质上没有任何进步。最后两位学者可以接触的文字史料,从数量上来说,与我们相差无几,但他们完全没有加以利用。他们总是不尊重史料:对同一段有错谬的文字,他们会作出不同的解读;而他们所做的假设,往往没有建立在史实的基础之上。基佐则不同,他本人极为擅长研究原始文献,表述又是如此通俗易懂。因此,到了他那里,史学就忽然取得了全方位的进步。这位《法国历史论》和《法国

---

① 1822年出版的一卷名为《法国历史论》,其中收录的文章,是基佐第一门课程讲义的摘录。讲义全文尚未刊行。第二门课《欧洲文明史》和第三门课《法国文明史》在速记手稿的基础上,于1828年至1830年分六卷出版。

文明史》的作者从历史事实中提炼出宏观的视角,像一束强光,直击所有人的灵魂;即便在务求精确和谨慎的博学派学者眼中,也是无懈可击的。他有天才的分析能力,信步闲庭地穿越了充满了战乱、纷争和区隔的黑暗年代。他完美地描述了社会状况的无序、残缺和瞬息万变,让人们感受和理解字面之后那些原本缺少色彩而不明确的事物。他的批评极为公正,有能力在所有的传统或公认的概念之间寻找平衡——正是这些观念的多样性构成了法国史学理论的真正版图。

当代历史学派努力的主要目标,是根据史料,论述中世纪政治和民事机构的性质和起源。那么,从大量的被提出与被解决的问题中,有没有得出一个最高的结论呢?有没有一个体系能够集一切研究结果之大成,从而不专属于个人,并在某种程度上可以代表现代的史学?在我的心中有一个答案。它卓尔不群,可以打动所有的有识之士;虽然它的锋芒还没有完全展露,但完全配得上以上问题所提出的定义和名头。如今史学自认为没有传统的畛域之争,也没有特别的好恶;自认为囊括一切,对一切感兴趣,给一切事物都赋予了恰如其分的关注。但是,如果将这些学者所作的史学概论与18世纪的史学理论(例如马布利与德雷扎迪艾尔小姐的体系)相比,就会发现:这些著作似乎大都在重申法国历史中罗马因素的重要地位。以罗马传统,也就是资产阶级的古老传统来解释法国历史,注定有几个不同的发展阶段。最初,它孤芳自赏地发展着;一直保留到17世纪末期,才在迪博的著作中,演变为一个具有绝对意义的排他的体系,以某种方式吸纳了整部法国历史。从18世纪中期到1789年法国大革命,随着迪博愈益受到批判,这一传统也渐渐被人冷落、遗忘,直至被逐出我们的历史,通过图雷的政论小册子才卷土重来。图雷并举了迪博和马布利两套相互矛盾的体系,把它们作为真相的两个侧面结合起来。至今为止,反对图雷的声音始终不绝于耳;人们不是为了维护迪博,而是为了捍卫被图雷扭曲和利用的历史真相,抨击他的观点过于夸张。上个世纪,启蒙运动的思想家们沉溺于回忆自己所过度美化的蛮族自由,生硬地拒斥了罗马传统。而现在,在常识、经验和科研这三大因素的影响下,罗马传统终于摆脱了人们的鄙夷。潜心钻研的史学家们重申了它的重要性,明确恢复了它本应拥有的地位。

随后,对日耳曼传统的抵制,又成了不可避免的史学潮流,一度狂热至极。这一潮流的巅峰之作,当属雷努阿尔(Raynouard)的《法国市政权利史》(*Histoire du droit municipal en France*)。这位著名的法兰西院士生于阿尔卑斯山的法国一侧——那里,也是最早的罗马行省。在他的研究里,雷努阿尔似乎倾注了某种对法国南部的"爱国主义"热情。他钟情于普罗旺斯(Provence),❶并把这种感情投射到整个高卢,以及对罗马时代的回忆。没有人比他更无视蛮族入侵及其后果,以及日耳曼人的组织、习俗、语言和法律;在本世纪,没有人比他更忠实地保有旧第三等级作家的精神,保有他们的喜好和偏见。虽然有所保留,他还是很明显地倾心于迪博的过时理论,视蛮族入侵为行政革命,而不是社会运动;然后,他就可以推论:征服之后存在的大部分事物,在征服之前就已经出现了——尤其是市政体系。他把本起源于蛮族习俗的法庭,当作罗马政治机构的残余。这样,市政体系就被扩张到了城市以外的地区。雷努阿尔如此深信高卢-罗马市政体系的生命力,以至于对12世纪城市公社革命视若无睹。他完全没有感觉到不同地区的城市,在中世纪的命运有所差异;对高卢南部和北部,他简单地使用"法国"一词,就全部等同划一了。此外,他的著作确实提供了有关市政机构之延续的足量证据。虽然他并不擅长评论,但还是在这方面下了不少功夫,以求平息各种争论。①这本书的出版恰逢其时,派上了大用场。它对史实的夸张和歪曲,流毒直至今日。公众的智慧和理性从这些由真实与错谬所熔铸而成的合金中,把历史真相单独提炼出来,使确知的史实数量不断增加。人们究竟如何做到了这一点?我至今也不得而知。但是,这就是史学的形成之路。同时,我们身上的激情,或许缺乏逻辑性,但对史学的发展,也同样做出了贡献。

总之,当代学术研究背景下法国历史理论的特性及独到之处,就在于它的

---

❶ 普罗旺斯,法国东南部地区,濒临地中海。

① 《法国市政权利史》出版于1828年。一切都可以证明,作者对德国的博学派既不感兴趣,又毫无了解。其实,萨维尼先生在此前刚刚就同一题材推出了一本大作,无论是视野的广度还是史学方法的确定性,都要高出一筹。参阅《中世纪罗马法权史》(*L'Histoire du droit romain au moyen âge*),四卷本,八开,1814—1826年出版于海德堡。

统一性。这与国家目前的状态是一致的。它不再包括两个互相否认的传统体系——这两大体系,分属罗马和日耳曼传统,从本质上和根源上都完全对立。在当下的理论中,罗马传统所占的比例更大;从此,史学从属于罗马传统,趋势不容逆转。本世纪以来的每部大作,都是朝这条道路迈出的一步。今天,史学家们对此的态度,更为坚定不移。他们从不同角度切入,尤其通过14个世纪以来的法律史的研究,确定了我们的民法法典和封建法条之间的联系。①这场史学革命是50年前的社会革命的成果和反映,因为它就是根据后者的影像来进行的:它终结了两个不可调和的体系的对立,正如法国大革命永远地终结了社会等级的分界。我们再也不会看到法国的历史在一个怪圈里不停地打转——不是转向日耳曼和贵族体制,就是转向罗马和君主体制;不是追随舆论的潮流,就是取决于作家出身于贵族还是平民。新史学的出发点、原则和最后结果,都是事先确定的;它是有关所有人的历史,是写给所有人的历史。它拥抱并结合了这个国家保留的所有史学传统;但它首先关注多数人的传统,大众的传统——也就是我们通过血统、法律、语言和思想,对高卢-罗马人的传承。

---

① 参阅迪潘(Dupin)、帕尔德叙(Pardessus)、莱米尼耶(Lerminier)、拉费里埃(Laferrière)、拉布莱(Laboulaye)、克兰哈特(Klimrath)等学者的著作,以及罗西(Rossi)和蓬斯莱(Poncelet)先生在法学院的课程讲义。

第五章

1830年革命。——革命的性质和后果。——1830年革命确定了以往历次革命的意义。——法国历史新材料的研究和出版。——史学研究的无政府主义,史学方法的转型。——法兰西民族起源史学的发展之路。——中世纪历史的大革命视野。——征服及结果。——封建制,其组织的起源。——市政体制的生命力和变化。

1830年革命,将我们的社会秩序与1789年的伟大运动连接在一起,却绝非简单的重复。它来去迅疾,令人惊叹;而更为神奇的是,一旦达到自己的目标,它没有丝毫逾越,即戛然而止。当今社会的一切事物,从宪法的原则、权力的起源,到国家的主权、国旗的颜色,①都是循着它另辟的蹊径而成的。以前的社会阶层和党派,再度开始融合;我们得以目睹这一融合过程,又在政党之争的推动下加速。这些党派诞生时间不长,数量却是不少;它们取代了昔日形同水火的新旧法国两大阵营,但朝着不同方向作用,消减了争斗的强度。大革命之前,各种权力形式百花齐放,如今仅余君主制一支——不过,它已焕然一新,且为大众所接受。如果我们仅将其视作政治理性的结果,那就大错特错了;必须从历史中寻找它的原因。我国的历史已经向我们证明了新社会对君主制度的偏好。6个世纪以来,它的发展与三级会议并行;革命希望取缔它,但总是无能为力;若以法兰西帝国为界,君主制中断过12年;而若是以终身执政官(consulat à vie)为界,则只中断了8年。❶ 君主制将一直延续下去,始终

---

① 此段写于1840年。(波旁王朝复辟之后,法国国旗改为波旁家族的白旗。1830年七月革命之后,国旗又改为三色旗,沿用至今。——译者注)

❶ 原文如此,史实有误。法兰西第一共和国成立于1792年9月。1804年11月,即共和十二年,拿破仑通过公民投票,改变政体,成立法兰西第一帝国。而拿破仑就任终身执政官,为1802年8月,即共和十年。文中提到"8年",似指拿破仑在雾月政变之后任第一执政官的时间,即共和八年。

不变地保障着我们的政治自由——当然,需要一些具体的条件;三日革命❶使国民更为接受阿拉贡议会(cortez aragonaises)❷的名言:"不然,不!"❸

这场革命的社会后果,自可交给未来评说;但无论如何,它推动着我们的历史朝着理性的发展方向,又迈近了一步。它为合法性饱受质疑的法国大革命及拿破仑帝国正名;它结束了复辟王朝,开启了一个对其进行历史审判的年代。考虑到这一点,一系列社会变革具有更为明确和完整的意义:至于被马布利一派斥为衰落、耻辱和道德沦丧的那个时代,❹现在也同样可以恢复名誉了。自12世纪至19世纪中期,民族历史的发展一脉相承,循序渐进。700年来的风雨历程,肉眼可见;而一代代风流人物,根据习俗、法律和情势所赋予的力量,走马灯似的上场,其共同遵循的目标,也是可以想见的。革命完成了改造社会的任务;而革命的反对力量则保存了历史发展的血脉。一次又一次的毁灭、创建和改变接踵而至,归根结底不外就是三个源头:统一的民族和国家主权;由国民的代表所制定的,对所有人平等的统一法律;在国民的监督之下,适应新的社会条件的王权。今日,一切都改变了,但传统并未中断:这是数世纪以来的发展结果;也是我们未来应当遵循的经验之路,是历史给我们的教训。

很不幸,1814年复辟的王朝政府既不了解我们的历史,又不了解历史的真正道路和路上难免的起伏。不过,这个政府在历史学科方面的做法,呈现出全然相反的两面:有些事情的确令人扼腕痛惜,例如法国古迹博物馆(Musée

---

❶ 三日革命,即七月革命,1830年7月26日爆发,28日结束,前后共三日,故名。政治上极为保守的法王查理十世的统治引起社会各阶层的不满。1830年7月25日,国王颁布法令,限制出版和选举的自由,遭到法国民众的武力反抗。波旁王朝迅速垮台,新的君主立宪政权建立。

❷ 阿拉贡(Aragon)为中世纪王国之一,位于今西班牙东北部,18世纪并入西班牙。中世纪以来,阿拉贡王国的议会(法语中又作cortes)在国家的政治生活中起到极为重要的作用。

❸ 据传,中世纪时,阿拉贡议会的领袖面对国王曾说道:"我们与陛下权力相同。若陛下遵守法度,我们推选陛下为君。不然,不!"此语由伏尔泰等人传播,自启蒙时代以来,在法国流传甚广。

❹ 此处指旧制度时期。

des monuments français)①的关门;而另一些事情,则值得歌颂和感激,例如国立古文学院(Ecole des chartes)❶的建立。创立该机构的想法,起源于帝国时代;而复辟王朝把它作为遗产馈赠给了我们。今日,在政府的策划和主导下,它参与了一项巨大的工程:搜寻并出版法国历史所有的未刊史料。有关我国政治及民政史料的汇编工作,曾于1762年开始,中止于1792年。当时,除了布雷基尼、贝尔坦(Bertin)、德·米罗美尼尔(de Miromesnil)、拉穆瓦尼翁(Lamoignon)、巴朗坦(Barentin)、多穆松(D'ormesson)、德·卡隆(de Calonne)❷等王公大臣也先后参与其事。② 如今,这一工作在新领域内重新开展,有关法国的思想史、科学史、文学史和艺术史等方面的史料都在汇编之列。③以行政手段集中力量从事史学研究,可谓19世纪的一个基本规律;它既符合时代精神,又是大势所趋。现在,我们只有公众行动和个人爱好二力可恃;以往强大的知识分子集团——宗教组织,已经消失殆尽。然而,我们仍需要使用我们所保留的方法,继续前进。身为大史学家的这位政治家❸意识到了这一点,因此,他计划把对我国的历史记忆与典籍的研究,提高到国家机制的高度。

　　应该承认:法兰西分作两党,观念相异,彼此奋战不休的场面,毕竟还是结束了;政治领域中的这件喜事,在道德和思想领域,却使人们的意志和努力随之松懈下来,甚至走向分裂。虽然七月革命具有深刻的国民性,虽然它召唤了

---

① 该博物馆由亚历山大·勒努瓦(Alexandre Lenoir)倡议,建立于共和四年(1796年)风月29日。1816年12月18日,国王下令关闭。(法国古迹博物馆是大革命以来法国第二家国立博物馆,仅居罗浮宫之后。当时成立的目的在于陈列法国古代雕塑,保护相关文物。由于博物馆中许多展品属于贵族家庭或教堂,波旁王朝复辟之后,博物馆被关闭,展品尽可能物归原主。——译者注)

❶ 该学院成立于1821年,旨在培养古代典籍的研究人才。至今仍在开展教学及科研活动。

❷ 德·卡隆,一般译为"卡隆",又译作"德·卡洛纳",法国政治家,曾在路易十六时代担任财政大臣,主持经济改革,未获成功。

② 参阅历史学家莫罗(Moreau)刊印出版的以下回忆录:*Plan des travaux littéraires ordonnés par sa Majesté, pour la recherche, la collection e l'emploi des monuments de l'histoire et du droit public de la monarchie françoise*, 1782. - *Progrès des travaux littéraires ordonnés par Sa Majesté et relatifs à la législation, à l'histoire et au droit public de la monarchie françoise*, 1787.

③ 参阅基佐先生提交国王的报告(1833年12月31日、1834年11月27日、1835年12月2日),以及根据国王敕令,在教育部支持下出版的《法国历史未刊资料汇编》(*Collection de documents inédits sur l'histoire de France*)。

❸ 即基佐。

所有具备参政能力的国民加入政治生活——无论他们的身份如何,但是,它对人们专注于科研,精益于文学的努力,却是不利的。在过去的黑暗岁月,新历史学派的英才们也曾携手同心;而现在,他们却散落到各个行政部门。大部分经验丰富的学者,或是已经做好相关准备的学子,都担任了公职;他们往往是师生一起踏入政治生活中,再也没有从中退出;很多时候,他们彻底离开了自己的研究领域,只将它留给回忆。在这个理应重视传统的学科里,规范的力量被削弱了。这个学科本应以探索历史事实,积极寻求证据为己任。然而,根据维柯(Vico)[1]的史观,所有的民族史都应该以单一的罗马史图像为范本。我们现在的历史学科,却引进了以这种形而上学观点为基础的研究方法,并为它所主导!此外,来自德国的一种史观也颇为流行。它认为:每一历史事实都贯彻了某种理念,在历史事件的进程中,充满了善与恶的斗争。于是,历史被抛出了它本来的轨道,从分析和细致观察,发展到草率的综合归纳。也许,未来会出现一位天才人物,他可以自创一套与众不同却无可指摘的学术规范,通过自己的努力钻研和罕见的聪颖天资,推出某种他曾借以成功实现目标的史学方法,并最终为学科的发展做出巨大的贡献——我也宁可相信这一点。然而,这并不能证明,史学领域中的任何方法都是合理的。对历史的综合是一种直觉。它只能留给对此技能已掌握得炉火纯青的人,或是出于本能,甘愿面对这种方法的一切风险的人。它不是属于每个人的道路,贸然行事,只可能引向巨大的错谬。

维克托·库赞(Victor Cousin)[2]说过:"历史是它所应是的样子,有自己的界限。它的界限应该把外部真实世界的事件和事实,与不可见的思想世界内的事件和事实分隔开来。"此人是一位罕见的哲学天才。他制定的这一规则,是抵御哲学侵入史学之乱流的一道坚固的铁闸。如果说最具普遍意义的事件,也就是标志着整个人类命运的那些大事,都可以从一段理想化的历史中找到某种程度的原型,那么,每个民族所特有的,可以揭示其个性的历史事实便

---

[1] 维柯,18世纪上半叶的意大利哲学家、史学家,代表作为《新科学》。
[2] 维克托·库赞,19世纪法国哲学家、史学家,被视作法国哲学史的鼻祖。

不复存在。所有理想化、抽象化和程式化的民族史，都脱离了它自身的根本生存条件，会很快风干和死亡。我国的史学研究，经过一段时间的高速发展之后，也受到了形而上学的史学方法和形式的干扰，面临停滞的风险。它需要被引回现实中来，回到史学分析的轨道；需要在已明确提出的问题之内寻找新的视角，而不应在问题之外。就法兰西起源问题的史学研究现状而言，仍有深入研究空间之处，也就剩下对中世纪各类机构的分析性研究了——可以认为，这些机构的职能实施情况，在今日法国的不同地区，是有所差异的。就此，我们将有机会以全新的论证和明确的结论，回顾当代历史学派所撼动的所有问题。

在这一系列问题中，如前文所述，有两个最为核心的内容——法兰克进入高卢的社会后果，以及中世纪市政机构的起源。它们像两个旋转轴，我国的传统史学就是围绕着它们，因史学体系的不同，朝着各异的方向而运动的。第一个问题主导了法国社会史；而第二个问题则主导了第三等级史——那是一部有关它如何摧毁了等级制度，又在公民权利平等的基础上重建了统一国家的历史。我的史学生涯早期，曾在本能的驱使下研究了这两大基本问题，它们也是贯穿我此生大多数研究的线索。因此，在以下若干页中，我将重新面对它们，最后一次陈述相关的思考和研究状况。

有关法兰克人征服及建制的研究，前文还远未说完。根据本世纪以前曾先后出现的片面的主流史学观念，征服或被视作高卢的解放——法兰克人在当地民众的请求下，帮助他们推翻罗马的暴政；或被视作政治权力的让渡——罗马皇帝把权力转交法兰克国王，让这些军事领袖堂而皇之地继承了帝国；或被视作一个完全由日耳曼元素构建的新社会的降临——罗马一切制度、法律和习俗，都忽然被连根拔除，粗暴但不无好处。今天，我们确知征服的实质与以上任何一种描述无关，不再在这一问题上摇摆不定。我们承认它的暴力特性，但也明了它并不能毁灭整个世界，不能将一切推倒重来，废除昔日所有的制度与法律。而且，暴力虽是它的总体特征，但不能一概而论；法兰克人在高卢全境建立自己的统治，并非一蹴而就；他们取得的每一步进展，都有不同的条件。对这些差异性的后果，应根据其产生的不同地理区域，分别进行研究。在莱茵河和索姆河之间，近一个世纪里，入侵持续不断，破坏性无与伦比；法兰克的小股武装,烧杀抢掠,瓜分土地,你来我往,对当地居民没有任何妥协和宽容。在索姆河和卢瓦尔河之间,法兰克人向以主教为代表的市政机构做出一定妥协;劫掠和暴力行为的野蛮程度,都有所降低;萨利安(Saliens)法兰克人❶入侵,由单一的领袖统领,在当地施用于斯人斯事的做法中,已有了一些可谓"政治"的因素。法兰克人所谓的"行政管理能力"的痕迹,能够一直倒推至此处;当罗马的行省管理机构在他们面前荡然无存,这些统治者希望采用更有秩序的方式来治理国家,便依着民族的本性,着手组织政权。他们最后征服了从卢瓦尔河以南直至罗讷河(le Rhône)❷的地区,击退了西哥特人和勃艮第人(Burgonds),❸接触到罗马残余的体制。当然,他们所面对的,不是一般意义上的"残余",而是日耳曼统治者对帝国旧制首次试验性改造的产物。在这一地区,统治方式由文明过渡到野蛮,与法兰克人无关;他们没有参与这一过程,只是被迫接受了既成事实。

　　西哥特王国不仅容许罗马市政组织的存在,而且明令加以维护。在西哥特王国和勃艮第王国,除了征服者民族的法律,国王还下令编纂罗马法典,并予以核准。① 在这两个民族统治的全境之内,蛮族与高卢-罗马人按规则分割了土地;相关立法的制定,严格保证了初始的土地划分,禁止日后的侵袭和掠夺。在整个高卢南部,面对日耳曼人的入侵,罗马人的产业曾经摇摇欲坠,几近毁灭;而这些地区采取的上述措施,使其重新稳定下来。待到法兰克人的统治完全确立之后,卢瓦尔河以南的罗马庄园,仍继续依据民法进行管理,其数目也比该河以北的地区多得多。这一差异保存至今,即使今天,在法国地图上也清晰可辨。我们可以观察各省所有村庄的名字;然后,先把其中带有日耳曼语人名的地名挑选出来;再选出其中带有罗马或高卢的专有名词的地名;剩下的地名,显然在征服时代不具有两者中任何一方的特性。按照这种分类方式,

---

❶ 萨利安,法兰克人的一支,又称"滨海法兰克人"。日后一统高卢地区的克洛维,起初即为萨利安法兰克人的领袖。
❷ 罗讷河,法国东部河流,经里昂,由马赛进入地中海。
❸ 西哥特人与勃艮第人,都是公元4至5世纪进入高卢地区的日耳曼人分支,分别在今法国的西南与东南部建立了自己的政权。6世纪初,两个政权先后被扩张的法兰克人击败。
① 西哥特王国的罗马法典叫作 Breviarium Aniani,而勃艮第王国的罗马法典叫作 Papiani reponsa。

我们可以发现这三类地名在每一地区的分布比例。① 与征服者种族的名字和荣耀相关的地名,可以被视作对军事征服与占领的纪念。而在地名带有高卢-罗马人名的村镇,高卢人显然没有被大片剥夺土地,甚至可能如同蛮族一样,开拓了面积可观的新领地。至于那些只保留了旧日单纯的地名之处,在蛮族入侵后,土地产权的天平很可能仍向原住民方向倾斜;各处庄园也许只有一部分被征服者没收——至少,多处地产合并为新领地的情况,尚未出现。根据罗马人或日耳曼人名称出现的频率,我们可以找到以下规律:日耳曼人由北至南,逐次减少。我不愿称之为征服之后的产权变迁数据,而宁可将其视作今日暂付阙如的该类数据的模糊影像。文献学学者们试图在当前的语言里探索某种过往方言的遗存,他们所做的努力,和我们的这种研究工作可谓不谋而合。②

为了分析征服的政治影响,还有一系列有趣的史实值得关注。这就是"法兰克(Franc)"一词古怪的命运:它由一个民族的名称,衍生出某种社会含义,甚至道德含义。相关历史文献学的研究,揭示了统治民族在一个被其征服的社会中,在一个被其攫取了统治权、民事优先权和土地财富的社会中留下的印记。"法兰克"变成一个象征着地位与荣誉的头衔,表示"自由"和"完美的占有",这一演变历程的原因是复杂的。起初,在征服时代,只有完全自由的法兰克裔,才能被呼以其民族之名,与法律和公文中的"法兰克人"相对应;没

---

① 当然,在进行三类地名划分的过程中,我们只考虑那些可以合理地追溯到法兰克时期的地名,而应当忽视那些明显带有后世痕迹的地名。因此,地名中带有维尔(ville)、维利艾(villiers)、库尔(court)、蒙(Mont)、瓦尔(val)、布瓦(bois)、丰(font)、丰丹(fontaine)等词根,无论在地名的前部还是后部,都需重点关注;而带有马斯(mas)、梅尼尔(mesnil)、普雷西(plessis)等词根,不予考虑;带有草场(pré)和磨坊(moulin)等词的地名,似乎只能表示某一附属建筑,而非整个农场,也不予以考虑。
② 巴黎附近的两个小村——法兰贡维尔(Franconville)和罗曼维尔(Romainville)在9世纪的文献中,名称非常有趣,分别为 Francorum villa 和 Romana villa。在巴黎郊区的村镇中,带有日耳曼色彩的维尔、维利艾、库尔、蒙等词根的地名,明显多于罗马色彩的地名。参阅阿德里安·德·伐鲁瓦(Adrien de Valois)的著作 Notitia Galliarum ordine litterarum digesta,第418页、第428页,及其他页码。

有地产的法兰克裔,被称作"利特(lites)"。① 相反,"罗马人"这一称谓,不仅可用来称呼自由民和地产主,也可称呼几乎处于奴隶地位,需要纳税的农奴和手工业者。罗马帝国末期,高卢境内的地产划分不甚清晰。当时,在法兰克人聚居地,即孕育了法兰克-高卢的语言和机构的北部省份,原住民中的地产主恐怕不及十万人。可以想象,在征服过程中的抢劫和掠夺之下,这一人数必将减半,且日渐减少。到7世纪时,在莱茵河和卢瓦尔河之间,法兰克人的地产很可能已远多于原住民家族了。查理·马特向教堂转让土地的措施,更使天平向法兰克人一方强烈倾斜。宫相的大军主要招募自莱茵河对岸热衷冒险的人士。他们进入查理·马特麾下,一般都抛弃了以前的族属,从名义和地位上都变成了"法兰克人"。最后,根据权利传承的惯例,法兰克人作为"头衔",可以世代保有,自然数目日益庞大,变得越来越普遍。另一方面,高卢-罗马的地产主阶层更多地进入教会,或是为了免受蛮族邻里和王国官员的滋扰,自愿投入教会的庇护之下,人口自会相应减少。

当两者的人口数量不相上下之时,法兰克人由于其地产的规模,及其政治、军事和社会地位,占据了绝对上风。从法律角度上看,法兰克人的价值是罗马人的两倍,❶而征服者们更是骄傲地认为,这一差距理应再无限地放大。②因此,在征服完成一个世纪之后,政治语言中出现与"法兰克"相关的新语汇,其使用频率也越来越高。墨洛温王朝时期,"自由"也被分作两个等级:法兰克人的状况,属于完美的自由;而罗马城市的权利,只能算作第二等的自由。在加洛林王朝时期,仅有法兰克人的自由,才具有真正的政治意义;而另一类自由只能局限于城市的围墙之内,既无价值,也没有名分。法兰克人在萨利克

---

① 在图尔的格里高利的著作中,可以找到一处franks ingenus一词,代指具有免税权的自由民;但是,作为一名高卢-罗马人,他的这种用法是法兰克人所无法接受的。在不同的日耳曼方言中,lite、lidem lete、late、laze等词,都指称社会地位低微,处于社会底层的小人物。因此,在英语中little意为"小",lesser意为"更小"(此处的英文拼写,与以下的laste一词,似有误,或为中世纪英语。——译者注),而laste意为"最后的";而德语中letzte意为"最后"。
❶ 根据佩雷(Peyré)的萨利克人法典译本(1828年版),第十五条规定:罗马人盗窃法兰克人,判处罚金2500德尼埃,或62.5苏金币;而法兰克人盗窃罗马人,只需罚款1200德尼埃,或30苏金币。
② 在伊尔德贝二世(Hildebert II)的一条有关不同罪行之惩处的敕令中,罗马的自由民和地产主与底层法兰克人、农奴和奴隶是混为一谈的,统一使用"下等人"(debilior persona)一词,与法兰克人区分开来。

人法典保证下的高贵地位,给人们的思想和语言都留下了深刻的烙印。不止于此,这个至高无上的民族的名称,被用来表示精神和体魄方面所有宝贵的优点①:力量、勇气、迅捷、忠诚、灵巧……总之,代表了有活力和决断力,明确而完整的一切。

　　法国南部的高卢-罗马家庭地产所有权的期限,是该地区有关土地的罗马法权迅速重生的原因之一。因此,公元9世纪以来,根据罗马法进行判决的地区与根据其他法律判决的地区有显著不同。古代法律用语中,在朗格多克(Languedoc)、❶基耶纳(Guyenne)❷和普罗旺斯,都有"法兰克-阿罗(franc-alleu)"❸一词。抛开语源学的角度不论,这一制度与罗马的渊源,比与日耳曼的关系更为密切。② 所谓"阿罗权(allodialité)",来自日耳曼的法律,只见于完全或几乎被日耳曼人殖民的地区;高卢的最北端也是如此;免税的领地尽管相对封建领地而言,微乎其微,但始终存在。③ 高卢中部是法国封建制的摇篮,因此,法国北部、中部和南部三个地区,在这方面呈现出完全不同的风貌。在法国中部,流传着这样一句谚语:"无地不属领主(Nulle terre sans seigneur)。"欧洲封建制就起源于法国和伦巴第。虽然封建制度由日耳曼习俗的一个侧面发展而成,它在日耳曼地区的建立,却只是对其他地区的仿效,迟缓而不完整:并非所有土地都变为采邑,而且经过很长一段时间,采邑才得以世袭。④ 这一

---

① 12世纪,"法兰克"一词意为"有力的""富裕的""自由的"及"大人物"。当时,有一首名为《法国的法兰克》的歌曲,实际上是献给法国的大人物们的。可参阅法兰西学会主编的词典中 franc, franchement, franchise 等条目。这些愚蠢的词汇,甚至从法语传播到了其他语言中。

❶ 朗格多克,法国南部地区,濒临地中海,以蒙彼利埃为中心城市。

❷ 基耶纳,法国旧省,包括法国西南部自波尔多至罗德斯(Rodez)的狭长地带。

❸ 阿罗,指不承担任何封建义务的土地。

② 参阅卡兹奈夫(Cazeneuve,17世纪文献学家。——译者注)1645年出版的《朗格多克省法兰克-阿罗论》,以及多米尼西(Dominicy)的著作 De praerogativa allodiorum in provinciis quae jure scripto utuntur (1645年版)。

③ 参阅瓦纳科尼克(Warnekoenig)的《佛兰德史》(l'Histoire de Flandre),卷一,第218、241页。

④ 采邑 fief 一词,在德语中表示为相对现代一些的词汇 lehn,即"出借之物";而不再沿用以前的日耳曼词汇 fe 及 feh(意为"剩余之物"和"报酬"),或合成词 fe-od(剩余的地产)。最后一词,在罗曼语系的方言中,几乎原封不动地保存至今。10世纪中期,在公文与私契中有 feum 或 fevum 的字样。在罗曼语的发音体系里,feh 一词中的嘘音 h 重读,转化为类似 f 或 v 的读音。因此,法国人说 fief,而勃艮第人所说的 fied,来自合成词 fe-od。拉丁语用 feodum 或 feudum 表示。

古怪的体制,实为一两难境地之出路。在某些被征服的土地上,罗马式的统治无法持续,而日耳曼的组织构建也难以实施。因此,越是在这一困局彰显的地区,新体制的推行就越是彻底。那么,封建制度建立的条件是什么呢? 有两种可能的情况:或者,地域内传统的组织结构对社会的重组影响深远,而征服者民族的人口数量较少,尚不足以改变当地的面貌;或者,虽然征服者的人数与当地原住民相比,并不占优,但其习俗足以颠覆传统的行政管理模式。在完全被日耳曼征服者殖民的地区,组织机构自然也会日耳曼化;被某些本已文明开化的部落征服的地区,日耳曼化不彻底,可能有幸部分保住罗马的体制;在旧制度被扫荡一空,而征服者又极度野蛮的地域,情况便又有不同。盎格鲁-萨克逊人(Anglo-Saxons)❶征服的布列塔尼和高卢最北部的地区,属于第一种情况;高卢南部被哥特人和勃艮第人征服,属于第二种情况;法兰克人征服的高卢中部地区和伦巴第人征服的意大利北部,就属于最后一种情况。

  法兰克人对罗马的整个社会制度深恶痛绝。他们不喜欢居住在城市里;税收制、等级制,以及法官严格而规范的权力,在他们的眼中,都非常丑陋。但另一方面,由于法兰克人散居乡间,彼此相隔甚远,而且征服中的一些偶然因素又造成了土地财富的高度不均,日耳曼部落自由和民主的传统组织形式也无法继续维持。大势所趋之下,村镇的民众大会、全体国民大会,以及十户或百户联保制度,都迅速过时。这一部分日耳曼习俗日薄西山;而另一些日耳曼习俗,例如领主属臣等,却变得越来越鲜活,最终占据了主导地位。法兰克人轻蔑地拒斥罗马城市,又视传统日耳曼城市为遥不可及的梦想。在个人意愿和利益完全失控的无政府状态下,这些幸存的日耳曼习俗是维系他们之间关系的唯一社会纽带。每个日耳曼部落里,保护人和属臣构成了一个个自成一体的小社会。它们如同国中之国,有自己的司法体系、治安体系和与众不同的惯例,力量和规模不断壮大。它们对法兰克国王君临天下的希望嗤之以鼻,却

---

❶ 盎格鲁-萨克逊人为日耳曼人的分支,最早居于德国西北部沿海及丹麦一带,后大量向英伦三岛迁徙。

试图逼迫后者对其进行保护,或与其签订协议,使它们免受各级行政官员的侵害。① 大人物的属臣,一旦通过日耳曼式的仪式向主人效忠,除了主人,其他人不可对其裁决;换言之,主人需负责属臣的错失、兵役及其对国家的其他义务。从某种意义上说,保护人应为所有属臣的个人行为担保;墨洛温和加洛林两朝的国王对这种集体责任制,似乎比对自由民(无论贫富)各自为本人行为负责的方式更感兴趣。国王们通过立法手段加速了这一运动——尽管有朝一日,他们的权威将因此而彻底削弱。

在高卢的土地上,日耳曼的组织机构,除附庸制之外,都荡然无存。附庸制含有某些建立于物质基础之上的,实实在在而具有活力的基本因素(如封赏与感恩,宣誓与效忠,等等),比日耳曼的其他社会制度更强大,更具生命力——那些制度的基础,是日耳曼人对个人权利的情感,是旧式家族领袖的独立性,以及日渐式微而不确定的传统。查理大帝以附庸制为军事纽带,获益颇多;他并未就此停步,更设法把附庸制纳入为自己打造的安全体系之中,甚至规定属臣有义务持武器为领主私战和血亲复仇。不过,在千头万绪的社会组织之间,由他的雄才大略所维持的平衡局面,毕竟只能昙花一现;他死之后,军事附庸制——或曰有组织的蛮族制度,一枝独秀地继续发展,终于并吞了其他一切体制。

日耳曼征服高卢并建立政权之后,法兰克的军事领袖们产生了新的观念:在每块领地上,他们都把产权和主权混为一谈,希望完全占有或继承国王所赠予的土地和政治荣誉。让他们作为臣民屈从于公权力,固然违背他们的本性;但让他们以王国非终身制的官员自居,同样会令他们不爽。这些法兰克人无论社会地位如何,都不愿与他人分享征服的成果;他们希望分到的战利品,无

---

① 参阅《马库尔夫文献汇编》(*Formules de Marculfe*,该书编撰于6—7世纪,为墨洛温王朝的法律文献汇编。——译者注)、《墨洛温国王文书汇编》(*Les diplômes des rois mérovingiens*)及加洛林王朝的国王法令(Capitulaires)。Vassus(拉丁语的"附庸"之意。——译者注)一词在公文中的出现显示了封建制度的诞生。日耳曼语动词 vassen、fassen,意为"系""捆绑",转化为名词 vasso 或 vasse,加上阳性词尾,作 vassor 或 vasser。后一种形式被罗曼语直接借用,成为古代词 vasseur。Vassal 一词,既是日耳曼语,又是罗曼语,由词根 vass 和形容词词尾 al 构成。Vavasseur(封建小贵族),在拉丁语中为 valvassor,在日耳曼语中为 wal-vassor,其中都包括副词 wal 或 wol,意为"很好的",也就是"很好地捆绑"之意。

论是土地、特权,还是荣誉,但凡他们效忠于征服者的最高统领,就可以恒常不变。为了实现这一目标,从第一天起,他们就开始与王权斗争;而这场斗争,在他们的后继者最终掌控局势之时,方才停歇。他们取得最后的胜利,建立了以私人主权(souveraineté privée)、附庸关系和贵族的骄傲为特征的封建制度。与其他日耳曼人相比,法兰克人的自豪感更强,对被征服者的敌意也更大:规定罗马人的价值低于任何阶层之蛮族的立法,在日耳曼各分支中,只出现于法兰克人处。无论哥特人、勃艮第人,还是阿拉曼人(Alamans)、苏维汇人(Suèves),❶其他所有曾经占领过罗马大城市的蛮族,至多在盛怒之下把"罗马人"作为侮辱性的词汇使用,从未采用过类似法兰克人的做法。视5—6世纪的法兰克人为法国贵族的唯一先祖,当然不够确切;但是,必须承认,这群征服高卢的蛮族,对不属自己族裔者的极度蔑视,由某种日耳曼传统发展为中世纪贵族的习俗。贵族长期以来的过度骄傲,就滋生于法国;这一情绪的病灶,与封建制度一样,来自高卢中部和北部,或许还有意大利的伦巴第地区;由此传播到日耳曼诸国,乃是后话——在那时的日耳曼地区,贵族身份与一般意义上的自由人,其实已经区别甚微了。这场运动所及之处,创造了两个人群,如同两个深刻对立的民族;它消除了传统的自由民阶层,剥去了他们身上的光彩。德国因此爆发了多起内战;而英国由于诺曼征服,又沾染了法国的贵族习气,在萨克逊贵族和首领原本专断的保护制之上,更增添了一些傲慢的气息。

　　加洛林王朝四分五裂,无论原因如何,都是非常复杂的;但是,这种分裂局面是必要的,也是有益的。这个政权的外表略似罗马帝国,如能保持行政的统一和稳定,始终强迫民众遵从于它,本可达到目标。但查理大帝的思想兼有罗马人和日耳曼人的特性,政治上的第一个大手笔,就是在帝国范围内实施日耳曼的领地分割制度。这一措施又为他的继承者们所遵循;王国被反复瓜分、重构,边界改变,以另一种形式导致了墨洛温时代的混乱。还有一些臣民没有被纳入附庸制的等级制度,在罗马时代或新近建立的城市中,生活于传统社会体

---

❶ 阿拉曼人和苏维汇人,都是日耳曼民族的分支。在西罗马帝国覆灭之后,分别曾在今德国南部与伊比利亚半岛西北部建立王国。

系的废墟之上；由于政权的中心在高卢和日耳曼之间随意游走，他们完全无法得到人身的保护，社会治安也没有保障。政权的代表——公爵、侯爵和伯爵们，更换非常频繁；对自己所辖的地区全无了解之时，他们往往成为降临于当地的灾星；而若能长期任职，甚至有权把职位传承给后代时，他们又会无耻地滥用权力，然后将自己对民众造成的罪孽，推诿给那个遥远、模糊而陌生的中央政权。不过，一旦政治权力分割为碎片，管辖范围缩减至面积有限的土地，一切都改变了：当地居民可以为自己所受的不公，向掌握权力者当面讨要一个说法；在一个世纪之内，臣民与当地权力机构（领主或主教）的纠纷和争执，成为新的斗争形式，产生并发展起来。在南部，主教们忠于自己作为市政体系的成员和支柱的传统职责，支持市民与世俗领主斗争；而北部的主教们则滥用手中的权柄，把自己的权威和民事审判权转化为另一种专制的领主特权。此外，一些更具独立性，更为向往宁静与自由生活的领主，也感觉较小的领地更适于实施查理曼帝国的政治传统。北部的佛兰德（Flandre）[1]伯爵和南部的图卢兹（Toulouse）伯爵，都是非常典型的例子。这至少可以部分解释城市复兴为何在 11 世纪之始初露苗头。

同时起作用的，当然还有其他一些原因。城市社会或保存于罗马时代的废墟，或以修道院为中心，效仿当年的罗马城市而新近落成，需要拥有自己的公共权力机构。因此，城市生来就是与个人权力相抵牾的，而后者正是封建制度的精要；一旦它感觉自己足够强大，就会毫不犹豫地奋起反抗这一体制。封建制体系的一方是实施个人统治的领主，毫无节制地行使着自己的威权；另一方是具有人身依附关系的贵族和被奴役的平民，被迫服从领主的命令。当它走向成熟，权力原则改变之时，也就是城市开始反抗之日。教会权力在城市里以主教为代表，在新建立的村镇则以修道院院长为尊；这一神权政治形式中，保留了某种社会性，仍可多少有效地继续对公共事务进行传统的管理，并演变成与世俗权力同样的特权，沦为城市抗争的对象。在城市里，手工业和商业都

---

[1] 佛兰德，历史地名，英文为 Flanders，从英译，又作"佛兰德斯"或"法兰德斯"。包括今荷兰南部、比利时西部及法国北部的部分地区。

是世代相承的职业；他们曾享有自由和平等的身份，不能接受将其置于奴役地位的等级制度，封建制度所赖以形成的基本要素（好战的习俗、土地财富等）与他们毫无瓜葛，只会使他们沦落至土地耕作者的半奴役地位。因此，他们深受这一社会运动的冲击，时有揭竿而起。这场运动虽然表现形式各异，手段也千差万别，但在任何一处的目的都是一致的，皆旨在重现与激活旧市民社会中某些已经过时的因素，使其重新焕发生机。

法兰克的统治确立之后，即使没有法律的规定，就事实而言，市政机构也被剥夺了政治权力。12世纪，它又重回权力的轨道。几乎所有古老城市的组织机构都进行了变革，但方式千差万别；而新城市里，随着建城所必需的因素渐渐聚拢，市政机构也迅速发展起来。这一趋势，被当代的历史学家们称为"城市革命（révolution communale）"。现在，该革命为人们所津津乐道，而且人们谈起罗马市政体系的延续性时，也是一样兴致勃勃——尽管这一观念在上世纪饱受质疑。这两个基本史学要点之间的关系，是我国社会起源问题中最为模糊不清的部分。只说"市政机构自罗马时代以来一直存在"，是不够确切的。我们还应该说出它的基本原则，说出它在延续的过程中所遭遇的坎坷，说出城市通过革命实现复兴，重建司法体制之前，它所经历的风风雨雨。首先，必须阐明在蛮族入侵以前，整个高卢的市政体系何其衰落。如果我们搜集了足够的相关史料，并进行归纳，就不难发现：这一制度的改变——至少在初期，远非不利于城市的自由存在。帝国体系下，司法权只是市政特权中最微不足道的内容。在各个行省中，城市的法官只有针对轻罪的治安权和初审权；当法官作为城市自由的最高保障，获得了"保民官"的头衔之时，他们只在面对轻微的民事案件时才拥有最后裁定权，对其他案件仅有权预审；其他的高级司法权限完全归属帝国的统治者。由于日耳曼部落的入侵，罗马的行政官员退出历史舞台，无政府的混乱场面随即产生，一切都改变了。昔日的整个市政机构当局——包括保民官、主教、市议会和最为显贵的市民们，迅速填补权力真空，不仅保有城市及其领地的管理权，更赢得了司法权。

虽然日耳曼国王派遣伯爵进入城市，但是，市政机构权力的扩张势头，并未遭遇太多的失败与阻碍；恰恰相反，这些大员的到来，反而从某种程度上赋予市政体系更多权利。在日耳曼的村镇中,伯爵(或曰"格拉夫")的地位相当于民事或刑事的法官;他与大家族的族长一同审案,收集后者的意见,作为断案的依据。日耳曼裔的伯爵们根据本民族的习俗,在各高卢城市履行使命时,行事方式与他们在莱茵河对岸的同侪一般无二。需要治罪或审案时,他们循旧例召集日耳曼人所谓的"最优者""强人""善人"和"有力保障(fortes cautions)"。那么,在具备市政机构的城市中,他们所召集的人群出自哪个社会阶层呢? 在蛮族确立稳固地位之前的权力真空时期,一些人应运获得了司法权柄,准确地说,这些人就是日耳曼伯爵们召集的对象。根据征服者的社会观念,这个阶层掌握的司法权,正是他们的自然权利;对日耳曼人来说,高卢-罗马的城市议会就相当于他们的民众司法大会和国民会议"马勒(mâl)",因此,他们也以"马勒"称之。以日耳曼人的智识,很少能看到事物的本质。在他们的眼中,日耳曼村落每周召开的审判大会,与罗马城市的市政会议毫无区别——占领高卢之后,哥特人、勃艮第人和法兰克人的想法,莫不如此。

在高卢土地上建立的哥特王国,留下了清晰性、明确性和权威性都无可置疑的文献,让我们得以精确了解从罗马帝国到蛮族统治时期市政体系的变化。西哥特国王阿拉利克二世(Alarik II)于506年下令编纂本族法律及罗马法辑要,作为阿基坦和纳尔榜地区(Narbonnaise)❶的高卢-罗马臣民的法典。该法典名为《布雷威亚里奥姆》(breviarium),①既包括部分法律和法学著作的节选,又包括一些适用法律的指南。这些指南在公共法权方面离原文甚远,却清晰地反映了它所处时代的精神。这部有趣的法律文献和西哥特民族的其他法律,在市政机构和司法机构方面展现了以下特性:1.作为总督(gouverneur)被委派到各城市的伯爵,取代了昔日行省大法官的权威;而他与城市的法官之间,形成了新的权力划分:伯爵负责有益巩固政权的事宜,例如征税、征兵和刑

---

❶ 纳尔榜地区,为罗马时代高卢行省,以纳尔榜(Narbonne)和艾克斯(Aix)为中心,大约位于今日法国的地中海沿岸一带。

① 全称 breviarium Alaricianum 或 breviarium Aniani,后者以在官方复件上签名的阿尼亚努斯(Anianus)大法官而得名。一个由法学家组成的专门委员会,受命聚集于阿杜尔河畔的埃尔(Aire sur l'Adour,法国西南部小镇,今属阿基坦地区。——译者注)负责该法律的编写。随后,一个由主教和世俗人士各占一半名额的高卢-罗马人大会审核通过该法案。

事案件的审核;处理民事诉讼和商业纠纷的职能则交付市政府和市议会。① 2.市政机构的司法权扩大到所有的民事和刑事案件;此外,它的性质从传统的市政法院变为市议会,集体行使审判权。3.刑事审判时,通过抽签方式,在当地显贵中选出五名法官;根据传统,保民官和一些市政官员都由全体市民投票选出。4.市议会负责任命监护人、领养儿童、解放奴隶,有权施行旧时法律规定的大法官(préteur)的权力。固然,这一切确实只触及了高卢的部分地区,其他地方的具体情况,我们缺乏相关资料。但是,毫无疑问,事态的发展即使不是完全一致,也应该大同小异——虽然有时会更加混乱,充满了更多的随意性和偶然性。至于城市所获得的权力,在某些地方,甚至可能比西哥特统治时期更受认可并得到保证。

史料虽精确性和完整性不一,但足以揭示,在某些方面,所有城市的发展程度几乎都处于同一水平。这些方面也就构成了市政体系在该阶段最为普遍的特性:市议会成员不再负责为国库征税;伯爵根据城市最后的赋税职能,致力于征税。②伯爵和他手下们的知识技能、行动力和武力高低,决定了纳税数额与实际情况相吻合的程度。因此,市政职能不再形同虚设,无人可以置身事外,而教士进入了市政管理体系;市议会成员的名单不再固定不变;以前进入议会,财产是必要的条件,现在则不然,只须具有名望即可。商人集团和手工业者集团,以往与市政体系泾渭分明;而此时,至少其中的精英人物,已经得以跻身管理者之列,而且越来越与之融为一体。③ 市政体系内不存在真正意义的法官;议会的规模在不同城市有所区别,但案件都由他们判决;城市的司法机构扩大,一些头衔炫目的新职位,首次在市政机构内出现。④ 全体市民参与城市事务管理的现象,越来越普遍;许多城市在主教的领导下,建立了教俗两

---

① 伯爵与保民官的头衔,均为 judex。
② 该角色称为 canon 或 polyptique。
③ 墨洛温王朝时期,巴黎的商会(nautae mercatores)与元老院的区别已经不大了。参阅 Félibien, Hist. De Paris, t.I ; Dissertation sur l'origine de l'Hôtel de ville.
④ 6 世纪的昂热元老院中,市政自卫队的首领被称为 magister militum。在巴黎,8 世纪的一份资料显示,这一职位被称为 spatharius,借用自拜占庭帝国的高级官衔。参阅 Formulae Andegav., apud Script. Rer. Gallic et francic., t.IV, p.564 ; le testament d'Ermintrude, apud Bréquigny, Diplomata, chartae, epistolae, et alia documenta, etc, Parisiis, 1791, pars I, t. I, p.364 et suiv.

界的议事大会。主教在当地事务及司法事务的管理中,扮演了愈益活跃的角色;他完全取代了保民官的职能,正如后者曾在帝国时代渐渐蚕食了法官的传统领地。不同地区的情况千差万别,然而,无论市政体系的形式多么具有贵族色彩,总体上还是更为民主了。自此之后,这一新原则就像一颗充满生机的种子,成为12世纪革命最有力的发条。

根据一些史料的细节判断,中世纪时,高卢-罗马社会虽不可避免地失去了主要的民事与司法机构,却似乎还勉力在市政机构中保留了些许活力和光彩。在6世纪的史料里,尤其是在法国南部的相关文献中,这种努力随处可见。市政机构不仅变得比罗马帝国时期更为独立,而且,通过某种意义上的去贵族化,它无论在形式上、名义上,还是权限方面,都呈现了新的面貌。总的来说,市议会在司法方面,取代了罗马法规定的大法官的职责,甚至尽其所能地仿效罗马的元老院。在高卢城市,"元老院""元老院议员"和"元老院议员家庭"等词汇大量出现;而一些普通的市议会成员,也可获得"克拉力西姆(clarissimes)"这一在罗马贵族体系中排在第三位的荣誉称号;以前专属罗马皇帝的"神圣(sacré)"一词,变成了通用于市政官员头上的修饰语。市政机构地位提升的迹象由此可见;人们尊重它,如同面对那被征服的文明最美好而最坚固的残片。在这里,人们可以寄托怀旧的哀思。旧日的社会体系已被军事征服颠覆,野蛮已渗入法律和习俗;传统面临彻底消失的风险,不得不逃遁于此处。

主教在市政管理上影响力越来越大。主教权势最大的情况下,便成为市政独立性的一面旗帜,也是它最有力的保障。这一问题上,有件有趣的事情值得研究:墨洛温和加洛林两朝赋予教会宽泛的豁免权。豁免特权不仅仅局限于某些领地,甚至可能延展到整座城市。以图尔为例,该城免除了国家方面的所有赋税;图尔的主教俨然城市的最高统治者。我们甚至可以说,图尔这座城市,以主教之名,获得了至高无上的地位。在这种情况下,豁免权有两种表现形式:一方面,它像一道固若金汤的城墙,护卫着罗马体制的遗迹;另一方面,它也授予主教在城市管理方面巨大的权柄,既无限制,亦无制衡的力量。在城市中,主教凭借它获得了法兰克大领主在自己领地之上的权威。随着封建制的发展,两者之间的相似性也越来越大。教会的豁免权不仅保持并改造着传统城市的市政体系,而且也催生了以教堂或修道院为核心的新型城市。

公元6世纪以来,高卢-罗马社会越来越被压缩于这狭小的地方领域;可是,与任何政治实体一样,如若没有公共的财政收入,市政议会的统治必然难以为继。法兰克人从来不缴纳土地税,那么,罗马人的土地税是否也被废除了呢?有关这个问题,争论甚是激烈。总体而言,目前学界倾向于肯定这一观点。人们普遍认为,罗马人或早或晚,与法兰克人一样,也免除了公共税赋的义务。但我以为:如此判断,仍然有失草率。与其判断税收是否取消,不如看看它是否转移,看看罗马时代交付国库的资金,是否于法兰克国王统治期间,在某些地方转交了市政机构。很有可能,除主教的精神权威外,这种税赋的"市政化"才是城市保持旧社会体制的真正物质动因,也是它们抵御蛮族势力的力量之源。在保留了户籍记录和征税职能的城市里,史实和文献都可以提供证据。但是,这些簿册似乎都是秘密保存,以供城市专用的;有一位市民曾试图将他所掌握的相关信息透露给法兰克王国的税务官员,结果被视作叛徒。高卢-罗马人受到法兰克人的影响,日益厌倦向王国缴纳赋税;然而,他们对市政会议投票决定征收的款项,态度似乎有所不同——这时,他们不是受到盘剥,而是自愿为公益贡献。主教们强烈要求并捍卫的免税权,实质也不外如是。史书记载,图尔城不缴纳任何赋税,但这只能说明,该城的市民不向本城之外的任何人缴纳费用。6世纪的某些主教所兴办的大型公益项目(建筑、运河、高架引水渠等)证明:很多时候,教堂的收入和城市的开支是无法截然分开的。

以上就是法兰克人统治早期,延续的市政体系之鲜明特点。在这个时期,体系内的一切,无不源自罗马;而源自日耳曼的法律与习俗的事物,与其并列而存,绝无混淆。但是,在另一方面,城市的法官在公共权力中完全丧失地位,在高卢-法兰克国家中没有任何官员的头衔。此时,国家的官职只来自征服者民族政制之内的岗位,或者从属于宫廷和王室的国库。官方语言对城市的显贵们唯一的称谓,便是"善人(bons hommes)"——在日耳曼语中,该词含义类似于积极公民(citoyen actif),也就是有权在村镇法庭充任证人和法官的人。在多数原始文献中,这个模糊的概念覆盖了整个市政体系,市政会议及其各级法官和人员都包含在内。① 墨洛温时代的文字史料里常见这种简单化的表达形式，这也是许多历史学家的误解和错谬的根源；在加洛林王朝，它开始复杂化，增添了一些特殊的新头衔。

自查理大帝在位以来，在整个查理曼帝国时期，城市内外的司法组织形式都是统一的。面对各类案件的审理，出现了一支新的法官队伍，其中有法兰克人，罗马人，也有依照自己的法律生活的其他蛮族。这些法官，在加洛林法律中统称为"执事（scabini, scabinei）"，由作为国王和全体民众之代表的伯爵选拔，头衔上带有他们作出判决所依据的法律名称——如萨利克、罗马或哥特。传统的日耳曼法庭和城市法院都加入了这一司法改革。以前，这两级司法机构没有任何交集，二者适用同一规则，在历史上尚属首次。历史学家们观察到，查理大帝之后，市议会成员即使不是整体，至少也是部分被称为"法庭执事"了。毫无疑问，伯爵和市民根据国王所授予的任命权，就是在当地贤达中间选择法官的。法兰克的法庭执事，只是村庄中的普通法官；而罗马的法庭执事，在城市中兼有法官和市长的双重职责——后世的市政参事署（échevinage）便是由此演化而来，不过是新瓶内装的高卢-罗马市政机构的旧酒罢了。在封建制度下，法庭执事在乡村消失了，仅在城市保留下来；这样，查理大帝在帝国建立的统一的司法体系，再次被局限于市政体系的范围内，并与其融为一体。10世纪之后，所有公法和私法领域内的文书上，但凡提及"法庭执事"，其所指都与"市政参事（échevin）"一词当代的用法无异，不再与作为其源头的司法改革相关了。这些法庭执事在司法审判之外，也负责管理市政；他们的司法权与领主司法权相抗衡，作为旧日城市自由的最后保证而存在，是几百年来的

---

① "善人"一词随处可见，但需要特别当心，未必总与罗马的市政体系相关：很多情况下，它涉及日耳曼村镇的审判制度；有时则只表示"富人"。作出这一必要的区分，本不困难，但雷努阿尔却与之擦肩而过了。

传统,可以一直追溯至6世纪。①

在日耳曼语区城市的历史中,似乎所有罗马时代的习俗和法律都荡然无存了;但是,它仍可以为罗曼语区城市的历史提供一些有益的补充。在高卢的最北端,我们也可以吃惊地发现市政体系存在的证据,看到它在一些城市仍焕发出不可思议的活力。莱茵河畔的罗马城市曾遭受了如此之多的兵燹之灾,直至被入侵者的潮水所吞没;根据5世纪一位作家的说法,它们被"带到了日耳曼尼亚的腹地"。② 然而,纵使拉丁语消失,市政体制还顽强地保留下来。科隆(Cologne)❶始终保有一个显贵市民团体,它在各方面都酷似罗马的市议会;更有趣的是,其成员都号称出身于罗马裔。这个世袭的团体握有城市的大权,委派一个由其成员构成的委员会负责行政事务。该委员会只具有以当事人自愿为基础的行政司法权,而不处理司法争端;这一点符合罗马法权的精神,但有违于日耳曼的传统。③ 12世纪,科隆的自由市政体系以古典著称,它的卷宗由于年代久远,散失近半,所幸相关资料还有幸存。市政权力从科隆和特里尔(Trèves)❷渐渐向外扩展,直至莱茵河两岸新近建立的城市;而该体制以同样的方式,从阿拉斯(Arras)❸和图尔奈(Tournai)❹扩展到佛兰德和布拉

---

① 在此,有一个重要的区别要注意。在法国南部地区,10世纪的许多文献中,"艾卡万(escavins, escafins)"的头衔,零星地被历史更为悠久的"辛迪科(syndic)""汝拉(jurat)"或"普鲁多姆(prud'homme)"取代;12世纪,它就被完全横扫出局,社会的巨大变革使"行政官(consul)"一词迅速传播,并获得优势地位。在北部地区,"市政参事"一职,对那些在市镇革命中有文献可查的城市而言,标志着市政司法权从未中断。参阅迪伽热有关 sicavini 一词的论述。11世纪之前,梅兹有市政参事团(collège d'échevins)和一位首席市政参事。(参阅本笃会修士编撰的《梅兹通史》,1775年版,t. III, Preuves, p. 91)。11世纪的多份史料显示,梅兹首席市政参事拥有"立法者"的头衔。
② 参阅学者艾希霍恩(Eichhorn)有关德国城市市政体系起源的论文。该论文由凯撒·巴尔博(César Balbo)伯爵译为意大利语,并在他有关意大利城市史的论文集中刊印。(*Opuscoli per servire alla storia delle città e dei communi d'Italia*, fascicolo III, Turin, 1838.)
❶ 科隆,德国西部城市,为莱茵地区的经济和文化中心。
③ 参阅艾希霍恩的论文 *Opuscoli*, etc., fascicolo III, p. 115.该议会被称为 Rigirzagheide,而该委员会被称为 Wizzeht dinc. 参阅1169年5月,科隆主教腓力的契据。(Lacomblet, *Urkundebuch für die geschichte des Niederrheins*. Dusseldorf, 1840, t. I, 1ᵉʳ partie, p. 302.)
❷ 特里尔,是德国最古老的城市之一,位于德国西部,也以马克思的故乡而闻名。
❸ 阿拉斯,法国北部城市。
❹ 图尔奈,比利时南部法语区城市。原文作 Tournay,与今日的拼写略有差异。

班特(Brabant)❶的著名城市。这些城市产生于中世纪,虽然具体情况有所不同,但主要是为了应对诺曼人(Normands)❷的入侵的需要,聚居加固防御而成。它们的确夺取了位于农村各核心村落的司法机构(法庭执事)之权力;而与司法领域不同,它们自身不具备介入市政权力和民政管理的习俗和传统;因此,在后两个方面,它们应该效仿了其他地区的先例。在它们的文书中称为"法律"的管理体系,其实与羊毛布料的生产一样,是它们从古代的自治市那里学来的;良好的商业形势也促进了它们的繁荣。①

我也曾论及主教的豁免权的影响,以及该特权所延伸到的城市的情况。在墨洛温王朝,这一影响十分明了:面临罗马帝国衰落引发的剧变,市政体系仍保存完整。而加洛林王朝时,主教通过豁免权得到伯爵的权力。在城市里,他们不再是城市独立的引领者和支柱,而变成了封建制度内的大领地主。这场革命改变了整个市政机构,使其变质、衰落,但没有彻底摧毁它;在市政体系的外壳下,罗马的遗产始终可见。根据旧日的法律选举出来的法官,演变为主教的附庸,城市的赋税变为特权的领地,而昔日罗马市政体系的残骸与新形式的领主宫廷奇异的不和谐,这就是城市内部形态的普遍特性。这一时期是市政参事制度的摇篮,充满了内部斗争:村镇出现司法机构;一道城墙之内,可能有多座城中之城在相互竞争;传统市政权力碎裂为各个等级、阶层和街区的特权。市政机构的权力来源,从民众过渡到主教个人;有关市长的新称谓——majeurs 或 maires,反映了这一职务本身具有总管(intendant)的性质;❸而 pairs(市长助理)一词也源自封建体制。② 这两个头衔在市镇革命时期与"市政参

---

❶ 布拉班特,历史地名,位于今荷兰与比利时一带。
❷ 诺曼人,中世纪早期来自北欧的族裔,经常对法国北部沿海地区发动侵袭。
① 参阅瓦纳科尼克的《佛兰德史》,解释"交效忠税(aller a chef de cens)"(效忠税是中世纪时农奴向领主缴纳的象征性的个人税。——译者注)一语,并谈及阿拉斯市政参事署优先上诉权惯例的章节。另参阅同一作者的《佛兰德市政体系形成论》(Traité de la formation du régime municipal en Flandre),载 Opuscoli, etc., fascicolo III, p. 164 et suiv。
❸ 此二词同源,本意为"最重要的人";但在古代法语中,maire 也有"管家"之意,如墨洛温王朝的宫相(maire du palais),本来就是"王室总管"。书中取后一意项展开论述,似可商榷。
② 参阅迪康热编撰的词典,major 及 Pares 词条。(pairs,一般为 12 人,从当地显贵中选出,协助市长管理市政。该词最早指协助领主处理司法案件的附庸,故书中说"源自封建体制"。参阅 Dictionnaire de l'ancien langage françois, 1880. t. VIII, p. 154。——译者注)

事"一词并用,日后也变为日常用语,但用法与原意相差甚远了。教会的神职人员变成领主和附庸,这也许是蛮族习俗对最后一块罗马领地的侵袭了。这既有悖于基督教的原则,又与市政传统不合,自然引起了城市市民的强烈反感和抵制。高卢-法兰克城市最初的两大要素是主教和市民。在封建制度的影响下,这两者之间的决裂,对城市自由而言,是漫长的革新工程转向衰落的转折点,也是一场旨在重建回忆的斗争的起点。这场斗争有时激烈,有时含蓄,在我们的历史中占有不可否认的一席之地;不过,它的原因和形式还有待确定,新生的市政组织的原则也有待进一步的研究。为什么在11世纪前后,根据时人的说法,城市居民们"鼓噪而谋战"？为什么当时的各种社会动荡都有利于市民阶层大业的成功——无论是他们挑起的事端,还是他们跟风的事件,也无论他们是为自己的利益而战,还是在封建势力内部的斗争中站队？10世纪末期以来,所有的城市一一起来反抗主教,或与主教并肩反对世俗领主,方式不同,但目标无二;人们试图把一切都纳入市政府的管辖范围,使已经变为领主附庸的公职重新属于大众,由选举产生。这一趋势是12世纪城市公社运动的灵魂。这场革命经过了长时间的准备,在100多年的时间里,一些孤立的城市独立运动此起彼伏;它们总爆发的原因,可以推到更高层次的重大事件,表面上与市政体制的风雨无关。

第六章

12世纪城市公社运动的重要原因。——教皇与帝国的斗争。——意大利的市政改良运动。——该运动越过阿尔卑斯山对法国的影响。——市政组织的新形式。——行政官。——日耳曼的行会(ghilde)及其在市政体系中的影响。——宣誓成立公社。——未经改革的市政。——结论。

11世纪下半叶以来的叙任权(investitures)❶之争,以及教皇和帝国的争斗,使社会发生了剧烈震荡,其广度和深度至今仍难以估量。这场斗争中,日耳曼征服在昔日罗马帝国地盘上所建构的一切,都遭到了人们的质疑:由征服而生的权力之合法性问题、世俗权力凌驾于精神权力之上的问题、军事采邑制对市民社会和教会等级制的影响问题,等等。封建领主所及之处,强调暴力原则和个人效忠;主教变成了领主,更以此为名,在尘世倒行逆施,行使世俗权力;神圣罗马帝国皇帝享有诸多特权,并成为意大利的君主——所有这一切,都成为公众情绪和社会舆论抨击的对象。可以说,正是格里高利七世❷雄心勃勃的改革,成功地引领了这一潮流。① 为了配合这场宗教和政治大战,教皇以巨大的勇气和娴熟的技巧,将革命既已存在的种子,在阿尔卑斯山两侧四处播撒。在意大利北部地区,经过蛮族征服,日耳曼的习俗已经根深蒂固;随后,法兰克人的统治更是系统地发展了封建制度,主教完全形同领主。正如在高

---

❶ 叙任权,指授予教会圣职的权力。中世纪以来,教皇与世俗君主为争夺此项权力发生多起冲突,以格里高利七世与神圣罗马皇帝亨利四世之间的斗争最为激烈。

❷ 格里高利七世,1074年至1084年之间任罗马教皇。他在任期间,一方面限制地方主教的权力,致力于提高教会的道德权威;一方面努力使世俗权力臣服于教皇,与神圣罗马帝国皇帝、法国国王等人,先后发生对抗。

① 在这一如此宽泛而幽晦的问题上,有一部著作本可点亮它的研究。10年来,该书一直为社会各界所期待;只是由于作者耽于政治活动,而且对自己的要求过于严苛,著作的面世才一拖再拖。在他关于公元4世纪的社会与文学的零星文字中,维尔曼率先将政治史和社会史从教会的历史中剥离出来。中世纪精神权力和宗教权力的斗争的社会矛盾问题,凭借他的惊人智慧和耐心的深入研究,获得了清晰明了而公正的全方位的解释。

卢北部和中部地区一样，主教领主权与残存的市政体系发生冲突；不同的是，这些意大利北部城市特别富裕，市政体系也比其他任何地区更为强大。

在这场毁灭和重生的工作中，伦巴第和托斯卡纳（Toscane）❶的城市都把目光投向教皇国的拉韦纳（Ravenne）❷地区——昔日东罗马帝国的总督行省。它们希望效仿这里的城市，或许是出于对所有忠于教皇的事物的热爱，或许是感觉此处圣彼得的遗产❸未受日耳曼征服和伦巴第蛮族的影响。① 从东罗马帝国分裂出来之后，拉韦纳地区城市的组织形式是统一的，由名为"行政官"的显贵管理。而这一头衔由意大利北部的新兴城市采用，在某种意义上成为城市公社运动的标志；不过，所谓"行政官"，在罗马帝国时代，只相当于普通的市政顾问，并非真正具有司法权和其他权柄的法官；如今，在这些城市，它却被赋予了完全不同的含义。在比萨（Pise）、佛罗伦萨、米兰、热那亚（Gênes）❹，行政官拥有行政权力，获得了所有相关权限，甚至有权宣战和缔结和平协议。他们可以召集市民全体大会，可以就各类行政事务发布敕令，可以亲自担任或指定他人担任民事和刑事法官。总之，他们是个人化的市政权力的代表。②

确立了政治形式之后，市政改革继续自发地进行着。这种努力不再仅局限于意大利的城市——在那里，主教们支持神圣罗马帝国，而教士群体也反对教会的改革；在其他地方，城市选举出来的市政会议，往往由主教和市民们共同建立。很快，运动不仅停留于意大利，它翻越阿尔卑斯山，在高卢地区传播，甚至抵达了莱茵河与多瑙河畔的传统日耳曼城市。前文有述，一个世纪以来，法国

---

❶ 托斯卡纳，意大利西北部地区，以佛罗伦萨为中心城市。
❷ 拉韦纳，意大利北部城市，曾为西罗马帝国首都，及拜占庭帝国意大利行省总督府所在地。8世纪被并入教皇国。
❸ 指代教会。
① 这一问题及意大利市政起源的问题，凯撒·巴尔博伯爵有一篇异常精彩的论文，题为 Appunti per la storia delle città italiane fino all' institutzione de' communi e de' consoli，见其著作 Opuscoli, etc., fascicolo II, p. 80 et suiv。
❹ 这几座意大利城市，米兰位于伦巴第地区，佛罗伦萨和比萨位于托斯卡纳地区，而热那亚所位于的利古里亚地区，也位于意大利西北部，介于伦巴第和托斯卡纳之间。
② 根据推测，米兰的行政官制度可追溯至1093年，热那亚可至1100年。参阅 Opuscoli, etc., fascicolo II, p. 85。在12世纪，伦巴第的自由城市受到间接影响，回到了罗马帝国时期的城市状态，但改变了"行政官"一词的原始含义。参阅 Savigny, Histoire du droit romain au moyen âge, t.I, p. 287-290。

许多城市都试图打破或改变伯爵及主教的领主权,但各自为战,不成气候。来自意大利城市的动力,适逢其时;它的星星之火,积薪已足,遂渐成燎原之势,为帝国废墟之上的城市复兴指明了方向。简而言之,在它之前,法国各市政机构只是迟缓而混乱地继承着当地的传统;而它的出现,则带来了一场全面的革命。

在这里,我必须指出,将革命的本质与形式二者区分开来,是刻不容缓的。在不同地方,这场革命运动的本质没有区别;从法国南部到北方,它的动力未尝有丝毫损减,而且可以随处汲取新的活力与勇气。但是,它的形式并不统一;此外,除去某些基本限制,意大利市政机构的建立,也缺乏必要的精神或物质条件。新式的行政官制度的全部能量,来源于高卢南部的第三等级;它所建之处,都取消了,或至少削弱了昔日的其他市政官职。① 如果在法国地图上画一条线,由西至东,从普瓦图南部,穿过利穆赞北部,经克莱蒙费朗直至里昂地区,则可标明行政官制度改革的边界。② 在神圣罗马帝国的土地上,或许是因为教皇与皇帝之间的激烈斗争,行政官的头衔影响更远:莱茵河畔、洛林、埃诺(Hainaut),❶都设有行政官之职,然而,该头衔往往徒具形式,没有意大利与南部高卢城市的实质。❷ 在经受过严重破坏的北部城市,对当地市政而言,行政官体制过于复杂,需要太多的专业知识。同样,这一在阿诺河(Arno)❸流域获得新生的制度,到了高卢中部——莱茵河、维恩河(Vienne)❹和罗讷河上游之间的地区,不是从未采用,就是毫无效率可言。因此,在当代法国北部三分之

---

① 阿尔勒城1131年的一份文书,被认为是行政官制度最早出现的例证。在马赛和阿维尼翁,该制度出现时间不详;但是,传统史学界一般认定行政官12世纪初期已在此二城出现。该制度1131年始现于贝奇耶(Béziers),1141年于蒙彼利埃,1145年于尼姆,1148年于纳尔榜,1188年于图卢兹,1215年于里昂。参阅Anibert, *Mémoire sur la république d'Arles*, deuxième partie ; le père Ménestrier, *Histoire générale du Languedoc*, t. II ; *Éloges historique de la ville de Lyon* ; le comte de Blégier-Pierre, *Recherches historique sur les vicomtes d'Avignon*, 1839。
② 1152年,韦泽莱(Vézelai,今作Vézelay,法国东北部小镇,位于勃艮第地区,处于文中所言的"边界"以北。——译者注)在城市公社运动中;也设有名为"执政官"的法官职位。在这一地区,此乃唯一之特例。参阅 *Lettre sur l'histoire de France*, lettre XXII。
❶ 埃诺,欧洲旧公国名,位于今法国北部及比利时南部的边境地区。
❷ 12世纪,在神圣罗马帝国的城市,行政官只是城市中法官的顾问,不承担法官本身的职责。
❸ 阿诺河,意大利北部河流,流经佛罗伦萨和比萨等城市。
❹ 维恩河,法国西部河流,是卢瓦尔河的重要支流之一。

二的领土上,旨在城市复兴和市民自治的运动,除仿效意大利外,还需要其他的动力;从某种程度上来说,应该有一种比内在力量更为简单和基本的外部力量,前来与源于阿尔卑斯山另一侧的助力会合。第二次城市公社运动的原则,与第一次截然不同。为了解释其特性和直接影响,只能再次暂且偏离主题,从罗马传统跳到日耳曼传统中去。

在古代的斯堪的纳维亚(Scandinavie),❶集会祭拜神灵的庄严场合之后,往往要举行盛大的宗教宴席。人们围坐在祭祀的大锅和炉火前,以牛角为杯,依次饮完三杯清酒:一杯敬神,一杯敬过去的勇士,一杯敬亲人和朋友——他们的陵墓,形如草冢,在平原上随处皆是。第三杯酒,又称"友谊之杯"。① 在当地语言中,"友谊"为 minne,有时亦可指称参加集体献祭活动的所有人。一般来说,这类集会被称为 ghilde(基尔特),也就是"公共开支的酒宴",后来又可指称协会或共济会。参加集体祭祀活动者,与后者一样,也需要宣誓:如兄弟一般,互保互助。这些相互支持与帮助的誓言,涉及所有风险,生活中所有的重大事故:身体伤害和侮辱,火灾和船难,因无论证实与否的大小罪状而招致的司法程序,等等。每个类似的协会都有一位神灵或英雄作为保护神,并以之命名;协会内部都有自己的首领,有由会员缴纳的年费而构成的公共金库,也有每名成员必须共同遵守的章程;这是在国家或部落之内,自成一体的小社会。与日耳曼的村镇不同,基尔特组织没有固定的地域限制,而且,它对成员的社会身份也没有明确限制。因此,一个基尔特可能传播甚远,包容三教九流,上至公子王孙,下至贩夫走卒,尽收囊中。当然,这是一种异教的圣餐,通过一些粗糙的象征和宣誓形式,在成员之间缔结友爱互助的关系。这种友爱关系是排他的,甚至对组织以外,不能被发展为"客人""同伙"或"酒友"的人怀有敌意。

这种充满了活力的社会实践,或许起源于奥丁(Odin)❷的宗教,或许属于

---

❶ 斯堪的纳维亚半岛,位于欧洲北部,包括今日瑞典、芬兰、挪威等国的部分领土。
① 敬神和敬英雄的两杯,被称作 braga-full 或 brage-begere。词源可能来自 bragi(诗歌与口才之神)或 braga(勇士)。酒祭时也可加上所希望祭拜的所有神灵和人物的名字。
❷ 奥丁,北欧神话中的主神。

日耳曼民族传统的宗教仪式；但有一点可以确定：它不但出现于斯堪的纳维亚半岛，也可见于其他的日耳曼国家。日耳曼人在对外迁徙的过程中，把它带到了所及的每个角落；即使在皈依天主教之后，他们也依然保留着这一习俗，只是用主保圣人替换了保护神，并在该组织本身的公益性质之上，附加了一些慈善活动。这样，宴会作为最初的基本机制，仍然保留；祭拜勇士们的那杯酒，如今为了圣人或某位等同主保圣人的世俗人物而干；祭拜朋友的酒，依然如故——不过，在酒酣尽欢之后，与宴者需要为这些死者的亡魂而祈祷。天主教的基尔特制度在盎格鲁-萨克逊人那里❶颇具生命力；在丹麦、挪威和瑞典，异教消失之后，该制度也曾出现。在纯日耳曼，或几乎纯日耳曼的国家里，一方面，这些私人的组织只是为社会增添了一些新的人与人之间联系的纽带，能够与整体社会和谐共处；另一方面，社会也将其视作维持治安的辅助力量和公共秩序的补充性保障。在英国和斯堪的纳维亚国家，基尔特遍地开花，也受到了国王们的欢迎和保护。① 高卢则是另一番景象。这里，战胜者和战败者两大种族之间，制度、法律和习俗彼此冲突，社会起源和经济条件相差悬殊，民众争斗不已；因此，基尔特给人的印象，似乎只是一种制造混乱和暴力反叛的手段。虽然墨洛温王朝的无政府状况之原因，现在还不得而知，但至少可以相信：在加洛林王朝建立之前，社会一度处于无序状态，基尔特组织对此是难辞其咎的。无论如何，加洛林王朝开始立法禁止基尔特：查理大帝和他的继承者对它都心存疑虑，严令杜绝。同时，教会颁布的禁令，更是配合了政府的举措；针对日耳曼人纵欲无度的痼疾而展开的斗争，也是取消互助会组织的完美借口——不难想见，基尔特的聚会场所，往往是一个庞大的宴会厅，附有许多储藏红酒、啤酒和蜂蜜酒的小隔间，与异教时代无异。以下是加洛林王国法令中相关禁令的内容：

789年。一切人等，禁醉酒闹事。凡以圣艾蒂安（Saint Etienne）❷之

---

❶ 此处指英国。
① 参阅 P. 科弗德·安克(P. Kofod Ancher)的丹麦语论文 *Om gamle danske Gilder og deres undergang*, Copenhague, 1780, 及维尔达(Wilda)有关中世纪的协会组织的论文 *Das Gildenwesen im Mitterlalter*. 后者1831年获得哥本哈根科学院的大奖。
❷ 圣艾蒂安为建筑行业的主保圣人。中世纪的共济会组织，最早在建筑行业兴起。

名，以朕及朕子之名私聚者，朕皆禁之。

794年。不可聚众谋逆；但见之，则可灭之。

779年。（原文如此。——译者注）一切人等，不得斗胆宣誓以结基尔特之社；纵此社于社内善施，可援人于水火之祸，一切人等，不得发此誓尔。

884年。朕愿教士及官吏谕民，毋私相结社，即俗称"基尔特"者是也；财物遇劫，宜讼于主教委派之教士，或讼于伯爵遣往当地之属吏，当处之以慎以智。

在法兰克皇帝的法令中，基尔特组织主要是以三种形式出现的：朋友聚会、政治阴谋和互助会社。现在，如果想了解这些组织的具体形式和原则，还需要求助于法兰西以外的史料。各国的宗教基尔特，目标与构成都是一致的：无论其章程以何种语言所书，针对的情况都大同小异，要求与禁止同样的事情。我们可以进一步说：事实上，只存在一个历史久远的章程模板；它从一个国家传到另一国家，从一个年代传到另一年代，仅有一些细节上的修改。① 在查理大帝下令取缔的协会团体中，人们借他或皇子之名，以及圣艾蒂安之名在私下谋事。这种情况三四百年之后，在丹麦也十分常见：人们以卡努特（Canut）国王、卡努特公爵、埃里克（Éric）国王、圣马丁，及其他圣人之名组织活动。在诸多古丹麦语或拉丁语的章程中，我从制订于12世纪的埃里克国王基尔特②的文献——也是其中最为完整的史料之一，选取了若干条款：

此乃灵斯泰特（Ringstett）❶圣王埃里克酒宴之律；古之善人为宴席宾客觅而得之，立之以利公益，四海之内皆应守之。

若宾客为外人所杀，同席者在，则当尽力复仇；不然，当令凶徒偿金四

---

① 参阅两份盎格鲁-萨克逊的基尔特章程［它们分别来自剑桥（Cambridge）和艾克赛特（Exeter）］，以及科弗德·安克在他的论文之后编辑出版的王家基尔特章程。这类章程在丹麦语中为skraa，意为"呼喊""申诉"等。

② 基尔特章程来自"好人"埃里克国王时代。国王卒于1103年，死后封圣。参阅科弗德·安克的论文，37页。

❶ 灵斯泰特，应为丹麦城市灵斯泰兹（Ringsted）之异文。

十马克(marcs)❶于孀妻孤子。或有拒付偿金者,同席者不得与之同食共饮,登同舟,同享某物。

若宾客杀外人,而彼势雄,同席者当全力助之脱险逃生:宾客临水,则当备之舟楫,并水瓢、火镰、斧斤……

若宾客犯险而赴法庭,同席者悉将伴之;不得与事者,纳罚银一苏(sou)……

若某弟兄传唤于国王、主教,长老当召会众咸与议事,遴十二人,以宴席之资,伴之同行,倾力助之。若所遴之人不允,纳罚银半马克……

若某弟兄迫于时势,为仇家所扰,欲于城中求助以自保身家,当特命十二人,昼夜护之,持刃随之,自其宅至聚会之所而往返;若非其需,则护卫不断。

另,宴席长老令曰:若国王或公卿缴没某弟兄之财,凡其求于国内国外同席之人,俱当赍以五德尼艾(denier)。

若某弟兄深陷囹圄,同席者各赍三德尼艾以赎之。

若某弟兄之财损于海难而不复,众人各赍三德尼艾。

若宾客之宅堂前炉灶或储物阁楼失火,众弟兄各赍三德尼艾。

宾客有疾,同席者当往探之;若其有需,则当守之……若其身故,长老当命四人守灵;守灵人殓葬之;而同席者随焉,歌于亡者之弥撒,并各置一德尼艾,以悼亡者。

在这段节选文字中,我省略了许多针对基尔特成员对外人的错失与伤害的有关措施,以及基尔特所谓的"治安"职能。除非正当防卫,因新仇旧恨而杀害组织内部成员者,将终生背负 nithing(贱人)的称呼,如同天主教徒被革除教籍一般,被彻底清出共济会。章程规定:"(但凡犯下此罪)一切人等,需自社中革籍,负贱人之名而去。"可能招致同样刑罚的罪状还包括:与会中兄弟的妻室通奸,或者诱拐会中兄弟的女儿、姊妹和侄女;与会中兄弟不睦,但拒绝根据整个共济会或长老的判决与其和解;看见会中兄弟失去人身自由、遭遇

---

❶ 马克,及下文中的"苏""德尼艾",都是北欧古代货币单位。

灾难或遇险,却拒不施以援手;遭到外人的言语或行为的羞辱,却不愿在会中兄弟的援助下进行报复;等等。未经整个基尔特的许可,将会中兄弟告上法庭者;出庭为控告会中兄弟的人作证者;在宴席上或其他场合,称某位会中兄弟为"小偷"或"贱人"者;在盛怒之下,揪会中兄弟头发,或对其拳脚相加者;上述人等均应处以三个银马克的罚金。① 在宴会厅中犯有罪错和行为不当者,都应罚款。此外,应接受罚款的行为还包括:受命准备宴席,却没有很好地履行职责;在会中兄弟们将大锅置于火上之时,仍未到达宴席现场;违背章程中的相关禁令,佩剑或持其他武器进入宴会大厅,或者打斗喧哗;在酒席中坐着入睡,或在归家之前醉倒路边;等等。章程中将三杯祭酒统一称为 minne(友爱):第一杯敬圣埃里克;第二杯敬救世主——这样,基督的位置倒是排在主保圣人之后了;第三杯敬圣母。根据阿尔德曼(alderman,也就是共济会长老)的指令,所有与席者必须将酒满至酒杯上沿,举杯吟唱圣歌或圣诗,曲终方饮。最后,人们点燃蜡烛,宣誓遵守共济会的律法。

这个在法律之外提供自由和保障的组织就是如此,它古怪而强大,将日耳曼蛮族传统的仪式和复仇心态,与福音书所宣扬的慈善事业结合在一起。它在斯堪的纳维亚国家,以原初状态完整地保留到了 16 世纪。② 加洛林王朝有关基尔特的禁令,并不能让它从高卢-法兰克人的习俗中根除;在卢瓦尔河以北的地区,日耳曼习俗的历史更为久远,影响力也更大,共济会的生命力也就更为顽强。但是,既然基尔特组织不是发端于此,相对于斯堪的纳维亚而言,此处的基尔特在发展历程中就多了一些改变:它受到一定程度的弱化,摆脱了传统的象征性外壳,能够适应一些特殊利益和新的政治需要。洋溢着兄弟情谊的聚餐形式不再重要,很快就已过时,但还有两件事情延续下来:通过宣誓形式入会;将会员之间的相互保护与会内的治安措施结合在一起。我在上文所列举的 884 年帝国法条可以证明:当时,不仅是日耳曼人,在其他族裔和不同社会地位的居民之间,互保的情况都十分常见,农奴亦不例外。事实说明:

---

① 埃里克国王基尔特章程,第 8、17、18、19 条。
② 参阅维尔达有关中世纪协会组织的论文,第二、三、四章。

基尔特的创建不是偶然的；互保与慈善并非模糊的想法，而是清晰的目标。该法条所禁止的对象，其实是由单一的农民阶层所建立的互助会组织。这些农民联合起来，只是为了反抗敲诈与盘剥；这很可能是民众抗拒封建制度蚕食个人权利行为的最早的表现。如果将这些司法文献与近百年之后的重大事件——诺曼底地区反对领主和骑士的农民联盟❶——进行对比，自然不难相信以上的推论。

　　研究此事的历史学家，有的强调共同宣誓的问题，另一些则强调从每一人群中选出两名代表而组成的民众大会。这里，可以看到在叛乱前一直处于地下状态的基尔特的影子。我们知道，那不是一个起事的良机，参与者后来都为争取自由的努力招致了酷烈的刑罚。不过，这恐怕也不是11世纪初期的第一次尝试：人类追逐自由的本能，是宣誓而建的共济会一个有力的武器。在这个充满社会危机的时代，与前者同样强大而不朽的追求秩序的本能，希望借助共济会的平台，建设保障和平与安全的机构。著名的上帝和平运动（trêve de Dieu）❷最后的规章发布于1095年。根据这一文献，该运动也是真正意义上的基尔特组织。11世纪初期，胖子路易国王不懈地维护着社会安定，在主教和本堂神父们的帮助下，于自己的王国内建立了对内防御其他领主劫掠，对外防御诺曼人入侵的防卫联盟。唯一一位提及此事的历史学家，称之为"民众共同体（communauté populaire）"。① 日耳曼传统的基尔特的组织原则，活跃而严肃，以上就是该原则在社会上层运用的典型事例。但是，这些高端组织的存在只能是过渡性的：它需要延伸到的范围过大，需要聚集过多不同意愿的人群，而且多少取决于人们对宗教的热情。除此之外，另一种更为本土化和政治化的基尔特——城市公社——出现了，它产生了更具持久性的影响，对文明的复

---

❶ 此处指996年在诺曼底地区的叛乱。当代史学研究认为叛乱原因不易确定，应为农民反抗领主，或地方贵族反抗公爵。

❷ 上帝和平运动，发端于10世纪末期的法国南部，终止于11世纪末期，由天主教教会发起，并受到领主阶层的支持，旨在呼唤西方天主教世界的和平，反对滥用武力。由于其形式要求参与者放弃对内部成员使用武力，并团结互助，齐心对抗来自外部的威胁，因此，在作者眼中具有基尔特的性质。

① ……（此处涉及拉丁语原文及相关语词的分析，暂略过。——译者注）在此，该用语所指，并非自由的市政机构，而是由在教或在俗的各社会阶层构成的，以保护旅途安全和国家和平为目的，带有武装性质的共济会组织。

兴也更为有效。城市公社始见于高卢北部的城市。作为对内和平与对外斗争的机构,它对城市的再造之功,与南部城市的行政官制度是同样的,也是12世纪市镇革命的第二种形式。讲到这里,我也言归正传了。

最早的互助组织限于某一城市范围之内,所有市民都必须加入。首座建立此类组织的城市,实际上也是新式的城市自治共同体的创立者。正是由于它,基尔特不再漂移不定,而是立足于某一固定的基地,有明确的范围限制,旨在保护市民的权利和合法利益。谈到这类城市组织的性质,与城市的行政官制度一样具有创新性,但比后者更有利于团结底层民众,重新凝聚城内处于崩溃边缘的社会。通过现存的史料记载判断,这一殊荣当归之于康布雷(Cambrai)❶古城。在康布雷,市民与主教领主的激烈斗争始于10世纪;1076年,当时一位编年史作家笔下,已经出现了"联盟""公社"和"新法"等字样。① 以康布雷为起点,这一扩张运动由远及近,向南方延伸;而同时,来自意大利的扩张运动也在由南向北延伸。前者最初的发展范围,也是最有意思的部分,是在努瓦永(Noyon)、❷博韦、拉昂(Laon)、亚眠(Amiens)、苏瓦松和兰斯等地的革命运动,另有专文记述。② 现在,我们已经知道,这些城市是如何在同一思潮的推动之下,以同样的组织形式,逐一揭竿而起的。下一项有趣的研究,将仔细分析和比较这些城市各自的组织形式,观察其基本原则——也就是它的新要素,如何与市政组织的传统因素相结合,又结合到了何种程度。

基尔特本质上具有私法的色彩;一旦运用于城市独立或市政革新,则提升到地方机构的公法高度。这一转化过程越清晰明确,城市就越统一,也因而越有力量。努瓦永的特许状表现出在两种矛盾的原则面前的犹豫不决:"一切欲入社之人……社有难,则一切宣誓之人当前往卫之。"在博韦的特许状中,地方法的性质凸显,表述得十分清晰:"居于城内或城郊之民,皆应以誓盟入社……城市所及之处,当以法以权助人。"③博韦的市长助理一职,是城市公社

---

❶ 康布雷,法国北部城市,位于今法国与比利时的边境。
① *Extrait de la Chronique de Cambrai*;*Recueil des historiens des Gaules et de la France*. t. XIII, p. 489.
❷ 努瓦永,与其后出现的拉昂、亚眠、苏瓦松、圣康坦等城市,均位于法国北部的皮卡第大区。
② 参阅 *les Lettres sur l'histoire de France*, lettres XV、XVI、XVII、XVIII、XIX、XX.
③ *les Lettres sur l'histoire de France*, lettre XV.

建立之前的市政体系残余：它有点类似城中传统的显贵议会，一度隶属于主教；在市镇革命之后又重新归于市政体制，经选举产生。在圣康坦（Saint-Quentin）的市政体系中，市政参事署作为在城市公社之前出现的法院而存在。兰斯的情况也一样，市政参事署被公社赋予了新的生命，而非创建。当然，旧市政体系的残余，不仅存在于通过互保的誓盟而建立的公社，也甚为常见于行政官体制改革的城市中。在许多地方，诸如 syndic，jurat，capitouls 和 prud'homme 之类比"行政官"更为古老，来自不同时代的市政组织的词汇，也仍在使用。

一些有关中世纪城市组织机构的词汇研究刚刚开始进行；它们往往从 commune（公社）一词开始入手。该词在我国历史上扮演了极为重要的角色，自 12 世纪以来，特指以誓盟方式联合互保而形成的市政体系。12 世纪以前，communia 在拉丁语的文献中，有"陪伴""聚会""分摊"和"共同拥有"等义项。[①] 它的衍生词 communitas，似乎很早既作为"市政体系"意义使用。在北部罗曼语中，或许是为了使"基尔特"一词更具日耳曼语色彩，人们也使用 gelde 或 commune。但可以肯定的一点，基尔特进入市政体系，使 commune 的用法固定下来，并具有了新的力量。Juré（盟誓）一词，在"宣誓的市政官员"这一义项上，倒是历史悠久，与它在法国南部方言中的 jurats 一词不相上下，属于罗马帝国市政体系的残余，同时也属于其后重新建立的市政体系的雏形，甚至用于单纯意义上的领主管辖的村庄。[②] 而 juré 作为"通过誓盟而联合的市民"，是一个更近时期的用法，当基尔特形式应用于市政机构时，才开始出现，相当于日耳曼传统协会中的"共事者""弟兄"或"朋友"。进入（entrer）公社或离开（sortir）公社，也是来自同一传统的习惯用语，常见于斯堪的纳维亚国家基尔特的章程。在这些章程中，还可以注意到一些充满了情感色彩的同样传统的词汇，诸如 fraternité（手足之情）和 amitié（友谊）等；但是，在盟誓变为市政机构组建的必要步骤之后，这些词语就渐渐退出历史了，只有极少数城市

[①] 参阅 Ducange, *Glossar. Ad. Script. Med. Et infim. Latinit.* 一书，communia，communio，commune，communitas，communas 等词条。

[②] 参阅 Ducange, *Glossar. Ad. Script. Med. Et infim. Latinit.* 一书，juratus 词条。

还记得它们,将其放在市政机构制定的法规中。在里尔,城市颁布的法令叫作《友谊法》(loi de l'Amitié),而法官被称作"友谊监督人(reward de l'Amitié)"。该城中世纪的组织机构同时保留了三个不同的来源:1.根据加洛林王朝的行政法规建立的法院,法官由伯爵指定,市政参事对法院负责。2.全体市民誓盟组建的公社,掌握着所谓"市政的纽带"。3.产生于11世纪的上帝和平运动的某些地方的和平体制,包括"调解官(apaiseur)"和常设的市民间的调解机构。在阿尔图瓦(Artois)❶地区的埃尔(Aires)城,公社章程的语言和内容中,都带有传统共济会或类似组织的深刻烙印。若将该章程的以下条目与埃里克国王基尔特相比较,是非常有趣的一件事情。

    城内友爱会社之一切人等,皆已诚心盟誓曰:凡有益且良善之事,当彼此互助,有如弟兄。若某人伤辱他者,受害者不得自行报复,亦不得私求亲朋……当诉于社,而众推十二人裁之,罪人据所裁而纳罚金。案涉双方,若三傲而不服裁决,当视作奸恶之徒,革除会籍。

    若社员为人所劫,或以他因失财,凡确有其踪可觅者,当诉诸长老。长老需召集社中诸人,并往寻之,远及一日往返之程。不欲或不得前往者,当纳罚金五索尔(sol)❷于社。

    若城中骚乱,社员闻乱而不全心施援者,当纳罚金五索尔于社。

    若社员之宅焚毁,或社员身陷囹圄,尽倾家财而出,社中诸友当各献一埃居(écu)于损财之人。

  盟誓公社的力量,有如市政自治机构,在12世纪忽然爆发,所引发的社会动荡不仅次数众多,且来势汹汹;而它招致的镇压和憎恶,也是异常强烈的,反对者甚至对"公社"之名都深恶痛绝。1180年,康布雷的市民就被迫从特许状中剔除了这一被当时的作者视作"面目可憎"的字眼,而以"和平"一词取而代之。在佛兰德和埃诺的伯爵领,正如我在里尔的例子中所观察到的一样,市政体系也包含一些致力于上帝和平与停战的组织,它们与真正意义上的公社不

---

❶ 阿尔图瓦,法国旧省名,位于法国北部。
❷ 索尔,及下文的埃居,均为法国中世纪货币单位。

同,有时独立行事,有时通力合作;"和平"之名就是由此而来的——该词常与"公社"一词相竞争,但有时也会一并使用。① 至于瓦朗谢纳(Valenciennes)❶市政章程中所提到的"和平组织(établissement de paix)",是该词在市政机构中最为纯粹和完整用法的实例。它确实也是一个基尔特,但只有治安功能,没有互助防卫的性质:它保证城内的社会秩序,但不涉及市民的自由权利,并取缔了誓盟公社具有活力的政治原则,即反抗暴政的原则。② 和平组织都没有引起任何城市领主的敌意,在很多地方,领主们甚至大力鼓励和支持它的发展。它的名称不会让人联想到任何与斗争和独立有关的行为;它没有攻击性,而且意味着好的兆头——这也就是它在革命危机之后,出现于某些本来没有市民之间的调解机构和调解官,而只有誓盟公社的城市的原因。拉昂就是典型的例子。③ 在 1279 年独立的吉斯(Guise),❷城市特许状中仍然透露出长久以来对"公社"名词的反感和怨恨,值得玩味。该特许状允许市民有权推选法官,并可铸钟以召集大会;它规定以法律和市政参事管理城市,但前提条件为其不得冠以"公社"之名,日后也不得提出此要求。④

12 世纪左右,盟誓公社建立于昔日已经成形之城市的现象,并非只见于如今法国的北部地区。这种成熟的组织形式,也出现于比利时的各省,并延展至莱茵河对岸神圣罗马帝国的领土。在那些地方,许多新兴的城市的构建,本来就是拼凑而成,发展过程中没有遭遇市民与领主的斗争。在荷兰加洛林王朝统治的地区内,许多村镇法院的所在地,仅凭着一道围墙或城墙,便成了城市;伯爵或子爵的法庭执事团在城市中变成市政议会。对为数不多的市政机

---

① *Charte de Philippe-Auguste*, 1187 ; *Recueil des ordonnances des rois de France*, t. XI, p. 248.
❶ 瓦朗谢纳,法国北部城市,位于今法比边境。
② 这种市政组织的特殊形式,塔雅尔(Tailliar)先生曾在其 1837 年的《法国北部公社解放论》(*mémoire sur l'affranchissement des communes dans le nord de la France*)一文中敏锐地提及并研究。可惜作者依据其概述,只得出过于空泛的结论。
③ 参阅 *les Lettres sur l'histoire de France*, lettre XVI, XVII. 令人好奇的是,在拉昂的市政章程中删去的"公社"一词,在同一文献中,涉及其他城市的条目里,仍然保留。参阅 *le Recueil des ordonnances des rois de France*, t. XI, p. 185 et 234, la charte de Laon et celle de Crespy en Laonnois.
❷ 吉斯,法国北部城市,位于皮卡第大区。
④ 参阅吉斯市档案馆保存的城市自治特许状原件,由布鲁瓦(Blois)伯爵、艾维斯纳(Avesnes)等地的领主让·德·沙蒂永(Jean de Châtillon)颁布。

构的仿效,以及城市生活的必然需求,使新兴的市民阶层有了最早的市政管理的概念,而佛兰德伯爵的政策也有利于它的发展。类似的变化,在德国也是遍地开花,而且,帝国的豁免权往往使一些繁华城市的市民免于普通司法权,大部分官员职位也转化为市政机构的职务了。皇帝们普遍支持这场市民化运动(或许,应更准确地称之为"独立运动");后来,他们更是显得热爱自由,竟授予日耳曼城市市政机构以意大利执政官相同的头衔和部分职能。不过,对从高卢传入日耳曼的誓盟公社形式的市政改革,皇帝就不是那么大度了。佛兰德伯爵最初既对城市公社颇为宽容,随后更批准了许多新的市镇法律。日耳曼皇帝的做法却截然不同。1160年前后,特里尔成立誓盟公社。1161年,腓特烈一世(Fédéric Ier)❶下诏:"特里尔市民之公社,或曰共谋,当取缔焉。此后,纵大主教或选帝侯,皆不得助其重建。"此外,他又以社会安定之名,取缔了各城市内外的所有誓盟公社。1231年,罗马人的国王亨利(Henri)❷也颁布了一道同样宽泛,但更为具体的禁令:"一切城镇,无论名义如何,不得成立公社、组织、协会、联盟及共济会。"

斯堪的纳维亚国王的做法则大不相同。在半岛上,没有需要控制乱局的市镇,唯有亟待创建的城市;国王的政治本能,使他们倾向于将城市化的重任交付基尔特。11世纪末期的挪威国王奥拉夫(Olaf)下令,公社重大的集会活动,只能在城内举行,并命令公社修建专门的屋舍和宴会厅。丹麦城市欧登塞(Odensée)、石勒苏益格(Slevick)和弗伦斯堡(Flensbourg)❸的市政组织,都是根据某一基尔特的原始章程发展而成的——该基尔特的总部,就在这三座城市之一。正是如此,誓盟公社给法国北方、荷兰和德国的城市都提供了新的政治形式和革命动力;而在丹麦、瑞典和挪威,城市本来大多以公社形式存在,以基尔特的权利为市政权利。虽然英国有许多古老的城市,情况却与北欧类似:布列东人(Bretons)❹保存的罗马市政体系的遗产,受到萨克逊人的破坏——

---

❶ 腓特烈一世,12世纪神圣罗马帝国皇帝,勤于对外扩张,绰号"红胡子"或"巴巴罗萨"。
❷ 罗马人的国王亨利,又称海因里希(Heinrich),为神圣罗马帝国皇帝腓特烈二世之子。13世纪时,他在教皇鼓动下与父亲作对,后被父亲废黜。
❸ 石勒苏益格和弗伦斯堡,今属德国。
❹ 布列东人,凯尔特人的分支,于罗马帝国时期大量移居大不列颠岛。

那也是公元 5 世纪最为彻底的一次军事征服;盎格鲁-萨克逊人的社会组织,在城市内外都没有区别;基尔特组织另起炉灶,与其比邻而存,两种不同的社会因素,并没有融合为新的机制。誓盟在城市内部属于私法范畴:它是部分市民的基尔特,成员并未扩展到全体市民;可以说,英国当时存在着政治意义上的城市,它比地理意义上的城市范围更为狭小,具有斯堪的纳维亚基尔特组织的一切特点。诺曼征服之后,无论是否具有完整的公社性质,诺曼底的市政体制还是被引入了一些享有特权的城市,并使萨克逊式的基尔特组织转向地方公法的原则。在这一制度内,有市长一职,也有源自基尔特长老的市政法官。就这样,英国市政制度的发展规律,与法国和德国都有所不同。转变为自治城市的基尔特,与日后发展为城市行会的基尔特,实际上也有很大区别。在中世纪城市的有关问题上,还有很多不同的概念需要区分,有待厘清;我自认为无法解答而提出的这些问题,现在仍然含混不清。①

城市公社运动与誓盟公社息息相关,但是,它积极或消极的活力与能量,并非全部来源于通过宣誓结成的联盟。12 世纪以来,在公社内外部仍存在三种共济会:主要由贵族集团采用的结党性质的共济会;致力于宗教事业和慈善行为的宗教共济会;商业及手工业者的兄弟会。②最后一类共济会与城市公社形式相同,而且持续时间长,社会影响大,在历史上有重要的地位,它是基尔特在早已存在于罗马时代的手工业者行会的应用。③ 中世纪手工业行会的摇篮,与誓盟公社同为高卢的北部。它们以此为发端,传播至莱茵河对岸的城

---

① 在市政史的研究中,有作为两极的两大传统体系,而其他的学说都介于二者之间摆动。其一,是雷努阿尔先生完全罗马化的史学理论;其二,则是大部分德国学者所执意坚持的,完全日耳曼化的理论。后者有两大谬误:1.将完全基于个人选择,属于私法领域的基尔特组织,与日耳曼传统村镇的地方共同体混为一谈;2.将基尔特的行为与原则施于一切市政共同体。事实上,基尔特出现于某些市政体系中,但并不是所有市政体系;在以前隶属于罗马帝国的地区,基尔特只是一种市政体系的形式,而非实质;而且,基尔特始见于市政体系,是在 11 世纪末期,而不在日耳曼统治建立不久之后。
② 马林(Malines,又作"梅赫伦",比利时城市。——译者注)的市政章程禁止公社之外的其他协会团体。有关 12 世纪的共济会的资料,参阅 la collection des Conciles, t. XI, col. 119(下略),等等。
③ 拉韦纳的城市特许状是这一事实最完整的例证。943 年,该城市有渔业公会,名为 schola piscatorum;953 年,史料有载一名批发商公会的领袖,capitularius scholae negotiatorum;1001 年,又有屠夫公会领袖(capitularius scholae macellatorum)的记录。参阅 Fantuzzi, Monumenta Ravennentia, t. IV, p. 174 ; t.I, p.133 et 227。

市;12世纪,在斯特拉斯堡(Strasbourg)❶和科隆,出现了德国最早的行会;①在斯堪的纳维亚半岛北部那些充满了政治友爱气氛的国度,手工业行会完全是舶来品,只有远洋贸易基尔特是个例外——它是在遥远年代为应付航海的危险而建立的。那时,大宗贸易与战争和海盗行径还密不可分;也许丹麦和挪威那些令人战栗的水手团体,以某位神灵或英雄作为保护神,本身就类同于异教的共济会。

12世纪,市政革命的两股浪潮,同时搅动了高卢的两大区域:一个来自南部的海岸,一个出于北部的边境。在两区之间的中间地带,如前文所述,第一个浪潮毫无影响,而第二个浪潮姗姗来迟,且波动甚微。该区域内的很多城市的市政全无革新:它们不像北部城市那样饱受苦难,需要公共秩序的维护;也不像南方城市一般热衷于独立,并被贸易和财富催生了精神方面的需求;它们既没有城市公社,也没有行政官,保持了这两种形式之前的传统组织结构。直至15世纪中叶,布尔日和图尔两座城市仍由四位名为 prud'hommes,每年一选的执事进行管理;他们以集权的方式,兼有市政管理的各项权力:城市的治安、财务、民事和刑事司法权,等等。这一市政体制,在12世纪之前就已存在,似乎是另一场时间不明的革命的成果。这场革命毁灭了罗马参议院的残余;同时,或许根据自愿的原则,或许采用逼迫的手段,使主教退出了市政管理。奥尔良(Orléans)❷和沙特尔(Chartres)❸的市政组织也同样古老:10名执事负责管理公共事务,每年由全体市民选举产生;14世纪,他们的头衔改为"市政监察官(procureurs de ville)",后来又改称市政参事。② 深入研究这些不愿或不能转变为公社的大城市,其实是很有意思的事情。在这些城市始终有王国的官员驻扎,因此,人们很容易轻率地假设它们缺乏政治权利。③ 如果说城市

---

❶ 斯特拉斯堡,法国西北部城市,位于阿尔萨斯地区。曾长期属于神圣罗马帝国,17世纪末方并入法国。
① 参阅维尔达有关中世纪共济会组织的论文(art. 5),及前文所提及的艾希霍恩的论文。
❷ 奥尔良,法国北部城市,位于巴黎以南,是中央-卢瓦尔河谷大区的首府。
❸ 沙特尔,法国北部城市,位于中央-卢瓦尔河谷大区,以中世纪大教堂闻名。
② 参阅 François Le Maire, l'Histoire et antiquités de la ville et duché d'Orléans, 1645。
③ 奥尔良曾于1137年前后建立城市公社,但很快消失。路易七世煞有介事地取缔了奥尔良公社,并恢复传统市政体制。

公社和市政制度的发展史不是第三等级起源史的全部,它至少也是其中一段英雄主义的篇章;这就是我们当今社会制度之根系的最深处。人们对这些城市的命运,带有一种充满了好感与尊敬的特殊兴趣;它们经历了各自的生命历程,勇敢地把握住历史发展的方向,从不迷失;数百年来,它们各自维护着民众的信心,而后者,也正是我国今天的根本大法的根基之所在。

中世纪的城市史研究,对当今社会也是不无裨益的。每一座重要的城市,自12世纪以来,都经历了一系列组织机构的改革和变化;每一座城市,都在修正、更新、丧失、恢复和捍卫着自己的体制。在最细微处,在千百个不同的侧面,都有着我们近50年来风雨的缩影,也有着我们被迫置身其中的未来岁月的模样。我们的行政体系的一切传统都诞生于城市,它们在进入国家层面之前,已经在那里存在了很长时间;在中央政权还毫无经验之时,无论南部,还是北部的大城市,都已了解了公共工程、社会福利、税收分配、年金设立、借贷事务和财务规范。罗马帝国时期的市政府储备了社会管理的经验,将它发扬和传递到了中世纪的城市公社手中;而法国的国王们仿效公社进行统治,在其权力可及的范围内,根据行政管理的方法,实施政府的统治——尽管在时间上晚了许多,也不够彻底。以前的君主制,没有明确的原则,依托于难以兼容,且摇摆不定的不同传统(例如私人领地的封建观念与公众事务的帝国观念),无法给国家提供这样一种理想的行政体系:它能够满足各个社会集团的利益,具有前瞻性,准确严谨,而且利于经济的发展。拿破仑曾令人信服地以"市政的"这一形容词来界定这一体系。[1] 只有革命才能改变这一切。当代哲学宣称国家主权原则的永恒性,而市政体系以其持久的生命力,成为三级会议的政治前辈。法律面前的平等,社会的自治,公民参与一切公共事务——这些就是大规模的城市公社一直致力实施和保持的原则。当今的制度既可以在过去的历史里,又可以在未来的体制中,找到自己的影子。1789年的法国大革命,没有创造任何新生事物;制宪会议不可能凭空发明出当今的社会秩序;数百年的经

---

[1] "法兰西国王对国家管理和市政事务一无所知……他们一直只像是被自己的办事人员整得破产的大领主。"(*Napoléon, ses opinions et jugements sur les hommes et sur les choses*, t.I, p.10.) 当然,列举这几行文字时,我对这一武断的看法,仍持保留态度。

验、历史的回忆、各地单独保存的自由传统,在以人权为核心的启蒙思想的影响下,融入了令我们膜拜如神圣经书的宪法之中:这一经书的经文或许会变动,但内里的精神将永恒。

中世纪市政体系的原则,出于渐进的变化之中,也具有一定的斗争性。如果想要了解它的起源,就要追溯到罗马时代的保民官制度。公元4世纪中期,高卢-罗马地区带有贵族性质的市政体系中,开始设立保民官,这也是该体系内第一颗民主的种子。保民官有些类似于今天法律评审委员会的成员,产生于极权的趋势彰显之时。他经由全体市民普选产生,最早为5年一任,后改为2年。他的任务包括:保障各阶层居民的利益,反抗帝国官员的暴政;监督市政财产的保管、公共开支的分配、法律的执行、司法的管理,以及生活必需品的供应;充当治安裁判的法官,为穷人担任律师;根据官方程序,保护人民免受权力滥用和生活用品涨价的侵害。这一司法权限起初仅限于世俗领域;后来,主教介入进来,并在民众的许可之下,逐步侵占了保民官的权力,并以此构成城市中主教世俗权力的基础。蛮族入侵之时,高卢的每座城市都有保民官和主教并存。这两种权力,有时协调一致,有时相互竞争。从最宽泛的意义上说,他们都是通过选举产生的;通过他们,选举的原则终于凌驾参议院的世袭制之上,使市政体制的形式和精神,都发生了巨大改变。我毫不怀疑,这就是一系列彼此孤立,也不为人所知的局部革命的起因;也就是这些小型的革命,为12世纪的大革命做好了准备,逐步完成了从罗马市政体系到中世纪市政体系的过渡。对我们而言,这也就是市政独立史的全部正确理论的出发点。

这部历史也是现代社会起源的历史,根基被对罗马法权充满仇恨的偏见所腐蚀——在18世纪下半叶,这种偏见甚至发展为某种教条。人们四处找寻公民之平等的历史先例,寻找第三等级的祖先;人们在他们所未及之处看到了他们的踪影,又对他们曾经停留之处视而不见。罗马帝国的法律虽说在权力形式和条件方面有许多问题,但毕竟为我们今日的生活状态奠定了历史的基础。罗马法权在法兰克统治时期依然在实施;12世纪,这一领域的研究与自治城市的复兴相遇,成为我国历史上联系古今文明之链条上的重要两环。公元7世纪末期,巴黎城的一份遗嘱完全依照罗马的法律,根据旧时提供的标准格式写道:"吾如是赠,吾如是传,吾如是嘱;诸君为罗马市民,当为我证之……"在巴黎、布尔日、图尔和昂热(Angers)❶的文献资料中,都可以看到:人们为了使要进入市政档案的文件具备有效性,常给它加上一些罗马法的戏剧性格式。当时,人们需指定一名委托人,在市政参议院面前处理文件入档事宜。以下是一份受托人与保民官之间的对话记录。前者言道:"保民官大人,诸位参议:特请启籍册,听吾之请。吾有需入市政卷宗之物,欲使入之于君前。"而保民官和议员们会答道:"可启籍册,但言汝之请也。"随后,受托人回答问题,保民官给出意见;然后,书记官阅读委托书,审查文件,将文件归档,并感谢受托人。在阿维尔尼人(Arvernes)❷的城市克莱蒙(Clermont),一份提请重建毁于劫掠或火灾中的档案资料的文书,以奇特的格式写道:"因法兰克人之祸,吾等尽失卷宗……"根据霍诺留和狄奥多西(Théodose)❸时代的法规,这一请求在市场上张贴了三日。

罗马人和法兰克人,分别代表了谦逊守纪的精神和野蛮狂暴的本性,这就是我国历史开端之时,人与物所展现的双面性;也是它留给史学研究的双重主题。这段历史,无论如何都应当大书特书,应当用细腻的笔触,展现其不同的侧面,使人民可以对我们社会的起源有清晰的概念和全面的信心。我希望能够利用新的深入研究成果,以及对叙述性文件和公法、私法领域之史料的细致分析,以年代为序,描述两个法兰克王朝之下的蛮族与罗马人的生活。在同一片土地上,他们既彼此分隔,又混杂在一起,甚至可谓渐渐水乳交融。这篇历史论文的未尽之处,《墨洛温王朝年代记》应当可以补充,并填补由本文的性质所决定的武断和残缺之处。我希望能在这篇抽象的文字之后,让大家看到事物本身,生动地向大家介绍那些人物、习俗和个性。

---

❶ 昂热,法国西北部城市,位于卢瓦尔河谷地区。
❷ 阿维尔尼人,高卢人的一支。罗马征服高卢之前,主要生活于今法国中部地区。
❸ 狄奥多西,罗马帝国皇帝,四世纪末期在位;395年,狄奥多西死后,将罗马帝国分给两子,从此,罗马帝国分裂。分得西罗马帝国的次子,就是霍诺留,参阅前文注释。

墨洛温王朝年代记

记 一

克洛泰尔一世（Chlother I）的四个儿子。——他们的个性。——他们的婚姻。——嘉乐文（Galeswinthe）的故事。[①] 561—568年。

苏瓦松出城数里之外，一座河畔的小镇，名为布莱纳（Braine）。6世纪时，法兰克的国王们在它附近的一处领地上建立了王宫。他们喜爱这里，远胜于最美丽的高卢城市。从外观上看，王宫全无中世纪城堡的壁垒森严之气。这座巍峨的建筑，环以罗马风格的门廊，木料精打细磨，装饰性的雕塑也不乏优雅。在王宫周围，国王侍从们的住宅分布井然有序。侍从之中有蛮族，也有罗马后裔，还有一些军事首领——他们依照日耳曼的习俗，率部加入义勇卫队（truste），实则是国王的亲兵。此外，还有一些相对寒酸的房子，各行各业的男女，举家居住其中。在他们的行列里，从打造金银器皿的手艺人到锻造武器的工匠，从织工到皮匠，从金丝刺绣工直到羊毛粗麻的加工者，可谓应有尽有。

这些家庭大部分是高卢人；有的出生于国王征服的领土；有的则本是邻近城市的居民，国王希望增强领地活力，胁迫他们迁来。当然，看他们的名字，其中应该也有部分日耳曼人或其他蛮族，想必其父辈曾作为佣工或仆从，随征服

[①] 无论人们对采用日耳曼拼写方式记录法兰克历史人物姓名的评价如何，在本书中，这种对史实的还原，毕竟还是切合主题的。笔者力图记述军事征服之后高卢土地上不同民族的故事。而日耳曼的姓名拼写方式有利于保留历史的真实色彩，从某种程度上，也便于读者区分不同的种族。如果读者会对一些他熟悉的姓名之拼写变化感到惊奇，或者诧异于某些生涩的音节和奇怪的字母，一切就正合我意了——笔者本来就打算通过这样的手段，强调种族之间的差异。（例如本书中，克洛泰尔和克洛维的姓名拼写，皆采用日耳曼语 Chlother 和 Chlodowig，而不是法语中常用的 Clotaire 和 Clovis。——译者注）

者的大军进入高卢。无论这些家庭的种族和职业是否有所区别，他们都被划入同一社会阶层，拥有同样的名称：在日耳曼语中为 lites，在拉丁语中为 fiscalins，都是"纳税者"的意思。在王宫所在的村镇中，还有谷仓、马场、马厩、羊圈、农民的窝棚和农奴的小木屋。虽然面积更大些，但村镇的总体格局仍然酷似传统的日耳曼尼亚小村。住宅的选址，与莱茵河对岸的风景有几分相似：大部分房子位于树林边缘，少数深藏密林的中心地带——即使这些森林此后受到了文明的破坏，残存部分也仍然令人赞叹。

三位兄长相继辞世后，克洛维的幼子克洛泰尔一世得以继承了高卢全境内的王权。布莱纳是他最钟爱的地方。在这里，他把自己的宝物藏在一间密室的深处，并派重兵看守：几个三重大锁的箱子里，满是金币、花瓶和贵重的首饰。还是在这里，他签署各项重要法令，行使国王权力；召集各高卢城市的主教，召开主教会议；接待外国君主的使节，主持法兰克的民众大会。民众大会往往继以日耳曼式的盛大宴会：整只的鹿子和野猪穿在铁钎上烧烤，供宾客享用；大厅的各个角落，堆满了饮空的酒桶。不需讨伐萨克逊人（Saxons）、布列塔尼人（Bretons）或高卢南部的哥特人之时，克洛泰尔会从一处领地闲逛到另外一处：从布莱纳到阿提尼（Attigny），再从阿提尼到贡比涅（Compiègne），从贡比涅到威尔伯里（Verberie）。他带上法兰克的近臣们，在各王室领地巡游——打猎，捕鱼，游泳，享用堆积如山的酒菜，寻找臣民的女儿作为情妇。后来，这些女人往往又能轻而易举地从情人变为王妃或王后。就这样，克洛泰尔的婚姻不计其数。其中，有一位出身寒门的安恭德（Ingonde）。

与安恭德结婚后，克洛泰尔仍未放弃放纵的生活方式；而安恭德作为妻子和奴仆，对此一直逆来顺受。因此，她深得克洛泰尔的欢心，二人的生活也十分融洽。一天，安恭德对他说："臣妾侍寝以来，万事皆遂君愿。今乃有一事相求，陛下仁德宽厚，必能偿臣妾所托。吾有一妹，名阿尔恭德（Aregonde），亦愿为陛下效劳。乃敢请托于陛下，为其择一良偶，且勇且善，而勿令吾妹复贻羞于臣妾也。"她的请求触动了国王的好奇心。他又生淫念，当日便赶往阿尔恭德的居所。当时，阿尔恭德以纺纱和染布为生——在那个年代，这些都是专属于女性的行当。克洛泰尔发现妹妹的美色不逊于姐姐，立刻决意迎娶，接入王宫，同样封为王妃。几天之后，他回到安恭德身边，笑里藏刀地说道："汝待我以礼，吾亦愿待汝以诚。欲为汝妹觅一富裕聪慧之夫，无人胜我。吾语汝：吾已妻之。吾固知尔不愠也。"要知道，笑里藏刀，既是克洛泰尔的个性，也是日耳曼人的特性之一。安恭德并不恼怒，以一如既往的温顺答道："陛下行其所当为。唯愿臣妾无失于陛下之欢心尔。"

561年，克洛泰尔的一个儿子率部反叛。克洛泰尔亲征镇压之后，判处他及妻儿火刑。然后，他神清气爽地班师回到布莱纳，准备秋季狩猎。对法兰克人而言，这可是一个重要的仪式。国王带上一队侍从和犬马，进入吉斯森林（forêt de Cuise）——如今的贡比涅森林，只是这片丛林微不足道的一隅罢了。不过此时，他的年龄已不再能应付如此艰巨的体力考验了。狩猎途中，他发起了高烧，被送往最近的领地，并很快在那里去世，结束了自己长达50余年的统治。他的四个儿子——阿里贝尔（Haribert）、贡特拉姆（Gonthramn）、伊尔佩里克（Hilperik）和西吉贝尔（Sighebert），吟唱着圣歌，手持着火炬，护卫灵柩来到苏瓦松。

葬礼结束不久，四兄弟中的老三伊尔佩里克就赶到布莱纳，胁迫领地的守卫交出宝库的钥匙。掌控了父亲积攒的宝藏之后，他取出一部分，分给住在布莱纳或周边地区的将领和武士们。所有人都将双手置于他的掌中，向他宣誓效忠，对他高呼"克宁（Koning）"，[①]承诺唯其马首是瞻。随后，伊尔佩里克率领他们前往巴黎。他的祖父克洛维就曾经驻跸于这座重镇，而他的大伯伊尔德贝（Hildebert）也曾将该城立为王国的首都。

也许伊尔佩里克想到了进驻"高卢征服者"[❶]昔日居城的意义，也许他只是打算占据巴黎城外塞纳河南岸之王宫的精美建筑和花园。后一种假设并非空穴来风。首先，法兰克的国王们关注的焦点，不外乎眼前的个人利益；其次，虽然伊尔佩里克个性中的狂热和无情，保留着日耳曼蛮族的特点，但他对罗马文化也不无兴趣。他热衷建筑，喜欢在树木圈围的竞技场里看戏，甚至自称

[①] 在法兰克方言中，"克宁"意即"国王"。参阅《法国历史书简》（*Lettres sur l'histoire de France*），第九封信。
[❶] 此处指克洛维。

"语法学家、神学家和诗人"。他用拉丁语创作的诗歌,很少关注格式和韵律。不过,高卢的贵族们还得颤抖着鼓掌叫好,高呼日耳曼人的"好小子"比罗慕路斯(Romulus)❶的子孙更精通这门优雅的语言,而瓦阿尔河(Wahal)的源头可以追溯到台伯河(Tibre)。❷

伊尔佩里克进入巴黎没有遭遇任何反抗。他让将士们驻扎在城防的塔楼里。巴黎城以塞纳河为护城河,塔楼拱卫着河上的吊桥,十分坚固。然而,他的三个兄弟获悉了他企图独自侵吞父亲遗产的阴谋之后,立刻聚集了各自的力量,迅速向巴黎推进;其兵力远在伊尔佩里克之上。伊尔佩里克不敢与他们交锋,只好放弃了先前的计划,同意通过协商划分遗产。如同半个世纪之前克洛维诸子之所为,高卢全境和日耳曼尼亚部分领土的瓜分,通过抽签决定。领地仍被分为四大块,分别名为巴黎王国、奥尔良王国、纽斯特利亚王国和奥斯特拉西亚王国,但国境的划定与以前相比略有变化。

阿里贝尔获得了他的大伯伊尔德贝的领地,即巴黎王国。该领地南北狭长,包括桑利(Senlis)、莫伦(Melun)、沙特尔(Chartres)、图尔、普瓦捷(Poitiers)、桑特(Saintes)、波尔多,及比利牛斯山麓的一些城市。贡特拉姆继承了叔叔克洛德米尔(Chlodomir)的奥尔良王国,以及勃艮第的全境,包括从索恩河(Saône)、沃日山(les Vosges)直到阿尔卑斯山和普罗旺斯沿海的地区。伊尔佩里克得到了父亲的苏瓦松王国,也就是法兰克人所说的纽斯特利亚或西部王国,其北以埃斯科河(Escaut)为界,南抵卢瓦尔河。而奥斯特拉西亚,或曰东部王国,则分给了西吉贝尔;他因此占有奥维涅(Auvergne)、高卢东北,以及日耳曼尼亚直至萨克森和斯拉夫边境的广阔领土。此外,还需要注意一个问题:在领土划分时,人们似乎认真地清点过城市,而城市的数量也很有可能是确定王国疆域的唯一标准。之所以如此说,不仅是因为王国间的国界有些奇形怪状,而且飞地也为数不少。比如,鲁昂(Rouen)和南特(Nantes)属于伊尔佩里克的王国;阿夫朗什(Avranches)和马赛(Marseille)属于阿里贝尔的

---

❶ 罗慕路斯,传说中罗马城的创建者。
❷ 瓦阿尔河是荷兰北部的一条小河,全长仅80余公里;台伯河则穿罗马城而过。此处,作者是在嘲讽高卢贵族们荒诞的吹捧。

王国；阿尔勒(Arles)听命于贡特拉姆，阿维尼翁(Avignon)则是西吉贝尔的领地。❶ 至于纽斯特利亚的首都苏瓦松，被桑利、莫城、拉昂(Laon)和兰斯(Reims)四座城市环绕，而这四座城市却分属巴黎王国和奥斯特拉西亚。

通过抽签，城市和领地在四兄弟之间分配完毕。随后，四个人各自向圣物宣誓：对领地划分再无异议，不得巧取豪夺，越雷池一步。这一誓言很快就被违背了。伊尔佩里克趁西吉贝尔远征日耳曼尼亚之机，突袭并占领兰斯，顺势夺取了其他一些城市。不过，此次军事行动的成果，他并未守住太长时间：西吉贝尔从莱茵河对岸凯旋，一一夺回自己的城市，更追杀伊尔佩里克直至苏瓦松城下，一举将其击溃，攻入纽斯特利亚的首都。当然，天性所致，蛮族人的怒火燃烧得很旺，但熄灭也很快：未几，兄弟俩和解，重新宣誓，保证相互秋毫无犯。论起来，此二人均非善类，好勇斗狠，睚眦必报；而更年长的阿里贝尔和贡特拉姆，性格却较温和，热衷和平，乐于休养生息。拿阿里贝尔来说，虽然他继承了祖辈粗犷凶悍的外表，但性情却像位法官一般：平和，甚至有些沉闷。他在治下的高卢城市，也推行罗马法。

阿里贝尔号称精通司法案例。对他而言，最好的恭维，就是称颂他像一位优秀法官，具备熟练处理疑难案件的能力，并且赞扬他虽身为日耳曼人，却能够用拉丁语轻松地交流和演讲。至于贡特拉姆，他身上性格的反差十分明显：平时，他为人温和，近乎僧侣；然而，一旦狂怒发作，人们就会看到日耳曼森林留给他的血性了。一次，只因丢失了狩猎的号角，他便痛打了许多自由民。另一次，他怀疑一名贵族在国王领地上盗猎了一头野牛，就下令将其处死。当然，他在理智的时候，还是守法节制的；他非常虔诚，对主教们言听计从，视之为"活的律法"。

相反，伊尔佩里克可以算是个"半野蛮人"。他行事随心所欲，即使在天

---

❶ 作者此处所举数例，意在说明各王国之间的飞地问题。所谓"飞地"，指在某一行政区划的地理范围内，但管辖权隶属于他地的区域。鲁昂和南特都位于法国的西北部，而希尔佩里克的纽斯特利亚王国主要位于法国东北部。阿夫朗什位于法国西北的诺曼底地区海滨，马赛位于法国东南，而阿里贝尔的巴黎王国势力范围主要在巴黎地区和法国西南部。阿尔勒和阿维尼翁都位于法国东南的普罗旺斯地区；在这一地区，奥尔良王国和奥斯特拉西亚的领土犬牙交错。

主教的戒律和信仰方面也不例外。教会的权威,于他是难以忍受的:他的一大爱好,就是取消含有"捐赠教堂或修道院"内容的遗嘱。在酒桌上,主教们的性格和举止总是他讲笑话的主要谈资:他说这个鲁莽,说那个粗俗,说某某唠叨,又说某某穷奢极欲。蛮族统治之后,教会拥有巨大的财富,并日益增长;在城市里,主教们继承了罗马时代大部分的市政职能。伊尔佩里克觊觎这些钱财和权力,却无计可施,只能妒火中烧。当然,他发的一些牢骚还是颇有见识的。人们常听到他念叨:"以是,我国帑空虚!以是,我财尽入教堂!非主教,诸城竟无人治也!"

克洛泰尔诸子,除了幺子西吉贝尔外,都有贪淫好色的毛病。他们几乎从来不满足于只占有一位女性,总是草率地抛弃刚入门的妻子,然后又可能任性地回到她身边。虔诚的贡特拉姆娶妻的次数,与他的两位兄弟也不相上下。他还有几个情妇,其中一个叫维内朗德(Vénérande),是在国库任职的一个高卢人的女儿。阿里贝尔曾把一对绝色的姊妹同时纳为情妇。她们都是王后安戈贝(Ingoberghe)的侍女:一个叫马库维芙(Markowefe),总是一身修女打扮,一个叫梅洛弗莱德(Meroflede)。二人的父亲是日耳曼人,也是国王领地上的自由民,以毛纺为业。

安戈贝嫉妒丈夫对两个侍女的宠爱,想方设法令其回心转意,却始终不见起色。既然没有勇气虐待或驱逐自己的竞争对手,她只能盘算着如何利用她们卑微的家庭出身,使其在国王面前失宠。一天,她心生一计,把两个女孩的父亲请进宫,让他在庭院中梳理羊毛。老人使尽浑身解数,认真地工作着;而王后倚在窗台上召唤国王:"陛下,有趣事,速来观!"国王应声而至,看了半晌,除了羊毛工人之外,一无所见。他把这当作一个恶意的玩笑,因此而大发雷霆。在王后试图向国王解释时,夫妻之间爆发了激烈的冲突。最后的结果,完全与安戈贝的初衷相反。国王废黜了她,改立梅洛弗莱德为王后。

不久以后,阿里贝尔感觉,只有一位王后是不够的。他又迎娶了一个牧羊人的女儿,名为特奥德伊尔德(Theodehilde),并正式册封她为王后。几年后,梅洛弗莱德去世,国王迫不及待地又娶了她的姊妹马库维芙。这样,他便双重违背了教会的律法:不但重婚,而且是迎娶一名早已蒙上了修女面纱的女子。

巴黎主教圣日耳曼（Saint Germain）宣布该婚姻无效。阿里贝尔继续我行我素,从而被革除了教籍。不过,与征服者粗野而狂妄的子孙斗争,教会未必总能占据上风；阿里贝尔对此判决无动于衷,继续和两个妻子生活在一起。

根据当时的记述,在克洛泰尔诸子中,伊尔佩里克的妻室是最多的。所谓"妻室",是指依据法兰克的律法,通过赠予戒指和金币❶的方式迎娶的女人。后妃之一的奥朵薇（Audowere）有一名年轻的法兰克侍女,叫芙蕾德恭德（Fredegonde）。她美艳绝伦,国王见她第一面时便动了心思。这种动心,对一位侍女而言,虽然是件美事,但也不无危险：她随时可能面对女主人的嫉妒和报复。然而,芙蕾德恭德毫不畏惧。她狡诈而野心勃勃,伺机挑拨国王和王后的关系,却始终假作置身事外。如果一个世纪之后的传统史家的记叙确实可信的话,芙蕾德恭德与主教合谋,利用王后的单纯,成功地做到了这一点。伊尔佩里克与他的兄弟西吉贝尔合兵,讨伐莱茵河对岸的萨克森联军。此时,留在家中的奥朵薇已有数月的身孕。国王班师回朝之前,王后产下一女。王后犹豫不决,不知是否应该在丈夫缺席的情况下为女儿洗礼,便与芙蕾德恭德商议。此时,善于掩饰的芙蕾德恭德尚未让王后产生任何疑心。她说道："王后,陛下凯旋之日,若见其女未经洗礼,悦乎？"王后欣然采纳了她的建议,从而陷入了她悄然布下的陷阱。

洗礼那天,教堂用帷幔和彩带装饰一新。在事先确定的举办仪式的时刻,盛装的主教已经到来,而原定作为孩子教母的法兰克贵族却不见踪影,人们只得一等再等。王后为这次失约深感惊讶,一筹莫展。芙蕾德恭德上前说道："何必劳神苦候教母？浸殿下之女人洗礼池,殿下不为,孰可为之？殿下若信我,但自为之无妨！"主教无视自己的职责,配合王后完成了公主的洗礼。此时,王后对这一宗教仪式的严重后果,还浑然不觉。

伊尔佩里克国王凯旋时,国王领地上所有的女子都去迎接他,个个手捧着鲜花,吟唱着赞歌。芙蕾德恭德走近他说道："幸蒙天主之恩典,陛下破敌而

---

❶ 据说克洛维结婚时,象征性地赠予王后当时通用的两种金币——苏（sou）和德尼艾（denier）——各1枚作为聘礼。1个苏价值12个德尼艾。后来这一习俗在法国曾流传过一段时间：由新郎将13枚金币送往教堂,请神父祝福；然后教堂保留1枚,其余则赠予新娘。

归,更得一女!然陛下今夜将宿何处?我主王后殿下,已为君女之教母矣!"❶ 国王高兴地答道:"善!吾不可与之共枕矣。吾宿汝处!"不一会儿,伊尔佩里克来到王宫门前,奥朵薇王后抱着小公主正等候着他。王后带着几分喜悦和几分骄傲,让丈夫看自己的小女儿。而国王露出一丝遗憾的表情,对她说道:"愚妇,汝实鲁钝!罪愆已犯,汝不复为我妻!"作为教会法典"严苛的守卫者",他流放了为女儿做洗礼的主教;命令奥朵薇即刻离开王宫,并要求她如同寡妇一般,戴上修女的面纱。为了安慰她,国王也赠予了她价值不菲的多处领地。奥朵薇屈从了王命,退隐于勒芒(le Mans)❷的一家修道院中。伊尔佩里克马上迎娶了芙蕾德恭德。在婚礼喧闹的节日氛围中,被废黜的王后离开了王宫。15年后,她在修道院中被昔日的奴仆赐死。

克洛泰尔三个年长的儿子都生活淫乱,每人都迎娶了几名出身低微的女子。最小的儿子西吉贝尔却不打算效仿他们——恰恰相反,他对此非常反感,甚至深以为耻。他决心只娶一位妻子,而且要娶一位具有王族血统的女人。哥特王国位于今天的西班牙一带。哥特国王阿达纳吉尔德(Athanaghild)有两女待字闺中。其中,小女布伦伊尔德(Brunehilde)尤以美色而著称。西吉贝尔最终选定了她。他派遣一个庞大的使团,由梅兹(Metz)❸出发,携带着大量聘礼,赶赴托莱多(Tolède)❹向哥特国王求亲。使团的首领被称作"郭哥(Gog)",全名为郭德吉赛尔(Godeghisel),是奥斯特拉西亚的宫相(maire du palais)。❺他精通各类谈判,此次又大获成功,把国王的未婚妻直接从西班牙带回了法国。据同时代的观察者描述,布伦伊尔德一路向北,以其优雅的举止、美丽的容貌和得体的谈吐,征服了每一个所到之处。西吉贝尔对她的爱恋,终生不渝。

566年,在奥斯特拉西亚的都城梅兹举行了盛大的婚礼。王国境内所有

---

❶ 根据天主教的习俗,教父教母不能由生身父母担任。
❷ 勒芒,法国西部城市,位于今中央-卢瓦尔河谷大区。距图尔不远。
❸ 梅兹,法国东北部城市,位于洛林地区。
❹ 托莱多,西班牙中部城市,曾为卡斯蒂亚王国首都。
❺ 宫相,为墨洛温时期的重要官职。最初,该职位相当于王室领地的总管,此后权力日盛,与中国古时的宰相相仿。

贵族都应邀出席当日的欢庆活动。高卢南部行省的贵族和总督，莱茵河对岸的法兰克部落首领，阿拉曼（Alamans）、白瓦尔（Baïwares）和图林根的大公……各色人等也纷纷率领随从和人马赶到梅兹。这是一个奇特的聚会，文明和野蛮同时展现。人们既看到了彬彬有礼而善于逢迎的高卢贵族，又看到了高傲而粗豪的法兰克贵族——这些真正意义上的蛮族，身披兽皮，举止与外貌同样粗野。婚庆的宴会声势浩大，笑语欢声；餐桌上堆满了掠夺来的精雕细刻的金银器皿；在装饰着宝石的杯盏中，在日耳曼人用作饮具的牛角里，红酒和啤酒不停流淌。王宫的大殿回响着宾客们相互敬酒和劝酒的声音，充溢着日耳曼人快乐的欢呼和大笑。宴会之后，还有更为精巧的文艺活动——不过，只有少数来宾才真正懂得欣赏。

在奥斯特拉西亚王国的宫廷里有位意大利人，名为维纳提乌斯·霍诺留斯·克莱门迪亚努斯·福图纳图斯（Venatius Honorius Clementianus Fortunatus）。他周游高卢，到处受到礼遇。此人思想肤浅，但讨人喜欢。他从自己的故乡带来了几分罗马时代残存的风雅——这种气度，在阿尔卑斯山外几乎已是荡然无存了。奥斯特拉西亚的一些主教和王公们，仍然眷恋古代的礼节，为它的逝去而遗憾。正是他们，向西吉贝尔推荐了福图纳图斯。因此，在处于半开化状态的梅兹小宫廷里，福图纳图斯也获得了热情的接待。王室主管奉命为他提供住房、生活用品和马匹。为了表达感激之情，他成为宫廷诗人，向国王和贵族们奉献赞美的诗篇。也许，这些拉丁文诗歌的内容，受赠者并不能完全理解，但是，他们还是开心地接受，并给诗人以重赏。婚礼的庆典，自然也少不了赞歌。福图纳图斯用古典主义风格写了一篇，并当众吟诵。这些非同寻常的听众们环绕在他身边，神情严肃，如同聆听罗马图拉真广场（Place de Trajan）上的公开演讲。[1]

这首诗是优美的罗马精神苍白无力的一声绝响，除此以外，几乎没有任何价值。诗中，依照惯例在赞歌中必须出现的两个人物——维纳斯和小爱神，又带着他们的道具——弓箭、火炬和玫瑰花，隆重登场了。爱神发出一箭，正中

---

[1] 图拉真广场，位于罗马市中心，是古罗马公共政治生活的中心之一。

西吉贝尔的心脏,转身向母亲报捷:"母亲,战斗结束了!"于是,女神带着儿子穿过云霄,来到梅兹,走进宫殿,用鲜花装点洞房。在那里,母子俩争论着这对贤伉俪中谁更值得赞美。爱神力挺西吉贝尔,称之为小阿喀琉斯(Achille);❶
而维纳斯更欣赏布伦伊尔德。她描述道:

  布伦伊尔德,贞女固吾所美兮,
  汝夫其将爱怜。
  眩耀更胜盈灯兮,
  珠光见惭于汝颜。
  维纳斯其再世兮,
  以绝色为汝夺。
  无人堪与媲美兮,
  纵遂游四洋之海仙(Néréides)。
  洞中仙子(Napées)咸逊色兮,
  河上宁芙(Nymphes)❷屈膝君前。
  乳白艳红,
  君之容颜。
  玫瑰百合,金丝紫缎,
  不得与汝争妍兮,
  鼓息旗偃。
  万千宝石皆败于汝兮,
  西班牙生明珠于世间。

  这些老生常谈的神话和华丽辞藻的堆砌,虽然难掩内容的空洞,却颇取悦于西吉贝尔和法兰克的王公们。虽然他们对拉丁语的诗歌知之甚少,但是必须承认,这些蛮族的大人物对文明毫无抵触之心:对能够接触到的先进文明,他们照单全收——尽管文明的包装之下,那真正的底层是文化所无法穿透的

---

❶ 阿喀琉斯,古希腊罗马神话中的大力士,能征善战。
❷ 宁芙,希腊神话中山林湖泽中的仙女。

粗野习惯、暴力习俗和桀骜个性。固然,显贵们出于虚荣心,或是希望彰显高贵的身份,喜欢与罗马的旧贵族为伍,并效仿其举止;而对普通日耳曼武士来说,读书识字之人,若不能当面证明自己的勇气,便都有懦弱之嫌。但凡有微不足道的战争借口,他们就会像早先的入侵年代一样,再度洗劫高卢的土地。他们抢夺教堂的珍贵器皿并熔铸;他们四处寻找金银,不惜掘坟抛尸。和平时期,他们的主业,不是巧取豪夺高卢邻居们的资产,就是在光天化日之下刀剑伺候自己的对头。他们中间性格最温和的人,终日忙于战备、狩猎和酗酒。你只要给他们喝酒,就可以从他们身上获得一切,甚至能让他们在国王面前以名誉担保你接任空闲的主教职位。

罗马高卢的名门望族面对这些外来者,不胜其扰。他们终日担忧生命与财产安全,丧失了宁静的心灵,从而也无法从事研究和创作。更有甚者,一些人效仿蛮族,在无法被文明铲除的放纵本性的驱使下,过上了粗野的生活:他们喜爱争吵,惹是生非,以武力作为唯一的信仰。他们像法兰克的武士们一样,夜间袭击敌人的住所,或是在路边伏击对手;他们出门时武器从不离身,总是携带着名为"斯卡马萨(skramasax)"的日耳曼匕首防身。就是这样,时势所迫,虽然对罗马文明,人们并无恶意,也不存在普遍的敌视情绪,但在短短一个半世纪里,智识活动和优雅习俗还是在高卢消失殆尽了。

当时的史书记载,西吉贝尔婚礼的奢华,尤其是新娘的高贵出身带给国王的荣耀,给伊尔佩里克留下了深刻的印象。以往,他迎娶众多妻妾,都只采用了传统的日耳曼习俗,没有盛大的仪式。因此,他感觉与弟弟相比,自己的生活少了几分贵族的气息、国王的气派,便决心也要觅得一位出身显贵的妻室。他完全效仿弟弟的做法,派出使团出访哥特王国,请求国王将长女嘉乐文(Galeswinthe)①许配给他。然而,使团所面临的问题,是当年西吉贝尔未曾遇到过的。纽斯特利亚国王荒淫的恶名,早已传到了西班牙。哥特人比法兰克人文明程度更高,也更虔诚。他们普遍视伊尔佩里克国王为异教徒。阿达纳吉尔德的长女,生性腼腆温柔而多愁善感,得知可能远嫁给这样的男人,战栗

---

① 此专有名词采用了哥特语拼法。法兰克语的拼写方法为 Galeswinde 或 Galleswinde。

不已。王后郭伊斯温特(Goïswinthe)素来宠溺她,此时也与她一样愤怒、恐惧和忧伤。国王因此踌躇不决,只得一再拖延给出明确答复的日期。在使节们的压力下,他提出最终的解决方案:除非伊尔佩里克宣誓废黜所有妻妾,并保证与新婚妻子一起按照上帝的律法生活,他绝不会考虑伊氏的请求。信使赶回高卢,很快带回伊尔佩里克的答复:只要能够娶到一位与他般配的国王的女儿,他将郑重承诺废黜所有的后妃。

法兰克是哥特的近邻,也是自然而然的对手。与两位法兰克国王联姻,对阿达纳吉尔德而言,政治利益是不言而喻的。得到伊尔佩里克的承诺之后,他立马着手签订婚约。此时,新一轮讨论的焦点,一方面是新娘的嫁妆;而另一方面则是初夜之后,新郎应当付给新娘娘家的礼金。当时,根据所有日耳曼民族的习俗,洞房之夜过后,新郎必须给与新娘一笔彩礼,作为贞操的代价。这笔彩礼,有时是一笔钱或一件珍贵的家具,有时是牛车、马车、牲畜、房屋或是地产。无论性质如何,都被称为"晨礼(don du matin)",在日耳曼不同的方言体系中,叫作"摩根加布(morghen-gabe)"或"摩干吉巴(morgane-ghiba)"。这样,在信使的往来中,有关伊尔佩里克与布伦伊尔德之姊婚礼的谈判,拖延了些时日,直至567年还未结束。此时,一个突发事件使婚约的签订忽然简单了。

四位法兰克国王中的长兄阿里贝尔离开久住的巴黎,前往波尔多附近的一处领地,享受南部高卢的气候与物产,却猝死在那里。在整个法兰克帝国内部,他的驾崩,引发了新一轮土地分割的乱局。在他的后妃中,有位牧羊人的女儿,名叫特奥德伊尔德,攫取了王室的财产。她希望保住王后的头衔,便与贡特拉姆暗通款曲,希望后者能迎娶她。贡特拉姆明白了她的心意,貌似无比真诚地答道:"告其携财速来。吾愿娶之,更欲万民仰之。为吾后,其荣光将更胜于为吾兄之后也!"得到这个答复,特奥德伊尔德喜出望外。她把亡夫的财宝装了好几大车,赶往贡特拉姆的居城索恩河畔沙隆(Châlon-sur-Saône)❶。到达之后,贡特拉姆却并不搭理她,只是忙着检查行李,清点车辆,称量箱子。

---

❶ 索恩河畔沙隆,法国东部城市,位于勃艮第地区。

然后，国王对随从们说："吾兄拥此妇入榻而幸之。然彼何堪其宠？其财属彼，岂若归我？"众人纷纷表示赞同。于是，阿里贝尔的财宝被转移到安全的地方，而国王派人把刚给他带来这笔巨额财富的女人送往阿尔勒（Arles）❶的修道院。女人后悔不已，却也无可奈何。

贡特拉姆的两个兄弟，并没有与他争抢这份通过阴谋获得的财物。他们忙于争夺其他的好处——有时与贡特拉姆，有时也在二人之间。现在，当务之急是把高卢分为三份，而不再是四份；需要达成协议，分割阿里贝尔王国治下的城市和地域。与第一次瓜分相比，这次土地的重新分配更为古怪和混乱。巴黎被划为三等份，三兄弟各取一份。为了避免互相偷袭的风险，协议规定：若非获得另外两人的准许，任何一人均不得入城；违者不但将失去巴黎的领地，而且将丧失在整个阿里贝尔王国范围内的领地。这一条款，在伊莱尔（Hilaire）、马丁（Martin）及波里奥科特（Polyeucte）❷三位圣徒的遗骨前庄重宣誓，食言者将受到审判和复仇。

与巴黎一样，桑利（Senlis）❸也被瓜分了，不过只被分为两份。其他一些城市一分为三，不过是以征税额度为划分标准，全然不考虑其地理位置。以前地理方面的混乱局面加剧了，飞地数量成倍增加，各王国的边境可谓犬牙交错。通过抽签，贡特拉姆获得了莫伦、桑特（Saintes）、昂古莱姆（Angoulême）、阿让（Agen）和佩里格（Périgueux）。❹ 西吉贝尔获得莫城（Meaux）、万多姆（Vendôme）、阿夫朗什（Avranches）、图尔（Tours）、普瓦捷（Poitiers）、阿尔比（Albi）、❺古瑟兰（Couserans）❻和下比利牛斯的一些村庄。而伊尔佩里克方面，除了一些史学家已经无法指认的城镇外，还获得了利摩日（Limoges）、卡奥

---

❶ 阿尔勒，法国南部城市，位于普罗旺斯地区。
❷ 圣伊莱尔，4世纪法国普瓦捷大主教，提出"三位一体"学说。圣马丁，5世纪僧侣，在法国西部创立欧洲最早的修道院。圣波里奥科特，3世纪亚美尼亚殉道者。
❸ 桑利，法国北部城市，位于皮卡第大区，距巴黎约40公里。
❹ 莫伦位于巴黎附近的法兰西岛地区。桑特与昂古莱姆位于法国西部，属普瓦图–夏朗德地区。阿让与佩里格位于法国西南部，属阿基坦地区。
❺ 莫城位于法兰西岛。阿夫朗什位于法国西北，属诺曼底大区。万多姆和图尔位于中央–卢瓦尔河谷大区。普瓦捷为法国西部城市，位于普瓦图–夏朗德地区。阿尔比位于法国西南，属南部–比利牛斯大区。
❻ 古瑟兰，法国古地区名，位于法国西南部比利牛斯山脉东麓。原书作 Conserans，应为印刷错误。

尔(Cahors)、达克斯(Dax)、波尔多,❶以及比格尔(Bigorre)及贝阿恩(Béarn)❷地区的一些城市(今大多损毁),外加上比利牛斯的某些村庄。

当时,东比利牛斯地区不属于法兰克人,而属于哥特王国。哥特人利用这条通道,保证与高卢奥德河(Aude)到罗讷河(Rhône)❸之间的哥特领土的联系。以前,纽斯特利亚的国王在卢瓦河以南没有寸土,现在,他却成了未来的哥特岳父的近邻。伊尔佩里克刚刚获得的城市中,颇有几座与阿达纳吉尔德的王国交界,还有几座散布在阿基坦——那正是克洛维当年从哥特人手中武力夺得的地区。如果能够以彩礼之名,收回一些祖先丢失的城市,自然是政治上的一步好棋。哥特国王可不会放过这个机会。

也许是过于注重眼前利益,而缺乏考虑全局的智慧,也许是准备不计一切代价,抱得美人归,总之,伊尔佩里克毫不犹豫地应承下来,以利摩日、卡奥尔、波尔多、贝阿恩和比格尔等诸多城市及其周边领土,作为嘉乐文的彩礼。当时,日耳曼人基本没有领土主权和统治权的清晰概念。这些城市日后将脱离法兰克人的统辖,而纽斯特利亚国王却想不了那么远。他满脑袋盘算的,只是用放弃的领土所换得的陪嫁的金银财宝。一旦在这一点上达成共识,婚姻就不再有任何阻碍,而婚约也就确定下来。

在漫长的谈判过程中,嘉乐文对父亲指定的那位"真命天子"始终非常反感,对未来也颇为忧虑。由法兰克使节传达的伊尔佩里克的誓言,同样无法让她安心。获知大局已定的那一刻,嘉乐文内心充满了恐惧。她就像一个寻求帮助的孩子,跑向母亲,抱住她哭了一个多时辰,一句话也说不出来。法兰克的使节赶来向国王的未婚妻请安,询问出发的日期。他们看到这对相拥而泣的母女紧紧抱在一起,宛如被彼此捆绑住一般。纵使法兰克人性情粗犷,他们也一样被深深地打动,不敢随便提及启程的事。使节们又给了母女两天的时

---

❶ 利摩日为法国中部城市,今位于利穆赞地区。卡奥尔为法国西南部城市,位于南部-比利牛斯地区。达克斯与波尔多位于法国西南,今属阿基坦地区。
❷ 比格尔与贝阿恩均为法国古地区名,位于比利牛斯山中段。
❸ 奥德河,位于法国西南部境内,流经卡尔卡松(Carcassonne)等城市。罗讷河,法国南北走向的大河,流经里昂,从马赛入海。

间。第三天,他们再次来到王后面前,强调了国王的焦急心情和路途的漫长艰险,声称必须尽快离开。王后哭着为女儿恳请一天的宽限。翌日,当使臣告知行装已备之时,她又哭道:"复一日!更无所求!君当知之。我女与君所之,不复见其母矣!"然而,延误已经不再可能。阿达纳吉尔德行使了国王与父亲的权威,不顾妻子的泪水,将嘉乐文交付了那些奉命带她去往未婚夫身边的使团。

由骑士、马车和行李车辆组成的长长的队伍,穿过托莱多的街道,向北门移动。国王骑马跟随着女儿的扈从队伍,直到城外塔霍河(le Tage)❶的桥头;王后仍然恋恋不舍,希望陪女儿走得更远。她离开自己的马车,坐到嘉乐文的身边。日复一日,一个驿站接着一个驿站,王后竟跟出了好几百里地。每天她都会说"今日到此处为止",然而,一旦目标到达,她又继续前行。渐渐地,大山近了,路越来越难走;王后全无觉察,仍欲前行。她的扈从使送亲的队伍更加庞大,也增加了旅途的阻碍和危险。哥特的骑士们决心不再允许王后越雷池一步。分离无法避免,却也无可奈何。母女之间的温情场面再演,但毕竟比上次平静了。王后温婉道出了母亲的悲伤和忧虑:"我为汝忧,然汝当欢喜。吾女,珍重!且珍重!"这些话与女儿的心意相通。嘉乐文哭道:"神所愿,吾当从之。"凄凉的离别终于告一段落。

庞大的扈从队伍就此一分为二。骑士们兵分两路,车辆也各自分道扬镳:有的继续前进,有的向托莱多折返。王后登车回程之前,久久伫立在路边,目送着女儿的马车远去,直到它拐弯消失在视野里。悲伤的嘉乐文接受了命运的安排,继续北进。由哥特和法兰克骑士构成的扈从队伍翻越比利牛斯山,穿过当时仍属哥特王国势力范围的纳尔榜(Narbonne)和卡尔卡松。❷ 随后,他们取道普瓦捷和图尔,前往即将操办婚礼的鲁昂(Rouen)。❸ 在每个大城市的城门外,队伍都会稍事停留,准备举行盛大的入城仪式:骑士们甩掉一路风尘的外套,撩开坐骑的辔头,将盾牌悬挂在马鞍的支架上;纽斯特利亚国王的新

---

❶ 塔霍河,西班牙第二大河,经托莱多,流至葡萄牙入海。
❷ 纳尔榜与卡尔卡松均为法国南部城市,位于今南部-比利牛斯地区。
❸ 鲁昂,法国西北部城市,位于诺曼底地区。

娘走出旅途专用的笨重马车,踏上装饰着银片的尖塔状的游行花车。以上细节都出自当时一位诗人的见证。他目睹了新娘进入普瓦捷城的盛况——在那里,她休整了数日。这位诗人对扈从队伍的气派赞不绝口,但没有提及新娘的美貌。

伊尔佩里克信守诺言,废黜了所有的后妃和情妇。在后妃中最为美艳也最受国王恩宠的芙蕾德恭德亦未能幸免。而此时,她表现出的异常的恭顺和驯良,纵使比伊尔佩里克更为心思缜密的男人,恐怕都难免被蒙蔽。她假作真诚地承认:国王当年迎娶像她这样的女人,本属儿戏;废后之举,势在必行;而她的职责,就是让位于一位真正配得上王后头衔的女人。不过,她提出最后一个微薄的要求,希望国王施以恩惠,允许她像从前一样,回到国王侍女的行列,而不是将她逐出宫墙。在这副谦卑的面具下,她深藏的机心和野心,是纽斯特利亚国王完全没有防范的。自从醉心于迎娶一位王族之女以来,伊尔佩里克便认为自己对芙蕾德恭德不再有感情了,也不再注意她的美丽。克洛泰尔的这位儿子的头脑,与大多数的蛮族人差不多,不大能理解与他们的天性不符的念头。他答应旧爱留在身边,待在新欢即将入住的宫殿里,并非由于心软,而是因为一时心血来潮,全然没有考虑过后果。

嘉乐文的婚礼,排场和气派都与她的妹妹布伦伊尔德不相上下。更有甚者,这次新娘还接受了另一种殊荣:纽斯特利亚的大小法兰克贵族和骑士们,都向她宣誓效忠——如同面对国王。他们围成半圆,同时拔剑,对天挥舞,背诵古老的异教咒语:有违誓言者,必死于剑下。随后,国王再次庄严宣誓对婚姻的忠诚。他把手放在圣龛(châsse)❶上,发誓永不废黜哥特国王的女儿,并在王后有生之年,绝不再娶。

在婚礼的庆典上,嘉乐文的优雅和善良,给宾客们留下了深刻的印象:她热情地接待他们,似乎一见如故;她给一些人馈赠,又给另一些人以温言暖语;所有人都向她表达忠心,祝愿她长命百岁。祝福声伴随着她直至洞房——尽管那祝语是她所无福消受的。婚礼次日,根据日耳曼人的习俗,她起床之后,

---

❶ 圣龛,盛放圣人遗骸的宗教礼器。

便接受了"晨礼"的仪式。伊尔佩里克国王在经过精心选择的证人们的见证下，右手执新娘之手，左手向新娘投掷了一茎稻草，高声宣布了即将划归王后名下的五座城市的名称。该项馈赠将长期有效，不得反悔，并迅速订立了拉丁语的文书。这一文献没能保存至今，但根据当时行文的规范及墨洛温王朝其他类似文本的风格，我们仍能将其内容大致复原如下：

> 天主命男子离其父母而合于其妻，以二人为一体。❶ 天作之合，不可违也。寡人伊尔佩里克，法兰克人之王，据萨利克之法，循金币之礼，娶爱妻嘉乐文。发乎真情，吾赠其波尔多、卡奥尔、利摩日、贝阿恩及比格尔五城之土之民，以为晨礼。自斯日，五城归汝而不复属我，如我为之于草茎。汝持之为恒产，有此书为证。

对新任的王后而言，婚姻的头几个月，即使不算幸福，至少也是平静的。她温婉而耐心，对国王性格中粗野的一面，总是能够忍让。伊尔佩里克也一度是真心待她的。一开始，他因为虚荣心而爱她，很高兴能与弟弟一样，拥有一位出身高贵的妻子；随后，当虚荣心很难再维系他的激情时，他又因为贪婪而继续爱她——毕竟，新王后给他带来了数额巨大的嫁妆。不过，统计完这笔财富，他对新婚妻子的爱也就耗尽了。嘉乐文已经无法再吸引他。她的美德、她的谦虚和慈善，对伊尔佩里克而言，都不能算是魅力；这国王的感官和灵魂，只追逐肉体的美丽。于是，尽管曾经信誓旦旦，伊尔佩里克对嘉乐文终归是冷淡和厌倦的。

芙蕾德恭德终于等到了这个时刻。她以其一如既往的机智，把握住了自己的命运。现在，她所要做的，只不过是制造些邂逅的机会，让国王能时不时对比一下她与嘉乐文的容颜，从而唤醒这位登徒子身上尚未被虚荣所遮蔽的色心。很快，芙蕾德恭德又公然成为国王的情妇。面对被冷落的王后，她时常表现出高傲和轻蔑的神情。作为妻子和王后，嘉乐文感到双重的羞辱。开始，她只是向隅而泣；终于，她忍无可忍，毅然向国王宣布：在这个宫廷里，她感觉不到任何荣耀，终日所面对的，只有无法忍受的羞辱。她恳求伊尔佩里克施恩

---

❶ 参看《圣经·创世记》第2章第24节。和合本作："人要离开父母与妻子连合，二人成为一体。"

罢黜她的后位，并表示，只要获准返回故国，她甘愿放弃带来的所有嫁妆。

　　自愿放弃巨额的财产？为了荣誉情愿损失个人的利益？这两件事情实在是伊尔佩里克所无法理解的。他自己不会萌生一丁点类似的念头，因此，他也不相信世间会有这样的事发生。尽管忧伤的嘉乐文所言并无伪饰，伊尔佩里克还是暗生狐疑，害怕公开的决裂会让他损失已经划归自己名下的财宝。于是，他控制情绪，狡诈地将祸心包藏，一改平时的态度，温言软语地表达了自己的悔过之心和绵绵爱意。阿达纳吉尔德的女儿被蒙蔽了，为浪子回头所感动，不再提起离婚的事情。然而，一天晚上，一名贴身侍从在国王授意下，溜进她的卧室，扼死了熟睡中的王后。发现王后在床上的尸体之后，伊尔佩里克做出一副惊讶而痛苦的表情，甚至还挤出了几滴眼泪。数日之后，芙蕾德恭德便重回王后之位了。

　　这位年轻女子就这样死去了。她那张忧郁而温柔的面庞，似乎不属于野蛮的墨洛温时代，而来自另外一个世纪。这好像是蕴含在她的容貌中一个神秘的信号，早早地预言了她的命运。那个年代，无尽的罪恶和悲惨削弱了人们对道德的赞美。尽管如此，仍然有不少人痛悼她的不幸，哀叹命运的不公。他们的同情，在当时的时代背景下，只能折射出迷信的色彩。据传，在嘉乐文下葬的那天，挂在墓室里的一盏水晶灯突然跌落在大理石的地面上，所有人都措手不及，但灯却毫发无损，甚至没有熄灭。为了强化这则逸事的神话性质，人们言之凿凿地说，在场的仆人们看到大理石地面忽然变得很柔软，而灯竟有一半嵌入其中了。当我们在古书中读到类似的记述时，或许只会报以莞尔。然而，不要忘记，这些书毕竟是为另一个年代的读者们所准备的。可以想象，6世纪时，作为大众情感和信仰充满诗意的鲜活表达，这些传说在口口相传之际，曾让多少闻者深思，甚至落泪。

（上册终）

记 二

嘉乐文之死的影响。——内战。——西吉贝尔之死。

根据法兰克人及大多数日耳曼民族的习俗，一旦凶案发生，与死者血缘关系最近的亲属应当召集所有亲友，要求他们为了捍卫自己的荣誉，携带兵刃前来会合。自此刻起，死者的亲族与凶手便进入战争状态，即使远亲，亦不例外。作为嘉乐文的妹夫，西吉贝尔深感必须挑起复仇的重任。他向贡特拉姆派出了使节。也许，贡特拉姆一向视本民族的习俗为神圣的律法，也许，伊尔佩里克的丑恶罪行早已使其自绝于家族——总之，贡特拉姆在阋墙的两个兄弟之间，毫不犹豫地选择了宣战一方的阵营。战争很快打响。不过，结盟的哥俩面对另一位兄弟的敌意，自打开战以来，程度就有所不同。西吉贝尔本来就颇受王后布伦伊尔德左右，而后者极度冲动的性格，此刻方才露出头角。在她复仇的叫嚣中，西吉贝尔血脉偾张，只想着奋战到底，不惜置兄弟于死地。至于贡特拉姆，或许是受到了基督教的感化，或许原本战意就不甚强烈，很快便退出了同盟，转而充当了协调人的角色。软硬兼施之下，他促使西吉贝尔放弃了凭借一己之力复仇的想法，并准备依法召开民众大会，将正义诉诸和平手段。

根据法兰克人的法律——或者更准确地说，根据法兰克民族的习俗，所有自认为是受害者的人，都有权选择武力解决或公共裁决。但是，一旦诉诸裁决，暴力手段便不再具有合法性。负责裁决的大会被称作"马勒(mâl)"，意即"委员会(conseil)"。有资格参与大会裁断的人，必须拥有自己的土地——用日耳曼语来说,应该出自"贤达(arimans)"阶层。① 根据案件的性质和重要程度不同,与会人数的多少不一。这些"法官"们携带着武器来到会场,全副武装地坐在环形摆放的座椅上,进行审判。在法兰克人跨越莱茵河征服高卢之前,他们的"法院"一般是露天的,建立在古人举行宗教仪式的丘陵地带。征服高卢之后,他们成为基督徒,放弃了这一习俗。从此,"马勒"由国王或贵族召集,在石砌或木制的大厅中举行。尽管出现了这些变化,集会的地点仍保留了日耳曼蛮族时代的旧称:人们继续以日耳曼语言,称之为"马勒伯格(Mâl-berg)",即"会议山"。

三个王国的臣民都得到通知:四十个夜晚之后(这是当时的法律术语),贡特拉姆国王将召集大会,旨在调解伊尔佩里克和西吉贝尔两位国王之间的争端。重要首领和大地主们纷纷带领仆从,赶赴指定地点。会议做出了庄重的裁决,当时的史书对此却没有留下任何细节的描述。② 不过,如果对一些法律、文书和司法文件等史料进行归纳,我们还是可以揣度当时的情形,并作出以下描述——确实,这仅仅是猜想,但好歹也可填补此处历史见证的空白。

会议召开时,贡特拉姆国王坐在一把高椅上,而其他的"法官"们坐着条凳;每人都身佩宝剑,身后有侍从,手持盾牌和标枪。作为原告,西吉贝尔首先出庭。他以妻子布伦伊尔德的名义,指控伊尔佩里克蓄意谋杀了其姊嘉乐文。被告必须在十四个夜晚之后出庭,宣誓自证清白。

法兰克法律要求:自证清白的誓言,必须由一定数目的自由民做出辅助宣誓,证明其可靠性——性质最轻微的案件需六人,案情严重或涉及高级贵族时,最多可达七十二人。被告应在所有辅助宣誓人的陪同下,走到环坐于条凳上的"法官"中间;辅助宣誓人分列左右,各三十六人。然后,在大会主持人的质询下,被告应该拔出宝剑,面对武器宣誓自己无罪。随后,辅助宣誓人各自拔剑宣誓。不过,无论是当时的编年史还是法律文献,都没有只言片语,可以

---

① 在各项法律及相关文书中,这一阶层又被称作 Rachinburgii, Racinberdi(Rekin-brughe),意即"善断之人"。
② 我们可以通过著名的昂代洛条约(traité d'Andelau)回顾和研究这一会议,因为会议的裁决结果是条约签订的重要依据之一。

让人猜想伊尔佩里克试图洗脱人们对他指控的罪名。极有可能,他独自来到会场,端坐一言不发。西吉贝尔站起来,面对审判团,连说三次:"请告吾等以萨利克之法!"然后,他指向伊尔佩里克,第四次说道:"诚请告吾等,告我并告其萨利克法之所规!"

其实,西吉贝尔所言,只是一种程式性的套话,一般为被告认罪之后,原告要求判决时提出。不过,在当时的情况下,只有经过漫长的讨论,西吉贝尔的诉求才能得到答复——毕竟,要裁决这起案件,必须用法兰克的法律原则进行审理。为了避免,至少是为了缩短血亲复仇的争斗,法律规定:命案发生后,根据死者的社会地位,凶手应赔付其继承人相应的赔偿金。杀死一名奴隶,应赔偿15—35枚金币;杀死一名日耳曼蛮族的自由民或高卢-罗马人的纳税人(tributaire),应赔偿45枚金币;杀死一名拥有田产的罗马人,赔偿100枚金币;而被杀害的若是法兰克或其他的蛮族人,赔偿金则要翻番。在所有这些社会等级中,无论被害人是奴隶还是自由民,出身于罗马人还是日耳曼人的家庭,只要他是国王的仆从、附庸,或行政官员,赔偿金又需增加3倍。比如:杀害王室领地上的农奴,应赔偿90枚金币;杀害作为国王座上宾的罗马人,需赔偿300枚金币;而杀害拥有荣誉头衔,或者曾任国王亲兵的日耳曼人,需600枚金币。

赔偿金一旦支付,针对凶手的各种报复行动应立即终止。因此,这笔钱款在日耳曼语中被称为"沃盖(wer-gheld)",意为"保全税";而在拉丁语中被称为"孔波希提奥(compositio)",象征着攻守双方之间的争斗结束。不过,如果王室遇害,不存在"沃盖"一说。一方面,王室生命的价格,没有出现在上述的"价目表"里——事实上,它应该远高于法律所有的相关规定。但另一方面,某种程度上,日耳曼蛮族的习俗又赋予了王族杀人的特权。因此,如果不扩大萨利克法律的解释范围,就很难对伊尔佩里克国王定罪,也无法确定他应当赔付嘉乐文父母的赔偿金额度。既然无法严格地依法裁断,大会经过讨论仲裁,作出最后的判决。该项判决的实质仍然是传统的,但判决书的形式略有调整:

> 至尊之贡特拉姆王及与会之法兰克人会审,判决如下:世人皆知,波尔多、利摩日、卡奥尔、贝阿恩及比格尔诸城,系布伦伊尔德王后之姊嘉乐文抵法之时,以晨礼之名得之。自今日起,斯城悉作偿金,归布伦伊尔德

王后及其继承者所有,以弭兵修睦于至尊之伊尔佩里克及西吉贝尔二王。

两位国王迎面走近,交换手握的小树枝,作为彼此遵守诺言的信物:一位表示永不谋求收回被民众大会判给对方的领地,一位承诺不再以任何理由索取更多的赔偿金。作为奥斯特拉西亚的国王,西吉贝尔郑重说道:"吾兄,就布伦伊尔德姊嘉乐文之死,吾不复伐矣,汝亦无须惧我再启事端。若吾及吾子孙,乃至他人,复扰汝讼汝以此案,或以汝予我之偿金,吾将双倍偿汝。"会议解散。而一度势同水火的两位国王,至少表面上又和好如初了。

伊尔佩里克可不愿意把接受判决作为赎罪的机会。恰恰相反,他暗暗对自己许下诺言:有朝一日,定要夺回这些城市,或者从西吉贝尔手中夺得同样大小的领地。直到573年,这个想法在暗暗酝酿了五年之后,终于付诸实施。虽然对所割让城市的具体状况和重要性,伊尔佩里克谈不上了如指掌,但他倒也清楚:相对而言,贝阿恩和比格尔最无关痛痒,也最远离自己王国的中心。于是,打算武力收复失地的他,制订了一个自认为可行而有利的计划:放弃比利牛斯山脚下的两座小镇,以更大、更富裕也更合他心意的普瓦捷和图尔二城取而代之。根据计划,他在自己的领地昂热(Angers)集结军队,命令克洛维(原配奥朵薇所生三子中的小儿子)率军出征。

克洛维不宣而战,向图尔进发。虽然图尔筑有工事,他进入这座古城却没有遭遇任何抵抗。一方面,西吉贝尔与另两位法兰克国王一样,只是在自己的居城驻有重兵;另一方面,市民全是高卢血统,或者说大多如此,对于隶属哪位法兰克国王的问题,并不关心。伊尔佩里克之子占领图尔之后,又移师普瓦捷,同样是城门洞开,得来全不费功夫。在这里,他建立了大本营,作为图尔和下一批进攻目标(利摩日、卡奥尔和波尔多)的中间站。

面对突袭,西吉贝尔国王向兄长贡特拉姆派出信使求援。六年前,贡特拉姆曾经致力于调解两位兄弟的纷争。这一角色似乎使其成为二者之间纠纷的裁决者,有权严惩食言违背判决结果的一方。有鉴于此,更加诸本性中对司法公正的浓厚兴趣,贡特拉姆决心制止伊尔佩里克的敌对行动,迫使其重新遵守当年的和约条款和公众的裁决结果。他没有对毁约者发出任何抗议和警告,便直接派遣高卢裔的埃奥纽斯·穆莫鲁斯(Eonius Mummolus)率兵进击克洛维。此人为他麾下的第一爱将:作战之勇猛,不亚于最英勇的法兰克将领;军事谋略却更胜他们一筹。他的鼎鼎大名,在本书中还将多次出现。

此时,穆莫鲁斯刚打了几场胜仗,拒意大利北方的伦巴底人(Langobards)❶于阿尔卑斯山之外,粉碎了他们进逼高卢罗讷河(le Rhône)地区的计划。① 穆莫鲁斯用兵,讲究兵贵神速。他迅速由贡特拉姆王国的都城索恩河畔沙隆出兵,取道内维尔(Nevers)❷和布尔日(Bourges),直扑图尔。此时,年轻的克洛维已经来到图尔,准备据守。看到穆莫鲁斯大军逼近,他决定退守普瓦捷附近的一处战略要地。那里位于交通要道,正好固守待援。而图尔的市民们,正平静地准备迎接穆莫鲁斯的到来。这位高卢-罗马裔的将军以西吉贝尔的名义夺回了城市。为了使市民不再对政治无动于衷,他号令他们集体宣誓效忠。这项命令通过贵族与图尔主教传达,风格很可能与当时的同类文书相仿。设或如此,城市及郊区的所有男性,无论是高卢人、法兰克人,还是来自其他的族裔,都必须到主教堂集合,面对圣物,以国王附庸之名,真诚地宣誓效忠于尊贵的西吉贝尔国王。

克洛维终于在普瓦捷城外的营地迎来了援军。这支队伍的统帅是法兰克人西格尔(Sigher)和罗马裔的巴齐留斯(Basilius)。两人均是死忠于伊尔佩里克的豪强,特在附近地区征兵,前来驰援。队伍主要由农民与农奴组成,人数众多,但纪律涣散。作为纽斯特利亚的前锋,他们率先遭遇穆莫鲁斯的军队。西格尔和巴齐留斯作战勇猛,甚至可谓满怀激情。然而,他们却无法抵挡当世最伟大的将领——称其为当时"唯一的战术大师"或许亦不为过。他们的队伍正面和侧翼同时受到攻击,损失惨重,被迫向克洛维部败退;后者望风而逃,几乎瞬间就溃败了。援军两位将领在混战中丧命,而克洛维已无法聚集足够守卫普瓦捷的人手,只得向桑特方向逃亡。穆莫鲁斯再次胜利入城。他认为大功告成,在号令市民像图尔一样宣誓效忠之后,便率兵归国,不屑继续追杀随王子逃亡的少数纽斯特利亚军队。

---

❶ 伦巴底人,法语一般作Lombards,日耳曼人的一支。经多次迁徙,6—8世纪占据亚平宁半岛北部等地区。
① Grégoire de Tours, liv. IV, chap. XLII et XLV.
❷ 内维尔,法国东部城市,位于勃艮第地区。

记　二

克洛维并不打算重整旗鼓杀回普瓦捷。或许,他害怕北归的道路被敌切断;或许,他具有年轻人勇敢的心。总之,他没有向昂热撤退,而是取道相反方向,朝波尔多进发——那倒也是他此行奉命夺回的五座城池之一。人困马乏的小分队抵达巨大的波尔多城时,他刚以父亲的名义勒令守军投降,城门便打开了。这一令人震惊的事件,反映了墨洛温王朝行政管理方面的无能。即便面对一支背井离乡而疲病交加的小股武装,大城市也缺乏足够的兵力来捍卫布伦伊尔德王后的所有权,以及西吉贝尔国王的主权。这样,伊尔佩里克的王子就成为波尔多的主人。他和部下们占据了税务部门的大房子——它的产权本属于罗马帝国,后被日耳曼诸王连同皇帝的其他财产一并夺来。

克洛维在波尔多住了将近一个月,以征服者自居,如总督一般行使权力,直到守卫比利牛斯山防线的西古勒夫(Sigulf)公爵对他发起进攻。这条防线完全属于奥斯特拉西亚国王,本为防御哥特人及巴斯克人而建。宣战的檄文在阿杜尔河(Adour)❶两岸张贴。日后的一些史料表明,为了避免削弱防线的兵力,公爵——日耳曼语作"马克格拉夫(mark-graf)"①——在当地大举征兵。当地的民众,多为猎户、牧民和樵夫,与他们的邻居巴斯克人一样野蛮。两者也经常合谋,劫掠商旅的车辆,勒索村镇,与法兰克政府作对。响应奥斯特拉西亚首领之征召而来的山民们,或步行,或骑马,携带着平时使用的武器:手持长矛,身挎着号角,全副猎装。在西古勒夫公爵的率领下,他们突袭波尔多,直扑城内纽斯特利亚人的大本营。

面对数量占有优势的敌人的偷袭,纽斯特利亚人只能骑上战马,簇拥着王子,向北逃窜。或许是希望逮住王子以便勒索赎金,或许是本能地对法兰克人怀有民族仇恨,西古勒夫的部队斗志昂扬,穷追不舍。不知是为了在追击中互相激励,还是为了增强对逃敌的威吓,抑或只是南方人所喜好的表达快乐的方式,他们一边奔跑,一边吹着打猎的号角。整整一个白天,克洛维都在策马疾奔。他的身子紧紧压在坐骑上,而身后猎户们的叫喊声不绝于耳,如同在围捕

---

❶ 阿杜尔河,法国西南部河流,位于比利牛斯山北麓,流向大体由西至东,在贝叶纳(Bayonne)入海。
① 马克,意为边境,防线;格拉夫,意为地区首领,总督,法官。

林中的麋鹿。所幸,晚间的夜色渐浓,追捕者放慢了脚步;纽斯特利亚人终于不必狼狈奔命,可以信马继续北行。这样,小克洛维又回到卢瓦尔河畔的昂热城——这里,也正是他不久以前率军出发之地。

这次莽撞的远征滑稽地收场,伊尔佩里克国王怒不可遏。从此以后,贪欲和受伤的自尊心共同支配了他的灵魂:他需要不惜一切代价重新征服领土,也必须回应他所遭受的"挑衅"。他决心高调复仇,为荣誉而战,在卢瓦尔河畔再次集结部队,人数更胜前度,由其长子提奥德贝尔特挂帅。这次,谨慎的贡特拉姆认为,自己的干预已无助于和平,而且成本也委实太高。因此,他决定放弃仲裁的角色,采取另一种调解方式,以便在调停无效时保证自己置身事外,不卷入争端。最好的方法,是召开一个旨在调解两国纷争的主教会议。在他的王国内,主教们在政治上理应持中间立场。于是,他命令各主教聚集于中立的巴黎城召开会议——须知,根据当年领土划分的条约,克洛泰尔的任何一子,在未获其他两兄弟的同意下,均不得进入巴黎。主教会议火速致函纽斯特利亚国王,劝导他维护和平,不得侵犯其弟的领地。然而,一切说辞和文书均毫无作用。伊尔佩里克我行我素,继续备战。主教会议的成员们回到贡特拉姆的王宫,所带来的唯一"成果",就只有伊尔佩里克声称"大战不可避免"的宣言。提奥德贝尔特率军渡过卢瓦尔河。他没有像弟弟一样首先进军图尔,而是直指普瓦捷。这一举动似乎颇有谋略。奥斯特拉西亚在阿基坦地区的驻军将领们,刚刚在普瓦捷集结军队。奥军主将龚德巴(Gondebald)过于冒失,贸然选择在平原地带与纽军决战。他的兵力与士气均不如对手,一战即一败涂地。提奥德贝尔特作为胜利者,进入普瓦捷,控制了奥斯特拉西亚在阿基坦的核心地带。从此,在父王命他攻占的城市中,他可以任意选择下一个攻击目标。他决定先北行,进入卢瓦尔河左岸的图尔地区。或许是谨遵父命,或许是心血来潮,他在该地区发动了野蛮的战争,所经之处,烧杀抢掠。图尔的市民们在城墙上看到周边的原野火光四起,无不胆寒。虽然他们曾经面对圣物向西吉贝尔国王宣誓效忠,但此刻也只能暂且把信仰放在一边,开门投降,祈求征服者的仁慈了。

攻占普瓦捷和图尔之后,纽斯特利亚军队又包围了利摩日;利摩日投降后,继续向卡奥尔出兵。漫长的行军过程中,他们一路掠夺农田,洗劫屋舍,亵渎圣地。教堂被劫掠和焚毁,教士被杀害,修女被污辱,而修道院只余下房梁。有关这些暴行的传言不胫而走,恐惧感在卢瓦尔河与比利牛斯山之间的阿基坦地区迅速扩散。60年前,法兰克人进入这片土地时的身份,并不是当地居民的敌人,而是当时的统治者哥特人的对手,也是与异教斗争的正统教义的捍卫者。❶ 这个得天独厚的地区,曾两次被蛮族征服,❷却没有遭受严重破坏,几乎原封不动地保留了罗马时代的习俗。卢瓦尔河那边的日耳曼贵族们,在当地人的心目中,一度是一些完美的天主教徒。而现在,这个地区被硬生生地拖出了半个世纪来的闲适时光。

面对如此之多的暴行和渎圣的场景,人们深感震惊与悲伤。提奥德贝尔特在阿基坦的所作所为,被类比为戴克里先(Dioclétien)❸对教徒的迫害。他们仍然惦念老克洛维(Chlodowig le Grand)❹的善举,感谢他建造了多所教堂,并捐献出大量的财富。对比之下,伊尔佩里克军队的强盗行径和所犯下的弥天大罪,更使这些天真的人们惊诧莫名。对阿基坦的主教和贵族们而言,宗教信仰与爱国主义的情怀是一体的。他们开始以《圣经》的名义,谴责和诅咒这些罪人;或者带着一丝充满希望的微笑,彼此讲述着蛮族恶人四处遭神惩戒的坊间传闻。这里插上一句,"蛮族(Barbares)"一词用来指代法兰克人,本不含贬损之意。在高卢,人们用它称呼征服者的种族,正如称当地人的种族为"罗马人"一样。

这些坊间传闻往往来自一些纯属偶然的小事故。人们用想象添油加醋,给它们涂抹上了迷信的色彩。图尔出城数里,卢瓦尔河右岸,有一座修道院,以圣马丁的圣骸而闻名。法兰克人在左岸劫掠时,20余人乘船来到对岸,准备打劫富裕的修道院。他们既没有桨,也没有篙,便倒持长矛,矛头朝上,另一

---

❶ 6世纪初期,法兰克人改宗天主教。当时盘踞法国西南部的哥特王国,则信奉被视作天主教异端的阿里乌教派。
❷ 分别指5世纪末西哥特人的入侵,及6世纪初法兰克人对该地区的军事征服。
❸ 戴克里先,罗马帝国皇帝,284—305年在位。在位期间,致力于帝国政治改革,加强君主专制,并大力迫害基督教徒。
❹ 此处的克洛维,是最早统一法兰克王国的君主,并非上文中的希尔佩里克之子。

头撑在河里划水。教士们看到小船,揣度到这些家伙的意图,便跑向他们喊道:"嗟,蛮人!且慎之!慎至此!此乃圣马丁之修院也!"但法兰克人照旧下船不误。他们痛打了这些教士,砸烂了修道院里的桌椅,把找到的值钱物品洗劫一空,打包带到船上。回程中超重的小船,纵使战士们全力划动,仍然难以控制方向,在卢瓦尔河中的一处暗滩上搁浅了。触礁的刹那,船身猛地一颤,多名正埋头撑船的士兵都向前栽过去,撞在自己的矛头上,被刺穿了胸膛。幸存者大为惊惧和懊悔,疾呼求援。一些刚刚遭到羞辱的教士,还是跑向河边,登船过去帮忙;他们看到眼前发生的一切,也是不无惊奇。在强盗的强烈要求下,教士们把教堂的失物又带回船上,一边为猝死者吟唱着挽歌,一边划回了岸边。

当这一幕幕闹剧在阿基坦上演时,西吉贝尔正在纠集王国所有的兵力,准备攻击提奥德贝尔特,或迫使伊尔佩里克命令自己的部队退回条约所规定的边界。西吉贝尔不仅征召了默兹河(Meuse)、摩泽尔河(Moselle)❶和莱茵河流域的法兰克人,而且也动员了莱茵河对岸所有承认墨洛维之子权威的日耳曼部落,其中包括苏维汇人和阿拉曼人——两个昔日强大联盟的余部、图林根人(Thorings)❷与白瓦尔人(Baïwares)❸——首领作为世袭公爵臣服于法兰克国王的民族,还有其他一些下日耳曼尼亚(basse Germanie)❹地区的部落。顺便说一下,最后这些小部落,此时已经或自愿,或被迫地脱离了强大的撒克逊人(Saxons)❺联盟——法兰克王国的劲敌和竞争对手。以上群落统称为"莱茵对岸民族(nations transrhéannes)",都是不折不扣的异教徒。其中最靠近高卢边界的部落,虽说多少接受了一点基督教的影响,却古怪地把它与传统的活牲,甚至活人献祭仪式混合在一起。他们不仅习性粗野,而且骨子里刻着对外

---

❶ 默兹河,又称马斯河,发源于法国东北部,经比利时,在荷兰入海。摩泽尔河,发源于法国东北部,经卢森堡,在德国汇入莱茵河。此二河与莱茵河流域均位于西吉贝尔的奥斯特拉西亚王国的辖区。
❷ 图林根人,日耳曼人的一支,3世纪以来定居于今德国中部。
❸ 白瓦尔人,具体情况不详,疑为巴伐利亚人(Bavarois)之异文。
❹ 下日耳曼尼亚,又作Germanie inférieure,罗马前行省,位于莱茵河左岸,即今日德国、荷兰、比利时、卢森堡交界地带。
❺ 撒克逊人,日耳曼人的一支。5—6世纪,一部移入大不列颠岛,成为英国人的先祖之一,余部于8世纪被法兰克人征服。

征服的本能,渴望着烧杀劫掠,期盼有机会向西跨越莱茵河,像法兰克人一样,在高卢的土地上攫取自己的战利品。

莱茵对岸民族时刻准备着跟随法兰克人的迁徙步伐,伺机取而代之。法兰克人自然也很清楚这一点。他们警觉地监视着这些同宗兄弟的一举一动。当年,克洛维对苏维汇-阿拉曼联盟发动著名的托尔比阿克(Tolbiac)战役,[1]一举挫败了莱茵对岸民族的前锋,也正是出于国家安全的考虑。随后,克洛维的继承者们亦屡屡奏凯:提奥多里克(Theodorik)[2]征服了图林根人及多个撒克逊部落,而西吉贝尔本人也以对撒克逊人作战积极勇猛而著称。作为东部法国的国王和国境的守卫者,西吉贝尔使日耳曼民族慑服于法兰克的王权。不过,一旦将后者召至麾下,长驱高卢的中心地带,他一样很难避免唤醒他们久藏的嫉妒心和征服欲,掀起一场对高卢人和法兰克人的风暴。

因此,奥斯特拉西亚大征兵的消息传来,感到不安的,不仅仅是伊尔佩里克的臣民,贡特拉姆举国上下也同样惊惧。虽然以贡特拉姆的本性,除非万不得已,不爱寻衅滋事,此时,他还是果断地认定:在莱茵河对岸的异教徒中征兵,就是对高卢地区基督教徒的挑衅。于是,他接受了伊尔佩里克的求援。当时的史家记叙道:"二王缔盟。兄弟相约:共死生,不相负。"伊尔佩里克认为,西吉贝尔很可能会计划向西南方用兵,切断巴黎至图尔的交通命脉。因此,他率军在塞纳河流域东部布防,力图守护这条要道。而贡特拉姆则派重兵护卫无险可守的北部边界,自己坐镇特鲁瓦(Troyes),[3]查看战情。

574年,奥斯特拉西亚国王的大军,经过多日跋涉,逼近奥布河畔阿尔西(Arcis-sur-Aube)。[4]西吉贝尔安营扎寨,暂且按兵不动,等待探马来报。进攻伊尔佩里克的王国,如果不想绕路,就应该从塞纳河与奥布河交汇处上游不远的地方渡河。那地方叫"十二桥(Douze-Ponts)",现在被称为塞纳桥镇(Pont-

---

[1] 496年,克洛维在托尔比阿克(今德国西南部)与阿拉曼人血战,取得决定性胜利。
[2] 提奥多里克,又作梯耶里一世(Thierry I),克洛维之子。克洛维死后,四子瓜分国土。提奥多里克统辖东北部的兰斯王国。
[3] 特鲁瓦,法国东北部城市,位于香槟-阿登地区。
[4] 奥布河畔阿尔西,法国东北部小镇,距特鲁瓦约30公里。

sur-Seine)❶。但当时,所有的桥梁都摧毁了,船只也已被劫走;纽斯特利亚国王在对岸严阵以待。如若贸然选择浅滩泅渡,必遭迎头痛击。向南不到 10 法里(lieues),❷塞纳河两岸都属于贡特拉姆的国家——或曰"领地"。西吉贝尔立马勒令贡特拉姆借道。他发出的最后通牒,言简意赅:"汝若不允我借汝地渡河,吾将率我大军,践汝而过!"

兵临城下,这支大军的可怕,远远超出了贡特拉姆国王的想象。当初,他因为恐惧而与伊尔佩里克结盟;现在,他又将出于同样的考虑,毁盟弃约。国王从他的密探和民众的汇报中,都已得知了有关奥军兵力和军容的相关细节。在他看来,如若拒绝最后通牒,自己必将被置于极为凶险的境地。虽说在墨洛温时代军纪涣散乃是常态,但眼前这支武装的暴戾和凶残,自日耳曼征服以来,恐怕是无出其右的:他们的王牌部队来自莱茵河畔,是法兰克人中最少受到文明熏陶,也最不信仰基督教的部分;而大军的主力,更是真正意义上的"蛮族"。在阿提拉(Attila)❸和克洛维的时代,肆虐高卢的蛮族正是这般模样。除了流传民间的描述,人们已经多年未见如此古怪的战士了:他们的长髭由唇角垂下,头顶结着发髻;他们挥舞战斧砍向敌人的头颅,或是从远处向对手投掷长矛。① 这样一支军队,烧杀抢掠,自是在所难免,即便友邦,亦难以幸免。不过,贡特拉姆情愿受到短期的局部骚扰,也不想冒险作战招致侵略和征服。他很可能在特鲁瓦城边的桥上,让出了一条通道,并在城内与西吉贝尔会谈,宣誓永保和平与友谊。

得知兄弟的背叛,伊尔佩里克立刻放弃塞纳河左岸的防线,将兵力收缩至王国境内。他一路疾行,直至沙特尔❹附近,方在卢瓦河(le Loir)❺畔的阿瓦罗西奥姆(Avallocium)镇安营扎寨,也就是现在的阿吕依(Alluye)❻一带。在

---

❶ 塞纳桥镇,位于阿尔西以西约 45 公里。
❷ 法国古里,1 里大约相当于今日 3—4 公里。
❸ 阿提拉,5 世纪上半叶的匈奴首领,曾率部横扫罗马帝国,人称"上帝之鞭"。
① *Lettres sur l'histoire de France*, lettre VI.
❹ 沙特尔,距伊尔佩里克的塞纳河十二桥防线约 200 公里。
❺ 卢瓦河,法国西北部河流,与卢瓦尔河(la Loire)名称近似,实为卢瓦尔河水系的支流之一。
❻ 阿吕依,法国北部小镇,位于中央–卢瓦尔河谷地区。

这条漫长的路途上，奥斯特拉西亚的军队一直紧追不舍。西吉贝尔多次以为伊尔佩里克即将停驻，每每依照日耳曼人的习俗，勒令对手择日决战。然而，伊尔佩里克从来不予答复，只是不断加快撤退的步伐。好容易停歇下来，奥军的信使又一次带来讯息："汝若非竖子，当择地一战！"法兰克人几乎从不会对这样的挑衅无动于衷。然而，伊尔佩里克已经丧失了原先的骄傲与自尊。既然逃跑是徒劳的，他已经精疲力竭，没有勇气再作困兽之斗，便决定向对手祈求和平，允诺满足西吉贝尔的一切要求。

西吉贝尔虽性情粗野，却不乏豪爽大方的一面。他表示：只要伊尔佩里克立刻退还图尔、普瓦捷、利摩日和卡奥尔，且提奥德贝尔特率军退回卢瓦尔河对岸，他就可以冰释前嫌。伊尔佩里克的扩张野心再度受到重创。迫于自己先前的诺言，他表现得温柔敦厚，甚至摆出一副关心公正与慈善的面貌，为即将交还的四座城市的居民之命运而担忧，对他的兄弟说道："请恕之，勿降罪其身！斯民叛汝，乃因我以兵以火迫之。"西吉贝尔倒是仁义，听取了这一建议。

表面上看，两位国王又言归于好了。但是，不满情绪在奥军中蔓延。从莱茵河对岸征召的战士们窃窃私语：不期而至的和平，将夺去他们原本打算在高卢赢得的战利品。千里迢迢来到这里，既无仗可打，又一无所获，他们自然不乐意。不少人谴责西吉贝尔，认为他在本应一鼓作气之时退出了战场。军心动荡，兵变一触即发。西吉贝尔不动声色地跨上坐骑，趋近那些正在破口大骂的哗变者们。他问道："子何有？子何求？"四周的人群喊道："吾欲战！请许吾一战以敛财！不然，吾不归！"如果屈从于这一威胁，高卢将遭受新一轮血雨腥风，法兰克人的统治也将土崩瓦解。西吉贝尔镇定自若。他一会儿严词呵斥，一会儿温言劝慰和承诺，没费太多气力，就平息了这群野蛮人的怒气。

奥军取道巴黎，撤回莱茵河畔。西吉贝尔信守誓言，尊重巴黎的中立地位，并没有进入该城。然而，他的部队沿途一路洗劫，让巴黎周边地区长期不得安宁。村镇焚毁过半，房屋惨遭掠夺，许多人被掳为奴隶——这一切，西吉贝尔无法预料，也无力阻止。当时的史学家记载："西氏尝誓言杜绝暴行。然莱茵对岸暴徒之癫狂，西氏不能驭之。"

这些异教徒进入教堂,偷盗抢劫是唯一的目的。在富裕的圣德尼大教堂(basilique de Saint-Denis),❶奥军一名首领扯下了圣人灵柩上的一条绣金边镶宝石的丝带;而另一名首领甚至无畏地跳上灵柩,以便能够用长矛打下一只金鸽子——他或许不知道,那是悬挂在礼拜堂吊顶上的圣灵形象。作为国王和基督教教徒,西吉贝尔被这些贪婪和渎神的行为激怒了。不过,考虑到自己无力改造这些部下的灵魂,他只能采取先祖克洛维当年对毁坏兰斯花瓶者的做法。❷ 行军之时,他听之任之,隐忍不发。回到奥斯特拉西亚,大军解散,士卒各自回到自己的部落和家中。此时,西吉贝尔方才发难,把在哗变和抢劫中罪行最为昭彰的暴徒一一逮捕并处死。

　　奥军在经过贡特拉姆王国的北部边陲时,似乎也犯下了类似的抢劫罪行。这很可能在贡特拉姆的心中播下了怨恨西吉贝尔的种子。另外,纽斯特利亚国王的和平举动维持不了很长时间。一旦感到摆脱了危险,他就回到了自己的思维定式,又打起算盘,准备收回那几座一度归其所有的阿基坦城市了。两位兄弟之间的不睦,于他正是一个重拾领土扩张计划的良机。机不可失。在签订和约一年之后,他派遣使者传话给贡特拉姆:"吾兄,与吾偕行!守望相助,共击我敌西吉贝尔!"这个建议被欣然采纳了。两位国王经过会谈,缔盟修好,准备联手进攻奥斯特拉西亚。伊尔佩里克满怀信心,又派儿子提奥德贝尔特领兵开往卢瓦尔河。575 年,纽军第二次渡河。而伊尔佩里克本人则率部亲征,侵入奥斯特拉西亚西部边境的兰斯地区,一路抢掠,与提奥德贝尔特在阿基坦乡间的所为别无二致。他们焚烧村庄,毁坏庄稼,洗劫一切可以带走的物品。

　　西吉贝尔同时得知两个噩耗:国土被侵略,而针对他的联盟已经结成。当初,王后极力反对与杀害嘉乐文的凶手停战媾和,而他却不顾妻子的苦苦哀求,原谅了伊尔佩里克。如今,这个头脑简单而性情火暴的汉子,发现自己的善意被人玩弄,不由得火冒三丈,破口大骂起来。布伦伊尔德对此并不放心。

---

❶ 圣德尼大教堂,位于巴黎近郊。自墨洛温王朝以来,法国国王的灵柩大都置于此处。
❷ 此处指"苏瓦松花瓶"的故事。见《有关法国历史的思考(代序)》第一章 42 页(边码)正文及脚注。

她深知:西吉贝尔的暴怒只是一时的头脑发热,但凡对手服软,他就会很快平静下来。于是,她使尽浑身解数,向丈夫灌输更为坚定的复仇欲念,把他所有的情感引向唯一的终极目标——杀死兄弟。作为嘉乐文的妹妹,她一直呼吁让凶手血债血偿。这次,西吉贝尔终于听从了她的建议,准备与伊尔佩里克决一死战,再次在东部法兰克部落和莱茵河对岸的民族中发榜征兵。

为了鼓舞这些野蛮人全力作战,奥斯特拉西亚国王许他们金钱与掠夺,甚至承诺将分给他们高卢的土地和城市。他直接西进,救援遭犯的地区,以便在进军塞纳河时可以后顾无忧。奥军逼近时,伊尔佩里克又故伎重演,避而不战,沿马恩河谷向下塞纳(Seine Inférieure)❶方向撤退,寻找有利位置布防。西吉贝尔一直追击至巴黎城下。他停驻下来,打算占领这座公认的坚不可摧的城池,作为自己后勤补给的基地,以及必要时的避祸之所。无论这个计划看似出于多么审慎的考虑,实质都是非常莽撞的。若是心中复仇的火焰没有吞噬掉谨慎和畏惧,西吉贝尔本来很可能会放弃这样的念头。

根据八年前签订的分占巴黎的条约,巴黎被一分为三;作为中立的城市,克洛泰尔的三子均不得擅入。这一点,三人当时曾以最为庄重的方式宣誓。出于对宗教的敬畏,誓言信守至今,尚无人敢冒天下之大不韪,贸然违犯。而这次,西吉贝尔宁可魂灵犯险,也绝不肯忽略复仇成功所需的任何一个步骤。显然,巴黎是他所必需的战略要地——用更现代的术语来说,是他的"后续作战行动基地"。从巴黎出发,他可以西攻伊尔佩里克,南取提奥德贝尔特。因此,他决定无视条约,勒令巴黎打开城门。于是,他不费吹灰之力就入了城。

在巴黎安下大本营之后,西吉贝尔首先发兵攻打伊尔佩里克之子提奥德贝尔特。此时,后者沿着前一年在阿基坦的行军路线,刚刚抵达利摩日。在图尔和沙特尔之间,有一块条状的土地,包括沙托丹(Châteaudun)和旺多姆(Vendôme)❷地区,属于奥斯特拉西亚王国。西吉贝尔决定在此就地征兵,以节约兵力。他派出信使,逐村逐镇发出公告,动员当地自由民携带武器出征。

---

❶ 下塞纳,即今滨海-塞纳省,位于法国西北部沿海地区,勒阿弗尔(le Havre)一带。
❷ 沙托丹与旺多姆,均为法国北部城市,位于今中央-卢瓦尔河谷大区。

不过，无论城市还是乡村，均无人响应。虽然违抗国王命令者会被治罪，沙托丹、旺多姆和图尔以北地区的居民并不乐于离开家园，应征入伍。固然，他们知道自己所在的市镇属于西吉贝尔的领地，也清楚自己缴纳的税收理应进入奥斯特拉西亚的国库，但是，义务似乎仅止于此。由于这一地区极少有机会感受到国王的行政权威，而这又是他们首次接到类似的指令，当地几乎无人将此放在心上。

如果这种消极抵抗的状态持续下去，奥斯特拉西亚国王很难分兵作战。为了能够迅速而和平地改变局面，他派出了两名最擅辞令的干将：宫相郭德吉赛尔和绰号"波兹(Bose)"（意即"智多星"）的贡特朗（Gontramn）。❶ 尤其是贡特朗，虽来自日耳曼血统，却具备高卢-罗马人特有的灵活头脑，足智多谋，天赋过人。两人不辱使命，很快便率领一支装备较差的当地军队渡过了卢瓦尔河。不过，这支部队人数倒是不少，并不惧与提奥德贝尔特一战。

提奥德贝尔特的部队听闻奥军压境，本已十分惊慌；现在又得知敌军正向自己开来，后路也被切断，则更是惶恐。虽然士气低落，提奥德贝尔特却表现出一位真正的日耳曼首领的气魄，决心迎击敌人。他离开利摩日，在夏朗特河（Charente）❷河畔距昂古莱姆 8—10 法里处布防。行军途中，许多士兵逃之夭夭；战斗开始时，他几乎已成了孤家寡人。然而，即便孤身奋战，他仍然不失勇气，直至战死乱军之中。①郭德吉赛尔和贡特朗的军队主要由高卢的农民构成。他们不像法兰克人一样尊重墨洛温的王族，对提奥德贝尔特与众不同的披肩长发视若无睹，扒光了他尸体上的服饰，令他暴尸荒野，与其他的死者别无二致。一位名为阿纽尔夫（Arnulf）的奥军将领对这种亵渎行为不以为然。虽然身为提奥德贝尔特的敌手，他仍然不无敬意地取回了年轻王子的尸首，根据传统将其清洗干净，裹上盛装，用自己的贷费，葬之于昂古莱姆城中。

此时，贡特拉姆国王再次屈服于息事宁人的性格或是恐惧，刚刚与西吉贝

---

❶ 贡特朗，与西吉贝尔之兄国王贡特拉姆同名。此处作不同译名处理，以与后者区别。
❷ 夏朗特河，法国西南部支流。
① 传闻"智多星"贡特朗亲手击毙提奥德贝尔特，或是在可以俘获后者时，令士兵击杀了他。详见本书"记三"。

尔和解。伊尔佩里克得知自己再次被出卖的同时,又获悉了儿子的死讯和阿基坦远征军的失败。双重的噩耗,使其陷入彻底的绝望,只余逃命一念。他迅速撤离塞纳河一线,穿过整个王国,携妻儿和亲从逃往图尔奈城避难。图尔奈是法兰克王国最早的都城,城池坚固——这便是伊尔佩里克决定退守此地的原因。他紧急征用人力物力,准备守城。同一时间,西吉贝尔的大军在纽斯特利亚畅行无阻,夺取了多座城市。

占领巴黎以北及以东的城市之后,西吉贝尔准备挥师西进,打算将新征服的领地,如约分封给来自莱茵河对岸的部下。这一计划使所有法兰克人惴惴不安——奥斯特拉西亚人亦不例外。奥斯特拉西亚人并不情愿与多年以来的假想敌在高卢为邻;纽斯特利亚人则更是看到了被剥夺与被奴役的危险,预想到军事征服所带来的种种恶果。于是,国王听到了前者的直言谏诤和窃窃私语,也得知了后者积极和解的意愿。纽斯特利亚的贵族和自由民协商了危局之下的对策,决定致书西吉贝尔道:"吾等法兰克人,昔从伊尔德贝,后随伊尔佩里克。今日,吾等咸愿从陛下驱驰,请奉陛下为我王!"

法兰克人有权决定以这样的方式离开原先的统治者,转投另一位墨洛温的王族成员。对克洛泰尔诸子而言,王权大小,与其说取决于领地的面积和富裕程度,不如说更依赖于听命于己的兵源人数——用日耳曼语来说,就是看有多少人"听他的嘴"。① 法兰克的人口数量决定了国王们的实力,但各王国的人口分布既不均衡,又不稳定,而且也未必与王国地域的划分严格对应。国王最为忠诚(或曰最为"有用")的附庸和臣属们一般都住在他身边,构成他永久性的亲兵卫队,有资格与国王共同进餐,或者分享王室领地的收成,作为酬劳。更多的附庸,虽享有国王封授的领地,却远远地住在自己家中,忠诚度就要低些。这后一类人往往为了保住自己的家业,背叛了伊尔佩里克,向西吉贝尔宣誓效忠。而前一类更为忠诚的贵族,人数较少,跟随流亡的国王撤到了图尔奈城内。西吉贝尔欣然接受了纽斯特利亚人的书信和馈赠,向他们发誓,保证不把任何城市分封给士兵,并承诺将根据祖先的习俗,举办继任纽斯特利亚国王

---

① 根据条顿语族的某些词根判断,对古代日耳曼人而言,"嘴巴"象征着"权威",而"耳朵"象征着"服从"。

的登基大典。随后，他一直行进至鲁昂，侦察军事，确认没有任何一座西部重镇胆敢忤逆他的权威，方才返回巴黎。

为了防止丈夫重拾手足之情，布伦伊尔德决定亲自监督复仇计划的完美实现。她离开梅兹，来到了西吉贝尔身边。由于对最终的胜利满怀信心，她带上了两个女儿——安恭德（Ingonde）和克洛德温德（Chlodeswinde），以及四岁的儿子伊尔德贝（Hildebert）。她的行李车队装载着她最珍贵的金饰和珠宝，价值连城。或许是出于女性的虚荣心，她渴望以令人目眩的方式，用珠光宝气表现出自己的高贵，并震慑对手。这位西班牙的公主，依然年轻，美艳绝伦；与其他的墨洛温王妃们相比，她更符合高卢人根据罗马传统对一位王后形象的想象。作为哥特国王的女儿，她生于一个不无罗马帝国遗风的日耳曼国家，以自己举止的优雅和出身的高贵，赢得了人们的尊重。进入巴黎的那天，万人空巷，只为一睹她的风采。教堂的神职人员和昔日罗马的贵胄都争相前来向她致敬。然而，当时巴黎地位最为显赫的人物、身兼宗教和世俗要职的日耳曼（Germanus）主教（即今天所谓的圣日耳曼）并没有现身。

圣日耳曼深受罗马文明熏陶，也虔信天主。与其他那些在精神方面有所追求的人一样，看到罗马世界受到野蛮人的奴役，他痛心疾首；无谓地反抗着国王们的暴力和任性，他精疲力竭。内战之初，圣日耳曼曾试图充任伊尔佩里克和西吉贝尔之间的调解人；西吉贝尔到达巴黎时，他又曾徒劳地反复哀求和劝告。被疲劳和沮丧拖垮了身体的圣日耳曼终于病倒了。肉体遭受折磨的同时，他更为高卢悲惨的现在与黯淡的未来而痛苦。他大声疾呼道："缘何我等永无宁日？圣徒（apôtres）于二刑之间，尝曰：终有数日可耐也！缘何我等不得作是言？"由于病重行动不便，他无法当面劝导布伦伊尔德，便修书一封寄去。这封信后来辗转到一位名叫贡杜尔夫（Gondulf）的法兰克教士手中，一直保留到今天。信的开头部分，是一些道歉和宣誓效忠的客套话。书信的大意如下：

我不知是否应该向您复述人们的飞短流长？这些谣言令我如坐针毡。您一向以虔诚而闻名。我希望您的清誉不会受到影响。据说，西吉贝尔国王执意摧毁这个国家，正是遵循您的建议，也受到了您的鼓励。我向您汇报这些谣言，绝非因为我相信它们；我只是请求您不再给小人留下

任何话柄,再为这些无理的非难添油加醋。虽然这个国家的人民远离幸福已久,但是,我们一直不放弃相信天主的慈悲。主必会拦住复仇之手,让统治者们不再听任自己被残忍的杀念,被万恶之源的贪欲,被令人丧失理智的怒火所左右⋯⋯

主知道这一切,我心满意足。我曾经希望以自己一死,换取他们的长命百岁;我也曾希望在他们之前死去,以免亲眼看到他们的灭亡和生灵涂炭。然而,他们不停地争斗厮杀,互相推诿过错,全不念及上帝的责罚,不愿听从万能的主的裁断。既然他们都不愿垂顾听我一言,我只能向您恳求了。如果这个王国毁灭于他们的不和,于您或于您的孩子,都不会是真正的胜利。这个国家为您的到来而喜悦。那么,请让世人知道,您是前来拯救它,而不是来灭亡它的。如果您能够平息国王的怒气,劝说他静候上帝的裁决,有关您的诽谤之词也就不攻自破了。

给您写信时,我满怀悲伤,因为我深知国王和国民们如何急于冒犯上帝的尊严。任何崇尚勇武的人都是不智的,不会取得真正的胜利。任何自以为人多势众的人,都不能真正远离危险,而时刻面临死亡的威胁。任何以金银财富而自矜的人,在贪欲得到满足之前,都将难免咒骂和劫掠。这一切在《圣经》中都有记载⋯⋯

击败兄弟,使家族蒙羞,毁灭我们的祖先创造的财富——这样的胜利,没有光荣可言。手足相残,那是对自己发动的战争。战争的任何一方,都在奋力毁灭着自己的福祉。眈眈虎视、悄悄进逼的敌人,只会为他们的迷失而欣喜⋯⋯经书记载,以斯帖王后(Esther)❶是上帝的使者,被遣来解救民众。也请您如她一般,用您的谨慎和虔诚,令西吉贝尔国王回心转意,放弃违背天主旨意的恶行,使民众得以享受和平,直至末日审判践行上帝的公平。如果一个男人无视兄弟之情和妻子的劝导,拒绝接受真理,他将受到所有先知和圣徒的诅咒,上帝也将亲自降罪于他。

书信的字里行间,都流露出悲伤的情感;而作者直呼诸王之名,不加尊称,

---

❶ 以斯帖,《圣经·旧约》人物,波斯王后,本为犹太人。在她的努力下,犹太人得以挫败种族灭绝的阴谋。

文风又透出一分高傲的威严。这一切都加强了文字的感染力。但是,他的努力是徒劳的。布伦伊尔德报复心极重,也极为无情——在这方面,传统日耳曼诗歌中同名的女性人物无出其右者。①她既不从宗教角度考虑面临的危险,也全不念及前人有关"浮财易逝"的古训。遥想到丈夫一旦反复,自己将陷于尴尬境地,她比以往任何时候都更为迫切地希望西吉贝尔出兵图尔奈,给兄弟致命一击,获得完胜。

西吉贝尔派出一支先头部队,侦察图尔奈附近的地形,开始围城。他自己则准备前往作为西法兰克国王登基的地点。由于仪式应在军营内露天举行,无论巴黎还是其他城市,都无法承办这一大典。最后,人们选定了斯卡普河(Scarpe)河畔的维特利(Vitry)。❶ 这里是纽斯特利亚的一个税收领地。之所以选择此处,或许是因为它比较靠近图尔奈;或许是因为这里的地理位置偏北,比较易于法兰克人聚集——在高卢地区,越靠近北方,法兰克人的人口密度越大。国王率领着他的精锐扈从队伍整装待发,骑士们个个手持长矛和彩色的盾牌。此时,一位身着神职人员服装、面容苍白的老人出现在他面前。这正是圣日耳曼主教。他挣扎着从病床上爬起来,想做最后一次庄严的尝试。他说道:"西吉贝尔王,君此去,若不欲置汝兄于死地,则将凯旋。不然,君亡矣。主借所罗门(Salomon)❷之口曰:汝为汝兄所掘之墓穴,汝将自坠焉。"这意外的训导,根本没有败坏国王的心情。主意已定,对胜利志在必得的西吉贝尔扬长而去,完全没有理睬圣日耳曼。不久,巴黎的城门和翘首盼他归来的妻儿就消失在他的视线中。

西吉贝尔即将被推选为纽斯特利亚的国王。他穿过这个国家,感受着预想中的胜利:高卢居民和城市的教士们争相出迎;法兰克人纷纷上马,加入扈从的行列;日耳曼语和拉丁语的欢呼声,不绝于耳。从塞纳河到索姆河(Somme)❸的两岸,高卢-罗马人在数量上占有优势。然而,索姆河以北,日耳曼色

---

① 斯堪的纳维亚的《诗体埃达》(Edda)和《尼伯龙根之歌》(Nibelungen)里,都有类似的名字,分作 Brynhilde and Brunhilt。这种姓名的相似,纯属巧合。
❶ 斯卡普利,位于法国北部。此处的维特利,即今维特利-昂-阿图瓦(Vitry-en-Artois),法国北部小镇。
❷ 所罗门,《圣经·旧约》中的人物,以色列国王,以智慧著称。
❸ 索姆河,法国北部河流,流经亚眠(Amiens)。

彩就愈益凸现出来了。队伍越向前行进,法兰克人在当地居民中所占的比例就越大。在王国中部,日耳曼人只是一些游手好闲的小股武装,彼此间也住得很远。而在北部的比利时一带,他们聚族而居,以农耕为业,居住在沼泽和森林的边缘。维特利距杜埃(Douai)❶不远,正位于两个地区的交界地带。无论是北法兰克的农夫和地主,还是南法兰克的将士们,出席新国王的登基大典,都十分方便。纽斯特利亚的大地主和军事首领中,只有安索瓦尔德(Ansowald)一人没有前往赴约。他的缺席非常醒目,也成就了他日后"在逆境中保持忠诚"的盛名。

仪式在一大块空地上举行。空地四周是帐营和临时搭建的棚子——许多来宾无法安顿在维特利小镇的房子里,只得在军营中露宿。戎装的法兰克人围成一个大圈;西吉贝尔在麾下大将与领主的拱卫之下,出现在人群的中心。四名强健的士兵走来,同举着一面盾牌,他们请国王坐在上面,将它抬到肩膀的高度。在这移动的宝座上,西吉贝尔由领主们护卫着,在人群中转了三圈,接受民众的致敬。为了让欢呼声更为热烈,这些法兰克人用剑背敲打着铁盾,作为掌声。根据日耳曼传统习俗,三圈之后,西吉贝尔的登基大典结束。自此刻起,他身兼奥斯特拉西亚和纽斯特利亚的国王,正式成为法兰克人的王。大典之后数日,人们纵情狂欢于比武和盛筵。国王准备将维特利的储备物资挥霍一空之后,再带领大家转往自己的下一块新领地。

数里之外的图尔奈,此刻被奥斯特拉西亚大军围城,又是一番全然不同的气象。伊尔佩里克国王遭到背叛,一无所有;兄弟的无礼挑衅,更使他精神的痛苦达到极点。芙蕾德恭德则由于恐惧和绝望,举止如同困兽。到达图尔奈时,她已经身怀六甲,即将临盆。不久,孩子就出生在守城的乱军之中,死亡的恐惧日夜萦绕在他身旁。芙蕾德恭德视这名婴儿为新的麻烦,甚至一度打算遗弃他,听任他死于冷漠和饥饿。但是,这个恶念只是一闪而过,母性的本能终究占了上风。新生儿由图尔奈的大主教做了洗礼,浸入圣水池中。他的父

---

❶ 杜埃,法国北部城市,位于加莱-皮卡第大区。

母在极度焦虑中,没给他取日耳曼人的习用名,而是称之为参孙(Samson)❶,寓意"获救的先兆"。

伊尔佩里克对时局彻底绝望,消极等待着末日的到来。头脑更为灵活的王后,一边千方百计做逃亡的准备,一边仔细观察身边的人与物,不放弃任何一线希望的光芒。在追随国王来到图尔奈的贵族中,她发现了两个年轻的法兰克人。从外貌和言谈举止,都可以感受到他们的古道热肠和奉献精神。此二人出生于泰鲁安纳(Térouane)❷地区,对领主抱有狂热的忠诚——这种忠诚,在中世纪时,往往被骑士们视作无上的荣光。为了征服他们的灵魂,芙蕾德恭德动用了她全部的智慧和声望。她把他们请到身边,倾诉自己的不幸和绝望,又花言巧语给他们灌下了迷魂汤。最后,深知两个年轻人已经走火入魔,她请求他们前去维特利刺杀西吉贝尔。年轻的勇士们发誓将全力完成王后的嘱托。于是,芙蕾德恭德亲手交付他们每人一把带鞘的长刀,也就是法兰克人所谓的"斯卡马萨"。为保险起见,她还在刀刃上淬了毒。她对他们说道:"别矣!若君生还,吾予君以富贵荣华。若君亡,吾为君布施,遍于圣地!"

两个青年人离开图尔奈,装扮成逃兵,穿越奥斯特拉西亚军队的防线,来到维特利王室领地。此时,所有的大厅还回荡着节日和宴会的欢乐。他们说自己作为纽斯特利亚人,特前来向国王致敬,并与国王交谈。即位之初,西吉贝尔刻意表现得平易近人,无论谁来要求庇护或者裁断,他都会接见。纽斯特利亚人要求有片刻密谈的机会,西吉贝尔很轻松地应允了。佩戴腰刀是日耳曼人的一项传统。因此,他们的武器没有引起任何人的警觉。觐见之时,他们分立于国王两侧。当西吉贝尔正在和善地倾听时,两人忽然同时拔刀,双双刺入国王的肋部。西吉贝尔惨叫一声,便断了气。听到叫声,国王的侍从阿尔吉赛尔(Harghisel)和一名叫席吉拉(Sighila)的哥特人持刃赶来。前者被杀,后者也被疯狂抵抗的刺客砍伤。但是,其他的将士们也很快赶到,房内一时水泄不通。两个纽斯特利亚人四面受敌,寡不敌众,先后战死。

---

❶ 参孙,《圣经·旧约》中的人物,著名的大力士。出生时,其母获得上帝使者的指示,得知上帝将借他拯救以色列人脱离外敌非利士人(Philistins)的压迫。
❷ 泰鲁安纳,今作 Thérouanne,法国北部小镇,位于法国、比利时边境。

得知风云突变,围攻图尔奈的奥斯特拉西亚人纷纷卷起铺盖回乡。国王的猝死,意味着奥斯特拉西亚即将天下大乱,暴力和劫掠在所难免。每个人都急着归家查看情况。这支庞大的恐怖之师忽然土崩瓦解;伊尔佩里克忽然不见了敌人,可以纵横驰骋,为所欲为,直至莱茵河岸了。死里逃生之后,他离开图尔奈,重操对国家的统治权。他首先赶到事发地点维特利。纽斯特利亚人的盛大聚会已经散场,人们早就各自归位,只余下几名奥斯特拉西亚仆人照看西吉贝尔的尸首。看到兄弟的尸体,伊尔佩里克既无悔心,又无恨意,只希望能给他一场配得上国王身份的葬礼。他下令,根据日耳曼人的习俗,将西吉贝尔盛装入殓,以昂贵的武器作为陪葬,风光大葬于斯卡普河畔的朗布尔(Lambres)❶小村。

　　大戏以谋杀开始,又以另一起谋杀谢幕,这是一部真正的悲剧。剧中不缺激情和个性,更有无常的命运。尤其后者,构成了古典戏剧的灵魂,让真实生活中的意外事件具备了诗意的壮美。任何一段历史,都不可能比墨洛温王朝诸王的兴衰,更清晰地凸现出宿命的烙印。半开化的征服者们沉迷于奢侈的生活,充满对权力的渴望。子孙们在如此家教下成长,丝毫不懂得克制自己的情感和欲望。当然,有些人比他们更了解世俗的事务和行为的规范,也曾徒劳地劝谏他们谨慎克制;然而,他们置若罔闻,完全迷失了自我。基督徒常挂在嘴边:"上帝之手,就在此处。"而看到他们盲目地追随着自己野蛮的本性和放纵的情欲,如同被带入歧途的舟车,即使不是先知,也足以猜测和预言他们中绝大多数人的结局。

　　伊尔佩里克重建权威,回归布莱纳的王宫。一天,高卢的两位主教,阿尔比的萨勒维乌斯(Salvius d'Alby)和图尔的格里高利觐见完国王之后,在王宫周围漫步。正聊着天,萨勒维乌斯心血来潮,忽然停下来问格里高利道:"汝见屋顶之物乎?"图尔主教答道:"然。王甫建之亭阁也。""未见其余?"格里高利有些惊诧:"未见也。汝若见异物,请语我。"萨勒维乌斯长叹道:"吾实见上帝之剑高悬此楼也。"四年之后,纽斯特利亚国王暴毙。

---

❶ 朗布尔,即杜埃城附近的朗布尔-雷-杜埃(Lambres-lez-Douai),距维特利约10公里。

记 三

伊尔佩里克次子墨洛维的故事。575—578年。

西吉贝尔国王出发之后，布伦伊尔德独自留守巴黎。她的野心也日渐膨胀，开始自认为是纽斯特利亚的王后，更是敌人命运的主宰者。不久，西吉贝尔的死讯传来，让她从权力的巅峰一下坠入了极端危险的境地。伊尔佩里克杀死了兄弟，更乘胜追击，进逼巴黎，准备擒获其家人，并鲸吞其财产。纽斯特利亚人统统回到了伊尔佩里克的麾下；一些奥斯特拉西亚的贵族，甚至也改换阵营，前往拜会伊尔佩里克，宣誓效忠——有的是为了谋求土地和财产的封赏，有的只是在乱世中寻求庇护而已。一位名叫戈丹（Godin）或戈德温（Godwinth）的贵族，获得了苏瓦松附近的大片土地，作为变节的奖赏；而王室的掌玺大臣西哥（Sig），又名西高德（Sigoald）的那个家伙，也做出了同样的勾当。许多人纷纷步他们的后尘。

布伦伊尔德在悲惨命运和悲伤消息的双重压力下，惊惶不安，无计可施，也不敢轻信任何人：塞纳河边的王宫，于她和她的三个孩子，已变成了一座监狱。虽然还没有人囚禁她，但她仍不敢出宫踏上回奥斯特拉西亚的归途，生怕在归途中被人逮捕或背叛——设或如此，情形将比目前的境遇更为凶险。她深知无法携家人及财物逃离，便只能盘算着如何将儿子送离虎口。小王子虽然年幼，毕竟也是伊尔佩里克实现野心的一块绊脚石，性命恐怕难以保全。因此，小伊尔德贝的逃亡计划是高度保密的。负责此事的是其母身边唯一可靠的朋友：龚德巴公爵——两年前，面对纽斯特利亚的大举入侵，正是这位公爵丢掉了普瓦图。❶ 孩子被藏在为王室供给食物的大篮子里,从窗户吊下城堡,连夜送出巴黎。根据不同记载,龚德巴本人,或某位更不容易引起怀疑的仆人,独自将西吉贝尔的儿子带回了梅兹。他的意外归来改变了整个国家的精神面貌。惊讶的奥斯特拉西亚的人们大为振奋,他们不再三心二意,立马着手新王的登基事宜。奥国的贵族和战士们在梅兹召开大会,推举年方五岁的伊尔德贝二世为国王。随后,贵族和教士们又选定内阁,辅佐幼主执政。

得知这个消息,伊尔佩里克暴跳如雷。他本来打算兵不血刃地兼并弟弟的王国,现在只能眼睁睁看着完美计划破产;他火速赶往巴黎,至少要确保捕获布伦伊尔德,并夺得她的财富。不久,西吉贝尔的遗孀就出现在死敌的面前。此时,她唯一能够用以自保的,只有美貌、泪水和女性的妩媚。她刚刚二十八岁,以优雅和富有闻名于世,时人的评价甚至多有夸张。无论伊尔佩里克对她怀有多大的怨念,即使他以前从未垂涎于她的财富,此刻也不可能对她的优雅无动于衷。当时,纽斯特利亚的两位王子也在父亲身边。作为兄长的墨洛维,对这位充满魅力的不幸女人一见钟情;自此之后,他充满怜悯和爱慕的眼光,再不能须臾离开她。

或许,这位年轻王子的热情,对深陷囹圄的王后而言,是一个巨大的安慰;或许,工于心计的布伦伊尔德一眼就看出了获救的机会;总之,她使尽浑身解数,煽动着这爱情的星星之火。没多久,它就化作了最为盲目的燎原巨焰。墨洛维已经忘乎所以。他将变成自己的家庭的敌人,被父亲和亲人的仇家所利用。他可能从未意识到这一局势中蕴含的罪恶和凶险;或者,他其实已经洞悉一切,但无视风险和理智,偏要任性而为。然而,伊尔佩里克完全不知道事态的发展,看不见墨洛维对叔叔之遗孀的绵绵情意。他只顾着清点大包小包的金银珠宝、首饰和精美布匹;收获的财富总量,远远超出了他的期望。在这个甜蜜的发现之后,他的脾气都好转了,对自己的女囚也更加温柔与宽容。虽然布伦伊尔德曾蓄谋伤害他,伊尔佩里克却不再打算施以残酷的报复。他决定将她流放了事,甚至出于礼节,把刚刚从她手里夺来的财富,分还给她一小笔。

---

❶ 普瓦图地区,位于今法国西部,包括普瓦捷及其周边地区。

这一优渥的待遇，是连布伦伊尔德自己都没敢想象过的。她在扈从的陪伴下，前往指定的流放地鲁昂。经历过长时间的担惊受怕，现在唯一令她感到切肤之痛的，是与女儿们的分离。不知作何考虑，伊尔佩里克下令将安恭德和克洛德温德两位公主送往莫城看管。

　　墨洛维也深为离别所苦，由于无法与人言说，愁绪则更是挥之不去。他随父亲回到布莱纳的宫城，更感到悲伤的日子难以忍受。即使没有其他史料佐证，芙蕾德恭德作为继母，对丈夫与前妻之子的仇恨，也是不难想见的。父亲对儿子们的温柔与爱意，更加刺激了她的嫉妒和恼怒。她盼望着他们死去。提奥德贝尔特去年阵亡，确实让她很是高兴了一阵。而墨洛维作为未来的一家之主，现在是她最大的眼中钉；当然，她对付自己所憎恶的人，还是颇有些手段的。此时，由于布伦伊尔德用眼神或者言语向墨洛维传递了爱的讯息，年轻的王子一心想离宫去鲁昂寻她，只是苦于没有资金和借口。不过，不解风情的父亲，很快便给了他可乘之机。

　　伊尔佩里克对既定计划的执着，与其归因于他精力充沛的个性，不如说来自他思维的迟滞。总之，尽力处理完纽斯特利亚的事务之后，他又打算夺回引起兄弟阋墙的那几座城市。在这些城市中，图尔离纽斯特利亚的中心地带较近，市民比较谨慎，仍然选择向伊尔佩里克宣誓效忠；而其他城市，在西吉贝尔死前，就已被奥斯特拉西亚的将领们收复，承认该国新主的权威。于是，又一场旨在夺取普瓦捷、卡奥尔、利摩日和波尔多的战役打响了。提奥德贝尔特死后，伊尔佩里克尚余二子。这次，他选择了毫无军事经验的墨洛维作为远征军统帅，给了他一小队人马，命其取道普瓦图。

　　享有决定行军路线大权的年轻人，对父亲建议的方向毫无兴趣。他的心里，爱情远比荣誉和战斗重要。率领骑兵和步兵向卢瓦尔河行进了小半天，他又想起了布伦伊尔德，很遗憾不能顺路去看望她——哪怕是靠近一些也好。这个念头萦绕着他。很快，他就把此行的目标和使命，丢到了九霄云外。到达图尔之后，他不是稍事停留，而是借口要在图尔的圣马丁教堂参加复活节弥撒，待了一个多星期。在队伍休整期间，他没有研究作战方案，却制订着逃亡计划，不计手段，搜罗各种便于携带的贵重细软。当士兵四出在图尔周边抢劫之时,他把忠于其父的图尔伯爵勒达斯特(Leudaste)洗劫了一番——那可怜的伯爵,刚刚在自己家中热情周到地接待了他。把屋中的值钱物事搜刮一空之后,墨洛维算着拥有了足够实现计划的财宝,便准备离开图尔。当年,为了迎娶芙蕾德恭德,伊尔佩里克废黜了墨洛维的生母,令其隐修于勒芒的一所修女院。墨洛维谎称要出城看望母亲。然而,他既未尽此孝道,又未及时回到军中。实际上,他取道沙特尔和埃夫勒(Evreux),❶直奔鲁昂。

我们不知道,布伦伊尔德是一直在等待着这爱情的告白,还是为伊尔佩里克之子的到来而喜出望外。但无论如何,她心花怒放,是不争的事实。两人之间的爱情迅速升温。几天之后,西吉贝尔的遗孀就把丈夫忘到九霄云外,同意嫁给墨洛维了。根据两人间的亲缘关系,这段婚姻不为教会的律法所接受。尽管这对恋人对清规戒律很少介意,但如果找不到敢于违犯律例为他们证婚的神父,毕竟也有些遗憾。那时,鲁昂的主教是普雷特克斯塔图斯(Praetextatus)。当年,因缘巧合,他当上了墨洛维的教父。自从洗礼那天起,由于这种精神上的父子关系,主教对墨洛维始终抱有一份真挚的父爱。他性格平易而软弱,禁不住被自己视作儿子的王子的苦苦哀求,或是威逼利诱,终于违背了教规,被拖去主持了婶婶与侄子的婚礼。

在高卢滑向野蛮的这段时期里,人们对规范的厌倦和遗忘,成为当时社会的通病。所有人,甚至包括最有智慧的人,都倾向于用个人幻想或者突发奇想来取代秩序和法律。高卢人太热衷于模仿日耳曼征服者,于是,前者的软弱又更纵容了后者的残暴。普雷特克斯塔图斯盲目地顺从法兰克王子的热情,秘密举行了墨洛维和布伦伊尔德的婚礼弥撒。根据当时的传统,他持着新人的手,诵读了婚礼的神圣祝福。这一屈尊的行为,有朝一日将使他付出生命的代价;而那位莽撞地将他卷入事端的年轻人,日后的命运甚至更加悲惨。①

身在巴黎的伊尔佩里克,满怀希望地等待着阿基坦远征军的捷报,却得到了儿子逃亡并成婚的古怪消息。暴怒之下,他怀疑自己遭到背叛,更怀疑存在

---

❶ 埃夫勒,法国北部城市,位于今诺曼底大区。
① 参看"记四"。

一个针对其本人的夺权阴谋。他决定及时挫败这一阴谋,让墨洛维脱离布伦伊尔德的影响和操控;于是,他立即前往鲁昂,执意要破坏这段姻缘,将两位新人分开。此时,小夫妻正沉浸在新婚的喜悦中,头脑中只有爱情。布伦伊尔德虽然足智多谋,面对国王的驾临也是无计可施。为了免于遭遇盛怒之下的伊尔佩里克,她和丈夫躲进了城内的圣马丁教堂。这是一座木制的长方形小教堂,形制在高卢全境十分常见。它的外观高挑,几棵树干捆扎成一列,就是一排廊柱。如此材质,若想如砖石一般砌出半圆的拱形(cintrer)自然很困难;因此,拱门必须采用尖顶,在外观上形成尖拱(ogives)的独特风貌。若干世纪之后,这种风格成了建筑界的主流。❶

这个避难所寒酸的住宿条件,当然谈不上舒适。但是,教堂虽小,它的围墙却构成了避难者的神圣空间。墨洛维和布伦伊尔德困守其中,决心一直待到他们感到安全的时刻。纽斯特利亚国王意欲引蛇出洞,可谓费尽心机,而他们始终不为所动。伊尔佩里克生怕招致圣马丁的惩罚,不敢贸然动武,只能与儿子和儿媳讲和。最后,小夫妻在投降之前,要求国王郑重宣誓承诺,不会利用自己的权力胁迫他们分离。伊尔佩里克答应了,但狡诈地给自己留下便宜行事的自由——他发誓:只要那是上帝的旨意,他不会把他们分开。虽然誓言模棱两可,这对亡命鸳鸯还是心满意足了。一半由于倦怠,一半出于国王的好言相劝,他们终于走出了教堂的庇护范围。因为儿子的顺从,伊尔佩里克稍稍放宽了心,小心地抑制住自己的怒火,不让人看出分毫疑虑。他甚至拥抱了这对新人,完美地掩饰了内心的想法,与他们共同进餐,让他们感到慈祥的父爱。这样过了两三天后,他突然带着墨洛维前往苏瓦松,将布伦伊尔德独自留在鲁昂,更为严密地看守起来。

距苏瓦松数里之外,纽斯特利亚国王父子得悉噩耗:城市已被奥斯特拉西亚军队包围;静候城中盼夫归来的芙蕾德恭德在最后时刻,与继子克洛维和尚在襁褓中的幼子逃脱了。此前传来的消息,让人误以为天下太平,对这次的突袭毫无防范。发动突袭的,是以葛德文和西高德为首的奥斯特拉西亚降将。

---

❶ 尖形拱门和尖状拱肋,是哥特式建筑的基本特征,于12—14世纪风靡欧洲。

他们此番又背弃伊尔佩里克，回归伊尔德贝二世的阵营；即将归国之际，他们悍然攻击纽斯特利亚的都城，以示悔过之心。这支军队人数不多，主要由兰斯附近的农民构成。他们喜欢趁火打劫，一听说要与纽斯特利亚开战，便越境来到敌国领土抢夺战利品。伊尔佩里克不费吹灰之力，便在巴黎和苏瓦松之间招募了一支大军，火速驰援围城。他并不急于猛攻奥军，而是先展示了一番自己的实力，向对方去信，希望敌军不战而退。葛德文与同袍们答道：吾等来此，但求一战。然而，那是蹩脚的一战。伊尔佩里克获得首胜，兴高采烈地进入了王国的首都。

好情绪没能持续多久。很快，严肃的思考就令他忧心忡忡了。他忽然想道：奥斯特拉西亚人进攻苏瓦松，正是布伦伊尔德阴谋设计的结果；而墨洛维很可能事先知情，甚至参与其中；至于他的恭顺和善良，只是伪善的面具而已。芙蕾德恭德不失时机地旁敲侧击，借墨洛维的冒失行为，对其恶意中伤。于是，墨洛维成了许多他根本无力策划之阴谋的主使：他妄图推翻父亲的王位，与那不伦的新婚妻子共同统治高卢。在王后巧妙的引导下，国王的疑虑与日俱增，甚至发展为某种恐惧。他臆想儿子会对他的生命构成威胁，下令解除墨洛维的武器，将其软禁起来，直至做出最后决定的一天。

数日之后，以伊尔德贝之名摄政的奥斯特拉西亚贵族们向伊尔佩里克派出使团，声称葛德文的行动纯属个人血亲复仇，与奥国无关。纽斯特利亚国王装作热爱和平的样子，也表现出对侄子的慈爱。于是，使团放松了心态，在致歉之余，又大胆地提出了一项很难交涉成功的要求：释放布伦伊尔德和两位公主。正常情况下，伊尔佩里克不大可能爽快地答应释放俘获的敌人。但是，担忧墨洛维的妻子在阴谋颠覆他的王国，出于安全考虑，他很乐意做个顺水人情，马上应允了使团的恳请。

撤销流放命令的消息传来，于布伦伊尔德是个意外之喜。她急忙离开鲁昂和纽斯特利亚，快马加鞭，有如在天崩地裂之际逃生。由于不愿片刻拖延，她匆匆准备了些随身物品，决定宁可遭受巨额财产损失，也不再携带那价值不菲的行李。她令人将数千件金器和几个装着贵重首饰和织物的包裹，统统托付给普雷特克斯塔图斯主教。主教再次屈从于对墨洛维的父爱，同意保存这笔财富——这次,他的错误比第一次更加致命。伊尔德贝二世的母后从鲁昂出发,到莫城会合二女,绕开苏瓦松,直奔奥斯特拉西亚,一路没有遇到阻碍。不过,虽然她的归来为万民企盼,但在当地的大贵族间还是引起了混乱:这些野心勃勃的实力派领袖,本打算独自监护幼年的国王,自然是妒火中烧。

布伦伊尔德的离开,并没有使伊尔佩里克国王恢复对儿子的信任,也没有使其减轻对后者的制裁力度。墨洛维被剥夺了武器和腰带,根据日耳曼的习俗,可视作废为庶民了;而且,他仍然在关押中,看守严密。国王刚处理完身边这一连串的混乱事件,就又重拾了对阿基坦五城的征服计划——其中,现在只有图尔归他所有。在两个儿子中,伊尔佩里克已经没有选择:虽然克洛维在上次军事行动中表现不佳,却也只能令他担任此次出征的统帅。年轻的王子受命在图尔和昂热周边征兵,开往普瓦捷。他率领着征召来的小股部队,不战而取普瓦捷。高卢裔的贵族戴西德利乌斯(Desiderius)也率一支大军,从法国南部前来会合,兵力远胜克洛维。

此人出身名门,是阿尔比附近的大地主,生性好事,野心勃勃。他行事草率,与时人别无二致,但与蛮族的对手们相比,他更具战略眼光和军事天赋。他是镇守法兰克与哥特边陲小城的一名将领,有些不俗的业绩,不但名镇敌国,在南部的高卢人中也颇有声望和影响力。他带到普瓦捷增援纽军的这支装备精良的部队中,很大一部分士卒就是慕其名而来的。两军会师之后,戴西德利乌斯获得了军队的实际最高指挥权。从军事和政治的角度判断,他认为:逐一攻取彼此距离遥远的四座城市,过于小家子气了;与其执行伊尔佩里克的原计划,不如夺取卢瓦尔河、大西洋、比利牛斯山脉和赛文山脉(Cévennes)❶之间的整片地区。这个入侵计划对从属于奥斯特拉西亚与贡特拉姆王国的城市一视同仁,都不予放过。戴西德利乌斯首先便拿桑特祭旗,❷打开了通往波尔多的要道。

贡特拉姆国王获知自己的领土被奇袭,再次摆脱了置身事外的习惯性姿

---

❶ 赛文山脉,位于法国南方,中央高原东部,总体呈东北至西南走向。
❷ 桑特位于普瓦捷和波尔多之间。当时,该城属于贡特拉姆王国。参看"记一"。

态。他立马派名将穆莫鲁斯率大军出战。穆莫鲁斯是普罗旺斯的罗马贵族后裔,在高卢以"战无不胜"闻名。他马不停蹄,从奥维涅的平原地带进入利摩日地区,迫使戴西德利乌斯放弃据守西部地区,前来与其正面决战。两支由高卢人统率的军队很快就相遇了,一场罗马方阵的大战拉开序幕。自从蛮族所唯一习用的伏击战和游击战取代了罗马战术之后,方阵对战在高卢已多时不见了。一时间,高下难分,但胜利最终还是一如既往地属于穆莫鲁斯。一场骇人的血战之后,他的对手退却了。史书记载,双方损失的兵力分别为五千和八万。这组夸张的数字可信度不高,但至少可以说明:战斗的惨烈程度如何震撼了时人的想象。

穆莫鲁斯或许是接到了国王的命令,或许是自认为应该适可而止,总之,看到纽军全面溃败,他立刻打道回府。虽然取得了胜利,他对刚刚交锋过的对手的智慧,充满了敬意。正是这种惺惺相惜,使二人日后联手共举大业,在高卢建立新的王国。而这次失败没过多久,戴西德利乌斯又统率一支大军,凭借着法兰克人的激情与高卢-罗马人对他个人的信任,再次根据计划发动战争,终于获得了成功。五年后,从达克斯到普瓦捷,从利摩日到阿尔比,城市尽归纽斯特利亚所有。而完成这场征服的罗马人,入驻西哥特王国的故都图卢兹,以大公的爵位行使统治权,其实质与藩王(vice-royauté)无异。

被软禁数月之后,小墨洛维收到了王族法庭的裁决。该法庭由他的继母芙蕾德恭德主持,判处他剃发之刑,不得上诉。这意味着将他驱逐出墨洛温王族。根据古时的习俗,或许与某种宗教仪式相关,长发是这个家族的特征,也是王位继承权的象征,自出生起则不可触犯,更不得加以刀剪。在法兰克的人群中,凭着这一头长发,老墨洛维的后裔身份可以一目了然;按照习俗,人们总能轻易地辨认出他们——他们长发披肩,更垂至腰际,或结为发辫,或飞扬随风。长发是他们高贵的饰物。哪怕剪去一小节,也是对他们的侮辱,剥夺了他们的神圣特权,也暂时取消了他们的王位继承权。之所以说"暂时取消(suspension)",是因为这一宽容的刑罚是有时间期限的,惩戒在他们在头发重新生长到一定长度之后结束。

针对墨洛温王族的剃发之刑有两种:可以将头发剪到普通法兰克人的长

度,也就是到衣领的位置;或者像罗马人一样,剃得很短。而这种刑罚中最具侮辱性的方式,就是以僧侣的要求剃度——这也是伊尔佩里克对儿子的严厉处罚。年轻人既失去了统治权,又失去了佩带武器的权利。当初,根据日耳曼习俗,他曾在仪式上被庄重授予宝剑和肩带;现在,他必须全部交还。纵使万般不愿,纵使从来不屑于教会的戒律,墨洛维还是被贬为教士,被迫交出所有的法兰克民族服装,穿上了教会统一的罗马装束。他被勒令穿上这身他所深恶痛绝的古怪衣服,骑马前往勒芒附近的圣加莱(Saint-Calais)修道院。他将被监禁在那里,按照教会的戒律修行悔过。一路上重兵押送,似乎毫无逃走或获救的希望。也许,唯一能够慰藉他的,就是那句为他家族中同病相怜的成员们而作的著名诗句:"林木尚青,叶其复生!"

此时,在最具盛名的宗教避难所——图尔的圣马丁教堂里,一位伊尔佩里克恨不能食肉寝皮的避难者,过着深居简出的生活。这就是奥斯特拉西亚的"智多星"贡特朗。坊间流传:正是他,亲手了结了提奥德贝尔特的生命;至少,他在有机会宽容敌手的时候,纵容部下杀死了王子。惊闻西吉贝尔死讯之时,他身处阿基坦腹地。有理由担心自己会落入纽斯特利亚国王之手,他连忙赶来寻求圣马丁的庇护。除了神秘力量的护佑,图尔主教格里高利的介入更能为肉眼所见,并且同样有效。主教一直全力捍卫他教堂的权利,尤其是庇护权。在恶浊乱世之中,无论保护弱者和流亡者不受暴力强权侵害的事业多么艰难,格里高利在这场无止境的斗争里,永不言弃,谨小慎微,却英勇无畏。

自从贡特朗带着两个女儿搬进圣马丁教堂院内的一幢小楼,图尔主教和他的僧侣们就不再有片刻安宁。他们必须顶住一心复仇的伊尔佩里克国王的压力。国王为了避免亵渎神灵的罪责和危险,不敢贸然进入教堂捕人,只得设法逼迫教会交出贡特朗。他先礼后兵:首先发出友善的邀请;然后再做出威胁的暗示;最后,当这些讯息和言辞统统无效之时,他决定采用恫吓性的措施,不仅要让图尔的教团,而且要令全城居民陷入恐慌之中。

一位名为罗克伦(Rokkolen)的纽斯特利亚公爵率领在勒芒附近招募的人马,驻扎在图尔的城外。他把行营设在教堂所属的一幢楼房中,派人向主教传话:"若阁下不逐出贡特朗,吾将焚毁此城及周边村镇。"主教平静地答道:"此事绝无可能。"于是,他接到了第二条措辞更为强硬的讯息:"阁下今若不逐出国王之敌,环城数里之内,吾将令寸草不生,犁铧可过!"格里高利如上次一般不动声色。很显然,罗克伦根本没有足够的人手对付一座大城市的居民。于是,吹完牛皮之后,他洗劫并摧毁了自己的临时居所,便心满意足地撤兵了。这座木制房屋的木板由大铁钉连缀并加固。勒芒的士兵们把这些铁钉也作为自己的收获,与其他的战利品一起带走。格里高利正庆幸渡过了一劫,新的麻烦又不期而至了。而这次,事态的复杂程度是人们所无法预料的。

"智多星"贡特朗的个性与众不同。虽说是日耳曼人,如果没有用词不当的话,他可谓智谋机巧,诡计多端,天性狡诈;与其相比,最聪敏的高卢–罗马后裔,尚有所不及。他的机智,不是日耳曼式的欺骗——这类粗糙的谎言,往往伴随着大笑而告终——而是一种更为缜密,也更为邪恶的东西。他策划的阴谋往往事关全局,且随着他的脚步,在高卢四处开花。没有谁比这个奥斯特拉西亚人更善于把别人推入危险境地,而让自己全身而退。据说,他总是很快背弃对朋友的誓言,从无例外。"智多星"这个诨号可能也正是由此而来。在图尔的圣马丁避难所里,贡特朗公爵并不像其他那些有身份的避难者一样,以吃喝度日,不问其余。他时刻留意外部的讯息,不放过任何细节,以图从中获利。他在第一时间准确地获悉墨洛维的遭遇,得知他被迫剃度并发配至圣加莱修道院。忽然,他心生一计,打算就此做一番文章,让自己得以脱身。他计划请墨洛维也来到图尔的教堂会合,一起避难,共商同赴奥斯特拉西亚的办法。贡特朗相信:王子拥有高贵的血统和名望,更有一群忠贞的朋友,逃脱应非难事;依计而行,自己逃生的机会也必能大增。他把这一方案向一位名为里库尔夫(Rikulf)的低级教士和盘托出,在后者身上寄托了全部的希望。而里库尔夫出于友情,启程赴圣加莱,寻找机会与墨洛维会谈。

里库尔夫上路前往勒芒的同时,年轻的法兰克武士盖兰(Gaïlen)出于对墨洛维的效忠和同袍之谊,正埋伏在圣加莱附近,窥伺押送王子队伍的到来。这支准备将墨洛维交付修道院院长和狱卒的队伍一到设伏地点,就被人数占优势的伏兵击溃,扔下自己看管的囚犯,落荒而逃了。重获自由的墨洛维兴奋地脱下道袍,重披法兰克的戎装:腿上系一条长绷带,一直绑到鞋子;穿着收身的短袖半长上衣(tunique),长可及膝;外披毛皮的甲胄,腰带上挂着宝剑。正当他和部下们考虑着未来的安全问题,不知何去何从之际,"智多星"贡特朗的信使到来了。他没有过多考虑,便欣然接受了里库尔夫的建议,踏上了去往图尔的道路。与来时不同,王子身边的扈从全换成了自己的好朋友。他穿着行路的大衣,压低风帽,免得路人看到他的戎装僧发而好奇或嘲弄。到达图尔城下,他下了马,依旧把脑袋用风帽包得严实,走向圣马丁教堂。此刻,教堂所有的大门都敞开着。

这天,正是一个庄严的宗教节日。图尔大主教正在主持祭礼,刚刚向教众分发圣餐的酒和面包。祭坛的台布上还整齐地摆放着祝福礼之后剩余的面包,旁边有一把双耳的大酒壶。根据习俗,这些经过教士祝福的面包将在弥撒之后切成小块,交付仪式的助手们分发。这一仪式被称作"助祭圣餐(eulogies)"。参加弥撒的所有人,除了被教会弃绝者(excommunié),都有资格获得助祭们分发的面包,形式与前面由神父或主教主持的圣餐类似。助祭们走遍教堂的各个角落,把祝福面包发给在场的每个人。这时,他们看到门前的一位陌生人,面孔半遮半掩,似乎不希望被人认出,不由心存怀疑。因此,走过他面前时,他们没有给他任何东西。

年轻的墨洛维本来性情急躁,一路的担惊受怕和疲惫不堪,使得他脾气更加火暴。见所有人都获得了恩赐,只有自己被排除在外,他的怒火终于迸发了。他穿过教堂中殿的人群,一直冲到格里高利和法兰克人拉根摩得(Raghenmod)所处的祭坛旁边。后者刚刚接替圣日耳曼,担任巴黎的主教。面对着华服危坐于讲坛之上的格里高利,墨洛维生硬而傲慢地说道:"主教,何不待我如他人,不予助祭圣餐于我?请语我:吾其弃绝乎?"说到这里,他摘下了外衣的风帽。助祭们惊讶地看到这名武士奇怪地顶着僧侣的发型,愤怒的脸涨得通红。

图尔主教以前常见墨洛维,也知道他的整个故事,因此,他很快就认出了伊尔佩里克的这位王子。在他看来,年轻的逃亡者两次违犯了教会的律令:近亲结婚与逃避圣职。就这两项大错,严厉的神学家完全可以视其为叛教者;他所穿着的戎装和所佩带的武器,更将其置于罪愆之境。不需教会法庭的判决,他就可以被剥夺领取圣餐的机会；即便是简单祝福过的面包，作为圣餐的另一种形式，他也没有权利获得。以上就是格里高利主教平静而威严的答复。他的话语严厉而温和，但只能让小伙子的情绪更加失控。他丧失了理智，完全不尊重教堂的神圣性，大声嚷道："未征同人认可，尔无权禁我圣餐！尔若擅权逐我，吾将行异教之所为，开杀戒于此！"墨洛维声嘶力竭地喊出这些话，震惊了全场。主教感受到王子深切的悲哀。他担心把这名年轻的蛮子推向狂暴的深渊，并引发巨大的悲剧，不得不做出让步。至少为了保证形式上的合法性，他与巴黎主教商谈片刻之后，终于答应了墨洛维的要求，赐予他助祭圣餐。

　　墨洛维和他的战友盖兰率领着众多的伙伴与随从，迁入圣马丁教堂广场上的一所住宅。随后，图尔主教立刻要求他们依据罗马法完成相关手续。其中最重要的一个步骤，是要将每位避难者的到来，通知给司法及民事的相关负责人。就当前情况而言，没有人比伊尔佩里克国王更有资格受理此事。因此，无论这种表达敬意的方式能够从多大程度上平复国王的怒气，主教还是决定向他报备。一名图尔的助祭受命赶往纽斯特利亚的首都苏瓦松，专程前去解释此事的来龙去脉。在随行者中，还有主教的亲戚尼斯提乌斯（Nicetius），顺道来纽斯特利亚宫廷处理一些个人事务。

　　他们在苏瓦松的王宫受到国王接见，开始陈述此行的目的。此时，芙蕾德恭德忽然出现，她嚷道："此皆细作也！斯人来探吾王所为，将归告于墨洛维！"伊尔佩里克本来生性多疑，听了这些话，情绪立马激动起来；他果断下令，逮捕尼斯提乌斯和充当信使的助祭。他们被夺去了所有的随身财物，流放到王国的边疆，用了七个月的时间才回到故土。当格里高利的亲戚和信使遭受如此粗鲁对待的同时，格里高利本人也收到了伊尔佩里克的来信："逐逆党出尔修院！不然，尔邦将成火海！"主教只是简单回答道："即使在异教的哥特国王统治下，这种事情也从未发生，因此，在真正虔信天主的年代，不可能有类似的暴行。"收到答复，伊尔佩里克打算把威胁付诸实施，但还心有犹豫。但芙蕾德恭德是丝毫不惧亵渎神灵的。在她的唆使下，国王终于决定召集大军，御驾亲征，准备惩戒图尔城，攻击圣马丁修道院。

　　得知父王磨刀霍霍，墨洛维大为惊恐，表现出了几分对宗教的虔诚。他大声疾呼："唯愿吾主马丁之圣堂勿罹兵燹，愿斯土勿因我被难！"随后，他打算和"智多星"一起火速撤离，逃往奥斯特拉西亚，寻求布伦伊尔德的庇护——在那里，除了个人的安宁，他还将享受到财富和权力。但是，他们对此次长途旅行未做任何准备，既无足够的人手，沿途也没有足够的接应。贡特朗建议："与其因为害怕危险而置身于更大险境，还不如静观其变。"现在，离开这位新盟友的鼎力相助，墨洛维已是寸步难行。于是，他只能一反常例，虔诚地到天主脚下寻求慰藉。他在教堂的祭坛整夜祈祷，又派人把自己最珍贵的随身物品带来，作为对圣马丁的贡品，亲奉于圣人的棺椁之上。然后，他长跪陵前，请求圣人大发慈悲，前来相救，助其重获自由，并有朝一日成为国王。

086

对墨洛维而言，这两个心愿是一体的。尤其是后一个愿望，在他与"智多星"贡特朗的密谈和合谋中，似乎是他更为关注的问题。而贡特朗向来对自己的智谋充满信心，很少祈求神灵的护佑；不过，他倒是喜欢求助于巫师，希望他们能够借巫术判断其诡计的可行性。在墨洛维独自祈祷时，他派遣手下去拜访一位著名的女巫。据说，上次就是这位女巫，在他因其他事情求卜时，准确地预言了阿里贝尔国王驾崩的日期和时辰。女巫似乎熟识贡特朗公爵和墨洛维。得知贡特朗派人前来询问此二人的命运时，她让使者传话回去："伊尔佩里克王，年内将薨；墨洛维逐其兄弟，将登王位。贡特朗，尔将掌王国权柄五年。六年后，民心所向，尔将至卢瓦尔左岸一城，荣膺主教之尊。尔终将长寿辞世。"

087

贡特朗欺人一世，此番终于成了巫婆神棍的愚弄对象。女巫的预言荒诞不经，却无疑暗合于他的野心、他的梦想，以及藏在他内心深处的欲望。这令他欣喜若狂。想到预言中模糊提到的城市必是图尔，他似乎看到了自己接任格里高利担任主教的那一天。主教的职位，向来为蛮族的首领们所珍视。因此，出于欢喜，贡特朗急着要把自己未来的好运，告知现任的主教。格里高利刚到圣马丁教堂，准备主持晚间的圣事，迷信预言的奥斯特拉西亚公爵便跑来分享了那则古怪的"秘密"。主教忍不住笑出声来，答道："此事当问诸上帝。"然而，这疯狂而无尽的虚荣，毕竟还是触动了他，令他为当时民众的悲惨命运而哀叹。他的忧思持续了整场圣歌的仪式。祭礼之后，他回到教堂旁边的寓

088

所就寝。在这场父子之间违背人性的战争中,这所教堂似乎将成为罪恶上演的舞台;他可以预见到不幸的降临,却又无能为力。他忧心忡忡,直至昏昏睡去。这些念头,在睡梦中化作恐怖的图景,继续缠绕着他。他仿佛看到一位天使破空而来,在教堂上方盘旋,阴郁地呼喊道:"嗟乎,嗟乎!上帝将惩伊尔佩里克及其诸子!无子得送其终,得享其国!"在格里高利眼中,这一幻象才是对未来的神启,比所有著名巫师的预言更值得信服。

墨洛维生性轻浮冒失。他很快就找到了一项新消遣。那可比在圣人墓前守夜和祈祷,更适合他躁动的灵魂。宗教庇护所神圣不可侵犯,因此,相关法律规定,避难者有权获得各种补给,以保证追捕者无法利用他们的饥饿使其就范。圣马丁教堂的教士们负责为穷困无依的客人们提供生活必需品;而为富人提供服务者,有的是可以自由来去的仆佣,有的则是不属于教堂的一些男女——后者的出现,常常给教堂带来困扰,甚至丑闻。无论何时,教堂前的广场上和柱廊里,总是充满了或忙忙碌碌,或游手好闲的各色人等。用餐时,酒宴的狂欢声浪,甚至时常盖过圣礼的歌声,使祷告席上的教士和隐修室内的教徒不胜其扰。有时,在酒精的作用下,一些宾客会发生争执,直至拔刀相向。在教堂前甚至教堂内,都曾有流血事件发生。

墨洛维和他的难友们也爱上了借酒消愁。虽说他们的酒宴没有那么混乱,但欢快的喧嚣却总是难免的,开怀大笑和连篇脏话在大厅中回荡。笑声和骂声中,人们常常提到伊尔佩里克和芙蕾德恭德的名字;对这二位,墨洛维也从不放过。他历数父亲的罪恶行径和芙蕾德恭德的淫荡行为:前者是一位愚蠢的丈夫,迫害自己的亲生儿子;而后者则是一个低贱的荡妇。当年的史学家对此评述道:"子诋父若此,纵所言不虚,上帝终不悦也。"这位史学家其实就是格里高利本人。一次,他应邀参加墨洛维的宴席,亲耳听到了这位年轻人的不雅言论。酒宴之后,墨洛维独自面对主教时,忽然有幸起了善念,恳请这虔敬的客人为他念一段经文,教导他的灵魂。格里高利拿起了有关所罗门的经书,随手一翻,就看到了以下的字句:"子若眦父以目,此目将为溪鸦啄去。"在主教看来,这个巧合是有关未来的又一次神启,与第一次同样恐怖。

在另一方,芙蕾德恭德比丈夫更怒火中烧,也更急不可耐。看到远征还在准备,她打算在此之前行动,用计暗杀墨洛维。图尔伯爵勒达斯特一直希望讨得王后的欢心,更何况,去年被墨洛维洗劫了住宅,他正欲报一箭之仇。因此,他积极参加行动的策划。他相信暗杀对象对眼前的危险不会有所防备,便尝试各种方法,打算把墨洛维骗出教堂的势力保护范围,但都未能奏效。或许是一时情绪失控,或许是刻意为了挑起年轻王子的火气,勒达斯特派人在城市街头武装攻击了墨洛维的侍者,杀害了其中大部分人。墨洛维获悉之后,火冒三丈。若不是贡特朗阻拦,他早已一头冲进对手设好的陷阱中去了。情绪彻底失控的王子扬言:不让王后的弄臣付出血的代价,决不罢休。贡特朗只好建议他采取迂回的复仇方式,不要对付严阵以待的勒达斯特,而应针对伊尔佩里克国王的某个朋友,或是王室的一位座上宾——这样全无风险,收效也会更为显著。

国王的首席御医马里莱夫(Marileïf)生性平和,家室殷富。此时,他在从苏瓦松返回家乡普瓦捷的路上,正好途经图尔。他的随从不多,行李也很少。对王子身边的年轻武士而言,到驿站绑架他,可谓轻而易举。他们闯进驿站,凶残地殴打这位温和的医生。算他运气好,赤身露体地逃了出来,躲进了大教堂,金银细软悉数落到了袭击者的手中。伊尔佩里克之子认为这一切恰如其分,心满意足于对父亲的复仇,表现得宽宏大量起来。在主教的请求下,他派人告知躲在避难所中不敢出行的马里莱夫,允许这位可怜人继续赶路。不过,在墨洛维把狡黠的贡特朗视作知交挚友,对他托付了全部信任之时,后者却毫不犹豫地准备投靠青年人的死敌了。

伊尔佩里克出于杀子之仇,对贡特朗恨之入骨;芙蕾德恭德对贡特朗,却全无类似的情感。恰恰相反,三个继子才是她的眼中钉肉中刺。贡特朗拔除了提奥德贝尔特,正合她意;她还继续盼望着另外两兄弟也能步大哥的后尘。看到利用这位奥斯特拉西亚公爵除掉墨洛维的可能性,她对贡特朗颇感兴趣;在粗暴而缺乏机巧的勒达斯特行动失败之后,王后更多地把目光转向了他。当然,贡特朗本人未必愿意接受这一危险的任务;不过,他完全可以用计谋助王后成功,而不需亲自动手。芙蕾德恭德派一名亲信向贡特朗传讯:"若君得诱墨洛维出教堂,此子就戮之后,吾必重赏君。""智多星"不无开心地接受了这条建议。他相信心思缜密的芙蕾德恭德已经派出杀手在图尔四周窥伺时机，认为天罗地网已经布置就绪，便找到墨洛维，以轻松的语气提议道："吾等焉能怠惰若此，徒隐身此院若匹夫？何不取吾坐骑，携吾鹰犬，游猎于外？以是，吾等可温习射御，吸取生气，赏玩风景！"

长期足不出户的人，自然渴求自由的空气和空间。贡特朗的提议，说到了墨洛维的心坎上。于是，头脑简单的年轻人毫不犹豫地应允了朋友的邀请。两个流亡者在教堂前的广场上备好了马匹，托着猎鹰，牵着猎犬，在侍从们的陪伴下，声势浩大地出行，到出城不远的若坎迪亚科姆村（Jocundiacum，即汝埃[Jouay]）❶——附近一处教会领地游猎。他们在那里度过一整天的时间，一起打猎，一起纵马驰骋。贡特朗没有流露出一点担忧的迹象，看起来只是在纵情游玩，心无旁骛。不过，他所等待的事情并没有发生。或许，芙蕾德恭德的手下尚未赶到图尔；或许，杀手们没有严格遵守王后的旨意。总之，无论在打猎时，还是在回程的路上，预想中那支突然杀出的人马，都始终不见踪影。墨洛维安全归来，回到避难的城墙里，兴奋于几个时辰的自由时光，完全没有察觉自己曾因卑劣的背叛而身涉险地。

开往图尔的大军整装待发。此刻，伊尔佩里克却突然举棋不定，心生畏葸了。或许，他想确知圣马丁对亵渎圣地者之怒火的可怕程度。既然没有人可以给他提供任何相关信息，他就萌生了古怪的念头：给圣人本人去信，请求明确答复。在信中，他描述了自己作为父亲，对杀害儿子提奥德贝尔特的凶手的痛恨，希望能够将凶徒绳之以法。在这封请愿信的末尾，他写道："君允我擒贡特朗出圣堂乎？"更可笑的是，信誓旦旦的伊尔佩里克王打算进一步愚弄圣马丁。只要能获准入教堂擒拿贡特朗，他就将顺便抓住墨洛维——不过，由于担心被视作"坏父亲"，他故意在信里不提及墨洛维的名字。法兰克裔的教士博德吉赛尔（Baudegisel）奉命把这封怪信带到图尔，将它放在圣马丁的灵柩上，并在旁边搁了张白纸，以便圣人可以给出答复。三天后，信使回到教堂，看到白纸仍然原封不动地摆在原地，没有任何字迹。他判断圣马丁不愿发表意

---

❶ 汝埃，即今日的汝埃-莱-图尔（Joué-lès-Tours），位于图尔市南郊的小城。

见，就返回向伊尔佩里克汇报。

其实，国王最害怕的，就是墨洛维到奥斯特拉西亚会合布伦伊尔德，并在后者智力和财力的帮助下，获得部分纽斯特利亚人的支持。在伊尔佩里克的脑海里，这种恐惧甚至要大过对"智多星"贡特朗的仇恨——虽然后者把难友骗出避难所只是徒劳，但至少让国王感受到了他的悔过之心。伊尔佩里克又酝酿了一个新的计划。这计划充分体现了他行事谨慎周密的一面。他知道，如果没有贡特朗的帮助，墨洛维就既无智谋，又无决心实现他的奥斯特拉西亚之旅了。因此，他希望贡特朗能够发誓：未经国王允许，不得离开教堂。这样，伊尔佩里克就可以及时得到情报，有足够时间切断图尔与奥斯特拉西亚边境的道路。于是，他派出信使与贡特朗密谈。在骗子之间的这场较量中，贡特朗也不落下风。他不相信伊尔佩里克发出的和解信号，但他想到，既然其他的生机已经一一丧失，这或许是最后一根救命的稻草，也便同意就此发誓。他走到教堂的祭坛，一只手放在覆盖圣坛的丝巾上，庄重起誓。当然，做完这些事情之后，他活动照旧，继续密谋出逃。

自从在马里莱夫医生手中夺得了巨款以来，出逃的准备工作加快了进度。职业武士是法兰克征服时期形成的社会阶层。为了这次远行，贡特朗很快在他们之中招募了五百人的扈从队伍。拥有这样一支武装，逃亡就变得简单了，奥斯特拉西亚已经不再遥不可及。贡特朗认为时机不容拖延。出于自我保护的需要，他无视"应当事先征得国王同意"的誓言，劝说墨洛维直接出发。不受激情的鼓动时，墨洛维的性格懦弱而犹疑。对于这次大冒险，他已经开始动摇，又陷入了焦虑之中。他问贡特朗："吾等此行，恐无巫祝之言乎？"年轻的王子惶惶不可终日。为了缓解不安的情绪，他希望得到有关未来的更确定的信息。

那时，尽管为有识之士所不齿，一种被教会禁止的迷信算命活动仍在高卢流行。墨洛维打算这样预测一下自己的命运。他来到停放圣马丁灵柩的礼拜堂，在陵墓上放置了三卷经书：《列王记》《诗篇》和《福音书》。他用了一整夜时间，祈求上帝和圣人告知他的未来，告诉他是否可以指望继承父亲的王国。随后，他斋戒三日，于第四日回到陵前，逐次打开这三本书。他最迫不及待地翻开了《列王记》,首先跃入眼帘的是以下诗行开篇的一页:"你弃了你的主,转投异教,主将交付你于你的敌人之手。"打开《诗篇》,他看到这段:"你在他们升起时推倒了他们。他们倒下,何其遗憾!"最后,在《福音书》中,他读到这一行:"你们知道,过两天是逾越节,人子将要被交给人,钉在十字架上。"[1]墨洛维认为:作为上帝的答复,这几段文字揭示了无比悲惨的命运,分别预言着背叛、毁灭和惨死。纵使比他更为坚强的灵魂,此刻也无法不被撼动。在这三重威胁的压力下,他彻底被击垮了,于圣马丁陵前痛哭流涕,久久不能自已。

贡特朗则更相信自己请来的神谕,对此没有任何畏惧之心,继续坚持原来的方案。坚毅的人对多愁善感者总具有一种磁石般的影响力。在贡特朗的帮助下,墨洛维终于恢复了勇气,外表平静而自信地跨上战马,准备即刻启程。关键时刻,贡特朗本人还有一件艰难的事情要自己面对:与两个女儿分别。当初,他把两个女孩带来圣马丁教堂避难;而现在,前途漫长凶险,他不敢再让她们待在身边。虽然此人极度自私,无比奸诈,但也并非全无优点——至少,在他的诸多缺陷之中,还保有父爱这一优良品行。女儿的陪伴,对他弥足珍贵。远离她们时,只要能与她们重聚,他不惜只身犯险;为了保护她们不受危险的侵害,他会变成英勇无畏的斗士。他被迫将她们留在避难所,但气愤的伊尔佩里克国王很可能会迁怒于这里。因此,他暗暗发誓,要回来找寻她们。这也许是他灵魂中唯一的善念了。带着这个念头,他与墨洛维并肩驱驰,踏出了教堂的神圣边界。

陪伴着两位逃亡者的扈从队伍,由近六百名骑士构成。种种迹象表明,他们是从这个国家的冒险家和流浪汉中招募而来的,有的是法兰克人,有的是高卢裔。他们由南向北,沿着卢瓦尔河左岸,有条不紊地取道贡特拉姆国王的领地,到了奥尔良附近,为避免经过伊尔佩里克的王国,掉头向西,顺利到达欧塞尔(Auxerre)[2]一带。在这里,他们的好运也就告一段落了。欧塞尔总督艾宝德(Erpoald),又称"艾普(Erp)",拒绝他们通过。或许,他接到了伊尔佩里克

---

[1] 《圣经》和合本,《马太福音》,第 26 章第 1 节。
[2] 欧塞尔,法国东部城市,位于勃艮第大区。

请求帮助的加急函件；或许，他只是行使自己的职责，保证两国之间的和平。总之，似乎有一场战斗随之爆发，而逃亡者的队伍完全落了下风。墨洛维很可能是在盛怒之下一时不慎被艾宝德所擒，而擅长逃跑的贡特朗，率领余部退走。

他不敢继续北行，准备回程投奔一座属于奥斯特拉西亚王国的阿基坦城市。对他而言，图尔一带是非常凶险的。伊尔佩里克听闻他逃走之后，很可能会大发雷霆，派出大军占领该城。对此，他并非不害怕。然而，父爱终究战胜了他的谨小慎微。他没有选择带着那支装备奇差的逃兵部队招摇过市，而是只身直赴圣马丁教堂。教堂此时已被包围。他杀进教堂，带着女儿迅速撤离，准备把她们安顿在伊尔佩里克王国之外的安全之所。完成了这次英勇行为，贡特朗先来到普瓦捷——在穆莫鲁斯取胜之后，该城已经重回奥斯特拉西亚之手。他平安到达，把两个小家伙安顿在圣伊莱尔教堂（Basilique de Saint Hilaire），又再次离开她们，去打探奥斯特拉西亚的情况。为了防止再次发生意外，他特意兜了一个大圈，先向北进入利穆赞（Limousin），❶经过奥弗涅（Auvergne），❷取道里昂，到达梅兹。

艾宝德还没来得及向贡特拉姆请示有关囚徒的处理意见，墨洛维就逃出了牢笼。他躲进一座建于欧塞尔主教圣日耳曼（Saint Germain）陵墓之上的教堂，一如在图尔之所为，行使避难权，求得保全。贡特拉姆刚得知墨洛维被捕，就又听闻他逃跑的消息。这位胆小怕事的国王，对第二件事情的发生非常不满。对于身边的争端，他向来致力于漠然处之。由于担心墨洛维待在他的国家可能给自己带来一系列麻烦，他只希望在两个方案中选取其一：要么，就是听任伊尔佩里克之子平静地离开；要么，就是将其严加看管。他传召艾宝德觐见，批评了他的过激反应和笨拙行事。当公爵试图为自己的行为辩解时，国王打断他道："尔擒得吾弟敌视之人，若尔行事得宜，当火速送至我处；不然，若尔不欲留之，则勿触之。"

---

❶ 利穆赞，法国中部地区，以利摩日为中心城市。
❷ 奥弗涅，法国中部地区，以克莱蒙-费朗（Clermont-Ferrand）为中心城市。

这一指责的措辞模棱两可,说明贡特拉姆既害怕与伊尔佩里克纠缠不清,又不愿与其子作对。他向艾宝德公爵发了一通无名之火,却也没有免除他的职务,只是罚款七百金币了事。尽管收到了伊尔佩里克的讯息和请求,贡特拉姆似乎不想采取任何措施打扰躲进新避难所的逃亡者。恰恰相反,他置身事外,但求维持现状,使墨洛维很快找到逃脱的机会,得以继续前行。在欧塞尔教堂停留了两个月,年轻的王子带着忠诚的侍从盖兰出发了。这次,所有的道路畅通无阻,他终于踏上了奥斯特拉西亚的土地。他本希望能够在此获得歇息,与自己的朋友们会合,愉快地享受婚姻的乐趣和作为王后配偶的荣耀。殊不知,在这里等待他的,只有新的磨难和苦痛,直至他生命的尽头。

在奥斯特拉西亚王国,领主和主教们的联席会议以少主之名执政。无尽的混乱和激烈的冲突持续上演。若论无法无天,人欲横流,这里的情况比高卢任何地方都更为严重。所有奥斯特拉西亚人,不分种族和阶层,都卷入了这一乱局。无论蛮族人还是罗马人,也无论教士还是军事首领,每个自认为拥有财富和权力的人都野心勃勃,不愿安分守己,只忙于彼此争斗。不过,虽然分成对立的派别,大家在一个问题上还是能够达成一致的——那就是对布伦伊尔德的切齿仇恨。他们都想着剥夺她在政治方面对儿子的影响力。这个政要集团的主要首领是兰斯大主教埃吉丢斯(Aegidius)和霍金(Raukhing)公爵。前者投靠了纽斯特利亚国王;而后者是王国最富有的人,道德极为败坏。若说蛮族人往往因为冲动或利益而作恶,霍金公爵作恶却是为了自己开心。与那些在岁月长河中只留下了城堡断垣残壁的封建领主一样,他以无比残忍而著称。他晚餐时,总有一名奴隶手持蜡烛照明;他的一大游戏爱好,就是强迫这可怜的奴隶在赤裸的大腿上熄灭火焰,然后再次点燃并熄灭,循回往复。烧伤的痕迹越深,他就越高兴,每每为惨遭折磨的可怜人的痛苦扭动和抽搐而开怀大笑。他还曾在一个大坑里活埋了一对未经他同意便结婚的年轻情侣。最初,在一位教士的恳求下,他本承诺过永不拆散他们。而犯下如此恶行时,他野蛮地冷笑道:"吾未食我言。斯人永世相守也!"

这个恐怖的男人对布伦伊尔德无比傲慢粗暴,一言一行都要顶撞她。他有两名死党:贝特福莱德(Bertefred)和于西奥(Ursio)。前者是日耳曼人,后者是高卢-罗马人之子,但骨子里充满了日耳曼人的粗鲁和残暴。他们疯狂地与王后作对,不仅攻击王后本人,而且针对所有为了息事宁人而试图与王后修好的人。他们特别痛恨兰斯周边的香槟(Champagne)公爵罗曼·卢普(Romain Lupus)。此人浸淫于帝国的政治传统,是一名严肃而机警的官员。然而,霍金公爵一伙几乎每天都要骚扰他的领地,劫掠他的屋舍,甚至威胁他的人身安全。一次,于西奥和贝特福莱德率领一队骑士,在小国王和母后的寝宫门口袭击卢普和他的侍从。听到外面一片大乱,布伦伊尔德跑出来,勇敢地冲到全副武装的骑士们中间,大声质问袭击者的首领们:"为何伤及无辜?勿为此恶!勿战而毁国!"于西奥傲慢而粗鲁地答道:"妇人,去!汝夫在世之日,汝操权柄,足矣;今汝子掌权,乃吾等监国护国,不复汝也!去!不然,吾践汝于马蹄之下!"

奥斯特拉西亚的事态,完全无法满足墨洛维赖以自慰的希望。他的幻想没有持续很长时间。到了王国的首都梅兹,他获准入城,但监国的联席会议很快就命令他迅速离开。野心勃勃的领袖们视布伦伊尔德为外人,既不认为她有权柄,也不认为她有基本的权利;他们假装蔑视她,却心有余悸。因此,他们绝不会容忍她丈夫的出现。布伦伊尔德越是哀求人们善待他,越是希望他能够在自己身边安定地生活,以少主之名执政的贵族们就越是决绝。他们借口与纽斯特利亚国王交恶的风险,拒绝接受墨洛维。同时,他们也没有忘记夸耀道:正是顾及伊尔佩里克之子与王后的情分,他们仅是令其离境,而没有对其动用武力,或是将他押送到其父那里。

失去了最后的避难所,墨洛维沿着旧路返回。在经过贡特拉姆国王的边境时,他避开大路,通过一个个村庄穿越兰斯地区。他昼伏夜出,尤其要避免撞见那些可能认出他的富人们。在这场冒险中,他提心吊胆,受尽磨难,唯一的出路,就是乔装回到图尔的圣马丁教堂。他一销声匿迹,人们就猜到了他的这个选择,消息也很快传到了纽斯特利亚。

听到这个消息,伊尔佩里克马上派兵占领图尔,封锁圣马丁修道院。在图尔地区,大军又是烧杀抢掠,连教堂的财产也不放过。一支部队入驻修道院,犯下了各种抢劫的罪行;修道院所有出口,都设置了岗哨。修道院的大小门户日夜关闭,只有一扇门允许少数神职人员进入举行宗教仪式;民众被赶出了教堂,无法参加圣礼。采取这些措施切断逃亡者退路之后,或许得到了奥斯特拉西亚贵族们的准许,伊尔佩里克国王武装越境,四处搜查墨洛维可能藏身之地。年轻人像一只被猎人围捕的困兽,却一次次成功地从父亲手中逃脱。这一切都有赖于社会底层的法兰克人或罗马裔的同情和帮助,他们也是他唯一可以信赖的人。伊尔佩里克在此无功而返,只得率军沿着阿登(Ardennes)❶的森林地带巡游了一圈,对当地居民,倒是秋毫无犯。

当墨洛维正苦于被放逐者的流浪生涯时,他昔日的好友"智多星"贡特朗从普瓦捷回到奥斯特拉西亚。在这个国度,他是伊尔佩里克之子唯一可以求助的大人物了。或许,他也早已迫不及待地打探了消息,知道了流亡者的离开和其他所有秘密。面对这个令他彻底失望的朋友,贡特朗只有两个选择:需要付出高昂代价的忠诚,或是可以从中获利的背叛。面对选择,他从不犹豫;这次,他决定背叛。这倒也是人之常情。当然,他习惯于玩弄手腕,扮演模棱两可的角色,并避免公开介入,以便在阴谋失败时,能够断然否认。芙蕾德恭德王后从来没有放弃阴谋活动。看到丈夫对墨洛维的围捕无功而返,知道他的智谋又出了差错——这也远不是第一次了,她决心采用不那么张扬,但更为可靠的方法。她把计划告知自己的好友和政治盟友,兰斯主教埃吉丢斯。通过后者的穿针引线,贡特朗再次得到来自芙蕾德恭德的指令和美好承诺。伊尔佩里克之子的死敌得到二人的襄助,利用了墨洛维的最大弱点——年轻人的疯狂野心和急于上位的愿望,设计了一个足以令其完败的周密阴谋。

泰鲁安纳是效忠于芙蕾德恭德的地区。❷ 来自这里的一群人秘密进入奥斯特拉西亚,准备与墨洛维密谈。他们来到王子的藏身之地,带来家乡父老的消息:"君发已长,吾辈愿唯君马首是瞻。君来,吾辈将弃君之父。"墨洛维贪婪地紧抱着登基的希望。为此,他竟然会轻信来自纽斯特利亚一个小村的陌生信使,认为自己真的可以取代父亲的王位。在几位盲目追随者的陪伴下,他

---

❶ 阿登,法国东北边境地区,与德国相邻。
❷ 泰鲁安纳,位于今法国与比利时的边境,下段对其地理位置有所描述。奉芙蕾德恭德之命暗杀奥斯特拉西亚国王西吉贝尔的两名刺客,就来自此地。参看"记二"。

立刻前往泰鲁安纳。他的身边,有始终与他甘苦与共的密友盖兰,有失宠的奥斯特拉西亚前宫相高基尔(Gaukil),还有格兰德(Grind)和史学家叫不上名字的其他一些人。不过,格里高利仍然给他们所有人冠以"勇士"的称号。

他们涉险进入纽斯特利亚,根本就没有想到:走得越远,回头的路就会越艰险。到达位于阿拉斯(Arras)以北直至大西洋沿岸的这个荒凉地区的边界,他们兴奋地看到人们一如信使的承诺,成群结队地赶来欢迎他们,高呼着"墨洛维国王"。勇士们应邀进入法兰克人居住的一个农场歇息,毫无戒心。这时,门忽然关上了,他们被锁在里面,所有的出口都有人把守,房屋四周布满了岗哨,如同一座围城。同时,信使快马奔赴苏瓦松,向伊尔佩里克汇报:大敌已入罗网,国王可来捉拿。

墨洛维听到大门被封锁,看到重兵看守,突围无望,感觉大难将至,在沮丧之下,陷入了沉思。这个北方人性格中最突出的特点,就是多愁善感,而且喜欢胡思乱想。他的想象越来越活跃,直至癫狂,脑海里全是酷刑和惨死的可怖图景。等待他的命运如此恐怖,使他陷入了深深的焦虑。他万念俱灰,认为只有自杀才能解脱。然而,他并没有自戕的勇气,需要假他人之手。于是,他对战友说道:"盖兰,直至今日,你我无间如一人。请勿遗我于敌之手。取剑刃我!"盖兰服从了主人,拔出系于腰间的匕首,给了王子致命的一刀。当伊尔佩里克匆匆赶来擒拿儿子时,他看到的只是一具尸首了。盖兰与墨洛维其他的伙伴们一起被俘;此时,或许是残存的希望,或许是一种无法解释的软弱,让他还苟活下来。事后,有些人怀疑上述部分事实的真实性,认为是芙蕾德恭德下令杀死墨洛维之后,又编出一则自杀的故事,免得国王对儿子心慈手软。随后,墨洛维的战友们遭受的酷刑,似乎证明了王子死前的恐惧不无道理。盖兰惨遭最为野蛮的肢解,被斩去了双手、双足、鼻子和耳朵;格兰德被捆绑在一个悬空平置的车轮上,击断四肢,直至力竭而死;三人中最年长的高基尔,相比之下是最幸运的,只被斩首了事。

就这样,墨洛维为他与杀兄仇人之间的亲密友谊,付出了代价;而"智多星"贡特朗第二次成为伊尔佩里克的儿子们死亡命运的帮凶。现在,他感觉前所未有的释然。一只完成了捕猎任务的猎鹰会急于回巢,而他,开始为留在普瓦捷的两个女儿担心起来。这座城市又落于纽斯特利亚王国之手。戴西德利乌斯的征服计划，由于穆莫鲁斯的胜利而耽搁了一年，此番又率大军卷土重来，再度进逼阿基坦。忠于伊尔德贝小国王者，连带与伊尔佩里克有私怨者，都在家中被捕。打算组织城市防务的罗马裔普瓦捷伯爵艾诺丢斯（Ennodius），以及达加里克（Dagarik）之子，曾经游击抗纽的法兰克人达克（Dak），都作为囚徒，经图尔至苏瓦松的大路，被押往布莱纳的王宫。这种情况下，贡特朗返回普瓦捷是异常危险的。然而，这次他没有再计较厉害得失，而是毅然决定不惜代价救出女儿们，使其免于在避难所被绑架的危险。虽然总是两面三刀，他毕竟还是有几个朋友。在朋友们的陪伴下，他取道最为安全的南法地区，平安抵达普瓦捷，兴高采烈地把两个女儿带出了圣伊莱尔教堂。当然，这样还不够，必须尽快逃离，迅速抵达一处不用担心追兵的地方。贡特朗和手下抓紧时间上马，从面朝图尔方向的城门离开普瓦捷。

两个小女孩坐在被遮盖好的小车里，男人们在车旁行走。他们配戴着匕首和短矛——这已是当时旅行者最不具攻击性的装束了。才走出几百步，便迎面来了一队骑士。两支小部队停下来互相判断身份。发现对方是敌非友，贡特朗一方摆出了守势。对方的首领叫德拉克伦（Drakolen），是纽斯特利亚国王的狂热拥趸。把达加里克之子和其他的囚犯五花大绑地押到布莱纳之后，他正好在回程的路上。贡特朗感觉难免一战，但是，在动武之前，他还想试探和谈的可能性，让一个朋友给对手带话："语其以吾名：汝固知余尝与尔结盟，敬请放生。吾之所有，君若不弃，但取无妨，吾愿倾囊而授。唯愿许我携吾女，之吾所欲之也。"

听到这些话，自认为天下无敌的德拉克伦发出一阵狂笑。他指着马鞍架上挂着的一捆绳子，对传信的人说道："吾以此绳缚囚献于王而甫归，可复用于尔主也。"语毕，他策马冲向贡特朗，用长矛发动攻击。然而不巧，这一击没有得手，矛头从杆上脱落坠地。贡特朗果断出击，击中德拉克伦的面门。德拉克伦在鞍上摇摇欲坠，被贡特朗的一名同伴打下马来，又一枪刺穿肋部，丢了性命。纽斯特利亚人看到首领丧命，掉转马头，一哄而散。贡特朗仔细搜刮了尸体上的财物，继续上路。

这次历险之后，贡特朗公爵的奥斯特拉西亚之路风平浪静。到了梅兹，他又过上了法兰克大贵族的生活：粗野凶暴，无法无天，既没有罗马时代的贵族气派，又没有封建时代的骑士风范。大约三年的时间，他几乎从史书里销声匿迹了。再次突然出现时，或许是被他躁动而喜爱流浪的灵魂所驱使，他已经到了君士坦丁堡（Constantinople）。这次旅行中，他又策划了一个搅乱高卢全境的世纪大阴谋。在这起阴谋中，奥斯特拉西亚的法兰克人对他们西部兄弟的敌对情绪，与南部高卢人的民族仇恨结合在一起，导致了分别以苏瓦松和索恩河畔沙隆为都城的两个王国❶的毁灭。

---

❶ 此处分别指纽斯特利亚王国和贡特拉姆的王国。

记 四

鲁昂主教普雷特克斯塔图斯的故事。577—586年。

当伊尔佩里克之子在父亲的王国和妻子的王国无所可依,游荡于香槟地区的荒原和森林之间的时候,纽斯特利亚只有一个人敢于高调自称为他的朋友。他就是鲁昂主教普雷特克斯塔图斯。自从他亲手把小王子浸入洗礼盆的那天以来,他对墨洛维的无私、绝对而缺乏理性的慈爱,一般似乎只有母亲和乳母才能做到。在爱心盲目地牵引下,他甚至无视教会的律法,纵容了墨洛维对叔叔遗孀的爱情;随着那份不可思议的爱情导致了王子的悲惨命运,他的爱心仍在继续膨胀。墨洛维从图尔圣马丁教堂逃出,抵达奥斯特拉西亚边境,他也很有可能慷慨解囊。

知道这次逃亡失败之后,主教并不气馁。相反,他加倍努力地为墨洛维争取各界支持,准备避难之所。他是逃亡者宗教意义上的父亲——尽管那亲生父亲,正在到处追杀自己的儿子。他几乎毫不掩饰他的情感,营救行动于他似乎是一项义务,自也应当高调进行。他教区内的法兰克人,无论地位高低,但凡前来拜访,都会听到他长篇大论地絮叨墨洛维的不幸;如他自己所言,他恳求他们垂怜于自己的教子,给他亲爱的孩子以帮助。他的心思很单纯,在各类场合的讲话中,不停地重复着那些话语,如同乐曲中的叠句。如果收到来自某位权贵的馈赠,他就会立马加倍奉还,请求对方帮助墨洛维,并在王子落难之时仍保持忠诚。

由于鲁昂主教说话没有分寸,也不挑拣对象,不知是通过坊间流传的消息,还是通过亲信官员的密告,伊尔佩里克很快就掌握了情况。后来,他更陆续接到了一些充满了谎言和夸张的举报：有人控告普雷特克斯塔图斯在民众间分发财物，煽动造反，策划颠覆政权和针对国王本人的阴谋。对此，伊尔佩里克的愤怒里又带一丝恐惧，不知如何是好，便去询问芙蕾德恭德的意见。自从把墨洛维和布伦伊尔德拆散的那天起，他已近乎原谅了普雷特克斯塔图斯主教为这对年轻人主婚的事情；但芙蕾德恭德没那么健忘，也不那么容易被眼前的利害左右情感。她对主教的恨意，属于那种一经燃起，就不共戴天，至死方休的仇恨。利用这个时机，她建议国王根据罗马法，以谋逆罪将普雷特克斯塔图斯送交主教会议审判——即使定不了其他的罪名，至少也可以让他因违反宗教律令而接受处罚。

于是，主教在家中被捕，被押解到王宫接受审讯，交代他所被指控的罪行，以及在布伦伊尔德离开鲁昂返回奥斯特拉西亚之后与其的关系。根据主教的回答，可以得知：布伦伊尔德在离开之时寄存于教堂的宝物，现在还剩下两大包布料和首饰未还，价值约合三千金币；此外，还有一个装了两千枚金币的袋子。伊尔佩里克对这个发现的欢喜程度，明显大于其他的信息。他迫不及待地派人没收了这笔库存，占为己有。随后，他将普雷特克斯塔图斯逐出教区，严加看管，等待主教会议的审判。

伊尔佩里克王国内所有的主教都收到与会通知，应邀在577年春夏之交的几日赶赴巴黎。西吉贝尔死后，纽斯特利亚国王把巴黎视作自己的领地，不再顾忌禁止入城的盟誓。也许的确担心有人暗中支持布伦伊尔德和墨洛维，兴风作浪，也许只是为了对审判团施加压力，他从苏瓦松赶到巴黎，带着一支人数众多，堪比军队的扈从队伍。这支队伍在国王寝宫门前安营扎寨。各种史料可证，寝宫就是巴黎城南塞纳河边的旧皇宫。宫门东临罗马驿道，从西岱岛的小桥，一直通往法国南部。大门前还有一条向东的罗马驿道，不远处转往西南方向，穿过一片葡萄园，到达南部丘陵地带最高处的平地上。在那里，一座献给圣彼得和圣保罗的教堂被选为主教会议的会场，很可能是因为临近王宫和兵营。

当时,这座教堂有半个多世纪的历史,存有克洛维、克洛蒂尔德(Clothilde)❶和圣热纳维耶芙(Geneviève)❷的遗骸。在克洛蒂尔德的哀求下,克洛维在出征西哥特之前,下令建立这座教堂。他走到教堂选址之处,向前方扔出一把斧头,作为教堂的长度;这样,人们日后只需丈量教堂,就可以知道他的臂力和他的攻击范围了。这是一座5—6世纪的典型教堂,不以建筑比例的完美见长,但装饰精美丰富。教堂内部装点着大理石柱和马赛克,墙裙施以彩绘和金粉;外部有铜制的屋顶和柱廊。巴黎圣彼得教堂的柱廊环绕建筑物的三面:背面和两侧。整条柱廊装饰有四组不同时期的圣人壁画,分别绘有《圣经》中的族长、先知、殉道者和神父。

以上就是原始资料对巴黎第五次主教会议会场的描述。在会议通知规定的日期,四十五位主教来到圣彼得教堂。国王也进了教堂,随从们只佩宝剑;而全副戎装的法兰克兵士守卫在柱廊前,封锁了所有进出要道。很有可能,法官、原告和被告都围坐在祭坛的位置。在普雷特克斯塔图斯家中搜到的两包财宝和一袋金币,也作为证物带到现场。国王到来时,庄重提醒大家:这些证物将在审判中起到重要作用。主教会议的成员,有的来自一直属于纽斯特利亚的城市,有的则来自伊尔佩里克在兄弟死后征服的地区。有高卢-罗马后裔,也有法兰克人。高卢人的数量远大于法兰克人,其中包括图尔主教格里高利、南特主教菲利克斯(Félix)、勒芒主教多姆诺鲁斯(Domnolus)、亚眠主教霍诺拉图斯(Honoratus)、利雪(Lisieux)❸主教艾特利鲁斯(Aetherius)和沙特尔主教帕波鲁斯(Pappolus)。在法兰克人中有巴黎主教拉热讷莫(Raghenemod)、贝叶(Bayeux)主教勒多瓦尔德(Leudowald)、库唐斯(Coutances)主教洛马艾尔(Romahaire)、普瓦捷主教马洛维(Marowig)、桑利主教马鲁勒夫(Malulf)和波尔多主教贝特朗(Berthramn)。贝特朗很可能被其

---

❶ 克洛蒂尔德,克洛维国王的王后,信仰基督教,并劝导克洛维皈依。
❷ 圣热纳维耶芙,巴黎的主保圣人。
❸ 利雪,与下文中的贝叶、库唐斯均为法国西北部城市,位于诺曼底地区。

他主教推举为会议主席。①

贝特朗身世显赫,其母安热尔特鲁德(Ingheltrude)为国王的近亲,并因此享有巨大的声望,拥有巨大的财富。他热爱罗马的礼仪和风尚,喜欢在教堂的年轻教士护卫下,乘坐四驱的马车在公众前露面,有如被门客簇拥的罗马贵族。除了元老院般的排场和豪奢,他还喜爱诗歌,常用拉丁文写些讽刺诗。他把这些诗作满怀信心地交给方家赏鉴,不顾其中充满了剽窃的诗行和不合宜的错误。他比一般的日耳曼人更阴险,更有手腕,但仍然保留了自己族裔无耻无度的特性。以自己的国王亲戚为榜样,他把几名婢女纳为秘密情人之后,仍不满足,又找了几位已婚妇女作为情妇,与芙蕾德恭德王后也有一腿。不知是否由于这一原因,他与王后一样,极为积极地反对鲁昂主教。总的来说,法兰克裔的主教偏向于有利国王的判罚,准备牺牲自己的同僚,这或许是附庸的习惯在作祟吧。而罗马裔的主教则更为同情被告,更有正义感,也更尊重教会本身的权威。然而,他们害怕环绕国王身边的队伍,更畏惧芙蕾德恭德的列席——后者因为害怕丈夫再次弄巧成拙,亲自前来压阵,坐观复仇行动的实现。

被告被带上来,会议开始。国王起身,并不面对法官,而是直接粗鲁地向对手问道:"吾敌墨洛维,本当以吾子行事。尔岂敢准斯人娶其婶母?尔不知教会律法乎?既恕此过,尔复与斯人谋逆,图财欲害我。尔令子与父为敌,以财诱人不忠于我,更欲置吾国于他人之手!"说最后几句话时,他的声音很大,而会场上鸦雀无声;守卫在教堂外的法兰克武士们,有些出于好奇,趴在关住的大门上偷听会议内容的,自然也能听得一清二楚。这群全副武装的勇士,听到国王被人出卖,愤怒地窃窃私语一番之后,齐声高呼"处死叛徒"。他们群情激奋,准备撞开大门,拥进教堂,把主教拖出去乱石砸死。这场意想不到的混乱,使与会人员大惊失色,纷纷离开坐席躲避。国王只得亲自站在战士们面

---

① 有人反对这种名单的二分法——因为6世纪罗马或高卢人的姓名未必能准确地反映他们的族裔,而一些高卢-罗马家庭已经开始用日耳曼人的名字给孩子命名。我非常清楚这一点。然而,打破成规者毕竟只是例外。如果不允许把墨洛温年代取日耳曼名字的人视作日耳曼人,把取罗马名字的人视作罗马人,那么,这个年代的历史就无法书写了。

前,让他们冷静下来,各归其位。

会场也恢复了平静,会议继续进行。现在,轮到鲁昂主教发言自辩了。他主持婚礼,确实违反了教会的律法,在这方面,他不可能自我开脱;然而,他断然否定了国王试图强加于他的谋逆罪名。于是,国王声称他有证人,派手下将他们请过来。多名法兰克人来到法庭,手中拿着价格不菲的各种财物,放在被告面前问道:"尔识之否?此皆尔所赠之物。尔以此求我效忠墨洛维也!"主教并不慌张。他辩白道:"尔等所言不虚。吾常馈尔物,然非为逐王去其国。尔来赠我良驹宝物。礼尚往来,吾若不以此回赠,岂非失礼乎?"此话不假,但的确也隐藏了一些事实。不过,谋反罪毕竟需要确凿的证据,根据以上的对答,完全无法给被告定罪。国王对第一回合的交手结果很不满意,宣布休会,在侍从们的陪伴下,走出教堂回到住所;主教们则在圣器储藏室歇息。

他们三五成群地坐着闲聊,但彼此之间缺乏信任,说话还都有所保留。此时,一个人忽然出现,在座的大多数人,往往只是听过他的名字而已。他就是巴黎教堂的副主教,高卢人埃提乌斯(Aëtius)。他向诸位主教致敬之后,很快提到了最为敏感的问题:"天主之众主教齐聚此处,但请听我一言。今日良机于君等,大哉要哉!君等或彪炳以令名;或贻羞于世间,不复当上帝使臣之名;二者必居其一。请君等持正守贞,勿陷兄弟于死境也!"听完这席话,大家沉默不语。主教们不知道他是不是芙蕾德恭德派来套话的人,只能将手指放在唇上,做出"慎言"的手势。对法兰克武士野蛮而恐怖的嘶吼,对回荡在教堂里的撞击大门的斧声,他们记忆犹新。几乎所有人——尤其是高卢裔的主教们,看到国王愤怒的下属们怀疑自己包庇罪犯,为人身安全而瑟瑟发抖。因此,他们在座位上纹丝不动,只是做出一副惊讶的表情。

而图尔的格里高利比其他人更清醒。他对这种懦弱的行为大为光火,接过埃提乌斯的话题,继续鼓励大家。大意为:"天主至尊的主教们,尤其是你们中间有机会与国王亲密接触的人,请听我一言。请你们给他善意的建议,给他与你们主教身份相称的建议,告诉他:对一位上帝使节的暴怒,只会给他招来天谴,从而失去自己的国家和光荣——这才是他应该畏惧的事情。"这些话主要针对的是那些法兰克裔的主教,但所有人都保持缄默。于是,格里高利加重语气说道:"诸同人尚忆先知之言否?'哨兵见敌之刃,若未鼓号以告,而听此刃夺人性命,吾请复以此哨之血偿之。'勿三缄其口,当畅言之!若吾王被难,而尔等为罪魁,诸君必不欲也。请告王以其愆!"他停下来等待人们的答复,但无人应答。恰恰相反,听到这样的话语,主教们连忙离席。有人仿佛看见一场暴雨将倾泻在同侪的头顶,希望寻个安全之处,规避同谋的嫌疑;而贝特朗和拉热讷莫等人,则忙着到国王那里告密去了。

131 　　伊尔佩里克很快就详细得知了刚才发生的事情。阿谀者们对国王说,在整个事件中,图尔主教才是国王最大的敌人。难以想象,这样的话居然出自主教们之口!国王勃然大怒,派一名亲信火速赶赴主教处,将他带来。格里高利服从了国王的命令,平静而自信地跟着使者来到王宫。王宫外驻军的帐篷和小木屋之间,有一座树枝搭建的凉亭,伊尔佩里克就站在那里等他;波尔多主教贝特朗和巴黎主教拉热讷莫,刚刚扮演完告密者的角色,分立在国王的左右。他们面前的长桌上,摆放着面包、肉类和各色菜肴,准备款待来宾。根据习俗和礼仪,每位客人来访之后,都会在桌上取些食物享用。

132 　　国王深知主教威武不能屈的性格。虽然传召格里高利时,伊尔佩里克火冒三丈,但见到主教,国王为了达到自己的目的,收起刻薄乖戾的性情,用温柔的玩笑语气说道:"主教阁下,施人仁义,君之责也,然惠未及我。更有甚者,君与罪人同谋,吾见之矣。谚云:'鸦不啄鸦目。'此君之谓也。"主教并不认为这样的玩笑很合时宜,但是,他恪守罗马帝国的习俗:臣民尊重君主的权威。当然,至少对格里高利来说,这种尊重并不排斥个人的尊严和人格的独立。因此,他不卑不亢地答道:"吾辈之中,某人所行悖义,自当陛下正之。若陛下行偏,孰可正之?吾语于君,君善之则听,君恶之,孰可责君?唯自居公义之上帝尔!"国王打断了他,辩白道:"义者,吾见人皆有之,而汝独无。吾知如何昭彰

133 汝恶,使天下知汝不义。吾将会集图尔之民而语之:'尔等有怨于格里高利,但畅言之!请疾呼此人不义,素无义于人!'人如是呼,则吾将言曰:'吾为王,此人尚不义于我,况尔黎庶乎?'"

　　这种虚伪的花言巧语,这种一心扮演受害者的做法,在格里高利的心中激起了无法抑制的轻蔑。他的回答也变得更为生硬和高傲:"若吾不义,汝不可

知,唯晓我意而见我心者可知也。汝若令民谤我,但谤无妨;谮起于汝,孰不知之? 勿复言也。汝有经卷法典,请细阅之;不依律而行,天罚汝也!"

国王体会到这些话语的严厉。是他自己点燃了格里高利的怒火,为了消除对方的怒气,他换了一副谄媚的嘴脸,指着放在面包和酒菜之间的一个汤罐,说道:"吾特为君备此羹。羹内唯禽与豆尔。"这完全是为了迎合主教的自尊心——当时,修行之人,尤其一心追求完美宗教道德者,不碰过于腥荤的肉菜,只吃蔬菜、鱼类和一些禽类。对这个新花样,格里高利当然也不会上当,他摇摇头说:"吾辈遵上帝旨意而食,非为佳肴之乐。汝责人不义,当先立誓所行不悖经卷法典,而吾辈可信汝实求义也。"国王并不想与主教决裂,更何况在有必要时,他本来就习惯于赌咒发誓,大不了日后再想办法逃避。于是,他举起手,以上帝的名义宣誓,不以任何方式违背法律和经文。这样,格里高利吃了点面包,喝了点酒。这一切都合于当时做客的礼仪:在人家屋檐之下时,拒绝他人提供的膳食是非常失礼的行为。表面上与国王和解之后,他起身回到位于王宫旁边圣朱利安(Saint Julien)教堂的居所。

当天夜里,主教做完夜间的圣歌仪式之后,在住所休息时,听见有人用力敲门。他有些吃惊,派仆人下楼查看。仆人回来汇报,说是芙蕾德恭德王后的使者求见。获准进来之后,他们代表王后向主教致敬,请求他在主教会议所处理的相关事务上,不要与王后作对。他们还补充道,如果主教站出来反对普雷特克斯塔图斯,并使他被判罪,就可以获得两千两白银的酬谢。图尔主教向来处事谨慎理智,平静地拒绝道:"我不是唯一的法官,无论我的态度如何,都不可能左右大局。"使者们答道:"非也,君可! 他人皆已允我;君不违之则可。"主教不动声色地说:"子与我金银千两,吾唯能以主之意旨而行。吾可允汝:众人之断,若合于教规,吾亦不违之。"使者对这些话做出了错误的理解:或许,他们完全不了解教会的戒律;或许,他们认为主教说的"主(Seigneur)",就是他们的国王主子——毕竟在当时的用语中,这两个词是没有区别的。于是,他们千恩万谢地出了门,高兴地给王后带去了他们收到的好消息。他们的愚蠢倒是让格里高利摆脱了新一轮的纠缠,得以安心休息到第二天清晨。

主教会议的成员们早早聚集在一起,准备第二场讨论。国王已经从沮丧

137 的情绪中恢复过来，也准时来到会场。为了找到一个方案，既不违背昨天的誓言，又能够完成王后所坚持的复仇计划，他动用了自己在文学和神学方面的所有知识。他翻了翻经书全集，看到一条戒律，规定对犯下重罪的主教，应处以流放之刑。随后，他就满意地放下了书卷。对他来说，以这一法条所针对的罪状处罚鲁昂主教，不需再多费气力，也不必再烦恼。他自认为已经获得了所有主教的支持，就准备随意地歪曲事实，编织谎言了。当法官们和被告像上一次会议一样落座之后，伊尔佩里克以教会法专家的口吻，庄重地说道："犯有盗窃罪之主教，当革除主教一职。此乃教会戒律也。"这个开场白震惊了整个主教团。大家不明所以，纷纷问道："哪位主教犯了盗窃罪？"国王转向普雷特克斯塔图斯，无耻地回答："正是此人！此人自吾处窃取之物，诸君未见乎？"

138 这样，人们才想起国王向他们展示的两包珍贵织物和一袋金币。但是当时，国王并未解释这些财宝的来源，也没有说明他认为财宝与被告的罪行有何联系。这轮新的进攻虽然带有侮辱性质，但普雷特克斯塔图斯仍然耐心地向对手陈述事实："布伦伊尔德王后离鲁昂，吾诣君而告曰：王后存财于我处，凡五包，皆硕而重也。其仆数请我归之，然君未允，我不欲为。吾又诣君，君语我：勿留之！归其于女主，勿令吾与吾侄伊尔德贝生衅。吾归城，返一包于其仆。多负，则其力不逮也。彼后又寻我以索其余。吾复诣君。君曰：主教，弃之，弃斯物！恐生事端也！吾再返二包，而余二包。此为付我保管之物，非赃

139 物也。今君以赃谤我讼我，何故耶？"

国王也不示弱，他暂时放弃了公诉人的角色，又发起了新一波指控，反驳道："若汝责在守之，为何启其一包，取金缕裙边，剪作数段，以馈密谋逐我之徒？"

140 被告依然保持平静："斯人咸先以物馈我，吾已言之矣。彼时，吾身无他物以还之，故吾之所为，无咎也。吾尝置墨洛维于洗礼池，故为其父也，吾自可取其财。"主教的辩白，透露出一种始终不渝、根深蒂固的父爱和天真。国王不知道怎么回答，无计可施。他一开始表现得志得意满，现在却觉得窘迫而羞愧。于是，他草草结束了会议，退场时比前一天更为沮丧和不快。

他更为担心的，是如何向专横的芙蕾德恭德交代当天的拙劣表现。他回

宫之后，似乎遭受了一场猛烈的家内风暴，令他不得不屈服于妻子的淫威。芙蕾德恭德不将普雷特克斯塔图斯置于完败之地，誓不罢休。为了取悦于王后，伊尔佩里克必须打垮这位凛然不可侵的老主教。然而，不知道应该如何行动，他只好找来了主教会议中最忠于自己的两名成员——贝特朗和拉热讷莫。他对他们说道："吾坦言于汝：知主教所言不虚，吾败矣。吾将焉为，以遂王后之愿？"两位主教也感到尴尬，不知如何回答，只得黯然不语。忽然，对王后爱惧交织的情感，似乎使国王受到刺激和启发。他蓦然说道："请趋其而语之，若尔等之己见：'汝素知吾王伊尔佩里克纯良而善感，易生恻隐之心。若汝屈膝御前，自认其讼汝之罪以悦之，吾等必伏于其足，为汝求得恩典也。'"

或许，这两位主教利用了同侪的轻信和虚弱，劝说他相信：国王已经为自己的所作所为而懊悔，只是碍于面子不愿承认而已；或许，他们恐吓普雷特克斯塔图斯：如果他执意挑战国王的权威，即使主教会议判他无罪，他也无法逃脱国王的报复。此时，鲁昂主教已经得知了大多数法官在奴性或贪婪的驱使下所做的勾当。他心生惧意，不再拒绝他们的荒唐方案。在他的头脑里，这条并不光彩的建议是他最后的生机。事实上，他给大家提供了一个可悲的例子：在这个近乎分崩离析的社会里，即使以维持规则和捍卫荣誉为己任的人们，在道德操守方面也难免松懈。待到普雷特克斯塔图斯对此"善意的帮助"千恩万谢，两个出卖同僚的主教就跑去找伊尔佩里克国王报喜。他们发誓说，被告已经落入了陷阱，只需简单盘问，就会承认一切罪责。感觉不再需要设计新的伎俩来推动审判了，伊尔佩里克如释重负，决定恢复正常的司法程序。第三次开庭时，一切程序又将与第一次会议完美地衔接：已经出庭的证人将再次登场，确认他们上次所提出的证词。

次日，会议开始时，国王似乎只是简单地重复了他两天前会上最后的说辞，指着站在面前的证人向被告问道："若汝交之，唯礼尚往来尔，何为令其立誓效忠墨洛维？"见完两位主教之后，普雷特克斯塔图斯变得异常焦虑，但是，廉耻心的本能还是战胜了恐惧。他本应编造谎言，高声宣布自己的罪状，但一时又退缩了。他答道："吾尝求其待墨洛维以友，诚不诬也。若吾力可及，非但求诸人，更将求诸天使。予已言：墨洛维经我洗礼，亦为吾子也。"

这些话似乎表达了被告准备继续自辩的意愿。国王感觉希望再次落空，勃然大怒。他以往使用权术谋略之时有多么耐心，此刻，他的怒火迸发就有多么突然。虚弱的老人受到巨大的惊骇，心中残存的道义力量也消失殆尽了。他跪在地上，俯身拜倒道："吾王慈悲，予诚罪于天，罪于君！谋杀之罪，吾犯之矣！吾谋弑君而佐王子登基……"国王看到对手服软，怒气立马就平息了，又做出伪善的模样。他假装情绪失控，不能自已，一下跪倒在主教团面前，大声呼号着："诸君可闻，诸君可闻此凶徒自认其罪乎？"主教们纷纷起身离席，跑去搀扶国王。大家围在伊尔佩里克身边，有的人甚至感动得落泪，而有的人或许在为昨天的阴谋终于得逞而暗自偷笑。伊尔佩里克一站起来，就似乎无法再忍受凶徒出现在视野之中，马上命人把普雷特克斯塔图斯押出教堂。随后，他也很快离开，以便主教会议根据律法商讨判决结果。

回宫之后，国王立马派人给仍聚在一起的主教们送来他收藏的一卷经书。除高卢教会认可的教会法规全文之外，此书中还附有一个据说属于使徒教规的新折页。这一教规内容在高卢流传不广，即使最为博学的神学家，对此也很少有所研究或涉猎。在第二次会议中，当伊尔佩里克打算把审判从政治阴谋罪转向盗窃罪时，曾经以浮夸的方式引用过此章中有关流刑的法条。国王对流放的处罚很感兴趣。然而，由于该法条的内容与主教所承认的罪状并不符合，擅长无耻伪造的伊尔佩里克毫不犹豫地继续造假——只是不知道他是亲自操刀，还是请某位秘书代劳的。经过修改，该条的文字变为："主教若犯有谋杀、通奸、伪誓等罪，一经查实，即革除主教之职务。" 在这里，原文中的"盗窃"一词消失了，变成了"谋杀"二字。更奇怪的是，主教团的所有成员，包括图尔主教，都没有质疑这种欺诈行为。不过，格里高利作为法学专家，似乎曾试图劝说同侪们放弃所谓的使徒教规，根据通用的法典行事，但没有效果。

讨论结束。原被告双方被传唤听取最终判决。波尔多主教作为主教团的主席，宣读了二十一条使徒教规中致命的一条之后，对被告说："同僚兄弟，但听我一言：尔不复为吾侪；君不顾汝，吾辈亦不复眷汝，直至汝见谅于王之日。"一天前，就是这个人，无耻地玩弄着普雷特克斯塔图斯的单纯和善良。听到他亲口说出这些话，普雷特克斯塔图斯目瞪口呆，无言以对。而国王并不满足于这场完胜,仍然算计着采用其他手段加重惩罚的力度。他突然插话,想令人在囚犯离席之前,撕去他身披的祭袍,或在他的头上诵读《诗篇》第一百〇八章中,众使徒用以对伊斯加略人犹大(Judas Iscariote)❶的诅咒:"愿他的年日短少,愿他的儿女为孤儿,他的妻子为寡妇。愿强暴的债主牢笼他一切所有的,愿外人抢他劳碌所得的。愿无人向他延绵施恩,愿无人可怜他的孤儿。愿他的后人断绝,名字被涂抹,不传于下代。"❷这两项仪式中,第一项带有侮辱性,象征着职务的解除;而第二项只用于对亵渎神灵者的惩罚。格里高利处事平静而克制,但坚定不移,他大声反对加重刑罚。这次,主教团赞同他的观点。但伊尔佩里克一如既往地喜欢无理取闹。他继续要求:应以书面形式记录革除主教职位一事,并增加附加条款,强调永不叙用。格里高利再次表示反对,并提醒国王:他已庄重宣誓不插手教规之外的事务。这场争论延长了会议的时间,直到被一个突如其来的大结局打断。在这里,我们倒可以看见芙蕾德恭德的手腕和果决。她或许厌倦了行政程序的冗长和丈夫的斤斤计较,派出一堆全副武装的人马进入教堂,当着会议成员们的面,把囚犯押走了。于是,会议只能解散。主教被投入巴黎城内的监狱——其遗址在塞纳河主支流的左岸存在了很长时间。当天夜晚,他试图逃走,被守卫的士兵痛打了一顿。拘禁了一两天之后,他前往位于王国尽头的流放地,位于科唐坦半岛(Cotentin)❸附近的一座小岛,很可能是泽西岛(Jersey)。❹ 当时,整个半岛海岸线一带直至贝叶,连同泽西岛,都是撒克逊海盗的殖民地,已近百年。

看来,鲁昂主教似乎要在这些渔夫和海盗中间度过余生了。然而,七年的流放生涯之后,一个突然事件又让他重获自由,回到了教堂。584 年,伊尔佩里克国王遇刺身亡,此间情事,我们日后再谈。社会舆论普遍把他的死因归为芙蕾德恭德;在整个纽斯特利亚范围内,国王的驾崩,敲响了社会动荡的警钟。所有对伊尔佩里克统治不满的人,所有因羞辱和损害而抱怨的人,都在自行寻

---

❶ 伊斯加略人犹大,原为耶稣选定的十二使徒之一,后出卖耶稣。
❷ 在《圣经》和合本中,作《诗篇》第一百〇九章,本为大卫对恶人的诅咒。书中引文与和合本略有出入,姑以和合本为准。
❸ 科唐坦半岛,位于法国西北部诺曼底地区,濒临英吉利海峡。
❹ 泽西岛,位于英吉利海峡,现为英国王冠属地,拥有独立的司法管辖权,不属于英国或法国。

求公义。人们四处追杀那些滥用权势,或是施行严刑峻法的王国官吏;人们侵夺他们的财产,劫掠他们的房舍,并付之一炬;每个人都趁机报复压迫者和敌人。仇恨苏醒了,在家庭、城市和村庄之间蔓延,挑起无数血亲复仇、谋杀和抢劫。囚犯走出牢笼,流放者回到故里,似乎随着国王之死,以他的名义颁布的放逐令也便一并失效了。因此,鲁昂的市民也派出一支使团,将普雷特克斯塔图斯从流放地召回了。在人群的簇拥下,在民众的欢呼声中,他进了鲁昂城。人们自作主张,把他又扶上了主教之位,赶走了当初国王派来接替他职务的高卢人梅兰提乌斯(Melantius)。

芙蕾德恭德王后对丈夫治下的所有罪孽,都可谓责无旁贷。此时,她留下四个月大的儿子,只身逃往巴黎的大教堂。法兰克贵族们拥立小王子为国王,以他的名义统治国家。社会秩序略有恢复之后,她走出了教堂。此刻,她应该隐居于一个远离王宫的地方,让人们将其遗忘。于是,她来到罗托亚伦(Rotoïalum)领地——即今日的瓦德勒伊(Val de Reuil),❶邻近厄尔河(Eure)和塞纳河的合流之处。这样,命运把她带到了距鲁昂数法里的地方;而被她罢免放逐的主教,未遂她之愿,又重归其位了。虽然心中并没有遗忘和宽恕,老人所经受的七年流放之苦也丝毫无减于她的忿恨,芙蕾德恭德还没有太念及这位主教,她的思想和仇恨在别处。

为自己落到几乎一无所有的境地而忧伤,她看见布伦伊尔德的幸福和权力,更是妒火中烧。现在,布伦伊尔德的儿子十五岁了,她作为监护人,已经扫清了一切障碍。芙蕾德恭德不无苦涩地想道:这女人要自认为高我一等了吧!于是,她动了杀心。一旦拿定主意,她就一心只想着钻研完善她的刺杀计划,寻找具有激情和勇气的人完成使命。在她看来,最合适的人选,应该是蛮族的青年教士:他们还没有完全接受新的职业规范,仍保留着附庸臣属的习俗。在她家的食客中,这种人不少。她慷慨地,甚至有些亲热地对待他们,培养他们的忠诚;经常请他们品尝醉人的美酒和她独家秘方的补药。第一位表现得足

---

❶ 瓦德勒伊,法国西北部城市,位于诺曼底地区,距大区首府鲁昂约30公里。故下文说"距鲁昂数法里"(1法里合今4公里左右)。

以托付重任的年轻人，接受了芙蕾德恭德的命令：前往奥斯特拉西亚，以变节者的身份接触布伦伊尔德，赢取后者的信任，伺机暗杀。他依计而行，得到王后的接见，甚至获得了为其服务的机会。不过，几天之后，他就引起了人们的怀疑。在审问之下，他和盘托出了接受的使命。奥斯特拉西亚人没有过于为难他，只是将他遣返，让他回到女主的身边。对这种宽容的做法，芙蕾德恭德感觉受到了侮辱和挑衅，大发雷霆，迁怒于这名笨拙的手下，砍去他的双手双足作为惩戒。

几个月后，她觉得时机成熟，可以进行第二次尝试了。她动用了自己在作恶方面的一切智慧，派人打造了几把她亲自设计的匕首。外表看起来，它与法兰克人佩在腰间带鞘的长刀非常相似，只不过在刀刃上刻了一道深槽，与刀刃长度一致。这个装饰细节看似无害，实则致命：毒药涂抹在槽内，这样，打磨时就不会减损毒性的威力了。王后把其中两把淬了剧毒的匕首，交付两名年轻的教士——同伴的悲惨命运，并没有使他们的忠诚冷却。这次，他们得到命令：化装成穷人，去往伊尔德贝的王宫，在他出门散步时，找到合适机会，向他祈求施舍，然后同时抽刀，分刺他左右两肋。芙蕾德恭德对他们说道："请取此匕，速去！布伦伊尔德之傲，来自其子；吾欲见其子死，而此妇居我之下也。苟竖子守卫森严，尔等不能近身，请杀吾宿敌！汝若捐躯，吾将以吾赀财，富汝双亲，尊其为国之贵人！毋惧死！"

听到这些话，两名教士清楚地看到了此行的巨大危险，不禁面有难色。芙蕾德恭德意识到这一点，就令人取来她精心配制的美味的壮胆药剂。年轻人各自饮尽一杯之后，马上见效，眼神坚定，举止从容起来。芙蕾德恭德见此，十分满意，继续说道："汝依令而行之日，举事之前，请复饮此酒，以保勇往直前。"二人带着淬毒的匕首和珍贵的药水，赶赴奥斯特拉西亚。然而，国王和他的母亲戒备森严。二人一到，就作为疑犯被捕。这次，他们没有再得到宽容，都身受酷刑而死。

这是585年年末的事情。次年年初，芙蕾德恭德或许是耐不住寂寞，离开瓦德勒伊，到鲁昂小住数日。她多次参加公众的聚会和宗教仪式，鲁昂主教自然也到场了。主教的回归，本来就是对她权力的某种否定。以她对普雷特克斯塔图斯个性的了解，她还指望着后者在她面前表现得畏畏缩缩，谦卑而缺乏自信，就像一名只因掌权者的宽容才获得特赦的流亡者。即使已经失势，她仍然渴望着人们的逢迎。然而，普雷特克斯塔图斯并没有这样做；过去，他的确软弱而缺乏男子气概，但经过七年不幸生活的磨炼，他已经变得坚强。

各种世俗和宗教活动，让他们频频相遇。有一次，芙蕾德恭德控制不住自己的怒气，以在场所有人都能听到的音量，大声嚷道："此人应知：其重返徙途不远矣！"话音刚落，普雷特克斯塔图斯就勇敢地顶撞这个可怕的对手，当面答道："流刑内外，吾未改主教之身。今吾为主教，且永为之，而汝敢言重持权柄乎？予归自流放之所，主将召我之天国；汝若离尘世之国，则堕乎地狱也。汝其弃愚弃恶，绝骄矜之妄言，行善道，或得永生，而汝子或及长。"这几句话中，既有尖刻的嘲弄，又有主教高傲而严肃的训导。芙蕾德恭德心中五味杂陈。然而，她没有反唇相讥，也没有表现出羞愧和愤怒。她一言不发地走出人群，回到家中的密室，咬牙切齿地诅咒着对手，准备复仇。

梅兰提乌斯曾僭居主教之位七年。在此以前，他本是王后的门客之一，受到她的庇护。因此，王后一来到瓦德勒伊的居所，他便赶来投奔，也一直没有离开。他最早得知了王后的邪恶念头。对于丢失主教之职一事，此人一直耿耿于怀，希望不计一切代价把它夺回来。因此，他毫不犹豫地参加了王后的阴谋，认为这可以帮自己达到目的。梅兰提乌斯担任主教七年，在教士中不无影响力：他在任期间提拔的一些人士，都被视作他的党羽，并不乐于看到普雷特克斯塔图斯的回归——他们与后者素无瓜葛，不指望能从他身上获得什么利益。普雷特克斯塔图斯心地单纯，不容易怀疑他人，对主教宫里时常碰到的陌生面孔，没有产生过丝毫不安。他待人友善，自以为不会受人仇视，从未想到需要警惕这一风险。然而，虽然鲁昂的民众对他爱戴有加，大部分教士对他倒没有热情和忠诚可言；恰恰相反，某些教士，尤其是几位高级教士，更是极度反感他的存在。教会的一位主教助理或助祭，也许是出于对梅兰提乌斯的忠诚，也许是自己打算当上主教，对普雷特克斯塔图斯尤为恨之入骨。无论这种血海深仇的动机究竟如何，芙蕾德恭德和梅兰提乌斯一致认定他是一个不可或缺的人物，乐于将其拉进阴谋之中。主教助理与他们进行了数次密谈，讨论了

记 四

具体的实施方案。最后,三人决定在鲁昂教堂领地中找一个农奴,以承诺其举家获得自由的方式,诱惑他接受任务。这一自由的希望如此虚无缥缈,居然还有人愿意为之犯下谋杀和渎圣两桩重罪。这个不幸的人收到两百枚金币作为奖赏——芙蕾德恭德掏了一百枚,梅兰提乌斯和主教助理各付了五十枚。准备就绪之后,动手时间被确定为下个礼拜天——1月24号。

157

这天,凶手自日出时分起,就守候在鲁昂主教的家门口。主教清晨来到教堂,坐在他习惯的位子上——那是一把单独放置的座椅,前面有一把祈祷椅,离主祭坛数步之遥。根据惯例,其他神职人员坐在祭坛周围的祷告席上,而主教为早祷圣歌的第一个段落起音。随后,唱诗班继续唱圣歌,普雷特克斯塔图斯则屈膝跪倒,把双手和头部倚靠在祈祷椅的椅背上。这个姿势他保持了很长时间,给一直窥伺的杀手以可乘之机。杀手从背后溜过来,趁着主教长跪祈祷时无法注意身边发生的事情,悄悄接近他,直至手臂可及的距离,拔刀正中他腋下。普雷特克斯塔图斯发现自己受伤了,大声求救;然而,在场的教士们,或出于恶意,或由于怯懦,竟无人跑来帮忙,使凶手得以逃离现场。被抛弃的老人独自爬起来,用双手按住伤口,拼尽残存的一丝气力,登上了几级台阶,走到祭台。一个金瓶用链子悬挂在祭台上方,其中保存着为垂死之人准备的圣餐。他伸出满是鲜血的双手,从瓶中取出一片经过祝圣的面包吃下。然后,他感谢上帝垂怜,让他有时间享用临终圣餐,终因体力不支,倒在他忠诚仆人的怀里,被抬回了卧房。

158

或许是听到传闻,或许是收到了凶徒本人的汇报,芙蕾德恭德很想去看望一下垂死的敌人,满足自己的恶毒趣味。在安索瓦尔德和贝博伦(Beppolen)两位公爵的陪伴下,她来到主教的府邸。这时,此二人并不知道王后参与了这一罪行,也不知道自己将目睹多么古怪的一幕。普雷特克斯塔图斯躺在床上,面孔已呈现垂死的征兆,但还有意识和情感。王后隐藏心头的喜悦,摆出王室成员的尊严,假装同情地对他说:"嗟乎!主教圣人,祸及贵身,吾等与民同悲。凶徒斗胆行恶,唯愿君指认之,令其身被当受之刑!"

159

这次探访更让老人坚定了对王后的怀疑。他从病床上坐起来,盯着芙蕾德恭德说道:"有弑数王之人,作恶于国,戕害无辜。凶徒非此人乎?"王后的脸上没有显出任何尴尬之色，似乎只是把这些话当作毫无意义的呓语，又以无比平静和慈爱的语气，继续说道："吾有名医，或可医此创；请准其探汝。"这种伪善突破了主教的耐心。他终于发作，用尽残存的所有力量说道："主将召我离世矣，吾知之。汝暗中策划，谋取我命，将受永罚。天义将降汝身，以偿吾血。"芙蕾德恭德转身离去，一言不发；没过多久，普雷特克斯塔图斯便断了气。

听到这则消息，鲁昂全城都陷入了悲痛之中，市民无论是罗马裔还是法兰克人，都对此感到哀伤而憎恶。罗马人的政治权利仅限于城市范围之内，眼睁睁看着王后主谋的罪恶，心中痛恨，却无能为力；而法兰克人——至少是其中因财富或血统获得了尊贵地位的人物，以"日耳曼自由"这一传统特权为依据，有权对任何人高声说话，也有权将凶犯绳之以法。鲁昂城市周边有一些大家族，族长拥有财富，拥有独立的身份和人格。他们经常作为法官，出席裁决重大事件的会议，以个人权利而自豪，也热衷于捍卫民族的传统习俗和制度。他们中间，有一位热心而冲动的汉子，具备无上的勇气和真诚——高卢的征服者们视此二者为民族的美德，后来，这一观点更日渐流行，以致催生了"坦率（franchise）"一词。① 他召集了几位朋友和邻里，说服他们与自己一起采用光明正大的方式，直接要求芙蕾德恭德出庭受审。

他们出发的地方，离鲁昂还有一段距离。于是，他们骑马来到王后在鲁昂城内的住所。芙蕾德恭德犯下新的罪行之后，加倍留意自己的安全，守备更为森严。于是，只有召集者一人获准入内觐见，其他人则在候见室或门廊处等待。王后向他询问来意。使团的首领以愤怒的语气答道："汝生罪孽已深，而汝所甫为，更为其尤：竟行凶于教士！主必索偿无辜之血！吾等不欲徒待之，亦思断罪追凶，止汝复作此恶！"高声呵斥完芙蕾德恭德之后，法兰克人撇下她，径自转身离去。这一宣言日后如果确有后续行动，对鳏寡无依的芙蕾德恭德来说，并非全无危险。她内心深处感到了恐慌。然而，她很快恢复了勇气，

---

① franchise 一词，始见于 12 世纪前后，本意为"坦率""真诚""正直"等。该词从词源上看，由词根 franc（法兰克人）和名词后缀-ise（表示"品质""行为"等）构成，意即"法兰克人的品性和作为"。

毅然采取行动,派仆从邀请这位法兰克贵族共进晚餐。法兰克人已经与同伴们会合。他果断地拒绝了这一邀请。这正是一位怀有荣誉感的人所应该采取的态度。仆从回去报信之后,又跑回来传话道:如果他不愿共进晚餐,请至少喝上一杯;毕竟,来王家居所一趟,不吃不喝便离去了,总是一种失礼的行为。按照惯例,这样的请求总是会被接受的。这次,习俗和社交礼仪战胜了怒火,法兰克人本来已准备上马,又和朋友们在候见室等待了一会儿——这倒也是人之常情。

没多久,仆从们端下来几个大杯子,杯里装着蛮族汉子们在用餐时间以外最爱喝的饮料——添加了蜂蜜和苦艾的葡萄酒。酒首先倒给那位刚刚觐见过王后的法兰克人。他不加考虑,一饮而尽。最后一滴刚下肚,他就感到内里撕心裂肺的疼痛,知道自己服了剧毒。雷霆般突然袭来的痛感,使他片刻失声。看到同伴们也准备跟着他享用苦艾酒时,他大声喊道:"勿饮此酒!速去,速去,勿与我同死!"同伴们大惊失色:在那个年代人们的思想里,"下毒"与魔法和巫术是密不可分的。这些战士不会在战斗中后退半步,却不知如何用刀剑抵御这种神秘的危险,只得冲向坐骑,驾马落荒而逃。饮了毒酒的人也跨上了战马,但是,他的视线开始模糊,双手也无力再握住缰绳;马失去了控制,载着他跟随同伴狂奔了数百步,直至主人坠马而亡。有关这则传奇的谣言不胫而走,大范围引发了迷信的人们的恐慌。鲁昂教区的大地产主中,不再有人胆敢传讯芙蕾德恭德以被告身份出席一年至少两度的民众司法大会了。

新任主教上任之前,鲁昂总教区(archevêché)❶第一副总主教,贝叶主教勒多瓦尔德署理鲁昂教堂事务。他来到鲁昂,向教省内所有主教正式宣布普雷特克斯塔图斯的突然死亡,随后,他召集全市神职人员参加宗教会议。根据会议结果,宣布关闭鲁昂全部教堂,展开公开调查,不到查清凶手及同党之日,不再举办任何宗教仪式。一些高卢人作为嫌犯被捕受审;其中大部分人承认事先知晓这起针对主教的阴谋,甚至参与其事;他们的供词支持了对芙蕾德恭

---

❶ 鲁昂总教区,又称"鲁昂教省",下辖鲁昂、贝叶、库唐斯等教区。一般来说,总教区所在地的主教为该总教区的大主教,其他教区主教为副总主教。

德的普遍怀疑，但没有提到梅兰提乌斯和副主教两名帮凶。王后感到审判程序对己不利，便出面对所有被告行使保护权，公开帮助他们或逃之夭夭，或武力抗争，不再向法庭提供证词。

勒多瓦尔德主教行事严谨，忠于职守。并未向面前的重重障碍屈服，他以加倍的热情和审慎，继续追查元凶，希望彻底揭开惨案深层的秘密。此时，芙蕾德恭德又动用了她每每在危急关头采用的手段：一些杀手在主教住所附近游弋，时刻准备伺机而入。勒多瓦尔德只得派仆从和教士日夜严加守卫。他的意志终于无法长期顶住如此的压力；一开始进展顺利的司法程序，进度变得缓慢起来。最后，这场根据罗马法进行的调查，也落了个不了了之的结局，与之前根据萨利克人法典诉诸法兰克民众大会审判的尝试别无二致。

这些事件渐渐传遍了整个高卢，也传到了沙隆的贡特拉姆王宫。贡特拉姆一度对政治斗争漠不关心，但求自在逍遥，这次，他却忽然兴致大发，摆脱了懒散的状态。前文有述，他的个性十分矛盾：一方面，他温柔而虔诚，近乎刻板地追求公正；另一方面，他也不时会暴露出残存的野蛮嗜血之本性。在墨洛温诸王中，他的性格应该算是最为宽厚的了；然而，日耳曼蛮族传统中的凶暴性格，还是时常在他身上发酵，有时表现为雷霆之怒，有时则表现为冷血的残酷。贡特拉姆的第二任王后奥斯特伊尔德（Austrehilde）580年身患重疾，自觉将不久于人世之时，狂性大发，不想独自赴死，请求在她葬礼上处死自己的两名医生。国王轻易地应允下来，如约将二人斩首——以这样的方式取悦自己的配偶，即使被视作最残暴的君主，也是不为过的。但此事之后，贡特拉姆又变回了仁慈的国王，恢复了惯常的温柔敦厚；一切转变显得如此轻易，让人无从解释。听到人们盛传兄弟的遗孀犯下谋杀和渎圣的双重罪孽，他怒不可遏；作为墨洛温家族的族长，他认为自己有责任站出来主持公义。他向以伊尔佩里克之子的名义执政监国的权贵们派出一个使团，其中包括三位主教：桑斯（Sens）❶主教阿特缪斯（Artemius）、特鲁瓦主教阿格罗修斯（Agroecius）及阿尔

---

❶ 桑斯，法国东部城市，位于今布尔戈涅地区。

勒教省的卡瓦永（Cavaillon）❶主教韦拉努斯（Veranus）。使者们受命：争取纽斯特拉西亚贵族的许可，展开严肃调查，追查罪案的凶手，以和平或武力的手段，将罪犯带到贡特拉姆国王的面前。

　　三位主教来到巴黎。在这里，贵族们以小国王之名执政纽斯特拉西亚已有两年了。使团受到了摄政联席会议的接待，向他们说明了来意，并强调了贡特拉姆国王希望惩办之罪行的恶劣程度。使团发言结束之后，小国王的首席摄政、有"国王亚父"之称的大人物起身说道："此罪滔天，吾等皆痛忿之，益欲惩之。然若凶徒隐于吾辈之中，似不必送交贵王；神明在天，自可令鄙国大小罪人伏诛。"

　　这套说辞，听起来坚定而庄严，实则搪塞而已。纽斯特拉西亚的摄政们对芙蕾德恭德的关照，有甚于对王国独立主权的关心，几位主教们岂能不明白？于是，其中一人有力回击道："尔等须知：若有罪之人不得昭于天下，吾王将率师而来，以剑以火，横扫尔国！以巫术杀彼法兰克人者，即以刃刺主教者也。天下尽知矣！"纽斯特拉西亚人对这一威胁无动于衷，他们深知，但凡到了行动的时候，贡特拉姆国王总会踌躇不前。于是，他们把刚才的话又重复了一遍。主教们结束了这场无益的争论，只是对梅兰提乌斯即将就任鲁昂主教一事表示抗议。但是，使团一回到贡特拉姆国王身边，梅兰提乌斯就重登主教之位了——这既要归功于芙蕾德恭德的庇护，也要归因于她刚刚利用诡计和威吓，重新提高了自己的地位。随后15年中，芙蕾德恭德的这名死党，每天都端坐在普雷特克斯塔图斯血溅的座椅上，向上帝祷告。

　　王后为接连不断的成功感到自豪，准备以最后一项无耻的行径，为自己最近这一系列阴谋画上个完美的句号；用最不可思议的方式，表达对所有曾经敢于挑战她权威者的蔑视。她大张旗鼓地派人抓来她雇佣行凶的农奴——此前，正是在她的帮助下，此人才躲过了一次次搜捕。她装作怒火万丈地说道："汝手刃鲁昂主教普雷特克斯塔图斯，而令我蒙谣言之羞！"然后，她令人当着自己的面，把这农奴痛打一顿，送交普雷特克斯塔图斯的家人发落，毫不担心

---

❶　卡瓦永，法国东南部城市，位于今普罗旺斯大区。

后果，就好像这家伙对他本人参与的整个阴谋一无所知。普雷特克斯塔图斯的侄子是一名凶狠好斗的高卢人；他效仿日耳曼的习俗，终日只想着血亲复仇；像法兰克人一样，整天佩着武器招摇过市。他着手审讯那不幸的人，在家里私设公堂，严刑逼供。凶手很快招供："实乃吾所为。为之，因芙蕾德恭德王后予我百金，而梅兰提乌斯及副主教各五十金，还许我夫妇自由之身。"

无论这些信息多么清晰，都不可能再有任何意义。当时的各种社会力量试图插手这一骇人事件的调查，全都无功而返；无论是贵族、教会还是王权，都无力将真凶绳之以法。想到除了自己的双手，不再有公义可言，普雷特克斯塔图斯的侄子采取了野蛮的行径：既然人们把这奴隶如同被捕获的猎物交到他手上，他就索性拔剑将其大卸八块——当然，这暴行之中，绝望与野性或许起到了同样的作用。在那个秩序混乱的年代，以血还血，似乎是对凶杀唯一有效的惩治方式。只有民众，还记得被杀害的主教的功德，尊称他为"圣人"。当官方教会将一名凶手扶上了主教的座位，当其他的主教们称之为"兄弟"，鲁昂的市民却在祈祷中默念那受害者的名字，跪在他的陵前祭拜。正是民众赋予他的荣耀光环，使信徒们对圣普雷特克斯塔图斯的虔敬和回忆，跨越了一个又一个世纪——即使他们已经不再了解这位圣人的生平事迹。虽说他作为凡人的一生中，有许多不幸和脆弱的细节，可能削弱他作为圣人的荣光；但这些事件，至少可以激起人们的同情，从而吸引人们的关注。这位老人，死于对亲手洗礼的孩子的溺爱，实现了基督教所规定的精神之父的大爱理想。难道他的性格中，没有令人感动之处吗？

记　五

图尔伯爵勒达斯特的故事。——诗人维纳提乌斯·福图纳图斯。——普瓦捷的拉德贡德(Radegonde)修道院。

雷岛(l'île de Rhé)❶距圣通日(Saintonge)地区❷海岸三法里,在克洛泰尔一世治下,是王室的一块领地。当时,岛上的葡萄园由高卢人莱奥卡丢斯(Leocadius)打理,因土壤受到海风无尽的侵袭,产量微薄。高卢人有一个儿子,叫勒达斯特——这是一个日耳曼人的名字。可以推测,该地区那时应该有位同名的法兰克显贵;高卢的葡萄园农奴赋予儿子这一名字,也许是指望新生儿得到有力的庇护,也许是希冀以此作为一个好兆头,保佑儿子日后得以富贵,实现父亲的雄心和幻想。小勒达斯特成年之后,正赶上阿里贝尔征召差役。由于种种原因,法兰克国王此番下令,广袤王室领地上的各家各户,均须提供徭役;不同年龄和职业的人们都被迫应征,出身高贵者亦不得幸免。莱奥卡丢斯之子既然生为国王的农奴,更无例外,被王室总管招到御膳房服务。

年轻的勒达斯特就这样远离了出生的小岛。与其他仆从相比,他的突出特性,就是缺乏工作热情,而且纪律松散。他的眼睛有问题,不能忍受厨房里的烟熏火燎;这也恰恰为他的粗心和散漫提供了可资利用的借口。人们多次在需要他帮助之时,却无法使唤得动他。因此,主管只有两个选择:或听之任之,或调动他的工作。最终,勒达斯特被从厨房调到面包坊;按第一手传记资

---

❶ 雷岛,今作 île de Ré,位于法国西部港口拉罗谢尔(La Rochelle)以西,有跨海大桥相连。
❷ 圣通日,法国旧省,以桑特为中心,位于今法国西南部的滨海夏朗德省(Charente-Maritime)。

料的话来说,他可谓"由杵臼而及面槽"了。既然没有借口像以前一样推诿工作,勒达斯特只得设法伪装,表现出对新职业的热爱。他努力工作了一段时间,使主管和警卫都放松了警惕;随后,但凡时机出现,他就要设法潜逃。潜逃未遂之后,他会继续伺机逃跑,直到被再次抓回,前后共三次。第三次失败时,人们一般用以惩罚逃亡农奴的鞭笞和拘禁之刑,他都已经遭受过了;看守们也认为,仅以此,尚不足以惩戒他的顽劣。于是,他们决定施用最后的杀手锏,也是以往被证明最为有效的刑罚:割去他一只耳朵,给他打上永远的奴隶记号。

无论刵刑给他此后的逃亡带来了多少艰难和危险,他还是冒着无处安身的风险,再次逃走了。带着那任何人都能够很快辨识的耻辱标记,他四处游荡,害怕被人发现行踪。很快,他对终日如惊弓之鸟的危险生活感到厌倦,做出了一个大胆的决定。当时,正逢阿里贝尔国王迎娶出身于梳羊毛工家庭的宫女马库维芙。① 也许,他与新王后的家人有些交情;也许,他只是简单地相信,既曾同是天涯沦落人,这位善良的前宫女必然会同情他的际遇。总之,他没有加快步伐远离王宫,反而返回了王宫附近的森林藏身;他不再担心会有国王的仆从看见他,把他擒拿归案,而是耐心等待着接近新王后的机会。最后,他成功了!马库维芙被他的哀求打动,将其置于庇护之下,给了个马夫的头衔(日耳曼语为 mariskalk),派他看管自己的最骏健的马匹。

勒达斯特得到这意外的恩宠,深受鼓舞,野心迅速膨胀起来,立即着手谋求更高的职位——女主人的马场总管,以及"司马伯(comte de l'écurie)"的头衔。要知道,管理马匹,可是蛮族国王王宫里的重要工作;他得以很快实现愿望,只能用"福星高照"四字来形容。之所以把一切归结为他的运气,是因为此人素来喜欢自吹自擂,而且勇武有余,机巧不足。无论如何,由于管理马匹的职位往往由自由民,甚至法兰克的贵族来担任,他就任之后,便彻底忘却了自己的卑贱出身和悲惨过往,对下级颐指气使,对同级蛮横无礼,而且贪恋金银财宝,毫不节制无度的野心。他借着王后的宠爱爬上高位,又利用后者的善良和信任,帮她处理大小事务,从中牟取暴利。几年之后,王后去世之时,他已

---

① 参看"记一"。

变得颇为富裕。然后,他向阿里贝尔国王行贿,从众多竞争对手中脱颖而出,由王后的马场主管,升任王室的马场总监。这样,女主人的过世,非但没有让他一蹶不振,反倒开启了他更为荣光的职业生涯。担任这一王室要职一两年之后,这名来自雷岛的幸运的农奴之子,又获得提升,来到王国重镇图尔,担任图尔伯爵。

法兰克征服高卢之后,设立了"伯爵"一职,在政治方面最初的考虑,相当于日耳曼语中的"格拉夫(graf)",即大法官。日耳曼尼亚的每个村镇都有法官,在当地族长和要人的襄助下,处理司法案件。在被征服的城市里,民众与征服者之间存在着天然的敌对关系;因此,征服者必须把军政大权委托给重要城市的法官——也就是"格拉夫"们,让"伯爵"的职权相当于蛮族的行省总督,凌驾于传统的市政机构之上。获得这一头衔的人,或出于强悍的天性,或本着个人的算计,总会以法兰克国王的名义,滥用手中的种种权力;制度设计之初,统治者完全没有考虑过如何加以节制,使其能够与市政机构和谐共处。当时,根据罗马法建立的市政机构,纵使衰弱不堪,本也足以维持社会治安和城内的太平;每当高卢的市民们收到国王的信函,得知将有某位伯爵驾临,来依照他们的法律,帮助他们管理城市,维持正义之时,总是惊惧多于欣喜的。图尔市民起初听闻勒达斯特到来的消息,感觉大约也莫不如是;而他们对新法官的反感,只会与日俱增。此人胸无点墨,对他奉命前来执掌的法律更一无所知,甚至没有基本的公正与平等的精神——莱茵河对岸的格拉夫们,看似粗鄙,在这一点上,本来却是不亏的。

勒达斯特早年习得了奴隶的举止,随后又沾染了王宫仆从们惹是生非的恶习;除了爱慕奢华生活、喜欢物质享受的个性之外,他与即将产生交集的罗马文明,几乎毫无联系。根据他在任上的所作所为,人们有理由相信:此人接受图尔伯爵的职位,似乎只是为了谋求一己之私,满足自己胡作非为的天性罢了。非但没有维护图尔的治安,他更以荒淫和暴虐,加剧了混乱的局面。勒达斯特娶了城中一名富人的女儿,但并未因此而有所收敛和节制。他待人傲慢粗鲁,对女性放荡而不知尊重,对财物的贪婪一如既往。他竭尽所能,不是挑唆富人发起不公正的诉讼,由他亲自裁决,就是根据各种不实之词起诉他们,敲诈勒索。这些不义之财,一部分充公,剩余的则尽入他的私囊了。通过巧取豪夺,他迅速积累了巨大的财富,家中堆满了金银财宝。他的美好生活,一直持续到567年。那一年,阿里贝尔国王驾崩,西吉贝尔继承了兄弟的部分领地,图尔也在其中。对这名昔日的奴隶,他全无兄长曾经抱有的好感。感觉到国王的强烈憎恶,勒达斯特丢下房屋地产和大部分财宝,急忙逃离图尔;财物旋即被奥斯特拉西亚国王的手下洗劫一空。后来,他来到伊尔佩里克王国寻求庇护,向国王宣誓效忠,也得到了国王的公开接见。前图尔公爵背运的这段时间里,倒是受到了纽斯特利亚宫廷的礼遇,得以跟随国王辗转于各处王室领地,与国王的臣属和宾客们一起论资排辈,在盛大的酒宴上吃喝。

五年之后,应市民的要求,西吉贝尔国王任命乔治·弗洛伦蒂乌斯(Georgius Florentius)为图尔主教——就任之后,他改名格里高利。此时,他从家乡奥弗涅游历到圣马丁的陵前,一直担任神职,负有盛名,深受信徒的爱戴。在本书此前的记叙中,读者们已经了解了他的一些个性:对宗教的热忱、对文学的喜爱,以及严谨的个人作风。他出身于虔信天主的高卢贵族家庭,血统纯正,祖辈身世显赫。坐上图尔的圣座后,格里高利凭借当时主教享有的政治权威及他的个人声望,很快在市政事务的处理和市政会议的讨论中,发挥了巨大的影响力。然而,位高权重的代价,是无尽的劳累、忧虑甚至危险;这一切,格里高利马上就一一经历了。在他担任主教的第一年,伊尔佩里克大军攻占了图尔,后又被西吉贝尔夺回。次年,伊尔佩里克长子提奥德贝尔特在卢瓦尔河两岸大肆劫掠,图尔市民惊惶之下,再次投向纽斯特利亚国王。① 希望重新积累财富的勒达斯特,似乎也以军队将领或王子亲从的身份,参加了这次远征。

一进入这座刚刚臣服于父王的城市,提奥德贝尔特就把前任伯爵带到了主教和市政会议的面前,说道:在上次领地划分之时,此人就统治着图尔,并展现了自己的智慧和毅力;如今,应该把这座城市交还给他管理。勒达斯特给图尔民众留下的惨痛回忆,本来就令正直而虔敬的主教非常反感;更何况,格里

---

① 参看"记二"。

记 五

高利身为贝里(Berry)❶和奥弗涅地区最为显贵的罗马名门之后,看到这样一位寒门子弟,带着无可抹灭的奴隶印记,竟然与自己平起平坐,心中岂能不起波澜?但是,纽斯特利亚年轻统帅的推荐,看似礼貌,实则是一条命令;为了城市的眼前利益,若要使图尔免受烧杀抢掠之苦,似乎只有忍痛应允征服者的荒唐念头。图尔主教一生所为,都堪称谨小慎微的典范;此次,他又出于谨慎做出了这样的选择。图尔的所有头面人物达成一致:同意提奥德贝尔特的计划,允许勒达斯特荣耀地官复原职。决议立即生效。几天后,勒达斯特又收到来自纽斯特利亚宫廷的任命信。书信的格式为我们提供了那个年代公文的绝佳范本,而其中有关收信人之性格举止的字句,却似乎值得玩味:

> 王德仁厚,在自善不辍;任人之际,更为昭彰王德之良机,当于万民中择廉洁警醒者也。法官之尊,不宜授于新人,盖人尚未见其廉正也。故,朕既晓汝忠而知汝功,授汝图尔伯爵一职,汝当受之以尽其责;当全心忠朕而无违;汝辖下之民,凡法兰克人、罗马人及其他族属,当保其平安,令其忠顺;当循其法,依其俗,导之以直;当保鳏寡孤独;当严惩作奸犯科之辈。若汝民乐于尔治,必自幸而宁焉;则汝邑之税赋,亦必年益,而汝切尽入之于朕帑也!

新就任的图尔伯爵自觉在城内立足未稳,也担心图尔有朝一日再落于奥斯特拉西亚手中,打算与市政元老院和图尔主教真正和谐共处——尤其后者的有力庇护,于他是至关重要的。在格里高利面前,他表现得言行谦卑,与这位出身高贵的人物保持着适当距离,小心维护其颜面——后者纵然严谨,具有不少坚定不移的美德,但骨子里总难免有一丝贵族的虚荣。勒达斯特向主教担保,自己非常乐于为他效劳,愿意听从他的训导,并承诺绝不滥用权力,将以公正和理智作为行事的圭臬。为了增强诺言和申明的可信程度,他多次对着圣马丁的灵柩庄重宣誓;此外,如同罗马的门客对自己的保护人一般,他也向格里高利个人宣誓效忠,表示在任何情况之下,无论涉及主教的私事,还是有关教会的公务,他都会保持绝对的忠诚。

---

❶ 贝里,法国旧省名,位于今法国中部,以布尔日为中心城市。

事态如此发展,图尔城也得以享受了一小段宁静时光,这倒是大家始料不及的。随后,正如本书前文所述,提奥德贝尔特的大军在昂古莱姆一带覆灭,伊尔佩里克感到沮丧,逃往图尔奈的城池。①图尔市民归顺纽斯特利亚国王,本来就是慑于武力,现在自然又重新承认西吉贝尔的权威。勒达斯特如同七年前一样,再次逃离。不过,这次或许得到了格里高利主教的关照,他的财产没有受到侵害,个人也算是全身而退。他跑到了下布列塔尼(Basse-Bretagne)。❶ 当时,这里完全独立于法兰克诸王国,是法兰克流亡者和持不同政见者的避难之所。

575 年,西吉贝尔国王死于非命,伊尔佩里克重掌纽斯特利亚的王权,而勒达斯特也得以官复原职。流亡一年之后,他重回自己的官邸。对未来充满了信心,他不觉得还有自我克制的必要了,便扔掉面具,重返第一次任期内的迷途。他醉心于大权在握者可能沾染的一切恶劣喜好,肆无忌惮地贪污腐败,作威作福。当时,城市采用陪审制度:在案件的公开审理中,城市的头面人物、法兰克贵族、罗马元老院成员的后裔、教会的主要神职人员等,都有权列席旁听,共同裁决。如果有哪位他企图迫害的原告或被告,在他面前坚定地捍卫自己的权利,要求司法的公正时,勒达斯特就会在法官席上暴跳如雷,粗暴地打断当事人的讲话。在法庭席上环坐的人群,但凡用窃窃私语,甚至用手势表达对被迫害者的同情时,勒达斯特就会把怒火转向他们,对他们破口大骂,脏话连篇。本应在法律面前不偏不倚的他,在表现自己的粗暴无礼时,倒真正做到了一视同仁,从不考虑对方的特权、地位和职业:他曾经派人把神父套上枷锁,带到他面前,也曾令人杖责法兰克裔的武士。也许可以认为,这名出身奴隶的暴发户就乐于混淆所有的社会区隔,故意挑战当时的社会等级制度——他偶然地降生于贫贱之家,曾一度被排除在这一制度之外;随后,又是一系列机缘巧合,使他在制度中获得了尊贵的地位。

无论勒达斯特伯爵多么偏好独断专行,也无论他多么希望随心所欲地取

---

① 参看本书"记二"。
❶ 下布列塔尼,指布列塔尼地区的西部,即法国西北角。

缔所有的社会差异，在图尔城里，他还有一位强有力的对手。他完全无权剥夺此人的一切，否则，倒是自己要落个身败名裂的下场。他意识到了这一点，也清楚地知道：若想让主教屈服，或至少在他面前收声，只可智取，绝不能强攻。格里高利的美名传遍了整个高卢地区，在纽斯特利亚的宫廷也不例外。然而，主教与西吉贝尔一家友善的消息，使伊尔佩里克也有所提防。毕竟，在他征服卢瓦尔河以南的军事计划里，图尔的地理位置至关重要；而占据图尔一事，总让他不够放心。勒达斯特希望可以利用伊尔佩里克多疑的性格，日渐增加国王对主教的怀疑，消解其对主教的信任。如果此计得逞，在这座时刻处于戒备状态的前线城市中，他就会被视为一位不可或缺的保卫者；而关于他个人的各项控诉，以及那些针对他的明枪暗箭，也就很好解释了：那是因为他的高度警惕，才招致了对手的报复。对他来说，这种做法虽厚颜无耻，但确实最为可靠，能够让他在职权范围之内，找到机会痛击最可怕的对手——格里高利主教。

在这场阴谋诡计的战役里，勒达斯特有时候会使用一些异想天开的手法。一次，必须在主教家出现时，他特意全副武装，披挂盔甲，佩带箭筒，手持长矛——不知是为了营造紧张气氛，还是为了让人们相信：在这座充满了宁静祈祷的屋舍中，实际上杀机四伏。576 年，墨洛维路过图尔时，洗劫了勒达斯特的钱财和贵重家当。伯爵一直声称，年轻王子的抢劫行径，只因受到了格里高利的挑唆和主使。①后来，不知是由于良心发现，还是因为这无端的指责没能取得成功，他忽然打算与主教和解，以最神圣的宣誓方式，手握圣马丁灵柩上的丝毯，发誓毕生不再与主教为敌。然而，勒达斯特打算以最快的方式，迅速弥补刚刚遭受的惨重损失；因此，在这一贪婪愿望的驱使下，他加大了讹诈和搜刮的力度，尤其是针对本城的富户们。很多富人都是格里高利的好朋友，他们未能因这层关系少受任何磨难。这样，尽管图尔伯爵不久前才发了誓言，行事也力求谨慎，还是间接地招致了对手的敌意。他被积聚财富的邪念拖曳得越来越远，甚至开始侵吞教会的财产，终于引发了二人之间的个人冲突。格里高利向来行事宽容，这不仅出于他作为主教的耐心，也来自他作为贵族在政治

---

① 参看"记三"。

方面的审慎。因此，一开始，在这场斗争中，他只是使用精神的手段，抵制伯爵世俗的暴行；默默承受，并不轻易还击。两年风平浪静之后，人们都以为主教已经屈服于强权了。但是，当他感到行动机会到来之时，便毅然采取了攻势。

579年下半年，一个使团秘密觐见伊尔佩里克国王，拿出确凿证据，揭露勒达斯特伯爵的渎职行为，以及他对图尔民众和教会所犯下的斑斑劣迹。我们不知道使团拜见国王的具体情况，也不清楚他们成功达到目标的各种原因；总之，虽然勒达斯特长期受到国王的宠信，在宫廷上下也颇有人缘，使团还是大功告成，使他被免去了伯爵的职位。使团告辞之后，伊尔佩里克派遣自己最亲近的国务顾问安索瓦尔德随同前往图尔，根据他们的请求，采取相关措施，着手人事变更。安索瓦尔德于十一月抵达图尔，不仅宣布了勒达斯特被解除职务的消息，而且责成主教和全体市民选举新任伯爵。通过公投，高卢裔的优诺米（Eunomius）当选，在民众的欢呼和希望中就任新职。

勒达斯特素来自负，从来没有预想过这样的挫折，受到这意想不到的打击。他恼羞成怒，四处指责宫廷里的朋友们不肯仗义施以援手，尤其是对芙蕾德恭德大加抱怨：无论王后荣光还是落难，他始终不离不弃；而现在，在他看来，王后明明大权在握，能够将他救出危难的局面，却无情无义地放弃了对他的保护。①无论前伯爵的悲伤是否合情合理，他已经彻底被情绪所左右：勒达斯特认定图尔主教是导致自己被解职的元凶；而他对以前的女主子的怨恨，竟不在格里高利之下。总之，在他的复仇方案里，这两人是必须一网打尽的。头脑发热的他开始设计无比冒险的计划，准备在恢复财富和地位的同时，让主教和王后都身败名裂——如果说打倒格里高利是他最迫切的想法之一，倒并不稀奇；真正令人惊讶的是，他打算让芙蕾德恭德也跟着一败涂地，使她被国王废黜，失去王后的头衔。

图尔有一名神父，叫里库尔夫。他可能是高卢人，只不过起了个日耳曼名字而已；这点与勒达斯特倒是很相似，两人也颇有些惺惺相惜。里库尔夫生于城里的一个贫困人家，在格里高利的前任厄弗洛纽斯（Euphronius）主教庇护

---

① 参看"记三"。

下，获得了教职。此人野心勃勃，贪得无厌，不坐上主教之位，誓不罢休。为了有朝一日达成这一目标，多年之前，他就积极投靠伊尔佩里克与奥朵薇王后的小儿子克洛维。奥朵薇虽然失宠被废，但出身于自由民，甚至可能门第显赫，即便在落难之时，身边也不乏追随者。他们希望王后能够重获国王的恩宠，也相信她几个成年的儿子，比她对手的幼子们更容易继承王位。芙蕾德恭德虽然心计过人，长于权术，但毕竟无法让人彻底忘怀她低微的出身，也不敢确信幸福的长久：自己的魅力究竟还能吸引国王多长时间，她没有把握；许多人对她的尊重，只是敬畏她的王后身份，并非心悦诚服；四个子女中，最为年长的丽恭德（Rigonde）公主，出于女性的虚荣，竟也以母亲的宫女出身为耻。可以说，伊尔佩里克的爱妻始终面临着巨大的精神压力。除了无法抹灭的出身问题，她最为焦虑的事情，就是亲生儿子与前妻的孩子们的王位继承之争。

　　看到奥朵薇的两个儿子先后惨死，她心中暗喜。但是，三王子克洛维的存在，对她的克洛德贝尔（Chlodobert）和达戈贝尔（Dagobert）两位王子而言，仍是一道障碍——毕竟，其中更为年长的克洛德贝尔，也还不到十五岁。纽斯特利亚王宫里，就王储人选的问题，各种立场观点与欲望和野心纠缠在一起，分为对立的两派。这两派的枝枝蔓蔓，又延伸到宫廷以外，直至王国的每个角落。两派各有元老级的忠实骨干，也都有随时势而进退的投机者。里库尔夫和勒达斯特的情况就分属此两类：前者是克洛维一向以来的支持者；而后者以前与墨洛维作对，现在却忽然调转了阵营，变成了小王子的敌人。无论如何，两人很快成为好友，互相倾诉秘密，分享计划和希望。579年最后几个月和580年上半年，两个同样热衷阴谋诡计的损友，又拉上一名也叫里库尔夫的低级教士，频频密会。这位教士，就是当时最大的阴谋家"智多星"贡特朗曾经托付重任的那名信使。①

　　三人首先达成一致的一点，就是要把风行的有关芙蕾德恭德的传言，散布到伊尔佩里克耳中，让国王知道王后的荒淫和不忠。他们认为：种种迹象表明，国王的爱情越诚挚而盲目，得知自己遭遇背叛之时，怒火就越不可遏制。

---

① 参看"记三"。

按照他们的盘算，一旦如此，芙蕾德恭德就会被放逐，他的儿子们也会被愤怒的国王废黜，而克洛维就可以毫无悬念地继承王位了。这一分析基于各种小道消息，却令他们满怀信心。然而，揭发王后，固有风险；欲求自保，他们不敢亲口复述中伤王后的言辞。为了打击芙蕾德恭德，并把敌对的图尔主教也牵扯其中，他们决定使用手腕，找人做出伪证，控告格里高利四下传播王后的丑闻。

根据这一计划，如果主教被解职，里库尔夫神父将有两大良机：其一，伊尔佩里克必将传位与克洛维——无论他是挟着雷霆之怒速做决断，还是会晚些时候再做决定；其二，里库尔夫神父有机会取而代之，坐上主教的宝座。勒达斯特如能设法确保新盟友的晋升，在克洛维即位之后，就能在一人之下万人之上，以公爵的身份管理国家。最后，他们决定：为了里库尔夫教士也能晋升到一个合适的职位，应该把图尔的主教助理、格里高利的好友普拉东（Platon）牵进阴谋之中，将其一并打倒。

三人密谋制订好了行动方案之后，很可能主动联系了克洛维，将这个有利于他的计划和盘托出，并提出了自己的条件。年轻的王子性格轻浮，野心勃勃，却全无城府。他很轻松地承诺：事成之后，自可满足他们的所有要求，甚至更多。行动的时刻到来了，三人各司其职。里库尔夫神父负责为格里高利的离任铺平道路，煽动城中反对后者的好事之徒——他们出于狭隘的地域主义观念，不喜欢外来的主教，而希望以本地人取而代之。至于里库尔夫教士，本是主教府上的一名地位卑微的门客，因为执意要勾结勒达斯特，才和主人发生龃龉而离去。现在，他要回到主教身边，假意认错悔过，重新赢得主人的信任之后，再设计陷阱，引导主教做出某些可能引人怀疑的事情，成为日后对其不利的证据。最后，前图尔伯爵勇敢地选择了一项风险极大的任务：亲自前往苏瓦松王宫，与伊尔佩里克国王面谈。

580 年 4 月，勒达斯特自图尔出发。到达之日，受到了国王的单独接见。他做出严肃而具有说服力的腔调，对国王说道："吾为陛下守卫图尔，直至今日。吾既去职，请思此城焉守。须知，格里高利主教谋授之于西吉贝尔之子也。"伊尔佩里克素来听不得负面消息，为了表现得淡定，摆出一副不愿轻信

记　五

他人的姿态,说道:"此言不实。"当他观察到勒达斯特有些慌乱和犹豫的蛛丝马迹,便补充道:"汝职被免,方出此言。"前图尔伯爵言之凿凿:"主教尚有他罪。彼出言辱王,言王后与贝特朗主教有染。"此事让伊尔佩里克更为敏感,也更易动怒。他大发雷霆,完全不顾国王应有的威严仪态,扑将上去,用尽全身之力,对揭露这条秘闻的可憎的告密者拳打脚踢。

当他一言不发地如此发泄完自己的怒气之后,又恢复了常态,对勒达斯特说:"噫!主教尝言王后此事,汝确知之乎?"勒达斯特刚因为揭秘而惨遭粗暴的对待,现在却还是不慌不忙地答道:"吾确知之。若君刑讯主教之友加利努斯(Gallienus)及普拉东,此二人自当告汝。""然汝亦将作证乎?"国王忧心忡忡地问。勒达斯特回答:图尔教堂的一名教士里库尔夫,曾亲耳听到这些话语,可以作为人证;他前来通风报信,也就是出于对教士所言的信任。当然,他并没有建议像对主教的两位朋友一样,对里库尔夫也刑讯逼供。不过,虽然勒达斯特希望对待同党和敌人的方式有所区别,国王却完全听不进去他的意见。由于感到这则丑闻伤害了他的荣誉,伊尔佩里克对所有知情者都大为光火:他下令将勒达斯特收监,又火速派人前往图尔捉拿里库尔夫。

一个月以前,善于玩弄阴谋的里库尔夫成功地重获格里高利主教的信任,回到了他身边,再次成为主教府的座上宾。勒达斯特离开之后,他掐算日子,判断这位同党应该已经向国王告密,并提到了他的名字之时,就准备依计行事,利用主教的善良和仁慈,引诱他进入圈套。里库尔夫带着极度沮丧不安的神情,来到格里高利的住所。格里高利刚一问他到访的目的,他就伏在主教面前哭号道:"若君不助我,吾其亡矣。昔见惑于勒达斯特,吾尝言所不当言。请速予我度牒,以之他国;吾若留此,吏将捕我,而加我以刑。"一般来说,如无主教许可,并出具护照性质的亲笔信,教士不可以随便离开自己所属的教堂,也不能在其他主教的教区内得到接待。里库尔夫谎称受到所谓的"死亡威胁",向格里高利请假外出,其实是一箭双雕:一方面,他打算创造客观条件,可以为勒达斯特的话作为佐证;另一方面,他可以从舞台上消失,安然躲在幕后欣赏阴谋策划的这出好戏。

格里高利本来对勒达斯特外出的动机,完全没有产生过怀疑,对苏瓦松王宫里发生的事情，也一无所知；但是，教士的请求，语义含混，而且戏剧表演的成分过足，不但没能打动他，反而使他感觉不安。在那个混乱的时代，他每天都有机会目睹突然降临的灾难，看到它们将不可一世的大人物推向深渊，深切地感到每个人命运和地位的无常；因此，他也养成了凡事谨小慎微的习惯。里库尔夫伪装绝望的情绪，打算引他进入陷阱；然而，他的审慎回答，使这名低级教士真正失望了："若汝尝作不智不义之语，恶报将及尔身；吾不可允尔之他国，恐见疑于王也。"

　　低级教士的第一次尝试就这样失败了。也许，在被国王密令逮捕并押解到苏瓦松之前，他还使用过其他的诡计。一到目的地，他就受到单独审讯。虽然处境危险，他还是按照与同党既定的方案，完成了自己的任务。他以目击证人自居，坚称：格里高利主教说王后坏话时，主教助理普拉东和加利努斯也在场，说了同样的言辞。这一正式的证词，使勒达斯特获得自由——他所说内容的真实性不再显得可疑；而他似乎也无法再提供更多有用的讯息。在同党身陷囹圄之际获释，勒达斯特当然自信重得了国王的宠爱；更何况，伊尔佩里克竟一反常理，委派他回图尔捉拿加利努斯和普拉东。他受命执行这项任务，或许是因他素喜吹牛，又夸下海口，把自己说成执行此命的不二人选；况且，为了凸显自己的重要性，他很可能又详尽汇报了城市和市民的情况，使多疑的国王平添了几分不安。

　　勒达斯特因再度成为国王的心腹而自豪。他感觉把握了自己命运的缰绳，选择复活节那个星期踏上了归程。周五，在图尔教堂的大厅里，又发生了里库尔夫神父引发的骚乱。这个行事执着的人，对同名的教士同伙被捕毫无惧意，一心只惦着阴谋登上主教的宝座，深信胜利已为时不远。在焦虑的等待中，他的头脑发热，如同一名无法自控言行的醉汉。这天，利用宗教仪式的间歇时间，他挑衅般在主教面前走来走去，甚至大声说道，图尔城应把奥弗涅人清除出去。❶ 虽然格里高利不知道这些粗鲁行为的原委，却也没有过多受到它的影响。当时，高卢地区的人们为了模仿蛮族的举止，说话粗声大气，言辞

---

❶ 图尔位于法国西部，而格里高利主教则来自法国中部的奥弗涅地区。

粗鄙;格里高利在堂区的教众身上见得多,早已经习惯了。他没有动怒,以多少带有一种贵族尊严的口吻回答道:奥弗涅人在此也不算是外人;神父或许不知道,图尔的历任主教中,除五人之外,都出自与他的家族有亲缘关系的豪门。这一反驳,深深地刺痛了充满野心的神父的自尊。他再也无法自我控制,变本加厉,直接对主教破口大骂,甚至挥拳威胁。要不是其他教士过来相劝,阻止了他的歇斯底里,恐怕他真的要对主教动手了。

　　混乱场面的第二天,勒达斯特到达图尔。他进城的时候,既没带扈从队伍,也没有耀武扬威,好像只是来处理一些个人私事一般。这种低调的姿态,绝非他一贯以来的作风,很可能是按照国王的命令行事,以确保将两名案犯捉拿归案。这天的部分时间,他装作忙于其他事务;然后,他忽然扑向猎物,率领一队人马,冲入加利努斯和普拉东的家中,以最粗暴的方式逮捕了两位可怜人,扒掉他们的外套,用铁链将二人绑在一起,带着他们穿过整座城市。同时,勒达斯特还故作神秘地宣布,将组建法庭查办王后的敌人,并绝不放过更大的幕后黑手。也许,他非常重视他此行的秘密任务和囚犯的重要程度;也许,他害怕落入埋伏,或是引发骚乱;总之,出城的时候,他非常小心谨慎,不打算经过图尔城在卢瓦尔河上的大桥,而准备带着部下和囚犯走一座浮桥——浮桥主体为连在一起的两条小船,上面铺设了木板;而构成浮桥的其他船只,则以绳索相连。

　　格里高利在主教府邸听闻了这些消息,当时,他正像往常一样,忙于处理圣职相关的诸多繁琐事宜。两位朋友的悲惨遭遇,以及开始风传的模糊而凶险的谣言中对他不利的内容,使他的情绪产生极大波动。他百感交集,感到忧伤、困惑和沮丧,便放下手中的工作,独自走进小礼拜堂,跪下祈祷。然而,无论他怎样力图虔敬,心中的波澜还是难以平复。他焦虑地自问:未来究竟应该何去何从? 这个问题充满了不确定性,在他脑海中翻来覆去,却没有清晰的答案。为了摆脱烦躁情绪的纠缠,他决定放任自己采用一种他本人多次在主教会议和圣事中抨击的预测方式。他拿起大卫的《诗篇》,随意翻开一页,看看能不能碰到——按他自己的话来说——"令人宽慰的诗句"。首先跃入他眼帘的,是这一段落:"他领他们稳稳妥妥的,使他们不至害怕,海却淹没他们的仇敌。"❶他以这种方式,在偶然触及的文字和一直困扰自己的想法之间建立某种联系,所取得的收效,是理智和信仰本身都无法轻易达到的。他相信获得了来自上苍的回答:神灵会保护他的朋友们;而且,除了这两位最初的受害者,神灵也会保护卷入这起谣言事件中的所有无辜者。

再回头看我们的前图尔伯爵。他作出擅长奇袭与谋略的杰出军事家的姿态,为渡过卢瓦尔河采取了类似战争时期的手段。为了侦察消息,以便更好地指挥这次军事行动,他走在队伍前面,站在浮桥的前端;囚犯在队尾,士卒们也已上了木板。浮桥的负担过重了。河渡了一半,人们到达了水流湍急的凶险之处,勒达斯特忽然又下了一道意想不到的命令,让大家迅速移动到浮桥的前半段。士兵们大多到达位置时,作为支撑物的小船不堪重负,已经灌满了水;浮桥桥面的木板严重倾斜。于是,浮桥前半段的大部分人都失去平衡,纷纷落水。勒达斯特是最早跌落河中的人之一,好容易才游上了岸。而浮桥的后半段,也就是被捆缚的囚犯们所在的那条小船,倒是没沉,也晃悠悠地漂到岸边去了。这个小插曲差点儿就展现了大卫《诗篇》预言的神奇力量。除此以外,从图尔到苏瓦松,倒算是一路顺利了。队伍很快抵达目的地。

两位囚犯被押到国王面前。勒达斯特竭尽全力,希望能够挑起国王对他们的怒气,好让后者一时冲动,下令将他们处以死刑。按照他的盘算,这将是对图尔主教之地位的巨大打击;而且,但凡走上了这条暴力之路,国王也就无法再回头了。然而,他的算计和希望,终究落了空。终其一生,伊尔佩里克都难逃芙蕾德恭德的魅惑,这次,他又被蒙蔽了双眼。现在,他已经收回了最初对芙蕾德恭德的怀疑,更加平静地看待此事,不再像开始时那样暴跳如雷了。他打算慢慢把事情搞清楚,甚至以一位法学家所应当践行的规范程序,按部就班地进行调查——其实,他不但以诗人、美术鉴赏者和优秀的神学家自居,也自称是"法学家"。而芙蕾德恭德本人对此事的应对,同样充满了智慧和审慎。她敏锐地判断出,消除丈夫疑虑的最佳方法,就是要表现得高贵而从容,

---

❶ 《圣经》和合本,《诗篇》,第78章第53节。

绝不能显露急于结束调查的样子。这两人的态度,都是勒达斯特始料不及的,两名囚犯却因此得救了。国王非但没有为难他们,反而以一种无法解释的奇怪礼节,让他们过得比作为原告的低级教士还要舒服得多,虽有狱卒看管,生活却比较自由。

到处理主犯的时候,伊尔佩里克开始有些犯难了。以前,他在普雷特克斯塔图斯一案中,曾经表现得果敢而充满激情;[①]然而,格里高利却非寻常之辈:他的声望和影响力及于整个高卢地区,甚至可以说,他就是主教们精神力量的缩影和完美化身。面对这样的对手,使用暴力手段自然是危险的,很可能成为轰动的丑闻。伊尔佩里克在盛怒之下,也许会对此无所忌惮,但他理智的时候,绝不会做出这样的选择。如果不求助于暴力,他也只剩下那些阴谋诡计可用了——有些卑鄙,但他乐此不疲。仔细思考一番之后,他想道:虽说他有些忌惮主教的声威,但主教可能也会害怕王权;既然格里高利涉嫌"不敬君主"之罪,他没准会打算逃之夭夭。他似乎受到了这个想法的启发,就此制订了先发制人的计划,并书写秘密手谕,加急送往贝吕夫(Bérulf)公爵处。当时,贝吕夫公爵负责统辖图尔、普瓦捷,以及位于卢瓦尔河以南、由纽斯特利亚大军新近征服而得的其他城市。贝吕夫得到命令,但他深知,除了视察城市防务,他并没有太多造访图尔的借口。根据国王的嘱托,他暗中下令设置岗哨,等待着打算畏罪脱逃的格里高利公然违法抗命的那一刻。

大审判的消息不胫而走,传到了图尔。一经官方证实,各种信息在民间进一步被放大和夸张,这也是社会的常态。不过,伊尔佩里克的心腹要想完成任务,还真得指望这些谣言可能产生的效果。他很高兴地得知:就像在一场狩猎之中的猎物,主教已经被恐惧感逼得走投无路,被推上了引向陷阱的迷途。随后,贝吕夫亲临图尔,如同他平日定期巡视时一样,视察了城墙。新任伯爵优诺米陪同在他身边,听从吩咐和调遣。不知是已经与这罗马人分享了自己的秘密使命,还是打算连他一起蒙骗,公爵在公开场合告诉伯爵,贡特拉姆国王计划强攻或奇袭这座城市,并补充道:"今当遣兵将,严防不懈,毋令有失也!"

[①] 参看"记四"。

这句话很快传开,无中生有的危险带来巨大的恐慌。几支部队就这样进驻图尔,没有引起人们的任何怀疑。城中也募集了自卫队,各个城门上都有哨兵看守。不过,他们所执行的命令,并非眺望城外的旷野,查看是否有外敌入侵;而是监视着主教,等他乔装打扮或混在人群中出逃时,将其一举抓获。

这些策略都是徒劳的。日子一天天过去,他们等待的结果却始终没有出现,图尔主教似乎全无逃亡的打算。贝吕夫只得亲自出手,看看能否坚定他出逃的决心,或是给他一点相关的建议。他重金买通了格里高利的一些熟人,让他们一个接一个地去找主教,充满关切地告诉他身处的险境,以及朋友们对他的担心。在这些包藏祸心的阴险暗示中,他们应该免不了要提及伊尔佩里克国王的性格。那个年代,不少人私下称他为当代的希律王(Hérode)或尼禄(Néron)。❶ 而现在,这些前来游说的叛徒堂而皇之地这样说,却也不必担心受到惩罚了。他们提醒主教《圣经》上的句子——"有人在这城里逼迫你们,就逃到那城里去",❷建议他带上教堂里最珍贵的财物,逃到奥弗涅的某座城市,等待时机好转。然而,也许主教对这一奇怪建议的真实动机有所怀疑,也许他虽觉得这些意见很真诚,但不值得听取,总之,他一直不为所动,宣称自己不会离去。

这样,阴谋者们对这位人物也就无计可施了。除非他自投罗网,是没有人胆敢触碰他的。国王也只好等待着这位被告愿意依法出庭受审了。为了组织这次大型审判,国王向纽斯特利亚王国的所有主教都发出了邀请,正如当年的普雷特克斯塔图斯一案。会审时间确定为580年8月初。资料表明,这次主教会议的规模,应该更甚于577年的巴黎会议;奥斯特拉西亚王国刚刚征服的一些南方城市的主教——如阿尔比主教,也都应邀参加。图尔主教收到邀请函的格式,与其他同侪们倒是别无二致。为了捍卫自己的荣誉,他马上同意前往,并成为最早抵达苏瓦松的主教之一。

被告身世显赫,美名远扬,激起了大家的普遍兴趣。城里的居民们早就在

---

❶ 希律王和尼禄,分别为古代以色列和古罗马的暴君。
❷ 《圣经》和合本,《马太福音》,第10章第23节。

热切地盼望着他的出现了。他的举止高贵而平静,绝无矫揉造作之态;他的表现从容淡定,有如一位在审理他人案件的法官;他在苏瓦松教堂的圣人陵墓之前守夜祈祷和忏悔,坚持不辍……这一切使人们对他的尊重和好奇,转变为一种真正的热情。所有的高卢-罗马人后裔,也就是城中的普通居民,在审判开始之前,就已经坚定地站在图尔主教的一方,反对任何对他提出控告的人。尤其是社会底层的民众,在权力面前更少拘谨和畏惧,不喜欢压抑自己的情感,而乐于在公开场合充满激情和勇气地表现出来。在主教团成员齐聚开庭之前,案件的预审,除了一名证人的证词,没有更多有力的证据。里库尔夫教士为自己第一次的证词不懈地添油加醋,又编造出了许多不利于格里高利及其友人的谎言。他多次被带到王宫中受审,审讯过程像其他的国家要务一样,是高度机密的。他从监狱到王宫的往返路上,每每有一群手工艺人,离开自己的作坊,聚集在路边一直窃窃私语。护卫他的法兰克武士们纵使外表凶神恶煞,也很难控制住局面。

一次,他在回程中高昂着头颅,显得志得意满。一位名叫莫德斯图斯(Modestus)的木工对他说:"竖子,汝构陷汝之主教若此,不应求其施恩恕尔乎?"卫士们可能没有听懂罗马人的诅咒,也可能对此漠不关心。然而,里库尔夫却用日耳曼语向他们喊道:"彼语我三缄其口,以隐真相!有人恶语诋殿下,而彼竟欲阻我劾之,实乃王后之敌也!"武士们将这位罗马裔的手工艺人从人群中拖出逮捕,迅速将事情原委告知王后,问她如何处置。

手下们每天前来汇报城中新近的动态。这些消息让芙蕾德恭德不胜其烦。她终于发作,一改前段时间表现出的温良贤淑,恢复了自己的本性。在她的命令下,这位不幸的工匠,先被鞭笞了一番,然后又加以各种酷刑,戴上手铐脚镣,投入大牢。莫德斯图斯无比的虔诚之中,又带有一点狂热的臆想——这种人在那个时代并不罕见。他坚信自己是在为正义的事业而受苦,毫不怀疑万能的上帝会来拯救他。午夜时分,两名看守进入了梦乡,而他则开始全心全意地祈祷,请求上帝帮他摆脱苦难,让圣马丁和圣梅达尔(Médard)❶显灵,保护他免受牢狱之灾。在他虔诚祈祷之后,一件看似不可思议但又的确得到了证实的事情发生了——过去的信徒们每每会从这类事情中看到神迹,而今天的科学却试图将其归因为精神错乱的现象。或许,神灵护佑的信念,使囚犯获得了超常的力量和敏捷,或许完全是出于幸运,总之,根据目击者的说法,他摆脱了枷锁,开门逃走了。那天夜晚,格里高利主教正在圣梅达尔教堂守夜,见他进来,也不免吃惊;而他则感激涕零,哭泣着请求主教赐福。

这段奇遇的传闻,又在苏瓦松城内不胫而走,继续点燃了人们的宗教热忱。无论当时高卢-罗马人的社会地位多么低下,整座城市在审判中支持主教一方的声音日渐强大,毕竟还是让他的对手们心生不快,对主教团也可能会产生有利于格里高利的影响。为了使主教们摆脱民意的干扰,或者只是为了远离主教受到拥戴的场面,眼不见为净,伊尔佩里克决定将主教会议和审判移至布莱纳王室领地进行,带领家人和已经齐聚苏瓦松的主教们来到会场。由于当地除一些私家的小礼拜堂之外,没有教堂,主教们只得根据国王的要求,在领地上的一幢屋舍内听审。这里很可能是一间木制的议事大厅——国王住在布莱纳时,一年两度,会召集法兰克的首领和自由人,在此召开民众大会。

主教会议的开幕,颇具文学色彩。首先,有人朗诵了维纳提乌斯·福图纳图斯的长诗,那是他专门为国王和出席布莱纳会议的主教们而作的。在此,有必要就这位意大利人的生平,先跑题一阵了。福图纳图斯可以被视作早期高卢-罗马社会的最后一位诗人,才智与学识皆卓尔不群。他生于特雷维索(Trévise),❷在拉韦纳(Ravenne)❸长大成人。随后,他来到高卢,赴圣马丁教堂朝圣。然而,由于旅途充满了赏心乐事,年轻诗人并不急于匆匆结束行程。图尔朝圣之后,他继续在各个城市之间游玩,受到了附庸风雅的富人和上流社会的热情接待;而他的到来,对他们而言,确实也是一件值得庆贺和期待的大

---

❶ 圣梅达尔,6世纪的图尔奈主教。去世后,被埋葬在苏瓦松一带,成为当地的主保圣人之一。本章有关拉德贡德的内容中,涉及他的部分事迹。
❷ 特雷维索,意大利北部城市。
❸ 拉韦纳,意大利北部城市,曾为西罗马帝国和东哥特王国的首都。

事。福图纳图斯游历了整个高卢,一路拜访罗马裔或法兰克的主教和公侯,被其中大多数人视作嘉宾和良友。他习惯在主教府邸、乡村别墅和城堡中,待上或长或短的一段时间。别去之后,好客的主人们常与他保持书信联系,而他也往往会写上一些忧伤的诗歌作为回信,追忆往昔,或是描述旅途中的见闻。他向所有人赞美家乡的自然风光和历史遗迹,歌颂高卢的美景、河流、森林、农田、富丽堂皇的教堂,还有舒适的居所。他笔下的画面,有时真实,有时却不无夸张,净是恭维和谄媚之辞。这位浮华的诗人吹捧法兰克贵族的善良好客,夸赞他们自如使用拉丁语对话的能力,吹嘘高卢-罗马贵族娴熟的政治技巧,颂扬他们在商业和法律方面的细致和渊博。在称赞虔诚的主教们对于兴建教堂的热情之余,他又高度评价了他们的城市管理工作,讴歌他们为城市带来了繁荣、美丽和安定。他歌颂一位主教翻修了一些旧楼、法院、门廊和浴室;另一位主教挖掘用于灌溉的沟渠,改变河流的走向;而第三位则修建了配有塔楼和武器的城池。不得不说,所有这些文字都标志着文学的极端没落,文风矫饰而粗糙,满是蹩脚的错误和幼稚的文字游戏。但是,虽然对他持有种种保留意见,我们还是应该承认:福图纳图斯在高卢的出现,毕竟又点燃了智识生活的微光;而这位异乡人,在那个正在滑向野蛮的社会里,成为所有继续热爱文学和思考的孤独者们共同的纽带。他最诚挚也最持久的友谊,来自一位名叫拉德贡德的女性。她曾是国王克洛泰尔一世的后妃之一,后来退隐于普瓦捷,建立了一所女修道院,和普通的修女一样,戴着面纱在那里生活着。

  529年,纽斯特利亚国王克洛泰尔作为兄弟提奥多里克(Theoderik)的盟友,率兵攻打图林根。❶ 图林根人是萨克逊联盟的一支,是奥斯特拉西亚人的近邻,也是死敌。面对法兰克人,图林根连战连败,精锐部队在温斯特鲁特河(Unstrudt)沿岸全军覆没,国土惨遭洗劫,只得向敌国俯首称臣。两位得胜的国王平分了战利品和战俘。在纽斯特利亚国王的战俘中,有两位图林根王室的成员。他们是图林根王国倒数第二位国王贝尔特(Berther)的子女。女孩

---

❶ 法兰克与图林根之战,一般史书记载为531年。其时,提奥多里克(法文作Thierry)为奥斯特拉西亚王国的国王。因此,普遍认为拉德贡德当年11岁左右,而非书中所言的8岁。

就是拉德贡德,当年只有 8 岁。然而,她优雅的举止和早熟的美丽,使法兰克国王动了色心。他决心用自己的方式好好培养她,让她长成之后,成为他的妻室。

这样,拉德贡德在索姆河畔纽斯特利亚王室领地阿迪斯(Aties)[1]的一座王宫里,获得了悉心的照料。由于她的主人,也是她未来丈夫的奇思妙想,拉德贡德受到的教育,与普通的日耳曼女孩截然不同——她们一般只会学些纺纱织布和骑马狩猎的技能。她除了像高卢的贵族女孩一样,学习优雅精致的礼仪之外,还得学习拉丁文和希腊文,并需要阅读世俗的诗篇和教会作家的著作。也许,她的智识使她自然地接受了一切敏感细腻的事物;也许,国仇家恨和目睹的野蛮场景,使她忧伤而厌恶;她爱上了书籍,感觉它们为她打开了一个理想世界的大门——那里,比她所生活的现实世界更为美好。读到《圣经》和圣人的生平事迹时,她哭了,希望也能够为上帝牺牲自己的生命。当然,在阅读其他书籍的时候,她的梦想或许不总是如此阴郁,也向往着和平与自由。但是,宗教热情主宰了她,战胜了她个性中所有专属于贵族阶层的成分;这个年轻的蛮族女孩,不仅热衷于文明社会的思想和习俗,而且全身心地投入了其中最为纯洁的部分——基督教的生活。

随着她的思想愈益远离这个充满了野蛮与暴力的时代,她也越来越接近结婚的年龄。拉德贡德的身份,其实仍是国王的阶下囚。想到即将成为这个男人的妻子,她的心中充满了恐惧。接到国王传召她入宫成婚的圣旨,出于本能的巨大反感,她决计逃走。然而,人们很快追上了她,把她带到国王面前。纵使百般不愿,她还是在苏瓦松当上了王后——更准确地说,她成为纽斯特利亚的后妃之一。克洛泰尔保留着传统日耳曼部落的习俗,除了多名情妇,妻室也不止一人。权力和财富的诱惑,对拉德贡德的灵魂而言毫无意义,完全无法缓解她难以言表的厌恶之情。这种情感始终伴随着她与蛮族国王的强制性婚姻。当年,国王因她的美德而动心,又通过教育对其加以完善;而现在,也正是这些美德,使她更加远离国王,而且再无回头的可能。

---

[1] 阿迪斯,法国北部村庄,位于今皮卡第大区兰斯附近。

家庭生活于她像一条沉重的锁链。为了能够至少部分摆脱它的负担,拉德贡德表现得更为严谨克制:她用所有的空闲时间来读经和修行,并全身心地帮助穷人和患者。她在阿蒂斯王宫长大,因此,国王把这座王宫送给她,作为结婚的聘礼;而她则把这里改作贫穷女性的收容所。王后的一大消遣,就是亲临收容所,她不是做简单的探视,而是去从事最易令人厌倦的医护工作。纽斯特利亚宫廷的节日、喧嚣的宴席、危险的狩猎、阅兵和比武,还有举止野蛮且粗声大气的臣子们……—一切都让她厌倦而悲哀。如果偶尔有某位主教,或是一名虔诚而通文墨的神职人员来访,只要他性格沉静,谈吐文雅,王后就会立马离开所有人去陪伴他。她可以长时间守候在他身边,并在离别之际,赠送大量的礼物作为纪念;千百次地道别之后,她又重新陷入了忧伤。

与丈夫共同进餐的时候,她总会因耽于读书或祈祷而姗姗来迟——有时,她可能确是遗忘了时间;有时,则是出于故意了。由于每每需要多次催促她就席,国王等待得不胜其烦,常与其发生激烈的争吵,希望她更为守时,但从来无济于事。夜晚,她总会找借口起身,离开国王,睡在地上,只铺上一条凉席,或是身着苦衣,❶直到身体冻僵,才回到丈夫的床上。她以一种古怪的方式,把对丈夫的极度反感和天主教的苦行结合在一起。然而,她的种种厌恶表现,并没有让纽斯特利亚国王放弃他的爱意。克洛泰尔在这方面并不拘泥于细节;只要他觉得赏心悦目的女人始终在他的控制之下,他并不会介意是否对方饱受精神的摧残。拉德贡德的抵触情绪,会令他不耐烦,但从未让他真正痛苦。对配偶最为不满的时候,他顶多也只会念叨一句:"吾所娶者,修女矣,非王后也。"

对这个饱经世事沧桑的灵魂来说,唯一的避难所,就是修道院的生活。这是拉德贡德最大的梦想,然而,若要实现梦想,障碍重重。6年过去了,她始终不敢付诸实施,直到最近的一场家庭悲剧给她以力量。她的兄弟作为图林根王国的人质,也在纽斯特利亚的宫廷长大。然而,或许是对祖国的命运表示了悲悯,或许被认为构成了某种威胁,他被国王下令杀害了。拉德贡德一听到这

---

❶ 苦衣,天主教的苦行者在忏悔时贴身穿的衬衣,一般布料粗糙,刺扎皮肤。

个噩耗,就下定了出走的决心。不过,她没有马上表现出来。她装作需要找一位可以解放她灵魂的人士,寻求宗教的慰藉,要求亲赴努瓦永(Noyon),拜会主教梅达尔。梅达尔的父亲是法兰克人,母亲是罗马裔,其本人则以圣洁之名,闻于整个高卢地区。克洛泰尔对这个虔诚的请求,没有任何怀疑,他不但没有反对,而且还亲自下令,命拉德贡德出行——王后的眼泪让他非常烦恼,他希望见到她情绪好转,变得更为平静。

拉德贡德找到努瓦永主教时,后者正在教堂的祭坛上主持圣事。她出现在主教面前的那一刻,长期以来压抑的情绪一时喷薄而出,悲伤地呼喊道:"至圣之主教,吾欲离世而易服!至圣之主教,请祝圣于我!"❶主教对这突如其来的请求感到吃惊,虽然王后的信仰和热忱勇气可嘉,他还是有些犹豫,希望能有时间考虑一下。破坏合法的王室婚姻,根据萨利克人法典和日耳曼的习俗,意味着一个危险的决定。教会虽然对日耳曼习俗嗤之以鼻,但是为了避免引起蛮族的反感,事实上也是默许的。

梅达尔的心中,谨慎和热情在激烈地交战。护卫王后的贵族和武士们围住他,攘臂高呼,不允许给国王的妻子戴上面纱,更不能容忍把国王正式迎娶的女人从他身边夺走。其中最愤怒的人甚至拽住主教,把他从祭坛前拉下了几个台阶,一直拖到教堂的大厅里。王后害怕这骚乱的景象,带着侍女们躲进了储藏圣器法衣的小房间。在圣器间里,她定了定神,不再沮丧失望,而是另想了一条对策——这既体现了她作为女性的机敏,又表明了她坚定的意志。她把一件修士的长袍直接套在王室的服装上,以一身宗教装束走向梅达尔。主教当时正坐在祭台旁边沉思,神情忧伤,举棋不定。拉德贡德的强硬做法,对他的宗教热忱,是一个无比艰难的考验。这时,王后斩钉截铁地说:"若汝畏人胜于畏主,不祝圣于我,请自向主言之。牧人(Pasteur)将索羊于汝。"❷这忽如其来的一幕,以及这充满了神奇力量的话语,点醒了年迈的主教,猛地给他一度软弱的灵魂注入了活力。主教的责任感,凌驾于他的世俗忧虑和政治

---

❶ 根据天主教礼仪,发愿成为修士或修女的仪式,被称作"祝圣(consacrétion)"。而对各类物品(圣礼上的面包和酒、新建成的教堂等)的祝福(bénédiction),口语中常作"祝圣",性质其实有所不同。
❷ 此处,"羊"喻指信徒,而"牧人"似喻指上帝,而非循常例,喻指神父。

谨慎之上；他不再动摇，行使了自己的权力，宣布中止拉德贡德的婚姻，伸出手为她祝圣，使其成为教会的一员。法兰克的贵族和武士们束手无策了：他们不敢武力强迫这位女子回宫——对他们而言，她既是王后，又是奉献给上帝的女人。

这位新的皈依者（当时，人们用这个词来称呼弃绝了俗世生活的人），首先考虑的事情，就是要摘除身上所有的珠宝。她把头饰、手镯、宝石胸针和裙上金丝紫线的流苏，全部脱下，摆放在祭台上，又亲手扯断了昂贵的金腰带，说道："吾将赠与贫者。"随后，为了避免危险，她迅速撤离。拉德贡德准备去往法国南部。之所以做出这一选择，或许是因为那里远离法兰克人统治的核心区域，让她感觉个人安全更有保障，或许是因为出于敏感的本性，她偏爱更少受到蛮族破坏的高卢地区。她抵达奥尔良，登船沿卢瓦尔河而下，来到图尔，在圣马丁墓附近的一处避难所，稍事停留，等待前夫的决定。她过了一段动荡不安的生活，与教堂庇护下的避难者别无二致；她多次请求教会的一些头面人物向国王说项，有时提出充满自信的要求，有时又苦苦哀求，恳请国王许其皈依，不再与她相见。

刚开始，克洛泰尔对这些祈求装聋作哑，只是一味要求依照祖先的法律，维护自己作为丈夫的权利，甚至扬言要亲自出面抓回离家出走的妻子。拉德贡德从外界传闻和朋友的信中得知这些消息之后，律己更为严格。她斋戒守夜，苦衣修行，既希望获助于上天，又希望能够洗尽铅华，彻底丧失自己在深爱她的男人眼中的魅力。为了进一步远离国王，她从图尔的圣马丁教堂，迁到同样负有盛名的普瓦捷圣伊莱尔教堂。然而，国王并不气馁。有一次，他甚至以礼拜上帝为借口，来到了图尔，直到一位主教极力劝阻他走得更远。[①]可以说，在蛮族国王的情感力量与天主教之精神力量的纠缠之下，他还是败下阵来，最终同意这位图林根公主效法圣赛泽尔（Saint Césaire）的姊妹塞泽里亚

[①] 在拉德贡德的生平传记中，这段历史发生在她创建修道院之后，而圣日耳曼确实也在555年才担任巴黎主教。如果人们相信，559年，也就是王后离宫后的第十五年，国王做出了这一爱的举动，那么，这足以证明，在此之前他应该已经尝试多次了。由于无法确定具体的日期，我姑且把它放在此处，若有年代错误，希望大家谅解。

(Caesaria)在阿尔勒的做法，❶于普瓦捷建立一所女修道院。

根据日耳曼人的习俗，拉德贡德从丈夫处获得过一大笔晨礼和彩礼。现在，她把它们全部奉献给新建立的修会。军事征服给她的祖国带来巨大的灾难。这场灾难和征服者的多疑和残暴，使她失去了所有的家人，而她的修会，就是她完美的新家。她在普瓦捷的城门附近，为修道院奠基，让它成为所有希望逃脱尘世诱惑和野蛮行径的女性的避难所。不过，虽有王后的催促和普瓦捷主教皮恩提乌斯(Pientius)的鼎力相助，修道院的建设仍然耗费了多年时间。①这是一处罗马式的居所，配套设施齐全，包括花园、门廊、浴室和礼拜堂。奇怪的是，修道院的院墙一部分在城内，一部分在城外。这样，一段带有多个塔楼的城墙，就被包括在修道院内，也成为面向花园和原野的一幢修院建筑，为宁静的女修道院平添了一分军事色彩。由一位王室成员着手进行的修道院建设，使人们受到很大触动。施工的消息作为重大新闻，传播到很远的地方。人们使用当时的宗教词汇描述道：这艘在他们身边修建的方舟，将庇护他们逃离欲望的洪水和尘世的风雨。

一切终于准备就绪，拉德贡德即将进入修道院，进入她誓言终身不再踏出的这方净土。这一天成为全城欢庆的一日。在她途经的全城大小街道和广场上，都是人山人海，沿途的屋顶上，挤满了好奇的观众，争相目睹她经过时的风采，或是她在自己身后关上修道院大门的历史瞬间。她步行走过，一大群即将与她共同度过修行生涯的年轻女孩跟在身后。她们都是被拉德贡德的虔诚美名或者显赫出身所吸引，前来追随她的。这些姑娘大部分来自高卢传统贵族的家庭，习性克制而温柔，完美地符合她们的领袖践行母性和宗教性的双重需求——一般来说，法兰克姑娘进入修道院，则往往会保留着一些蛮族的小毛病：宗教热情洋溢，但不易持久；不遵守清规戒律；一开始食古不化，但可能突然一下就把责任和服从忘得精光。

---

❶ 圣赛泽尔为6世纪初的阿尔勒主教。他在阿尔勒城内建立女修道院，任命其姊妹塞泽里亚为院长。一般认为，这是法国第一所女修道院。

① 史料提到"很快建成(celeriter fecerunt)"。然而，鉴于王后544年在苏瓦松戴上面纱，而555年才进入修道院，这一说法让人难以相信。

555年，拉德贡德终于过上了期盼已久的隐修生活。根据她的梦想，这种生活应该在修道院度过，宁静而简朴，但保有对文明社会的兴趣。整个修道院都以文学研究为要务；每天，所有人在文学方面花费两个小时，剩下的时间则从事宗教活动，阅读经书和女性著作。当修女们从事共同的工作时，其中会有一位修女为大家高声朗读；最为聪敏的修女们，并不纺纱织布和绣花，而在另一间大厅里誊抄书籍，制作副本。虽然修会在酒肉方面的禁忌比较严格，在舒适生活和娱乐消遣方面的要求还是很宽松的：修女们可以在宽大的热水池中盆浴，还可以进行投骰等游戏。修道院的创立者和一些地位较高的修女，经常有机会接待主教、教士和世俗的显贵。因此，院中常有餐桌款待宾客和朋友，有各色美味的小吃提供。有时，王后会出于礼节，组织真正的宴席，但自己往往不出面陪同。

　　拉德贡德在普瓦捷修道院制定的规则，将她的个人喜好和半个世纪以来著名的阿尔勒修道院的传统结合在一起。当她为修会开辟了道路，并推动了它的发展之后，或许是出于宗教的谦卑，或许是出于政治手腕的灵活，她决定让位，正式放弃至高无上的权力。她精心挑选了一位修道院院长的人选，交由修会投票决定，并心甘情愿地与其他的修女们一起接受她的绝对领导。被她选中而登上高位的女士名叫阿涅斯（Agnès），高卢人，年幼时就深得她喜爱，比她年轻得多，对她也绝对忠诚。自愿回到普通修女的行列之后，她也像其他人一样，到厨房值勤，打扫庭院，挑柴打水。当然，看似平等，以她的王族血统和声誉，以她作为修院创办者的身份，以她高人一等的虔诚、渊博和善良，她仍然是这所修道院的女王。她根据自己的意愿维持或修改修会的规章制度，每日通过鼓励和劝告来坚定那些动摇的灵魂，向年轻的同伴们讲解《圣经》的经文。她严肃的说道辞中，一些用词又带有女性的温柔和优雅："尔等悉为吾选，如吾女也；尔等为鲜花幼草，为吾之所爱；尔等为吾之目，吾之命；尔等为吾之所栖，吾之所幸……"

　　10余年来，普瓦捷修道院吸引了整个基督教世界的关注。当维纳提乌斯·福图纳图斯在高卢追求虔诚和愉悦时，参观这所修道院是他旅行中最重要的事情之一。在这里，他受到了特殊的礼遇：王后素来善待有文化素养的虔敬者，因此，对他的热情款待，完全等同于最为著名和尊贵的客人。他备受拉德贡德与院长的关照、重视与赞扬。两名女性，一位比他年长，一位比他年轻，每日用各种形式的赞美，沁入他的心脾。这成了修道院新的魅力，使他耽留了比意想之中更多的时光。日子一周又一周地过去，一月又一月，似乎再也没有继续停驻的理由。在游子告辞之际，拉德贡德忽然说："何为离此？何不与吾等共处？"这一友好的邀请，成为福图纳图斯命运的驿站：他不打算再度翻越阿尔卑斯山，在普瓦捷留了下来，后又获封在普瓦捷担任神父。

身份转变之后，福图纳图斯与两位好友的交往便更为频繁和亲密了。他分别称她们为"母亲"和"妹妹"。在普瓦捷修道院的创始人和院长看来，女性一般需要由男性来管理，一些当务之急也必须求助于男性的专注与果决。修道院有大量产业，除管理之外，还得要人终日严加看护，防止巧取豪夺和武力入侵。要做到这一点，则必须兼有国王的认可、将人逐出教会的主教权限，以及与公侯和法官们的谈判能力——后者往往疏于职守，只是根据个人利益和喜好行事。这项使命需要同时具备机巧和活力；需要频频出行，进宫拜访国王；也需要可以取悦权贵，并与各色人等周旋的天赋。福图纳图斯调动了他的所有学识与智慧，充满热情地履行这一职责，也获得了巨大成功。他变成了王后与院长的顾问、代理人、使臣、总管和秘书。他在修道院对外事务方面具有绝对的影响力，在内务方面的作用，也毫不逊色，经常充任争执的仲裁人，调解女性之间的对立情绪和冲动。在他介入下，应他的要求，教规更为和缓，修女们也有机会得到更多的恩惠和丰盛的宴席。在一定程度上，他甚至引领着修会的信仰。他的个人见解经常通过诗篇表现出来，总是倾向于宽松和宽容。

福图纳图斯在精神方面具有很大的灵活性，在个人行为上也不甚严苛。正如人们以前对意大利人常作的评价，他更多地是一位"想象中的基督徒"：他的虔诚正信，无可指摘，但在日常生活中，他习惯于享乐，非常感性。福图纳图斯沉迷于饕餮之乐。他经常出席高卢或蛮族富人的酒宴，神采飞扬，狂喝滥饮，兴之所至，则即席赋诗。此外，他也乐于用诗歌描绘为他一人准备的盛筵，甚至描写这盛筵上的酪酊。像所有女性一样，拉德贡德和阿涅斯也善于利用朋友的性格弱点来维持彼此之间的友谊。她们迎合诗人的这一爱好，正如她们呵护他更为高贵的一个缺陷——在文学方面的虚荣心。每天,她们给福图纳图斯的府邸送上开胃小菜。除此以外,她们甚至四处找寻,为他备上为教规所禁止的菜肴——用各种不同方式腌制的各色肉类,以及浇上调味汁和蜂蜜的蔬菜,盛放在银质、碧玉或水晶的餐盘中端上桌来。有时,他应邀到修道院进晚餐,不仅菜肴精美,而且用餐房间的装饰,也透露着一丝浮华:鲜花编成的花环装点着墙面,而一层玫瑰花叶子覆盖着桌面,如同一条绿色的桌布。精美的酒杯,荡漾着美酒,那位尊贵的宾客,完全不想拒绝它的诱惑。就这样,两位弃绝尘世的修女,为一位基督教的诗人,准备了一场充满了古代社会优雅气息的晚餐。

更有趣的是,这三位经常相聚的朋友彼此之间也会说一些温柔的话语——即使不信宗教的人士,对这些话语背后的含义也可能有所误会。意大利人称她们为母亲和姐妹,同时,又常将"我的生命""我的光""我灵魂的最爱"之类赞誉奉送给她们。其实,这一切只是出于炽热而纯洁的友谊,是一种精神之爱。这段友谊开始时,阿涅斯还不到 30 岁;过于亲密的关系使她可能受到了人们的怀疑,成为恶意中伤的目标。福图纳图斯对此也有所感觉,深为院长及自己的名誉而担忧。无论他的疑虑是否有根据,他还是以一种不无尊严的方式,向阿涅斯本人勇敢地道出内心的想法:他送给她一首诗,坚称他对她只有兄弟之爱,恳请上帝和圣母证明他的清白。

福图纳图斯有快乐的天性,甚至有些轻浮。他的人生箴言就是"珍惜现在,享受生命"。然而,在他与图林根公主交谈,成为倾诉的对象时,拉德贡德内心的煎熬和忧伤的回忆,让他也感觉无能为力。拉德贡德已过五旬,到了两鬓如霜的年龄,但对童年往事没有丝毫忘怀;对故国和家人朋友的回忆,与阶下囚的日子留给她的烙印,同样鲜活,也同样令她痛苦。她常常说自己是一个"被绑架的可怜女子",喜欢细致地描述自己所亲见亲受的苦难、杀戮和暴行。多年背井离乡之后,虽然她的喜好与习惯都有巨大的改变,对父亲的家族的怀念和热爱,仍是她的情之所依。❶ 这也是她身上仅存的一丝日耳曼习俗和性格了。虽然她已经虔诚事主,生性也变得平和,但亲人惨死或被放逐的景象,还是不停在她脑海中出现。在她的灵魂里,面对家族最后幸存的血脉,面对叔父流亡君士坦丁堡(Constantinople)的儿子,面对她只知其名的那些在逃亡途中降生的堂弟妹们,她仍然怀有一种难以自控的情感、一种炽烈的冲动。异乡的土地上,除那些带有基督教和罗马文明烙印的事物之外,这位女性再没有值得珍爱的东西,一腔亡国之痛,只有借一些质朴无华的诗歌表现出来。有时,她还模糊记着一些曾在祖先所建的木质王宫里,或是故乡的荆棘丛中听到的民族歌曲,也可聊寄黍离之悲。在意大利诗人以这位蛮族王后的名义所作的许多诗篇中,作者试图把听到的凄凉心事记叙下来,虽然情绪已有弱化,但悲伤的印记还是随处可见的。

　　吾见数女被掳兮,手缚而发披;一妇跣足践夫之血兮,一妇逾兄之尸。/人泣各有因,吾为众人泣。/吾泣父母亡,亦为生者悲。/泪干叹罢悲不息。/欲听风吟传讯否,但见亲无梦魂来。/吾与至爱世所分。/斯人何之欤? 余问于啸风行云。但求青鸟兮,传我音信。/嗟乎! 若非禁于修院之圣地兮,斯人即见余归。余其择吉时而登舟兮,风暴而不改欢欣;水手战栗兮,余其无畏;舟船倾覆兮,余傍片木而桴游;无木可恃兮,余凫渡以回乡。

　　567 年以来,福图纳图斯快乐地信仰着上帝,平静地爱着自己的朋友,生活中充满了无微不至的照顾,以及或许无益,但无比愉快的娱乐休闲。想将宗教的自我完善与传统文明的精致社会生活结合在一起,也许这是最后一次有趣的尝试了。若不是阿涅斯和拉德贡德的好朋友自己在诗篇里展现了他幸福的命运选择,这一切也必将随时光逝去,不留一点痕迹。幸而有这些作品,几乎日复一日地记述了这三人小团体的故事。把他们联结在一起的,是深厚的友谊、宗教的热情、精神的追求,以及他们所需要的欢快而有益的交谈。颇有

---

❶ 事实上,拉德贡德 3 岁时,他的父亲被自己的兄弟杀害。自此以后,她沦于她的叔叔,也是杀父仇人埃尔芒弗雷德(Hermanfred)之手,直至作为战俘被分配给克洛泰尔。因此,书中所述她对家族的深厚感情,是值得怀疑的。

一些诗句，描述了这甜蜜而单调的生活中的小事；分开时的恋恋不舍；离别的空虚和重聚的欣喜；小礼物的往来互赠；鲜花水果和各色小吃；诗人喜欢亲手用柳条编织，然后赠予两位朋友的花篮……还有一些诗句，描绘了修道院中三人共进的晚餐，以及席间的"美味佳话"；而福图纳图斯独自进餐时，总会慨叹徒有口腹之乐，眼睛和耳朵却无福可享。每年都会有规律地迎来一些快乐和忧伤的日子，例如阿涅斯的生日，或是四旬斋（carême）❶的首日——这一天，拉德贡德根据一向以来的发愿，会进入密室闭关斋戒。"吾之日光，隐于何处？意欲何为，蔽吾双目？"诗人的呼号，带有如此之强烈的情感色彩，丝毫没有教会人士的影子。每当复活节到来，终于可以结束这段漫长的离别之时，他会将严肃的宗教思想以一种类似于情诗的口吻表达出来，对拉德贡德说道："汝之往兮，欢愉去吾；汝今来兮，去者还矣。煌煌此日，吾有双喜可庆也。"

在那个世纪，这是一段罕有的宁静幸福时光；而意大利人所享有的荣耀，也是罕有其匹的；他甚至幻想自己的作品可以流芳千古——殊不知，对于这日薄西山的文学风格而言，他已经可以算作最后，也是最轻浮的一个代表了。不过，当时的蛮族却十分欣赏他，竭尽全力地热爱着他的文字游戏；他最不起眼的小诗集；他随手挥就，便交付候立之侍者的小纸条；他即席口占的简单的两行诗……一切都在人群间传阅、誊抄和吟诵。他的宗教诗歌和献给国王的诗篇，每每为万众所期待。初到高卢时，他曾以世俗风格作诗，庆祝过布伦伊尔德与西吉贝尔的婚礼；①也曾以宗教风格写作，歌颂过布伦伊尔德由阿里乌教派（ariens）改宗天主正教。❷ 一开始，他作诗盛赞西吉贝尔征服莱茵河对岸民族的赫赫武功；后来定居于阿里贝尔王国的普瓦捷之后，由于国王并不尚武，他又开始尽情讴歌这位国王的和平天性。567 年阿里贝尔去世之后，普瓦捷在纽斯特利亚和奥斯特拉西亚之间几易其手，谨慎的诗人长时间保持沉默，直至他判断伊尔佩里克牢牢掌控了该城的一天。此时，他方以抒情的笔法，为这

---
❶ 根据天主教传统，教徒在每年复活节之前的 40 天开始斋戒，故称"四旬斋"。
① 参看"记一"。
❷ 布伦伊尔德来自西哥特王国。当时，西哥特人信奉阿里乌教派，主张一位一体，反对"三位一体"说。后在天主教内部的论战中败北，被视作异端。

位国王创作了第一篇颂诗。此诗备受推崇,获得了在布莱纳主教会议开幕式上吟诵的殊荣。

对福图纳图斯来说,主教会议是他取得文学成功的良机。聚集在布莱纳的主教们,是高卢饱学之士中的精英,可谓真正意义上的"高卢学院"了。此番请主教们赏鉴自己的作品,福图纳图斯颇费了些心思,尽量不让人感到对他们前来判定的棘手案件有所影射。格里高利是他的朋友和恩人,更是他最早的文学知音之一;然而,诗人对他即将面临的重大考验,却不置一词。在这首一百五十句的长诗里,没有一个字眼与时局有关,没有一个字眼涉及当地的风情或个人的风采。诗中只有放诸四海而皆准的美好的泛泛之词:值得尊敬的主教,公正、智慧和勇气之楷模的国王,美貌善良而万人爱戴的王后。这首诗中净是虚构的画面,空洞无物,与他在普瓦捷修道院中的隐修生活一样,完全脱离高卢的政治现实。

主教们带着对优雅文学年代的向往和错误认识,赞美了一番抒情诗人夸张而微妙的娴熟诗歌技巧。随后,他们就必须从矫饰的虚幻理想,回到冰冷的现实了。会议正式开始,法官们就座于环绕大厅安放的座席之上。如同普雷特克斯塔图斯的审判现场一般,法兰克贵族和武士们簇拥在门口①——不过,他们对被告的态度迥然不同了。在格里高利眼中,他们不像上次那样急迫而愤怒,对他十分尊重和同情,与罗马-高卢民众无异。伊尔佩里克一反常态,举止间有一些凝重和拘谨——他似乎有些畏惧这位他曾挑衅过的对手;或者,他只是因为对有关王后丑闻的公开调查,感到不大自在。

国王进场时,向会议的所有成员致敬,并接受了他们的祝福,随后落座。波尔多主教贝特朗,作为王后通奸传闻中的男主角,代表控方发言。他列举了原告提出的证据,质问格里高利是否曾经对他和王后犯下了此等罪行,要求他作出郑重的回答。格里高利对此矢口否认。贝特朗马上反问道:"流言既起,汝全不知情乎?"他的激动情绪,反而令人生疑。被告平静地回答:"人如是说。吾闻之,然未信之。"

---

① 参看"记四"。

人们对这个回答十分满意,开始窃窃私语,后来更顿足高呼。法兰克人可不像罗马人那么尊重国王与在座各位主教的权威。虽然国王在场,法兰克贵族们还是粗鲁而毫无拘束地叫喊起来,突兀地介入了审判。喊声此起彼伏:"岂可待主教若此?""吾王何为查办此案?""此奴婢之言也,竟言之于主教。主教可忍乎?""噫!天主,请救汝仆!"国王早已习惯于臣属们的率直,听到这些反对的呼声并没有生气。为了让厅外的人群听到自己的解释,他站起来高声对他们说道:"辱吾妻,即辱吾也;吾实怨之。主教一案,尔等若以举人证为善,证人咸于此也;不然,若信主教清白,但言之;吾乐听之也。"

主教们对伊尔佩里克国王此次的克制与温和,颇有几分惊喜。他们同意传召国王宣布在场的所有证人出庭。然而,能够出庭的只有里库尔夫教士一人,普拉东和加利努斯坚称无话可说。至于勒达斯特,不但没有旁听公审,而且借预审时的混乱状况,抽空彻底远离了这出法庭的大戏。里库尔夫把勇气坚持到底,开始提供证词。然而,主教会议的成员们纷纷大声打断他:"法庭之上,低级教士诋主教之言,不足信也。"直接证据不再成立,人们只能根据被告的言语和宣誓进行判断。国王信守诺言,没有执意反对,只在具体形式上做了一番文章。不知是出于任性的想象,还是基于模糊的记忆,他将传统日耳曼的迷信习俗以基督教的形式包装起来,希望主教采取一种近似于巫术的奇怪行为,证明自己的清白。他要求主教在三个不同的祭坛各做一次弥撒,并要求他在每次弥撒结束后,站在祭坛的台阶上,发誓从未说过他被指责传播的谣言。

为了让宣誓更为严肃而给它配上一场弥撒,本来就不合于天主正教的观念与实践。此外,就同一事件多次起誓,也违背了教会的戒律。主教会议的成员们意识到了这一点,然而,他们还是情愿向国王的异想天开让步。格里高利本人也被迫同意违背他曾三令五申的规则:也许,作为被告,他必须捍卫自己的荣誉,不想在任何形式的考验面前退缩;也许,在这座充满了日耳曼元素的建筑里,周遭净是蛮族长相,未经完全开化的人群,他丧失了在高卢城市的城墙里,或是在教堂屋顶下的充沛精力和自由思想。

在审判进行的同时,芙蕾德恭德躲在一旁,装作若无其事地等待着法官们的裁决；而在她内心深处，无论如何，她都期待着对被告的严酷报复。她的女儿丽恭德公主，只知格里高利之名，并不了解他的业绩，却似乎深为他的不幸所感动——与其将她的表现归因为对图尔主教的诚挚敬爱，不如归因为对母亲的反感。在审判之日，她带领所有侍女闭门斋戒，直至派出打探消息的侍从来报，说主教已被宣判无罪。国王似乎为了展示对主教团的绝对信任，没有亲自见证他对格里高利的考验，只是请主教们陪同格里高利前往布莱纳王宫的礼拜堂。根据要求，图尔主教分别在三个祭坛上做了弥撒，并进行了宣誓。随后，主教团返回会场。见伊尔佩里克早已就座，会议主席站着庄重说道："吾王，主教已行责成之事，清白可证。吾等奚为焉？唯禁汝圣餐尔。贝特朗讼其兄弟，亦不得复与也。"听到这一意想不到的判决，国王赧然变色；他带着羞愧的神情，就像一名将罪责推给其他伙伴的小学生一样，回答道："吾但言吾所闻者也。""然孰首言之耶？"主席凛然问道。国王还没有从开除教籍的威胁中回过神来，承认一切消息都来自勒达斯特。

于是，主教团立即下令传召勒达斯特出庭。然而，无论是在王宫还是周边地区，都不见他的身影——出于谨慎，他已经逃之夭夭了。因此，在他缺席的情况下，主教们宣判开除其教籍。讨论结束，主教团主席起身，以宗教的形式，对勒达斯特发表强烈谴责："吾等以圣父、圣子、圣灵之名断案，凭使徒及其传人之力，秉承天地之意，诏曰：夫勒达斯特，谤王后，布流言，构陷主教，逃避判决，今生来世，将弃绝于教会，永不复与圣餐；凡基督之徒，不得敬之亲之；凡神父之属，不得祝福之，不得与其基督之圣餐；人不得友伴之，不得客待之，不得与其共事、共饮、同食；非迫其自愆其罪，不得与之言。愿造人之圣父谴之，愿待人受过之圣子谴之，愿洗礼之际及于吾身之圣灵谴之，愿自创世以来邀宠于天之诸圣共谴之。其人所及之处，舍中田上，康庄阡陌，无处不谴之；死生、晨昏、起居之际，无时不谴之；体内精神脏器，无物不谴之；由首及足，其肢其骨，无寸肤之安。愿其同大坍（Dathan）及亚比兰（Abiron），❶同欲远上帝者，身被永罚。愿其永沦暗夜，如焰熄于水，直至悔过而神恕之。"宣判之时，主教团保

---

❶ 大坍及亚比兰（法语又作 Abiram）为《圣经·旧约》中的两个人物，因阴谋反对摩西，被裂开的大地吞噬。

持肃穆,聚精会神地听着;到最后一句时,全体成员一同高声反复重申:"阿门,此乃,此乃弃绝之辞。阿门,阿门!"

这一宗教威胁令人恐惧,在世俗生活中,效力相当于驱逐出境。相关敕令以书信形式发往纽斯特利亚境内未曾与会的主教们。随后,主教团开始审判里库尔夫教士——经图尔主教证实,他犯有伪证罪。神职人员不分种族,都根据罗马法行事;而在罗马法的法条中,如若诽谤罪行严重,损害尊上名誉,应判处死刑。这一法条向来得到严格遵守,主教们将里库尔夫交付世俗权力执行判决。随着这最后一项议题完成,主教们纷纷向国王告辞,准备回到各自的教区。动身返回图尔之前,格里高利向国王求情,请求宽恕那曾对其无耻地恶意中伤之人。也许是终于摆脱了配偶忠贞问题所带来的个人名誉的困扰,伊尔佩里克感到心情不错;也许是希望讨好一下主教,缓解他的悲愤情绪;总之,他当时表现得异常宽厚。应主教的要求,他取消了死刑,只对里库尔夫严刑拷打了一番——根据罗马法,这不算是刑罚,仅是审讯的一种附加手段。

芙蕾德恭德认为这一温和举措,在一场庄严的审判之后刀下留人,对她是有利的。不过,虽然留住了里库尔夫的性命,在他身上试验一下人对折磨的忍耐极限,倒是她所希望尝试的事情。贵族和宫廷侍卫们本来就乐于亲手了结这名罪人,参与这场残忍的游戏时,自然也是满怀热情。这可更是帮了王后的大忙。那个时代的史学家——其实也就是图尔主教本人——记叙道:"可怜斯人,所受鞭挞,纵言金石无情之物可耐之,吾亦不信矣。自三时至九时,人缚其手于后,而悬于树。九时,下之置于刑台,笞以杖以鞭。非一二人特为之,凡得近其身者,皆可行笞刑。"

里库尔夫感觉自己受到了勒达斯特的愚弄,对他恨之入骨。在痛楚和仇恨之下,他揭开了尚不为人所知的整个阴谋的黑幕。他承认伙同两名同党指控王后通奸,旨在将芙蕾德恭德连同两个亲生儿子一起逐出王国,以便奥朵薇之子克洛维独自继承王位。他还补充道:当时约定,事成之后,勒达斯特将任公爵,里库尔夫神父任主教,而他本人将担任图尔的主教助理一职。① 口供并

---

① 参看本书第 192 页(下册边码)。

没有直指克洛维王子参与了阴谋；然而，很显然，他的个人利益与三名案犯是密切联系在一起的。芙蕾德恭德牢牢记住了这一点。自此以后，克洛维像王后的其他死敌一样，在她头脑里被做上了标记，成为下一个伺机收拾的目标。

在那个年代，除非快件急报，信息的传播是非常缓慢的。因此，图尔的人得知苏瓦松预审和布莱纳审判的消息，需要数周时间。在这些充满了不确定性的日子里，图尔的市民为主教的命运而不安；而他的政敌们喜欢惹是生非，自吹自擂，制造了混乱的局面，也使他们深受其苦。作为敌对首领的里库尔夫神父，利用个人权力，入住主教府。在那里，他似乎已经拥有了梦寐以求的主教头衔，试图开始行使相关的绝对权力。作为大教堂多处地产的主人，他建立了所有财产的清单；为了拉拢关系，他向教会一些重要人物赠予厚礼：他曾送珍贵的家具给一位神父，又向其他人赠送了牧场或葡萄园。而面对低级教士，他认为没有利用价值，则换了一副嘴脸，总是使用苛严和残暴的方式，向他们展示自己窃取而得的权力。稍有小错，他便施以杖责，甚至一边亲手鞭挞一边说："识尔主也！"他经常虚荣地反复强调："彼奥弗涅竖子之离图尔，乃吾逐之也！"有时，他的密友们会质疑他篡位的手段能否成功，或者怀疑他收买的人心是否可靠。他每每高傲地微笑答道："且任我为之。智者无失。欲愚之，唯伪证尔。"

这位牛皮吹满的大话精，被格里高利的回归，拖出了权力的梦想。主教回到图尔之日，全城欢腾，而里库尔夫并未像全体教士和市民一般前去欢迎致敬，只是不甚甘心地将主教府邸让了它的合法主人。一开始，他继续对主教表示不屑，以沉默来对抗；后来，他的仇恨无法缓解，发展到了歇斯底里的程度，时常措辞激烈，一再向主教发出死亡的威胁。格里高利素来遵守法规，对这个危险的敌人，他不急于滥用权力，而是以平静和民主的方式，召集图尔教省内所有有资质的神职人员参加主教会议，共同商议裁决。

除布列塔尼地区以外，里昂第三行省❶范围内的所有城市的主教们都收

---

❶ 恺撒征服高卢之后，高卢被分为里昂高卢、阿基坦高卢和比尔及高卢三个行省。4世纪初，罗马君士坦丁皇帝又将里昂高卢分为四个行省。其中，里昂第三行省包括布列塔尼、曼恩（Maine）、安茹（Anjou）等地区，以图尔为首府。墨洛温王朝时，图尔教省的范围，与罗马时代的里昂第三行省相仿。

到了通知与会的函件,因为布列塔尼人一向以宗教与政治方面的独立而自豪,与高卢地区教会的联系不大紧密频繁。昂热、勒芒和雷恩的主教,都由衷地希望图尔教堂与图尔城的安宁,但南特主教菲利克斯则不然。他是否与会,史料记载不详;然而,无论如何,他都足够鲜明地表达出对格里高利的反感和对他政敌的偏袒。他也出身于高卢名门,自称具有阿基坦地区的传统贵族血统,祖先中颇有一些帝国时代的大法官和执政官。除那令他深以为傲的高贵家族之外,菲利克斯还具备一些时人少见的优点:他思维活跃,勇于进取;口若悬河,行文流畅;而且,他还保有一些罗马治理高卢地区的行政才能。

260

菲利克斯在帝国边缘地带担任主教,辖区无时无刻不受到布列塔尼人的骚扰,墨洛温的国王们也无法一直提供保护。于是,他只能自给自足,自行监督教区的安全与发展。由于没有军队,他采用谨慎的防卫政策,并借助灵活的谈判技巧,与布列塔尼人周旋。一旦局势稳定下来,他会独自解囊,兴建大型公共设施。他的生活忙碌而动荡,性格中便多了一分尖刻和专断,远不符合在基督传道的传统中对主教的品性要求。一次,他看中了图尔教堂在南特附近拥有的一片土地。或许认为这块土地对他某项大工程十分重要——例如有利于农业及商业的卢瓦尔河改道,河床拓宽等,他与图尔主教交涉。格里高利一贯谨小慎微,甚至有些古板,寸土也不肯让与菲利克斯。很快,两位主教之间的冲突升级,上升为一场足以引发丑闻的笔战:他们以书信的形式,互相攻讦,并抄送各自的朋友。这些书信因之广为流传,如同真正意义上的政论小册。

261

在这场恶语相向的激烈的口水战中,图尔主教生性更为纯良,也没有对方那么刻薄而聪敏,根本占不了上风。由于拒绝让地而产生的纠纷,他遭到菲利克斯咬牙切齿的愤怒指责,感到无法忍受。他以神学博士的善良口吻,提醒南特主教勿忘先知的话语:"祸哉!那些以房连房、以地连地,以致不留余地的,只顾自己独居境内。"❶当暴躁的南特主教把论战的主题丢在一边、对对手的家人大加嘲讽和攻击之时,作为反驳,格里高利加重语气,也只能说道:"噫,

262

---

❶ 《圣经》和合本,《以赛亚书》,第5章第8节。

若汝为马赛主教,舟船不复载货,唯载莎草(papyrus)❶耳,以供汝尽兴而书,以诋他人。所幸者,纸匮矣;子之胡言,可以休矣……"

其实,在图尔与南特两位主教无聊的纠纷背后,也许除偶发的争端之外,还有更为深层的原因。格里高利面对菲利克斯表现出过于高傲的姿态,使人不得不认为,两人之间还存在着贵族之争。昔日阿基坦王族的后人,神职在门第不如自己的人之下,很可能忿忿不平;抑或出于狭隘的地域观念,他本希望西部地区的重要神职,只在当地的显贵家族内部传承。他之所以同情,甚至勾结图尔教堂内视格里高利为"外人"的反对派,应该就是因此。他一直支持里库尔夫的阴谋,甚至也为其提供过帮助。

虽然图尔教省内最有权力和手段的主教拆台,主教会议还是如期召开,并作出判决。里库尔夫由于骚扰和反叛图尔主教,被判监禁,关入一家修道院中,地址不详。他在那里被严加看守了一个月之后,南特主教的密使前来拜会修道院院长。为了蒙骗院长,他们使尽浑身解数,要求见上里库尔夫一面。最后,他们虚假地发誓,保证见面之后会让囚犯回到牢中,终于把里库尔夫提出了密室。里库尔夫一离开牢房,马上夺路而逃。他跑到菲利克斯那里,受到了热情接待。南特主教就这样公然践踏了大主教的权威。在整起不幸事件里,这是图尔主教最后一次感到悲愤,但可能也是最强烈的一次,因为它来自一位与他的种族、社会阶层和教育背景都相差无几的人士。他的其他敌人,有的出身蛮族,有的性情冲动,为情绪所奴役,与蛮族无异。面对他们,格里高利总可以向上帝慨叹道:"吾主,斯人不知其所为!"然而,面对菲利克斯,他无话可说了。

勒达斯特被革除了教籍,而国王也发出敕令,不允许人们给他提供食宿和保护。因此,他只能过着充满了危险和动荡的流亡生活,从布莱纳来到巴黎,打算进入圣彼得教堂避难。这座庇护所本应对一切避难者开放,然而,革除教籍的惩罚还是将他挡在了门外。他不得不放弃原定计划,准备看看是否能够依靠某位朋友的忠诚和勇气。不知何去何从之际,他得知了独子的死讯。也许,这一消息唤醒了他对家人的爱;也许,他因此而陷入了对家务和个人利益

---

❶ 莎草为一种植物。古埃及时起,地中海沿岸的人们以其作为造纸的原料。

的深切担忧中；他产生了归乡的强烈念头。于是，他隐姓埋名，独自轻装取道图尔。到达之后，他潜入妻子所住的房舍。动荡的生活，不允许他有过多时间展现他的父爱；片刻之后，他就着手收拾当年任职时掠夺的金钱和贵重财物。

随后，他来到布尔日，巩固与当地一些日耳曼人的友谊。根据蛮族的习俗，朋友之间有一种无比神圣的责任，是法律与宗教的禁令都不可以侵犯的。他决定尽快将所有的财富交付接待他的朋友们保管；在革除教籍的通告到达图尔之前，他已经将大部分财产转移了。然而，好景不长，国王的信使在一小支武装的扈从下，一路搜集勒达斯特的消息，紧追不舍，带来了那条致命的敕令。他们闯入了勒达斯特家中。勒达斯特本人侥幸逃脱；但他的妻子则没有那么幸运，被俘获带到苏瓦松，被国王发配到图尔奈一带流放。

逃亡者带着装载了金银珠宝的车辆，原路逃往布尔日。由于进入了贡特拉姆国王的地界，伊尔佩里克的人马不敢再继续尾随。他与行李同时抵达朋友处。不幸的是，这些行李的外观和体量，刺激了当地居民的贪婪之心。他们认为异乡人的财产更易于攫取，便蜂拥而上，开始抢夺；为了分得一杯羹，城市的法官更是冲在了人群的前面。勒达斯特没有力量对抗这次袭击；即使他的朋友们试图施以援手，也是无济于事。人们将一切洗劫一空——钱袋、金银器皿、家具和服装，除了贴身之物，什么也没给他留下；同时，还威胁他迅速离开，否则将取了他的性命。勒达斯特被迫再次离开，勇敢地重新向图尔行进。已是穷途末路，他无计可施，只能在绝望之中铤而走险。

到达伊尔佩里克王国的边界，回到自己以前统治的地区，在第一个他所到达的村庄，他告诉村民：在贡特拉姆国王的土地上，距此一日行程之处，有一票大买卖可做；所有参与者，都会得到丰厚的奖赏。一些青年的农民，还有当时不绝于途的各色流浪汉，听到这条消息，迅速聚集起来，唯前图尔伯爵马首是瞻，没有过多打听他具体的计划。勒达斯特很快杀回抢劫者们的住地，奇袭了一座房子——他曾目睹人们把抢来的赃物储存于此。这次冒险行动大获成功：图尔地区的乌合之众奋勇进攻，杀死一人，打伤多人，将布尔日人尚未瓜分的战利品又抢夺回来。

勒达斯特慷慨的封赏之下，手下们纷纷宣誓效忠。他对自己的手腕和实

268 力感到自豪，觉得足以对抗任何敌手，便又张狂起来，就驻扎在图尔附近，毫不在意隐藏行踪。有关他的消息很快传开。听到传闻，贝吕夫公爵派人率兵前去捉拿这位流亡者。勒达斯特兵败被擒，虽然又一次逃脱，但金银和家私可真是一点也不剩了。他的财宝被登记入册，转交国库，运往苏瓦松；而他在走投无路之下，取了相反的方向，前往投奔普瓦捷的圣伊莱尔教堂。

圣伊莱尔教堂与拉德贡德修道院比邻而立。也许，拉德贡德的温良和尊贵，向普瓦捷教堂传递了一种与众不同的宽容精神。这名遭到流放又被开除了教籍的罪人，被图尔的圣马丁教堂和巴黎的数所教堂拒之门外，却在这里，得到了充满慈爱的接待。对此，除了拉德贡德的影响力，恐怕也没有其他的合理解释。勒达斯特终于有了可靠的栖身之地，实在是喜出望外。不过，他的 *269* 快乐情绪转瞬即逝。很快，强烈的虚荣心又开始作祟，他耻于与社会最底层的穷人共享圣伊莱尔避难所的屋檐。为了做好逃亡的准备工作，同时，满足自己始终不渝的重视感官和荒淫生活的爱好，他在难友中又纠集了一帮最为卑鄙无耻的家伙。他派出密探了解外部的情况，但凡得知城内治安有所松懈，便率领部下出击，根据线报，掠夺某一幢富人的宅第。他们破门而入，抢劫钱财和贵重器皿，或者绑架主人，勒索赎金。强盗们满载而归，回到修道院的墙内分赃，然后吃喝、争吵或赌博。

有时，神圣的避难所会呈现更为可耻的乱象。勒达斯特招来一些淫荡的女人，其中甚至不乏有夫之妇，在教堂广场的门廊之下公然通奸。也许，苏瓦松的王宫得知这些丑闻，下令重申严格执行布莱纳会议的判决结果；也许，拉 *270* 德贡德本人恼怒于如此之多的渎圣行为，亲自要求赶走勒达斯特；总之，他被视作不值得任何怜悯之人，被赶出了最后的避难所。不知何去何从，他只得再次投靠布尔日的朋友们。虽然他们也为最近的事件吃了不少苦头，还是巧妙地为他安顿了容身之所。一段时间之后，他又不甘寂寞，带着那些不羁的胡思乱想，离开朋友的庇护，重又过上了充满冒险的流浪生活，直至最终的失败。虽然他已经学会了谨慎小心和处世之道，但是，他没有再得到上天的任何恩惠。在他的头脑里，他只有一种不可躲避的命运，那就是对芙蕾德恭德的复仇——他可以等待，但永远不会遗忘。

记 六

神学家伊尔佩里克。——犹太人普利斯库斯(Priscus)。——勒达斯特故事的续篇和终结。

自己的官司终于结局圆满之后,图尔主教摆脱了暂时的困境,重新开始他的宗教和政治生涯。他每日不仅需要谨慎处理教区和市政的事务,还得操心一些国家大事,诸如高卢教会的发展,以及法兰克诸王之间时常被打破的和平局面。因此,他经常独自或率人,频频出访纽斯特利亚宫廷所居之处。在他曾经以大不敬罪受审的布莱纳王宫,主教也被敬意和礼遇所包围。伊尔佩里克国王为了善待这位尊贵的客人,精心研究罗马礼仪的风雅,力图表现得渊博而有品位。他甚至向主教推心置腹地朗读了自己的一些作品,请教他的意见,带着一种天真的虚荣,向他展示自己那点可怜的文学修养。

这些粗糙的论文,往往来自他任性地抄袭模仿,不成体系,毫无意义,却涉及各种研究领域:语法、诗歌、艺术、法律、神学……可谓无所不包。蛮族国王不无冲动地热爱着文化,像个乳臭未干的小学生,满怀喜悦地从一个领域跳到另一个领域。"最后一位拉丁诗人"福图纳图斯曾对国王这种不着调的行为给予高度评价,称他作"为古代文化式微而沮丧的朋友们之巨大希望"。然而,格里高利主教的性格更为忧郁,也更少为掌权者的声望所动,并不附丽诗人的虚幻观点。在克洛维之孙与其分享作品之时,无论他作出怎样礼节性的应答,在内心深处,对这位理应作为国王逢迎的作家,都始终充满了鄙夷。伊尔佩里克模仿赛杜利乌斯(Sédulius)神父的风格,创作了一些宗教诗歌。但在格里高利的眼中,不过是一堆"四肢瘫痪"的蹩脚诗句而已,没有基本的韵律,长音和短音混作一谈。国王还有一些小册子，收录了他谱写的圣歌和弥撒片段，倒没表现出什么宏大的抱负。格里高利则认为这些作品"不忍卒读"。这位天资愚钝的作家在各方面勤恳地做着笨拙的尝试，以求摆脱窘境。不过，主教却未能从中发现他任何严肃而值得尊敬的意愿。

伊尔佩里克某日曾心血来潮，决定将日耳曼语的读音用拉丁字母表现出来。为此，他还发明了四个字母，添加到字母表中，其中有一个，代表了此后用字母 w 来表示的读音。这样，在拉丁语的典籍中，来自日耳曼语的专有名词就可以具备固定而确切的拼写方式。然而，无论人们日后费尽心力所追求的这一成果，还是国王此后的相关举措，在过于严苛和满怀偏见的主教眼中，都是一钱不值的。伊尔佩里克向各城的伯爵和元老院下诏，勒令他们在公立学校中用火山岩涂抹现有教材，以新的文字系统重新书写。看到这位蛮族的统治者试图修改罗马字母表的努力，格里高利只是不无怜悯地微笑着。

一次，伊尔佩里克国王煞有介事地派一位大臣，向格里高利朗读自己有关神学重要问题的一篇新作。本书冒昧地归纳该文主题如下：神圣的三位一体不应作出位格的区分，应以"上帝"一词统而称之；上帝被视作有血有肉之人，于情理不合；圣父、圣子和圣灵，完全是一体的；圣灵即圣父，也是圣子；这是《圣经》中的族长和先知们所言，也是律法的规定。听到这篇宗教论文的前几句，格里高利心中已是翻江倒海了。他素来厌恶撒伯里乌（Sabellius）❶异教，视其为仅次于阿里乌教派的危险敌人——因为，此二者都是建立于理性基础之上的。① 也许国王看到该教派的著作，从中受到启发，并自行发挥了一番；也许他的理性灵光一现却过了头；总之，现在他是自认为发现了基督教的真理，并为能够渊博地将其展现而自豪。主教流露出的反感情绪越来越明显，让他吃惊，直至勃然大怒。他本着哲学家自信全然有理的虚荣，以及君主不容反对意见的专横，生硬地开口说道："吾欲教会同侪并汝共信之。"

格里高利面对霸道的命令，恢复了平静，以向来的严肃口吻说道："陛下

---

❶ 撒伯里乌，3 世纪基督教神学家。他主张"神格唯一论"，认为上帝只有一个位格。
① 参阅 Fleury, *Hist. Ecclésaist.*, t. II, p. 338。

虔敬,当弃此邪说,从圣徒所传,从普瓦捷主教伊莱尔、韦尔切利(Verceil)❶主教厄塞布(Eusèbe)所晓,从陛下洗礼之时所亲言。"国王反驳道:"吾知之。于此,伊莱尔与厄塞布,乃吾劲敌也。"国王坚定的语气中透出的情绪,已是非常恶劣;他自尊受挫,变得咄咄逼人。格里高利不为所动,继续平静地说道:"慎之!勿犯上帝及诸圣!"随后,他像在布道台上所做的一样,长篇大论地宣讲起天主教的正义:"须知,圣父、圣子、圣灵,位格各异。道成肉身者,非圣父,亦非圣灵,乃圣子也。圣子以赎人之罪,化身童贞女之子;故,受难者,非圣父,亦非圣灵,乃圣子也。圣子化肉身,为世人而作牺牲。汝所谓之'位',属灵,非属肉也。故三位而彼此无违。其数为三,然其荣光一也,其权柄一也,其永生一也。"

国王不愿再听,打断了主教的训导,愤怒地嚷道:"吾将寻智于汝者,令其读之,彼必与我!"格里高利被这样的话语刺痛了,也不再顾及礼节,忿然答曰:"遑论智者?癫人亦不与汝之言!"不知此刻伊尔佩里克的内心活动如何,他一言不发地离开了主教。不过,这位身兼文学家和神学家的国王的暴怒,足以表明他并未丝毫遗失祖辈的凶性。几天后,他又请阿尔比主教萨勒维乌斯阅读这篇论文。第二次尝试的结果,并不比第一次好。于是,他感到沮丧,很快放弃了自己的神学观点。这一改变之轻率,与他当初对此的执着,本质上是一致的。

581年,伊尔佩里克国王在马恩河与塞纳河交汇处不远的诺让(Nogent)❷领地建立夏宫。那起严重的宗教分裂事件的影响,已经荡然无存。图尔主教与国王完全和解,来到伊尔佩里克的新居所,向他问好。而就在此时,一个突然事件的发生,打破了宫廷内惯常的单调生活。东罗马皇帝查士丁二世(Justin le jeune)去世后,提比略(Tibère)❸继位。伊尔佩里克曾派使团携带厚礼,前往祝贺。使团完成使命之后,从海路返回高卢。当时,贡特拉姆国王与年幼的伊尔德贝国王的监国们正在为马赛的归属问题闹得不可开交。为了避

---

❶ 韦尔切利,意大利北部城市。
❷ 诺让,法国东北部城市,位于今香槟-阿登地区。
❸ 此处为提比略二世,即提比略·君士坦丁(Tibère Constantin),578年登基。

免矛盾，使团没有从马赛登陆，而是选择了似乎更为安全的外国港口——属于哥特王国管辖的阿格德（Agde）。❶ 船只在赛普提曼尼（Septimanie）❷海岸附近遭遇风暴触礁，使节们跳海逃生，而船上的财物都被沿岸居民洗劫去了。幸好负责管理阿格德的哥特官员认为有责干预，即便最终未能找回所有行李，至少也将大部分属于国王的丰厚礼物交还了使团。当他们来到诺让的宫廷，伊尔佩里克大喜过望，连忙派人摊开皇帝馈赠的礼物——绫罗绸缎、金银餐具和各类装饰，向属下和宾客们炫耀。

在这无数的珍奇宝物之中，图尔主教最为关注的，是数枚金质的大纪念章：一面雕着提比略皇帝的头像，镌刻着"永圣之提比略·君士坦丁"；一面是四匹健骏牵引的马车，承载着羽翼装饰的图形，上书"罗马荣光"。每枚纪念章重达一斤，均为庆祝改朝换代而打造。格里高利欣赏它们，或许是因为他从中看到了文明国家君主权力的象征。纽斯特利亚国王在陈列这些标志着帝国荣耀的精美艺术品的同时，也尽力想炫耀自己的辉煌，似乎生怕在对比之下显得寒酸。他派人取来一只镶嵌着宝石的大金盆，放在礼物的旁边，庄重地置于国王的桌上。这是他亲自下令打造的，至少有五十斤重。王公贵族有的只是惊羡不已，有的则投以贪婪的目光。看到手下们对这件宝贝的精美和材质的昂贵大为赞叹，国王沉默了片刻，享受着人们的赞誉带给他的快感，随后，充满自得与骄傲地说道："吾为之，但求法兰克之荣光；若天佑我寿，吾将益之！"

伊尔佩里克的奢华计划和珍宝购置，都由巴黎的犹太人普利斯库斯负责动议和操办。国王对此人宠信有加，常召至身边，十分亲密，颇有礼贤下士之意。当时，普利斯库斯也在诺让宫中。伊尔佩里克在马恩河畔的庞大领地上，花了些时间监工，并统计了农产品的收成，又突发奇想，准备去巴黎小住。他的旧王宫至今仍有遗迹，存于塞纳河左岸，西岱岛的南边。出发之日，国王下令行李装车，准备骑马率部随后出发。格里高利辞行时，正巧普利斯库斯也来告别。这天，国王表现得颇为和蔼，开玩笑似的揪住普利斯库斯的头发，温柔

---

❶ 阿格德，今为法国东南部港口，位于蒙彼利埃附近。
❷ 赛普提曼尼地区，位于今法国东南部沿海一带。

地把他拉到身边,使他不得不低下脑袋。此时,国王向格里高利说道:"主教,来! 置子之手于其首!"

主教的祝圣,于普利斯库斯的信仰而言,是一种亵渎神灵的行为。他护住自己,惊恐地后退。国王对他说:"嗟乎,顽徒! 汝之族也,固不信上帝借先知之口而许汝辈之圣子,亦不解其献己身而成教会之神迹!"伊尔佩里克发出感慨的同时,松开了犹太人的头发,不再强逼。犹太人惊魂甫定,马上以牙还牙:"上帝不婚,因其不需也。上帝无子,亦无人可以力匹之。"随后,他援引了《圣经》中上帝借摩西之口所说的话为例:"我,唯有我是神,在我以外并无别神。我使人死,我使人活;我损伤,我也医治。"❶

对犹太人的大胆反驳,伊尔佩里克国王全无恼意。这于他只是一场游戏,可以让他有机会在论战中彰显自己的神学素养——这次,他可算是代表正宗教义,反对异教邪说了。他摆出一副庄严的姿态,以教授入门教义的神学博士的口吻,郑重其事地说:"上帝于永恒之中,以灵生其子。然父子同寿,权柄相当。上帝就此曰:'晨星未生,吾生汝于吾怀。'圣子生于混沌未开。数百年前,受父命降于世以医人。就此,先知曰:主遣其子以拯世人。汝言其无子,请听主借先知之口所言:吾使人育,吾其不育乎? 其所育者,盖以信之而得重生之民也。"犹太人在这场辩论中变得越来越无畏,再次发难道:"上帝焉塑而为人? 焉生于母体? 焉受笞刑? 焉得伏诛?"

这一质疑直面人类的基本理性,或谓最粗鄙的部分,也就触及国王智慧的薄弱之处了。他显得有些惊讶,无言以对,只得保持沉默。图尔主教出手的时刻到了。他向普利斯库斯解释,大意为:"圣子,也就是上帝化作人形,并非自身需要,完全是为了我们人类——因他只有化身为人,才可以为人类解开罪恶的链条,使其摆脱魔鬼的奴役。既然你不信福音书和圣徒,我也不用它来举例;想要如同传说中的大卫斩杀歌利亚❷一般,以子之矛攻子之盾,我就拿你

---

❶ 《圣经》和合本,《申命记》,第32章第39节。
❷ 歌利亚,《圣经·旧约》中的非利士勇士,被少年大卫击败。后者用歌利亚本人的刀割下了他的头颅。

所信的经书来说。❶ 且听你们的一位先知如何讲述上帝化作肉身。他说过：'上帝也是人，谁人不知？'他还说：'他是我们的神灵，除他之外，再无别神；他发现了理智之路，又将其指给他的仆人雅各和他最爱的以色列。随后，他在世间可见，与人类共同生活。'有关于上帝生于童贞女一事，也请听你的先知所言：'必有童女怀孕生子，人要称他的名为以马内利。以马内利翻出来，就是上帝与我们同在。'❷至于你说到他被鞭笞，被钉上十字架，忍受各种酷刑，另一位先知也曾说：'他们扎了我的手，我的脚；他们分了我的外衣。'❸他还说：'他们拿苦胆给我当食物，我渴了，他们拿醋给我喝。'"❹

"然，孰命上帝受之？"犹太人反驳道。主教听到这个问题，知道对他刚才所言，犹太人若非置若罔闻，就是全然不解。他又极为耐心地解释了一遍："吾已语汝：人为上帝所创，本无邪；然为蚺蛇所惑，有违主命，乃因过而失乐园，贬入尘世劳作。以上帝独子耶稣之死，与父和解焉。"犹太人也不依不饶："然上帝不可遣先知或圣徒引人于救赎之途？何必以肉身而受辱？"向来平静而严肃的主教继续作出回答，大意为："人类自始创之际，便不停犯下原罪：无论是滔天的洪水、所多玛(Sodome)的大火、❺埃及的天灾，还是红海海水和约旦河水被分开的神迹，❻都不能让他们恐惧。他们始终违抗上帝的律法，不相信先知的话；非但不相信，更把前来劝说他们忏悔的人处死。因此，若不是上帝亲自降临人间救赎他们，任何人都不可能完成这项重任。我们因他的降生而重生，因他的洗礼而受洗，被他的创伤救治，在他的复活中解脱，因他的升天而获得荣光。为了告知世人他带来了救治我们苦难的药，你们的一位先知说：'因他受的刑罚，我们得平安。'他也说过：'他却担当多人的罪，又为罪犯代求。'他还说：'他像羊羔被牵到宰杀之地，又像羊在剪毛的人手下无声，他也

---

❶ 此处指《圣经·旧约》。然而，书中格里高利所引用的后两则"经文"，均不见于当今流传的《圣经》版本。其中，第二则见于被视作"次经"的《巴录书》第 3 章第 36—38 节。
❷ 《圣经》和合本，《马太福音》第 1 章第 23 节。在传世的版本中，此语并不见于《旧约》，只是《新约》之中借先知之口所言，格里高利在辩论时，或许有意无意地混淆了这一事实。
❸ 《圣经》和合本，《诗篇》，第 22 章第 16 节、第 22 章第 18 节。
❹ 《圣经》和合本，《诗篇》，第 69 章第 21 节。
❺ 所多玛，《圣经》中的罪恶之城。上帝为惩治世人之恶，降下大火焚毁了这座城市。
❻ 分别见《圣经》中《出埃及记》和《约书亚记》。

是这样不开口。因受欺压和审判,他被夺去(生命)。❶ 谁来宣布他的到来?万军之耶和华是他的名。'❷你不是自称雅各之后吗?雅各本人在为其子犹大(Judas)赐福时,对他说话的口吻如同面对圣子:'你弟兄们必赞美你。犹大是个小狮子。我儿啊,你抓了食便上去;你屈下身去,卧如公狮,谁敢惹你?……'"❸

这些话有些逻辑混乱,大而无当,自然也和者甚寡,至少对犹太人普利斯库斯不会有任何效果。他停止了辩论,不过,没有表露任何可能改变信仰的迹象。国王看到他虽然闭口,却决不屈服的样子,转身对主教说:"主教,此卑微之徒不欲受尔祝圣,且由之。"他引用雅各在与天使交谈时所说的话,对主教讲道:"你不给我祝福,我就不容你去!"❹说完这几句既不无宽厚又颇带威严的话,他派人端来清水,供自己与主教洗手。两人洗完手后,主教把右手放在国王头上,以圣父、圣子、圣灵之名,为国王祝圣。

这时,桌上摆放了面包和红酒,或许还有其他的各色佳肴,是国王用来为前来送行的贵客准备的。按照法兰克人的礼节,国王执意邀请主教享用一些酒菜再离开。主教取了一片面包,在上面作了个画十字的手势,将它分为两半,自己留了一半,剩下的交给国王。两人站着吃完面包,在地上泼洒了些红酒,一道饮尽,便各自告辞而去。主教上路返回自己的教区;国王也在贵族和仆从们的簇拥下,上马出发。王后和他们的女儿丽恭德公主乘坐挂有帷幕的车辆,随队而行。她们是曾经兴旺的纽斯特利亚王族仅存的成员了。前一年,一场瘟疫带走了芙蕾德恭德为伊尔佩里克所生二子的生命;几乎在同时,奥朵薇最后的一个儿子也死于非命——悲惨的故事我们下章再详述。

这一幕宗教论战的闹剧,本因玩笑而起,但似乎给伊尔佩里克国王留下了深刻的印象。他待在巴黎时,难免会深刻地思索犹太人执着于异教的问题:他们不可能被说服;不能指望通过说理,将他们纳入教会的大家庭。他在陷入政

---

❶ 以上三段,见《圣经》和合本,《以赛亚书》,第53章第5节、第12节、第7—8节。
❷ 此段见《圣经》和合本,《以赛亚书》,第54章第5节。引文略有出入。
❸ 《圣经》和合本,《创世记》,第49章第8—9节。引文有删节。
❹ 《圣经》和合本,《创世记》,第32章第26节。

治的困境之际,或是忙于在王国南疆交战之时,都不曾放弃对该问题的思考。① 因此,582年,国王下诏,命令居住在巴黎的全体犹太人接受洗礼。诏书照例下达给伯爵或市政法官,以国王自创的套话结尾。国王本人非常喜欢使用自己的这一发明,有时只是恐吓,有时却确实打算说到做到:"有违朕意者,当剜其双目以戒之。"

犹太人迫于压力,只得服从,纷纷来到教堂改宗。国王参加了他们的洗礼盛会,甚至亲手将多名皈依者强行摁入洗礼池。他对这一切感到无上的光荣。不过,还有个人大胆地反抗他,拒绝改变宗教信仰。这就是普利斯库斯——那位曾经恪守自己的逻辑、冥顽不化的犹太人。伊尔佩里克还是表现得很耐心。虽然普利斯库斯上次曾倔强地抵制住了各方的游说,国王仍不吝新一轮的尝试。不过,在又一次无效的布道之后,国王的口才再度受挫,不禁勃然大怒,嚷道:"彼不欲信,吾将迫之!"普利斯库斯被投入大牢,但不改初心。他对国王的性格了如指掌,巧妙地利用后者的弱点,向其馈赠重礼,以求得一些宽限的时间。他声称自己的儿子将与一位马赛的犹太女子结婚,待他处理完婚事,便会像其他人一样臣服,改变信仰。无论该借口的真实程度如何,也无论那誓言有多少真诚的成分,伊尔佩里克并不介怀。金钱的诱惑使他传播宗教的兴趣很快消退,普利斯库斯重获了自由。这样,在具有相同信仰的人群中,他就是唯一一位免于改宗,得以问心无愧的人。其他人多少出于忏悔和恐惧,仍然秘密地聚集在一起,做犹太教的安息日弥撒;而次日,又作为基督徒参加教堂的圣事。❶

国王向一些新近皈依者施以恩惠,亲自担任他们的教父。他的教子中,有一位名唤法提尔(Phatir)的,来自勃艮第王国,在巴黎定居不久。此人性格阴郁,刚一背弃祖先的宗教,就懊恼不已,陷入了不堪忍受的巨大痛苦之中。他的悲愤很快转化为对普利斯库斯的强烈嫉妒——后者比他幸福得多,可以昂首挺胸,不必背负改宗的耻辱与煎熬。仇恨在暗里滋长,发展到歇斯底里的地

---
① 参看"记三""记五"。
❶ 犹太教的安息日弥撒在周六举行,而基督教的弥撒为周日。

步；最后，法提尔决定刺杀这个令他嫉妒的对象。每个安息日，普利斯库斯都会前往城南一处僻静的小屋，参加秘密的宗教仪式。小屋位于一条罗马帝国年代兴建的驿道旁边。这条大路与另一古道的交界处附近，有一座小桥。法提尔计划在路上伏击对手。他率领手下的奴仆，携带匕首和刀剑，在圣朱利安（Saint-Julien）教堂广场设伏。可怜的普利斯库斯对此一无所知，仍然走了惯常的道路。犹太人前往神庙时，习惯不佩带任何武器，只将一条头巾，如腰带般系在身上，待到祈祷或唱圣歌时，解下来盖住头部。一些朋友陪在他身边，也同样手无寸铁。法提尔见他们走近，便持剑扑了上去。他的奴仆们也一拥而上。受到愤怒的主人影响，他们不分青红皂白，大开杀戒。转眼之间，普利斯库斯和他的朋友们全部就戮。凶手们马上逃入圣朱利安教堂寻求庇护——这也是他们最临近，也最安全的避难所了。

也许普利斯库斯深受巴黎市民的爱戴，也许尸横遍地的惨状激起了人们的公愤，民众迅速聚集到凶案现场，人数众多，群情激愤，从四面八方包围了教堂，高呼处死凶手。守卫教堂的教士们惊慌失措，连忙遣人赶赴王宫求援，询问当如何是好。伊尔佩里克答道，他只希望保住教子的性命，奴仆们则可逐出教堂处死。这些奴仆长年与主人同甘共苦，忠于主人，矢志不渝，见主人在教士们的帮助下逃离，没有丝毫怨言，准备慷慨赴死。无论是根据愤怒民众的威胁，还是依照官方的司法程序，他们都少不了要遭受酷刑的折磨。因此，他们一致决定，由其中的一人负责手刃其他人，再自行了断生命。在欢呼声中，他们确定了刽子手的人选。这位众望所归的行刑者逐一斩杀了自己的同伴；但他茕茕孑立之时，却犹豫着不愿将剑刃插入自己的胸膛。模糊的逃生的希望，或是打算更为悲壮地死去的念头，让他冲出教堂，扑入骚动的人群中。他挥舞着淌血的宝剑，试图杀出一条血路，但寡不敌众，很快就被人残忍地撕成碎片了。法提尔为了人身安全，请求国王允许他返回故国。获得准许后，他动身前去贡特拉姆王国，但在途中被普利斯库斯的家人发现了踪迹。后者追上他，让他血债血偿。

上述事件发生于巴黎，大约在582年年底。同时，图尔也发生了一件意想不到的轰动事件。当时，该城在新任伯爵优诺米的统治下，已度过了将近三年的平静时光。前任伯爵勒达斯特的身影再度出现——不是偷偷摸摸,而是大张旗鼓地卷土重来。他的神情,依然自负,一如既往。这次,他携带着国王的诏书,将流放的妻子带上,同回旧时的宅第。在他看来,这一恩惠是他重新攫取财富的第一步;他也乐于将其归功为众多法兰克贵族朋友们在宫中的斡旋。法兰克人虽性格粗野,待朋友却甚是真诚。将近两年时间里,他们不停地在伊尔佩里克国王和布莱纳主教会议的成员那里活动,甚至找到了芙蕾德恭德。王后一度将未来寄托于两个亲生的儿子,在他们先后亡故之后,变得更容易受到他人的影响。她的确因勒达斯特诽谤她通奸而耿耿于怀,但现在,她需要收买人心,只能暂且把仇恨和报复心收起,优先考虑现实的利益。于是,她也同意取消当年将勒达斯特逐出教门的惩罚。有了她的宽容态度,勒达斯特的朋友们对诸位主教发动了新一轮的攻势,加倍卖力地请求主教团的宽恕。他们以主教们的口吻草拟了一封信件,表示教会愿意与布莱纳审判的被告和解,允许他重归圣餐的行列;然后,逐一找到这些宗教人士,苦苦哀求后者在联名信上签字。最后,他们成功地争取到大多数主教的支持和签名。不过,也许是出于谨慎的考虑,也许是害怕失败,对勒达斯特曾企图造谣诋毁的那位主教,他们始终没有采取任何行动。

因此,作为唯一被蒙在鼓里的人,格里高利得知这一消息时,十分惊讶:自己的死敌在被革除教籍,又遭到国王的流放之后,竟又带着一封宽恕的信件,返回图尔居住!不久,勒达斯特派人将主教们联名签署的信送来,请他也同意取消绝罚。收到信,图尔主教更是惊诧莫名。他怀疑其中有诈,生怕是一个新的陷阱,便对信使说:"此人革除教籍,乃为王后故。君可示我王后之函乎?"得到否定回答后,格里高利说:"一得王后之令,吾将许其圣餐。"行事谨慎的主教绝非只是说说而已。他给王后发出加急的信件,以自己的名义,询问他所看到的文件的真伪和王后的意见。王后在回信中写道:"吾迫于众人,无奈而允其归图尔。但请君毋赦之,亦毋亲与之以圣体饼。吾等可徐图之,且思焉处之也。"

格里高利主教深知芙蕾德恭德的行事风格。他从来信中清晰地看到,王后并没有真正宽恕勒达斯特,而是盘算着复仇,想置他于死地。勒达斯特曾经图谋令主教身败名裂,现在却既不明智,又不谨慎地前来投诚。格里高利对他生了悲悯之心,忘记了两人以前的恩怨。主教请来勒达斯特的岳父,向他出示了这封用心险恶的短信,请他提醒女婿多加小心,最好重新隐匿,待确定王后气消以后再回来。这一建议本出于基督教的慈悲,但勒达斯特无法理解和接受。在他的想象中,敌人只可能惦记着对他铺设陷阱,玩弄诡计。于是,他非但没有变得更为谨慎,更反其道而行之,决定亲自去觐见伊尔佩里克国王。他于583年前往莫伦。当时,国王正御驾亲征,指挥莫伦的围城战。

莫伦围城战揭开了纽斯特利亚对贡特拉姆王国全面侵略战争的序幕。伊尔佩里克见阿基坦的城市大都纳入囊中,征服计划的第一步既已实现,便又策划入侵贡特拉姆的领地。6年之内,由于高卢-罗马将领戴西德利乌斯的军事才能,[①]伊尔佩里克独占了贝里、卢瓦尔河、大西洋、比利牛斯山脉、奥德河和赛文山脉之间的广大领地。或许是在这位军事冒险家的撺掇之下,他又制订了更为大胆的计划,打算并吞整个勃艮第王国。这个方案还是有一定难度的。为了确保计划的实施,他想出一条计谋,重金收买奥斯特拉西亚的显贵,让后者以小国王希尔德贝的名义派出使团来访,签订针对贡特拉姆的攻守同盟。583年年初,协议订立,双方盟誓。随后,伊尔佩里克国王马上整备部队,不待奥斯特拉西亚的援军到位,便悍然出兵。

根据作战计划,大军将分兵两路,同时发动进攻,夺取东部边界上勃艮第王国的两个战略要地——布尔日城和莫伦城堡。这一方案明显超出了伊尔佩里克的能力之所及,应是在那位高卢-罗马名将的动议之下制订的。国王打算本人亲率一部,向莫伦进发;而刚刚被封为图卢兹公爵的戴西德利乌斯,奉命在卢瓦尔河以南大事征兵之后,讨伐布尔日。招兵买马的命令,由纽斯特利亚枢密院(chancellerie)同时向图卢兹、普瓦捷和波尔多的公爵下达,出奇的简洁有力:"入布尔日之邦,至彼城,令其宣誓效忠于朕。"

普瓦捷公爵贝吕夫在普瓦图、安茹及图尔和南特地区发出战争檄文;波尔

---

① 参看"记三"第70、71、72页。

多公爵布拉达斯特(Bladaste)武装起加龙河(Garonne)❶两岸的居民；戴西德利乌斯则在图卢兹、阿尔比、卡奥尔和利摩日一带征召自由民入伍。后两位将领汇集兵力，由南路进入贝里地区；而贝吕夫公爵则由西路进军。这两支部队几乎清一色由高卢-罗马后裔构成。由纽斯特利亚第一名将戴西德利乌斯率领的南路军，比另一支武装更为吃苦耐劳，虽然路途遥远，还是首先抵达了布尔日地区。听闻大军压境，布尔日的居民们并不惊慌失措。这里自古以来就是高卢最为强悍善战的城市之一，保有崇尚荣耀与勇气的传统。除当地居民的骄傲品性之外，它还拥有辉煌的历史：在罗马帝国时代，这里就是高卢行省的重镇，公共建筑宏伟壮丽，元老院的家族门第高贵。

虽然在蛮族统治时期，布尔日的地位大为衰微，但是，这座城市仍然具有活力，不会轻易屈服于外部的压力。或许是因为伊尔佩里克的统治声名狼藉，或许是厌倦在蛮族统治者之间反复易手，总之，在奥尔良王国与勃艮第王国合二为一之后，布尔日市民一直忠诚于自己的统治者。他们不愿被动守城，决定主动迎击，派出一万五千人全副武装的部队，出城与敌决战。

在布尔日城南数里之外，这支部队遭遇了戴西德利乌斯和布拉达斯特的大军。后者人数明显占优，而且由经验更为丰富的将领指挥。虽劣势明显，贝里人没有丝毫怯阵；两军交战异常激烈，据说各有七千余人阵亡。南路军曾一度被击退，但终于凭借人数优势占得上风。他们追击败军的残部，继续向布尔日挺进，沿途烧杀抢掠，与蛮族无异。他们焚烧屋舍，劫掠教堂，将葡萄藤连根拔起，将大树由底部砍倒。如此杀到布尔日城下时，他们与贝吕夫公爵的部队会师。布尔日城门紧闭。市民们没有因为城外的失败而自暴自弃；纽斯特利亚人勒令他们投降，但毫无效果。戴西德利乌斯和另外两位法兰克裔的同袍将城池围得水泄不通，并根据已经有些荒废的罗马战法，着手挖掘战壕，制造攻城器械。

准备进攻莫伦的大军在巴黎会合。数月之间，小股部队从四处陆续赶来，使当地居民蒙受了各种骚扰和损失。这支大军在纽斯特利亚的北部和中部征

---

❶ 加龙河，起源于法国、西班牙边境的山区，由波尔多附近入海。

得,以法兰克人为主,高卢后裔只占了一小部分。但伊尔佩里克判断已经拥有足够的人手,便下令开拔,一马当先,取道罗马帝国东南走向的大路。队伍沿塞纳河左岸行进,在巴黎附近,已经进入了贡特拉姆的地盘。他们既无秩序,也无纪律,左右散开,四处抢劫纵火,掠夺家具、牲畜和马匹;他们还将当地居民如同战俘一般,两两捆绑在一起,令他们跟随装载行李的长长车队行进。

暴行在巴黎南部农村蔓延,从埃唐普(Etampes)一直到莫伦;当纽斯特利亚军队包围莫伦之后,整座城市周边也遭到严重的破坏。由于伊尔佩里克国王缺乏作战经验,在他的指挥下,围城战打得旷日持久。莫伦的地形与巴黎相似,也位于塞纳河的一座小岛上,地势险要,素被视为要塞。纽军的攻势虽然凶猛,却无战术可言,一群不晓军事工程的乌合之众,只能凭着武勇,分成小股,乘船来到城下,对城防几乎无法形成威胁。日复一日,月复一月,一轮轮进攻总是无功而返,法兰克战士纵是英勇,耐心却在一点点流失。随着驻军时间的延长,他们越来越桀骜不驯,忘却了此行原本的目的,只顾着在农村四处抢劫,搜集战利品。

这就是勒达斯特满怀希望和信心抵达莫伦的国王大营时,围城大军的基本状况。他是战场上的勇士,酒席上的开心果,赌博时也出手阔绰。贵族们重逢这位老战友,自然热烈欢迎。他一直想拜见国王本人;然而,即使委托地位最高、声誉最好的朋友前去说项,国王也总是推三阻四。其实,伊尔佩里克一旦怒火平息,对曾受的侮辱倒不会过于介怀;更何况,在当年的事情里面,他也没觉得个人利益受到了多大的损害。若不是担心惹恼芙蕾德恭德,招致这悍妇的指责,他必是早就答应群臣的请求,见上勒达斯特一面了。前图尔伯爵请贵族和将领们多方斡旋,终是徒劳,便又生一计,试图与普通士兵打成一片,得到更多人的拥戴。

这次,勒达斯特的性格缺陷反倒使他获益不浅,靠着擅长搞笑和吹牛的本领,他大获成功。这些日耳曼的战士们,喜欢游手好闲,对新奇事物感兴趣,也容易被打动。他们很快就喜欢上了勒达斯特。这家伙认为应该检验一下自己的支持率了,便请求全军提议国王接见他。一天,伊尔佩里克巡视军营时,听到数以千计的兵士提出这一要求。一支纪律松散、情绪低落的部队的要求,就是一道命令。国王担心拒绝服从民意会引起哗变，只得照办，宣布召见这位布莱纳会议的流放者。勒达斯特很快赶到，匍匐在国王面前，请求他的宽恕。伊尔佩里克让他起身，表达了谅解的诚意，并用父亲般的慈祥口吻提醒道："但谨慎行事，直至吾见王后，而汝重获其宠。后以汝罪不可赦，汝固知之矣。"

听闻自己在莫伦和布尔日两面受敌，贡特拉姆终于摆脱了他不好战事的疏懒习性。纽斯特利亚大军首次入侵阿基坦时，他只是派出将领出兵驰援，从未率军亲征。现在，看到二城同时受袭，西部国境线可能门户大开，而王国的核心地带面临洞穿的威胁，他毫不犹豫地亲自领兵对抗纽斯特利亚国王。他的思想掺杂了日耳曼的传统和一些基督教的因素。因此，他也向伊尔佩里克下了挑战书，打算将一切诉诸神意的判决。同时，为了准备这一重要的事件，他虔诚地祈祷、斋戒和布施，并集结所有精锐部队，向莫伦进发。

他在距莫伦城和伊尔佩里克大营不远处安营扎寨。虽然他坚信得到了神灵的护佑，但还是出于谨慎的天性，希望从容观察一下敌情。很快，他便得知纽斯特利亚的军队军纪涣散，日夜都戒备松懈。因此，他没有过于惊动敌人，以免令他们警觉，尽可能悄悄地接近围城的部队。一天夜晚，纽军为了寻找粮草或战利品，派出部分兵力，分成小队进入周边农村。贡特拉姆抓住机会，有组织地突袭敌军空虚的防线。军营中的纽军毫无防备，措手不及，溃不成军；随后，搜寻粮草的小股武装分别回营之际，也被各个击破。短短几个时辰之内，贡特拉姆就主宰了战场，获得了他作为将军的第一场也是最后一场胜利。

伊尔佩里克国王在这场血腥战斗中的表现，我们不得而知。也许当天晚上，他还是英勇抵抗了一番的；但是，在溃败之后，他便再没有心思聚拢残部，组织反击了。他本来就缺乏远见，一遇挫折，就会心灰意冷，很快丧失所有的机智和勇气。为了这一计划，他曾经调兵遣将，大动干戈，现在却变得对此全无兴趣，一心只想着求和。灾难之夜的翌日清晨，他就派人到贡特拉姆处，要求和谈。贡特拉姆一向热爱和平，并未因为胜利而沾沾自喜，唯愿迅速结束争端，继续回国休养生息。于是，他也派出代表，与伊尔佩里克的使臣会谈，签订两国之间的和平协议。

协议根据日耳曼人的传统习俗订立。根据协议，两国国王应共同商讨重大事件。他们之间的关系，不像两个独立国家的君主，而像是同一部落中的成员；虽各自拥有"国王"头衔，他们都应服从于民族法律的最高权威。由此，他们同意将重要的裁决权交付民众的代表和主教裁决，并彼此宣誓，两者之间，任何一方若有违法律，当与对方友好协商，并依据裁决结果给对方以赔偿。为了表示信守诺言，纽斯特利亚国王立马向围攻布尔日的三位公爵下达解围撤兵的命令；他自己则带着严重减员、伤兵满营的部队返回巴黎。这支军队看起来少了几分耀武扬威，但在涣散的军纪和贪婪的破坏方面，与往常无异。

　　本来，和平条约缔结之后，回程路线便是在友邦境内了。然而，纽军的士兵却不管不顾，继续沿途劫掠财物，捕捉俘虏。不知伊尔佩里克是难得严肃认真了一次，还是终于意识到了严明纪律的重要性，他总算开始对这些强盗行径感到厌恶，决意加以镇压，下旨命各部首领对部下严加看管。这道命令过于不同寻常，自然难免受到抵制。法兰克贵族们对此颇有微词，其中一位鲁昂伯爵，更是公然宣称，绝不阻止任何人去做向来可做的事情。当伊尔佩里克得知此话所引起的后果，突然又重振了精神，将伯爵抓来处死，以儆效尤。此外，他还下令将战利品物归原主，释放所有俘虏——若能及时采取这些措施，他或许本可避免惨败的命运。总之，国王回到巴黎时，与出征时相比，在军队中更具权威，军纪也更为严明了。只可惜，军事将领所应当具备的这些基本素质，在他身上姗姗来迟，已经没有多大意义了——自此以后，他满心只想着"和平"二字。莫伦之战的惨痛教训，使他彻底放弃了战争的念头。此后，他唯一关注的事情，便是用计谋保住他曾用武力赢得的东西。

　　勒达斯特也跟随国王，平安返回了芙蕾德恭德所在的巴黎城。他没有选择避开这座对他充满了危险的城市，也不满足于仅仅随大军在此借道而过，而是在此停驻下来，相信丈夫的宠信能够使他免遭妻子的复仇。他招摇地过了几日，未见有人追杀或威胁，便认为王后心中已经原谅了他，打算适时在她面前出现。一个星期日，当国王携王后参加巴黎大教堂的弥撒时，勒达斯特也来到教堂，毫无惧色地穿过围绕在王座旁的人群，跪在芙蕾德恭德面前，祈求她的原谅。王后大吃一惊。

　　这个令她深恶痛绝的男人忽然出现，在王后看来，与其说是求饶，还不如说是来拱火的。她怒不可遏，面红耳赤，泪水夺眶而出。伊尔佩里克坐在一旁，若无其事。她悲伤而轻蔑地看了丈夫一眼，大声喊道："吾无子可恃，无人得报辱我之仇。吾主，余但求正义于君耶！"随后，她扑到国王的脚边，痛陈自己的尊严所受的伤害："吾何其不幸！见寇仇，然吾无力敌之！"难道丈夫没有保护她的责任吗？她说这些话，好像在最后一次呼吁他的良知。这古怪的一幕令在场的所有人动容，尤其是伊尔佩里克。遭到这番指责，他开始后悔自己轻易原谅了他人对妻子的侮辱。为了弥补过度宽容的错失，国王令人将勒达斯特逐出教堂，决心不再同情和帮助他，听任芙蕾德恭德对其复仇。卫兵们执行了驱逐令之后，混乱场面告一段落；一度暂停的弥撒又继续举行，没有再生事端。

勒达斯特只是被赶出教堂，还保持了人身自由，可以逃到他想去的任何地方。但是，他并未想到把握这一脱身的机会，只将这一处置视作伊尔佩里克的一时权宜之计。这样的预警，根本没有让他睁眼打量处境的危险；他仍然异想天开地盘算着：此次在王后面前栽了跟斗，只是因为缺乏技巧，出现得过于仓促，没有先用些精美的礼品开路。这个疯狂念头战胜了其他一切顾虑。他决心继续留在巴黎，走访最负盛名的首饰店和布料商。

在大教堂附近，通往王宫的路上，有个广场，旁边就是一座小桥，连接塞纳河南部支流的两岸。广场作商业用途，有许多店铺，陈列着各色商品。① 前图尔伯爵在一家家店面闲逛，好奇地东张西望，一边摆阔，一边讲着自己的传奇故事，逢人便说：自己虽然蒙受了不少损失，家中还有的是金银。他像一个熟练的买家，摆弄着布料，在身上试戴着首饰，估摸着餐具的价格，专注于盘算、挑拣和鉴别。一旦决定出手，他便盛气凌人地说道："此物甚好，姑置于侧，吾将一并购之。"

他就这样疯狂地购物，全然不考虑是否最后有足够的金钱支付。此时，弥撒结束，信徒们成群走出教堂。国王和王后在护卫的陪伴下，步行回宫，途中正要穿过集市的广场。为国王开路的扈从，以及其他先于国王经过的人，都提

---

① 参看 Dulaure, *Histoire de Paris*, t. I。

醒勒达斯特当心。但他不为所动,继续在环绕广场的木制柱廊下,和商人们聊天——那柱廊,正好被广场上形形色色的商店当作公用的门厅。①

虽然芙蕾德恭德不可能预料到会在这里遇到他,但是,她抬眼一看,就以猎鹰一般锐利的目光,从闲逛和交易的人群中,发现了敌人。为了不惊扰自己希望牢牢攫住的猎物,她故意绕开;一进入王宫,便派出一群勇猛而灵巧的手下前往奇袭勒达斯特,务求将其生擒活捉,绑到自己面前。

王后的仆人们将刀剑和盾牌等武器藏在柱廊的一个柱子后面,希望不打草惊蛇,悄悄地接近他。他们做好分工,准备从四面逼近,让勒达斯特无路可逃,也无法有效地反抗。然而,计划的实施出了些问题;其中一人有些急于求成,在队友们还没有完成合围,以夺下勒达斯特的武器时,就贸然抓住了他。前图尔伯爵感觉危险临近,拔剑砍向这名袭击者。其他人退后了几步,跑去取了武器,持盾执剑,重新扑向敌手,如狼似虎,仿佛要取他的性命。勒达斯特被前后夹击,在这场力量悬殊的战斗中,头部中了一剑,被削掉了头发和一大块头皮。不过,虽然受伤,他还是甩开了面前的敌人,满身是血地逃向南城门所正对的小桥。

木桥的养护状况非常糟糕。这也许要归咎于市政部门的怠惰,或者国王税吏的盘剥。总之,桥上有几处木板,因为年久失修而腐坏,桥面出现一些窟窿,行人必须格外当心。勒达斯特被人紧紧追赶,不得不全力奔跑,根本无法从容观察,保证脚步的精准。由于一只脚踏进两块拼接得不好的木板之间,被绊了一下,他摔倒在地,断了一条腿。追击者借这个意外抓住他,将他五花大绑。他的这副尊容,可是见不了王后了。于是,仆从们找来一匹马,把他载到监狱,等待新的命令。

国王迫切地希望重得芙蕾德恭德的欢心,想做些事情取悦于她,便下达了一道旨意。正是他以前的宽恕和谅解,让这个可怜人产生了不切实际的幻想,也变得无比的粗心大意;而现在,他却对后者全无同情,只想着如何置他于死

---

① 由于在广场遗址上没有发现罗马时代的砖石痕迹,我们可以推测:该广场的建筑物应该是木制的。木制建筑在高卢北部的城市十分常见。当时,木制结构常用于教堂或其他大型建筑,同样不乏艺术性和品味。参看 Fortunati, *Opera*, lib. IX, cap. XV, *de Domo lignea*, edit. Michael Angel, Lucci Romae, 1786。

地。他在脑海中将各种酷刑检索了一番,寻找最能满足王后复仇心理的一款。经过冷血残忍的思考,伊尔佩里克发现:既然囚犯已因大量失血而虚弱不堪,可能在最轻微的刑罚中丧命,不如先对其加以医治,使他可以完整地承受一场拖长时间的酷刑折磨。

勒达斯特得以接受名医的治疗。大牢的卫生条件过于恶劣,因此,他被送到城外的一处王室领地——那里空气清新,环境宜人,有利于他迅速恢复健康。看守们也许会利用蛮族人缺乏戒心的特点,让勒达斯特相信:得到良好的医治,是国王将对他宽大处理的信号;一旦病愈,他就可以重获自由。然而,一切努力终是徒劳:他的伤口化脓,身体状况岌岌可危。王后闻讯,不愿让敌人平平安安地死去。趁勒达斯特一息尚存之际,她命人以一种奇怪的刑罚处死他。从各种迹象来看,这一刑罚必是芙蕾德恭德的发明:行刑者将垂死的病人从床上拖到地下平躺着,让他枕在一条大铁棍上,然后,用另一条铁棍反复击打他的喉部,直至他咽气。

这位6世纪的冒险家就这样结束了自己的一生。勒达斯特出身于高卢-罗马裔的农奴家庭,由于国王的恩宠,进入了高卢征服者民族的头面人物之列。他的名字只有在最大部头的法国史书中,才偶尔会被提到,似乎并不值得大书特书。然而,他的生平与多位历史名人缠绕在一起,正好可以作为典型,反映那个世纪人们普遍的生活状况。可以说,通过这个有趣的故事,史学家们许多意见分歧的问题,都能够迎刃而解了。例如:在法兰克人统治时期,高卢人和其他处于被奴役地位的人,怎样才能改变自己的命运?在主教驻跸的城市,伯爵与主教的双头管理,运行状况如何?如果说这两种权力天生敌对,或者至少说是天生的对手,那么它们之间的关系究竟如何?这些都是莱奥卡丢斯之子传奇一生的简述可以清晰回答的问题。

通过前面的文字记叙,有关其他一些史学焦点问题的争议,应该也可以偃旗息鼓了——至少我希望如此。这些故事虽然充满了细节描述,而且往往带有个人传记的色彩,但都具有普遍意义;一一道来,更能说清楚。普雷特克斯塔图斯的故事描绘了高卢-法兰克主教会议的图景;年轻的墨洛维的故事,展示了流亡者的生活和宗教避难所内部的状况;嘉乐文的故事展现了墨洛温宫廷内的夫妻生活和家庭习俗;最后,刺杀西吉贝尔的凶手的故事,揭示了奥斯特拉西亚和纽斯特利亚之间越来越具有民族色彩的敌意的根源。

记 七

利摩日市民暴动。——大瘟疫。——芙蕾德恭德的丧子之痛。——伊尔佩里克的三子克洛维的故事。

芙蕾德恭德在纽斯特利亚国王的征服过程中，同样收获颇丰：她在阿基坦的多座城市享有受益权（usufruit），也就是有权以现金和实物形式，收取应当纳入国库的税款。① 既然这一收益来自战争，自然也可能在战争中失去，她急于最大化地将其兑现，建议伊尔佩里克国王在扩大的王国版图内，重新规定土地税的课税基数和税率。罗马的行政体系曾在高卢地区征收过土地税，直到6世纪，这里征税的名册仍以帝国时代的纳税人名单为基础。只有高卢-罗马裔的地产主才需要缴税，而来自日耳曼的自由民是不纳税的。法兰克人执着于这一习惯，税吏们纵是软硬兼施，在他们顽强地抵抗之下，也只能无功而返。

他们的示范，对原住居民不可能全无影响。税收方面，后者往往也在主教和其他教士的帮助下，使用各种手段逃避征税，以及税务官员的调查。此外，行政体系日渐凋敝，也使税收时断时续，充满了变数。财产和人口的统计漏洞百出，次数也越来越少；人们纳税更多地依照习俗，而非法律。580年前后，芙蕾德恭德提议在王国境内重新进行普查。她希望税制改革，倒不是因出于政治的考虑，而只是本着她的贪婪天性。须知，当时纽斯特利亚的不动产税，仍根据克洛泰尔执政时期的数据征收；这说明，至少在二三十年间，课税基数和税率都没有变更。

---

① 我们应当还记得作为嘉乐文晨礼的五座城市。

王后的这一建议,伊尔佩里克是欣然接受的。他很快决定,在纽斯特利亚王国全境之内推行税制改革,并将这一计划的具体实施交付税务官员。这些人都是高卢-罗马裔,保留着办事干练的传统,也继承了旧日行政官员的贪婪。他们根据罗马帝国时期的行事方式,制订方案,将耕地分级,并根据不同的级别制定不同的税种和税率。随后,国王就下诏宣布,在旧有国土和新征服的领土上,统一实施此方案。对于原住民而言,持续了半个多世纪的财务状况,突然一下严重恶化了;新税收种类繁多,又被巧妙地分成不同级别,涉及所有农作物,以及各种农业生产资料:农田、森林、房屋、牲畜、奴隶等等。针对葡萄园的税收最重。葡萄税通过大酒瓮进行征收,这可是一项创举,更具体地说,每半个阿庞的土地,就要交上半桶葡萄酒。一切似乎可以证明伊尔佩里克在物质方面的贪婪——他对阿基坦葡萄园的丰富出产,也是觊觎已久了。①

逐城统计纳税的土地和人口,在那个时代特别艰难,甚至可谓危险。最后,这一重任交付了高卢裔的掌玺大臣马库斯(Marcus)。此人对税收事务充满热情,自己也从中提取了丰厚的报酬。他的任务包括两方面:既涉及纽斯特利亚的传统国土,又包括了新征服的领地。在不同的地区,做事的方法也有所不同。对纽斯特利亚通过最近划分王国的条约而获得的城市,既然王室的财政部门存放着土地簿册的清单,马库斯自可以带上清单的副本,通过调查进行修改和补充。对原属奥斯特拉西亚和贡特拉姆王国的城市,他则会索取市政机构保存的簿册,检验核实之后,再寄往财政部门。高卢特使受命全权加急征收新税,情形就是如此。

580年冬,马库斯从苏瓦松或其他某所王宫启程。他也许从北部城市开始巡视,也许直奔南部地区,二月下旬到达利摩日。该城几经易手之后,早已通过军事征服,正式纳入伊尔佩里克国王的版图;它的土地簿册在纽斯特利亚的王室档案馆里,已经收藏了一段时间。在那里,新税制改革只需要简单地核实一下纳税名单,就可以完工;然而,这项工作必须借助于普查,土地所有者应

---

① 根据杜罗·德·拉马尔(Dureau de La Malle)先生的估算,高卢的一阿庞,相当于半个朱罗姆(jugerum),等于12公亩64平方公尺(即1264平方米)。对古代面积单位阿庞的大小,计算方法众说纷纭。参看上册第19页[边码]脚注。拉马尔的这一算法,似乎偏小。——译者注),而一个酒瓮的容量为26升。

到元老院或市政会议处申报。罗马古历的三月初一,似乎是利摩日市政会议庄重召开的日子。每年这一天,市政部门的法官和元老院议员或端坐法庭之上,或会谈议事;而农村的地产主及农民大量来到城市,打官司或是做生意。这正是马库斯挑选的行动日期。他准备公开宣读国王的诏令,使市政府自愿或被迫配合,再对当地的财产状况开始调查。当时,城市管辖的地区甚广,他需要通过调查了解此间财产的具体分布、各种农作物的种植情况,以及上次统计以来财产的变更状况。①

三月初一一大早,利摩日整座城市就喧闹起来。来自各个社会阶层的市民摩肩接踵,使市政会议召开的场所水泄不通。城市的法官、元老院的成员、保民官、主教和高级教士们,各自在元老院的座椅和长凳上落座。马库斯在护卫的陪同下进入会议大厅,身后的仆从手捧人口簿册与课税名单。他展示了盖有国王指环印章的授权文书,宣布国王下诏征收的税种和税率。在罗马时代,根据相关法律,保民官享有高声提出反对意见或谏诤的特权。然而,在蛮族统治时期,市政府的世俗首领渐渐让位于主教,令后者变成了城市利益唯一的监护者。利摩日的主教费雷奥鲁斯(Ferreolus)对此自是当仁不让。他发表了一通反对税收调整的讲话,指出:克洛泰尔国王在位时,已对城市进行过普查,其结果具有法律效力;而克洛泰尔去世之后,当城市向伊尔佩里克宣誓效忠之时,国王也发誓承诺,不会强加新的法律和习俗于市民,也不会下令对他们重新普查,任由他们保持父王统治时期的状态。② 这些话以平静的语气,表达了公众的不满,以及市民们模糊的反抗意愿。在市政会议的座席上,人们窃窃私语,表示赞同。不久,或许是为了效法罗马的时尚,人们从大厅的各个角落,齐声叫道:"此言不虚!此乃公道!人皆然之!然也,皆然之!"③

---

① 图尔的格里高利著作中,多次提到税收的问题,可以证明:在每个城市,课税基数都由市政机构与国王特使共同制定,与伯爵无关。参阅格里高利笔下的普瓦捷主教马洛维和有关他本人的记述。Cap. XXX.
② 561 年,阿里贝尔国王对治下城市的承诺,他的兄弟们在各自的国家也应当做过。图尔城的情况应该与利摩日相仿,唯一的区别,是图尔可以享受免税的特权。
③ 参看 Lamprid., apud Script. Histor. Augustae, p. 52, 及 Mémoires de l'Académie des inscriptions et belles-lettres, t. I, p. 115,有注解提及民众和元老院欢呼的口号。这一固定的套话又从市政的会议借用到教堂,在主教的选举和宣誓时使用。

马库斯大权在握,踌躇满志,看到这一反对意见可能会导致时间的延误,有些不耐烦,便高傲而激动地反驳道:他此行的目的是来办事,而不是来商讨的。随后,他勒令全城服从国王的命令,并加以威胁。他的声音很快被所有民众的反对浪潮淹没了。议会上的争吵传到了大厅以外,门口的民众忍无可忍,纷纷冲进会议大厅,温和的抗议让位于民众的暴怒,整个大厅回荡着他们的叫喊:不要普查!处死剥削者和抢劫犯!打倒马库斯!伴随着叫喊声和夸张的动作,他们冲向坐在主教身边的国王特使。在这生死攸关之际,费雷奥鲁斯主教再次履行了保护人的神圣职责;他叫马库斯站起来,握住后者的手,做出手势,大声喝止了骚动的人群。见暴动者出于惊讶和尊敬而停步不前,他借势走到大厅的一个出口,把掌玺大臣护送到最近的教堂。马库斯到达避难所,确保生命无虞之后,打算立马离开利摩日。在主教的帮助之下,他或许乔装打扮,成功地逃脱。

然而,会议大厅里的骚乱仍然在继续。在教或在俗的法官与元老,和民众混杂在一起,有的闷闷不乐,只是随波逐流;有的却全情投身于自己的政治热情。似乎有些教士和修道院院长也在后者之列。由于一时犹豫不决,听任报复目标平安脱身,他们转而把怒火宣泄到马库斯慌乱逃走时留下的簿册上。最为冲动的人,将一些夺来的簿册撕为碎片;也有人建议,把这些文件搬到公共的广场上付之一炬,以展现利摩日市民的胜利,彰显他们不接受新税赋的决心。这个主意渐渐占了上风。人们又奔向掌玺大臣的临时居所,一通翻箱倒柜,找出屋中存放的各个城市的税务资料。柴堆,在骚动的民众之欢呼声中被架了起来。一些有头有脸的人物,也混在人群中,与大家一样激动,一起鼓掌,一同看着烈焰吞噬了国王特使带来的簿册。没多久,火中就只余一片灰烬。不过,这些文件只是副本,原件仍存于王国的财政部门,安然无恙;利摩日市民弹冠相庆获得的自由,但好景不长:事实上,它只是昙花一现,而其后果也是悲剧性的。

马库斯一赶到他认为安全的另一座城市,就火速派人向伊尔佩里克国王通报利摩日发生的严重事件。在罗马帝国时期,但凡发生叛乱、威胁官员生命安全、破坏公共档案之类的罪行,无论皇帝的个性如何,都是不可宽恕和原谅的。而此次事件中，决定纽斯特利亚国王之应对举措的，除了帝国的政治传统，还有蛮族君主的易怒性格和贪婪本质：他们的贪欲会被适时唤醒，让他们把握这一大肆没收财产和榨取罚金的良机。所有迹象表明，以上种种因素都促成了国王立即采取的激烈措施。他派出数名钦差大臣，由王宫赶往利摩日。钦差们奉命：不惜一切代价入城，对市民们晓以颜色，处死首恶数人，施用足以引起恐怖的酷刑，并加重税负，以示惩戒。不过，他们来到利摩日时，当初贸然起事的人们已经丧失了反抗的勇气。对事件迅速调查之后，利摩日的元老院成员和市民中的头面人物都被流放；一些教唆民众焚烧统计簿册的修道院院长和教士，被当众施以各种酷刑。所有受刑者和被流放者，财产充公；城市被课以特殊的重税，其严苛程度远大于市民们曾经拒绝接受的方案。

当利摩日市民由于为期一日的叛乱而遭受残酷惩罚之时，马库斯继续巡视其他城市。他顺利完成任务，没有再受到任何阻碍。出行 6—8 个月之后，他回到布莱纳王宫，带来第一批新征得的税款，以及王国各城市的税收普查簿册和分配方案。其中，那些属于芙蕾德恭德王后之城市的税册，由王后亲自保管，置于个人的宝库之中，与她的金银首饰、贵重布匹和领地地契放在一起。而其他的资料则归还或首次进入纽斯特利亚的财政部门。马库斯本人从这次财政的大手笔中发了财，收入多少有些不清不楚。与他同一族裔的高卢-罗马人，深受新税制之苦，心下不满，对他的横财则更是忿忿不平，怨声载道。也许税负本身过高，令人难以忍受；也许由于土地分级的不合理和税务分配的不公平，纳税人的税负极大加重；许多百姓宁可背井离乡，也不愿接受这一盘剥。在 580 年，大量纽斯特利亚居民离开自己的土地，到伊尔德贝二世或贡特拉姆管辖的城市定居。

这一年，除伊尔佩里克国王的政策给纽斯特利亚带来的灾难之外，整个高卢还经受了一系列自然灾难的打击。春天，罗讷河、索恩河、卢瓦尔河及其支流，都由于连绵的雨水而暴涨、决堤，造成了惨重的损失。整个奥弗涅平原成为泽国；里昂多处房屋被冲毁，部分城墙倒塌。夏天，冰雹风暴席卷布尔日地区，而奥尔良城被火灾吞噬过半。在一场强烈地震中，波尔多和周边地区的城墙摇摇欲坠；余震波及西班牙，引发比利牛斯山大片岩石地区滑坡，造成人畜的损伤。8月,最具杀伤力的传染病——天花,在高卢中部的几处同时暴发,渐渐向四周传播,扩散到几乎整个国家。

但凡遇到这种灾难,所有的人,几乎都免不了幻想某种神奇药方的疗效;人们试用的各种治疗手段中,草药占了主要的地位。① 大量的儿童和青年人感染疾病,死亡率惊人。在这凄凉的场景中,父母们的悲痛最令人动容。同时代的大作家❶对此心怀怜悯,不禁发出一声长叹,满怀温柔与善意地记叙道:"吾辈所失之幼子,亲焉善焉! 吾辈尝拥之以臂,焐之于怀,尝以亲手烹制之食,精心哺之。然,吾辈拭泪而与约伯(Job)❷同语曰:主所与我,主亦取之于我,唯主之名,永受称颂。"

传染病肆虐巴黎和周边地区之后,又扩散到苏瓦松一带。苏瓦松城和布莱纳王宫,咸受其害;伊尔佩里克是最早病倒的人之一。瘟疫一袭来,他就患了病,症状非常严重;多亏年长,他经受住了考验,很快康复。然而,他刚刚痊愈,还未经洗礼的小儿子达戈贝尔就染病了。孩子的父母出于宗教考虑,希望他能得到神灵护佑,急忙让他做了洗礼。孩子病情似有缓和,但他的哥哥、15岁的克洛德贝尔(Chlodebert)又被流行病感染。看到两个儿子性命垂危,母亲的天性,使芙蕾德恭德忧心如焚。这位焦虑的母亲承受着巨大的心理压力,一个奇怪的念头产生于她极度自私的灵魂;她灵光一闪,忽然有了点人性,生出一分悔过之心,悲悯于他人的苦痛,畏忌于神意的裁决。她想到了自己曾作的恶,或是怂恿他人犯下的罪行,尤其是那一年的惨剧——在利摩日流淌的鲜血,新税制在王国境内制造的各种混乱。这一切让她心慌意乱,使她恐惧而懊悔。

芙蕾德恭德为儿子们的命运担惊受怕,为迅速降临于己身的报应而惶恐。一天,她与国王一起来到儿子的寝宫。两位小王子都卧病在床,高烧不退。当时,正值9月的初寒,壁炉里生了火,取暖之余,也可以为年轻的病人烹制药剂。伊尔佩里克沉默不语,不露声色;王后恰恰相反,长吁短叹,左顾右盼,一

---

① 格里高利关于相关症候的描述,显然是恶性的天花。
❶ 此处指格里高利。
❷ 约伯,《圣经·旧约》人物,因忠诚于上帝,受到撒旦的考验。在这次考验中,他的子女全部丧生。

会儿看看大儿子,一会儿又看看小儿子。从她的神态和动作都可以看出,那强烈的念头,正纠缠着她,困扰着她。在这种精神状态之下,日耳曼的女子说起话来,经常如同即兴赋诗,用词考究,充满了诗意。或许是被激情所主宰,或许希望吐露真心,减少道德上的负疚,她们本能地以这种庄重的方式,表达自己的各种情感:苦痛、欢欣、爱恋、仇恨、愤怒和鄙夷。① 现在,是芙蕾德恭德灵感迸发的时候了。她转向国王,凝视着他,迫使国王注意到自己。然后,她说道:

吾为祸久矣,至慈之上帝不可忍,遂降吾以疫以灾,而吾不思悔过。且看,吾失吾子;且看,吾子死于贫者之泪、寡妇之伤、孤子之叹!吾敛财而谁为?

吾藏财于库,不知将谁遗;库盈而人空,不义之财,徒招诅咒!吾窖之酒,不满溢乎?吾仓之麦,未充盈乎?吾奁其不实于金银珠宝,其不实于各色首饰乎?然吾曾有更美者,吾将失之!

王后的泪水伴着忏悔,夺眶而出;泪雨每稍止住一刻,就更见滂沱之势。她的声音哽咽了,便不再说话,低头啜泣,搥胸顿足。忽然,她从一个决定中振作起来,对国王说:"噫!君若信我,来!此税册不公,掷之于火!父王克洛泰尔昔日所足之税,吾辈亦当悦之!"她下令从仓库中取出马库斯带来的她下属城市的税收簿册。到手之后,她将其逐一投入壁炉的熊熊烈焰中。看到当初费尽心力得来的这些簿册,如今被火苗包围和吞噬,她的眼睛渐渐明亮起来。这一举动大出伊尔佩里克国王的意料。他的惊奇自然远多于欣喜,只是默默看着,没有表示赞同。"汝犹疑乎?"王后以命令口吻说道,"汝见我之所为,但效我!若吾子终不得保,君与吾,或可避地狱之永罚!"

在这一催促下,伊尔佩里克屈服了。他来到收藏和保管公共文书的大殿,派人拣选出与新税制有关的簿册,下令付之一炬。随后,他又派遣特使到王国各省,宣布取消前一年颁布的有关税收的法令,并严禁伯爵和税吏据此征税。

---

① 萨迦(saga,北欧地区的传统文学,一般为传奇性的故事。——译者注)是日耳曼人的传统习俗最完整的写照。在萨迦中,我们可以看到大量的例子。故事中的男女人物,时常即兴赋诗。参看 *saga af Ragnari ledebrok*, cap. IV, XVI;*Skiol dunga saga*, cap. XXI;*Volsunga saga*, cap. XXIX,及题为 *Nordiska Koempa dater* 的合集。

然而,致命的疾病继续在宫廷肆虐。他的幼子首先去世。国王和王后将他的遗体由布莱纳运到巴黎,安葬在圣德尼大教堂(basilique de Saint-Denis),但没有亲自前往。他们的全部精力,都放在克洛德贝尔身上。后者的健康状况同样不容乐观。最后,父母放弃了人为的救治,将他放在担架上,徒步护送到苏瓦松的圣梅达尔教堂。根据当时的宗教习俗,他们让病人躺在圣人灵柩的旁边,虔诚祈祷,希望他恢复健康。然而,由于长途奔波的疲累,王子的病情当日便恶化了,于子夜时分去世。他的死,使全城的民众十分悲痛;人们为降临在自己身上的灾难而痛苦,对王室成员的早夭,也深感同病相怜。几乎所有人都为最近的悲剧而失声痛哭。他们聚集在小王子的葬礼上,庄重地随着灵柩来到了他的安葬之处——祭奠殉道者圣柯雷班(Crépin)和圣克雷皮尼安(Crépinien)的教堂。男人流着眼泪,女人则身着父亲或配偶逝世时穿戴的黑色丧服;他们随着灵车而行,就像为所有的家庭送葬。

伊尔佩里克怀着丧子之痛,向教堂和穷人捐献了大量财物。他没有回到布莱纳——那所宫殿仍然疫病横行,他厌恶再住在那里。带上芙蕾德恭德,他离开苏瓦松,来到吉斯森林附近的另一处行宫,距贡比涅一步之遥。当时已近10月,正是秋狩的时候。这是法兰克民族的一个盛大节日,所有人都可以全情投入到这一娱乐之中,以忘却巨大的悲恸。此项活动刺激而略带危险,它的强烈动感、喧嚣和魅力,平复了国王的悲伤,使他的情绪恢复了常态。然而,芙蕾德恭德的忧愁却全然没有止歇。两个儿子的离世,使她的王后地位动摇,她对自己的未来更是忧心忡忡。这些顾虑,尤其加重了她丧子的痛苦。现在,克洛维是纽斯特利亚王国唯一的继承人。芙蕾德恭德深知,他的母亲是另一个女人,是曾经被她排挤出宫的王后;而他本人,在最近一场阴谋中,被她的仇敌视为希望。① 她日夜担心丈夫有朝一日离世;一想到自己未来孀居时的处境,她就不寒而栗。王后恐惧地预见到:那一天,她将失去自己的地位,被剥夺一切荣誉、权力和财富,将遭到报复,或者其他比死亡更可怕的残酷处置和侮辱。

这新一轮对灵魂的折磨,引她前往的方向,与上一次有所不同。母爱的本

---

① 勒达斯特和里库尔夫教士的阴谋。参看"记五",192 页(边码)及其后的内容。克洛维时年 25 岁左右。

能曾一度在她身上激起了高贵而温柔的情感,现在,她却重新陷入了极度自私、狡诈和残忍的本性。她开始设法让克洛维落入致命的陷阱;这场灾难,刚刚夺去了她儿子的性命,夺去了她的希望,又将为她剪除敌人的谋略提供良机。当时,克洛维王子不在布莱纳,躲过了瘟疫的浩劫。她决定要找个合适的借口,向国王建议,让这个年轻人前往那疫情愈益严重的地区。她想出说服丈夫的理由:需要派出一位可靠的王室成员,前往查看被突然废弃的王宫的状况,制止此处猖獗的偷盗行为和贪腐现象。伊尔佩里克对这一建议的险恶用心浑然不觉,欣然接受。他下令克洛维前往布莱纳,根据子从父命的日耳曼习俗,克洛维也只能屈从。

或许是为了检视今年的收成,或许只是打算换个娱乐的花样,国王从吉斯森林来到马恩河畔的谢尔(Chelles)领地。蓦然想到儿子为了取悦自己,正待在布莱纳,处境凶险,他又将克洛维召至身边。克洛维从危险的使命中平安归来。他运气不错,从两个弟弟的死地脱身,自信满满,很乐于前去挑动芙蕾德恭德的悲伤和仇恨。他在她面前趾高气扬,并到处吹嘘:"吾兄弟皆亡,王国将属我一人。全高卢将臣于我!天命所归,吾将一统帝国!""吾敌在我掌中,吾将待之以吾所欲!"由于近来的军事征服,纽斯特利亚人志得意满,希望借此一统法兰克人的地盘,虚荣心颇为膨胀。① 有时,在这些幼稚的吹嘘之余,他还会将王后辱骂一番。

继子所有的言论都传到了芙蕾德恭德的耳中。她本来就极度焦虑,听到这些大话,更是恐惧。人们在她那里打的小报告,一开始还比较确实;后来就变得真假参半;最后,大家就竞相肆意编造起来。一天,有人跑来告诉她:"汝之丧子,乃克洛维为之也。克洛维与汝一侍女暗通款曲,求其母以蛊术害汝子。吾儆汝:汝既失所恃,不复有宁日矣。"这一检举,纯属胡言乱语,却如同一道闪电击中王后,激起了她所有的能量,让她从沮丧中摆脱出来,大发雷霆之威。她派人将被指控的母女二人从宫中缚来。她下令杖责克洛维的情妇,

---

① 577 年以来,纽斯特利亚持续扩张,先后占领了本属奥斯特拉西亚或贡特拉姆王国的所有阿基坦城市。侵略战争一直持续到 582 年。参看"记三""记六"。

并剪去她的头发——根据日耳曼的习俗,这是对通奸的女人和荡妇最严重的辱刑。随后,这个可怜的女孩被拖到王子的住所前,塞在从中劈为两半的木桩之间示众,遭受着羞辱和折磨。在女孩受到这种酷刑的同时,她的母亲也被严刑拷打,被迫承认了强加于她的"巫蛊"的罪名。

拿着这似乎不容置辩的证据,芙蕾德恭德到国王那里,陈述了刚刚得知的讯息,要求惩办克洛维。她在描述中,巧妙地加以暗示,震撼了伊尔佩里克,引起他对自己性命的担忧。于是,国王既没有做出任何调查,也没有盘问任何人证,甚至不打算听一下儿子的辩解,就决定将他交付残忍的后母去裁决。由于轻信谗言,伊尔佩里克相信克洛维除了被控的罪状,应该还有弑父篡位的念头,变得胆怯起来。他不敢当着克洛维众多年轻侍从的面,在宫中直接逮捕王子,而是想出一条计策,以确保自己的人身安全。那天,在谢尔附近的森林,有一场狩猎,国王身边只有几位忠诚的贵族相伴。其中,有鲍勃(Bob)或博德吉赛尔(Baudeghisel)公爵,以及戴西德利乌斯公爵——也就是那位率军入侵阿基坦,攻打贡特拉姆与伊尔德贝所属城市的幸运的名将。①后者在两次战役的间歇,适时赶到纽斯特利亚的宫廷,很可能就是在这场不理智的父子冲突中,前来助国王一臂之力的。以墨洛温王朝的习俗,在宫廷纠纷中,对家庭成员采取的制裁,往往由高卢-罗马贵族负责执行。此次,戴西德利乌斯就将扮演这一角色。

在森林中的一个驿站里,伊尔佩里克停驻下来,派人传召克洛维,令他独自前来密谈。年轻人可能认为父亲安排这次秘密的会见,是为了给他一个当面解释的机会,容他畅所欲言,证明自己的清白。无论如何,他毫不犹豫地服从了命令,对即将发生之事全无怀疑。到达森林时,他见到父亲、鲍勃公爵和戴西德利乌斯公爵分立两侧。我们无法得知这父亲面对儿子时的表情,不知道他是破口大骂,还是阴郁而沉默地直接示意部下行动。国王做了个手势,或一声令下,戴西德利乌斯和鲍勃就走向年青的王子,一人扣住他一只胳膊,令

---

① Bob, Bab, Bod, Bat 等称谓,往往是名字中带有 Bald 或 Baud 的日耳曼人的昵称。关于"戴西德利乌斯"的情况参看"记三""记六"。

他动弹不得。此时,卫士夺下克洛维的宝剑,解除他的武装,又剥去他的华贵服饰,给他披上一身粗布的衣服。他被打扮和捆绑得像名十恶不赦的罪犯,带到王后面前接受审讯。

芙蕾德恭德对自己的下一步行动,早已心中有数;看到自己可以主宰最后一位继子的命运时,她显得从容不迫。王后向来精于算计,富有远见,在这方面从未生疏。她将克洛维关押在谢尔王宫,亲自加以审讯,准备从他口中套出对他不利的证据,或是设法了解他的人脉网络。这场家族内部的审讯,是一场实力悬殊的较量。斗争的双方个性迥异:一方是位精明而无情的女子,善于掩饰,但行事目的明确;一方是名草率而粗心的小伙儿,心地坦诚,口无遮拦。审讯主要围绕三个问题展开:对于被指控的罪行,他是否有话可说?谁出主意让他这么做?他与谁的关系特别亲密?

无论王后采用什么出人意料的手段,克洛维对所有罪名都严词否认。然而,对他而言,吹嘘朋友们的忠诚和强大,是件颜面有光的事情;他抑制不住这种乐趣的诱惑,列举了一大串好友的名字。有了这些信息,王后已经心满意足。她停止调查,准备采取事先制订的行动方案。几天来,克洛维始终被绑缚着,或是戴着镣铐。第四天早晨,人们把他从谢尔转移到马恩河对岸的另一处王室领地——努瓦西(Noisy),就像给囚徒更换牢房一般。押解王子的人得到密令,到达目的地几个时辰之后,就用匕首杀死了他。杀手把凶器留在他的伤口上,将他掩埋在努瓦西王宫一座礼拜堂墙外的沟渠中。

谋杀事件之后,芙蕾德恭德命人向国王汇报:克洛维自知罪孽深重,不可能得到宽恕,畏罪自杀了。为了证明所言不虚,他们还告诉国王:王子了结自己生命的武器,仍然在他的尸身上。伊尔佩里克又一次轻易相信了谎言,既未产生怀疑,也未展开任何调查。于是,国王将儿子视作自裁的罪人,没有为他流一滴眼泪,甚至没有下令安葬。仇恨像是致瘾的毒药;看见丈夫的漠视态度,上瘾的王后更是变本加厉。她派人将受害者的尸身挖出,投入马恩河中,使他永远不可能得到体面的安葬。这个野蛮的算计,终究没有起到效果:克洛维的遗骸并未没入河底,或是随波远去,而是撞入附近一位渔夫的网中。渔夫起网时,从水中捞上尸体,通过头发认出他是王子——所幸,凶手们忘了剪去

记 七

他的长发。❶ 出于尊敬与同情,他将尸体运到岸边埋葬,覆盖了一个草堆作为标记。不过,他担心自己的善行会招来灾祸,独自保守着秘密。

芙蕾德恭德不必害怕伊尔佩里克与另一个女人的儿子会继承王位了。她的地位不再受到威胁,但余怒未消。克洛维之母,已被放逐的前王后奥朵薇,仍然生活在勒芒的一座修道院里。奥朵薇的两个儿子,一个被芙蕾德恭德像野兽一般追杀,直至自杀身亡;①一个被她谋杀。王后深知,这个女人势必要因自己的遭遇和两个儿子的死于非命,找她算账。也许,她怀疑奥朵薇在修道院的深处,酝酿着复仇的阴谋;也许,她对奥朵薇的仇恨,只是因为自己对后者的伤害;总之,她满怀恨意,在谋杀克洛维之后,又犯下一桩罪行。

王后命一些仆从前往勒芒,闯入修道院的大门。在那里,奥朵薇隐居了15年;其女伊尔斯维德(Hildeswinde)在她身边长大,人称"巴齐娜(Basine)"。② 芙蕾德恭德对这母女二人的处置,令人不寒而栗:母亲被处死,而国王的亲生女儿被强暴——若不是时人的证明,很难相信公主会在父亲在世时受到如此的侮辱。奥朵薇离婚时作为补偿获得的领地及其他财产,连同儿女的财产,全部被芙蕾德恭德据为己有。受到羞辱的可怜女孩幸存下来,虽然父亲健在且身为国王,仍然无家可归;她进入普瓦捷的女修道院,足不出户,受到了修院创始人、温柔而高贵的拉德贡德慈母般的悉心呵护。③

那位在严刑拷打下供出不利于自己和克洛维之证词的女人,被判火刑。在押赴刑场的路上,她推翻了供词,高喊以前所言纯属捏造。当初,伊尔佩里克曾因听闻这些谎言而心惊肉跳,现在却莫名其妙地对这一翻供无动于衷。犯人无谓的抗议,终于消失在柴堆的火焰里。谢尔的王宫里,再没有其他的行刑。克洛维的随从与朋友,想到3年前他兄弟的战友们的遭遇,连忙四散而去,快马加鞭,希望逃出王国。

镇守边疆的伯爵们都接到阻截逃亡者的命令。不过,只有克洛维的司库

---

❶ 长发是法兰克王族的象征。参看"记三"。
① 墨洛维;参看"记三",109 页(边码)及其后的内容。
② 参看"记一"。巴齐娜,意为"好女孩"。该词词根 bas 或 bat 为方言。当代德语和英语中,比较级为 besser 和 better,最高级为 best,仍保留这一用法的痕迹。
③ 参看"记五"。

一人,在逃到贡特拉姆王国的布尔日一带时被捕。人们押解着他,途经图尔归案。以上悲惨故事的讲述者——格里高利主教,见他被捆绑着经过,问得他将被带去面见王后,便知道了等待着他的命运。格里高利对这个可怜人深表同情,恳请押送者捎去一封信件,为此人求情。芙蕾德恭德对主教的请求十分惊讶,不过,这倒不是坏事。虽然并非发自真心,她对格里高利还是显得尊重的;此时,她似乎听到一个神秘的声音对自己说:"足矣!"于是,她便罢了手。王后结束了残暴的癫狂,忽然有了狮子的慈悲,厌倦了无谓的杀戮,不但没有对这囚犯施以刑罚,而且给他自由,任他远走高飞。

5年之后,伊尔佩里克被暗杀身亡,把王国留给了四个月大的儿子继承。芙蕾德恭德无力对抗敌人的反扑,只得恳请贡特拉姆国王来到巴黎,保护他们孤儿寡母。这样,贡特拉姆将有权决定纽斯特利亚的命运。在赶往巴黎的途中,他百感交集:既高兴可以报复伊尔佩里克对他的伤害,又为兄弟的暴毙而遗憾;既怀疑芙蕾德恭德伪善的友好态度,又乐于为她效劳,以便从小国王的监护人和王国的监国身份中获益。一方面,他野心勃勃,希望留在巴黎;另一方面,他又隐约感到恐惧,觉得此处凶险,不宜长居;他扮演着芙蕾德恭德的保护人的角色,但又时刻提防着她。他时时记挂着兄弟与侄子墨洛维和克洛维的惨死。尤其是那两位在生命的花季告别人世的王子,从未做过有损于他的事情,更令他感伤:他对自己的命运担忧,也为亲人的逝去而遗憾。他不知道他们埋骨何方,经常提起此事,抱怨甚至无法给他们一处体面的墓穴。在此想法的驱动下,他派人四处打探。这一充满爱心的义举,很快在巴黎周边传开。听闻这一消息,一个渔夫来到王宫请求觐见。见到国王后,他说道:"若吾不因之获罪,吾可语汝克洛维葬身之所。"

贡特拉姆国王听到这句话,大喜过望,向渔夫发誓:不但绝不会加害于他,而且只要信息确实,就会给他以重赏。因此,渔夫继续说:"陛下,吾所言非虚,事实可证。克洛维遇难,初葬于教堂檐下。王后恐其一朝入殓以礼,投其尸于马恩河水。吾以渔为业,获尸于我罟中。本不识之,见其长发,方知为克洛维也。吾肩担之于岸,葬之,以草为冢。今其骸安矣,汝但行汝所欲。"

贡特拉姆装作出行打猎,由渔夫引路,来到了草冢。掘地三尺之后,人们看到克洛维的尸身仰卧在墓穴中,几乎完整无损;他头部下方的头发脱落了一些,但其余头发和长辫,仍然完好。在这确定无误的标记前,贡特拉姆国王终于找到了他一直在搜寻的一个侄子的遗骸。他为小王子组织了一场盛大的葬礼,亲自扶着灵柩,将遗体送往圣文森特大教堂(Basilique de Saint-Vincent),也就是今天的圣日耳曼德佩教堂(Saint-Germain des Prés)。❶ 几周之后,墨洛维的尸体也在泰鲁安纳地区找到,与父亲伊尔佩里克和兄弟葬在同一座教堂里。

这座教堂是墨洛温王室成员的公墓,尤其安葬了那些因横死而无法自行选择墓地的人们。教堂的围墙几经修葺,但地面仍保留原状,还沾染着高卢征服者之子孙们的尘灰。如果说本书还有一些价值,或许能够使今人对这座沦为巴黎一个普通堂区的王室修道院,多一分尊重;或许能够使今人对这座具有1300年历史的宗教圣地,在沉思之外,又多了一分喜爱。

(全文终)

---

❶ 圣日耳曼德佩教堂,是巴黎最古老的教堂之一,始建于6世纪。